KB082711

한번에 합격!

新 HSK 실전모의고사

저자 위펑(于鹏), 쟈오위메이(焦毓梅), 궈팅팅(郭婷婷)
해설 박은영

한어수평고사(HSK)는 전 세계에 중국어를 모국어로 쓰지 않는 사람을 대상으로 중국어의 종합적인 수준을 표준화, 규범화, 과학화된 방법으로 평가하는 가장 권위 있는 시험이다. 1990년에 중국 내에서 정식으로 실시되었고, 1991년에는 해외에서도 실시되어 오늘날까지 만 20년이 되었다. 한어수평고사는 중국어 학습자의 새로운 요구를 만족시켜주기 위해 중국국가한판조직(中国国家汉办组织)에 속한 중외한어교육, 언어학, 심리학, 교육통계학 등의 전문가들이 새로운 국제한어능력표준화시험(신 HSK)을 개발하였다. 이 시험은 해외의 실질적인 중국어 교육 상황에 관한 충분한 조사와 이해를 바탕으로 기존 HSK의 장점을 그대로 살리고 국제 언어 시험 연구의 최신 성과를 참고했으며 《국제한어능력표준》을 근거로 하여 2010년 3월부터 실시되었다.

신 HSK는 기존에 기초, 초중등, 고등 세 단계 총 11개 등급으로 나뉘던 시험을 6등급으로 바꿨다. 또한 필기시험과 구술시험이 따로 분리되어 독립적으로 실시된다. 필기시험은 1급에서 6급까지 있으며, 구술시험은 초등, 중등, 고등시험으로 나뉜다. 신 HSK는 기존 시험의 객관적인 평가를 그대로 유지하며, 그 성적은 유학생의 반 편성, 입학, 졸업, 채용 등에서 중요한 평가기준이 된다.

신 HSK는 국제적인 중국어능력표준화시험으로, 중국어를 모국어로 하지 않는 수험생의 생활, 학습, 업무에서의 중국어 활용능력을 중점적으로 평가한다. 신 HSK는 기존 시험과는 다르게 현재 국제적으로 행해지는 중국어 교육상황이나 교재들을 충분히 반영하고 있다. 이로 인해 문제 유형과 출제 포인트 등이 기존의 시험과는 비교적 큰 차이를 보인다. 시험을 앞둔 수험생들은 대개 시험의 핵심 포인트를 정확하게 짚어주고 실전 연습을 통해 과학적이고 효율적으로 시험에 대비할 수 있도록 도와주는 학습서를 필요로 한다. 이 책은 그런 수험생들을 위해 만들어졌다.

이 책의 특징은 다음과 같다.

① 실전과 같은 문제 이 책에는 신 HSK 5급의 필수 어휘와 핵심 문법이 담겨 있다. 풍부한 이론과 실전 경험을 바탕으로 중국어교육 일선에서 직접 학생들을 가르치며 단독 혹은 공동으로 중국어 교재나 HSK 수험서를 내신 선생님들에 의해 편집되었다. 또한 고등 HSK 시험 듣기 부분 녹음에 참여했던 전문 방송인이 직접 녹음해서 실제 시험과 같은 모의고사를 쳐볼 수 있다.

② 독창적인 내용 이 책은 과학적이고 정확하며 다양한 문제로 구성했으며 불필요한 중복은 피했다. 시험 대비와 학습을 결부시켜, 수험생이 정곡을 찌르는 모의고사를 통해서 중국어의 수준을 올릴 수 있게 했다.

언어라는 것은 배운다고 다 되는 것이 아니라 연습을 통해 터득할 수 있다. 이 책이 시험을 준비하는 과정에서 생기는 수험생들의 어려움을 해결해주고 순조롭게 HSK 5급 시험을 통과하는 데 도움이 되길 바란다.

저자

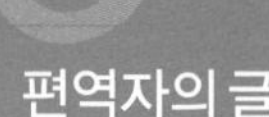

편역자의 글

중국의 경제 규모가 커지면서, 중국어의 중요도도 점점 높아지고, 중국어 수요가 급증하고 있는 지금, 중국어 능력 테스트도 새로운 변화에 부응하기 위해 구 HSK에서 신 HSK로 발전과 변화를 거듭하고 있습니다.

새로운 형식의 신 HSK는 중국어 구사 능력뿐만 아니라, 중국의 사회와 문화에 대한 전반적인 이해가 있어야 문제에 보다 쉽게 접근할 수 있습니다. 이는 중국이 정책적으로 신 HSK를 통해 중국의 문화들을 세계에 알리고, 친 중국파를 많이 만들고자 하는 의도로 파악됩니다. 그러므로 중국어를 사랑하고, 알고자 하는 마음가짐으로 공부하는 것이 중요하다고 할 수 있습니다. 물론 시험이 중요하나, 시험에만 급급해서 문제를 풀지 말고, 여기에 엄선된 내용들은 중국의 특색 있는 중국문화 전파 의도가 반영되어 있음을 이해하고, 이런 각도에서 이 문제집을 풀어본다면 분명 일거다득의 소득이 있을 것이라 장담합니다.

본 교재는 100% 신 HSK 형식에 맞추어 문제가 출제되었으며, 정식 시험 응시 전에 충분한 연습을 할 수 있도록 5세트가 수록되었고, 이에 해당하는 정확한 해석, 자세한 해설 및 단어를 수록하고 있습니다. 여러분들께서 신 HSK를 준비하는 데 있어 만반의 준비를 다 할 수 있을 것이라 여겨집니다.

본 교재 번역은 문법을 묻는 문제들은 직역 위주로 번역하고, 그 외의 부분들은 의역을 하였습니다. 정확한 중국어 단어의 뜻, 하나하나의 의미파악을 위해서는 직역이 필요하고, 전반적인 문맥의 의미를 알기 위해서는 의역이 도움이 되기 때문입니다. 그래서 기초일수록 직역 위주로 번역하였고, 고급일수록 의역을 위주로 하였습니다. 즉 4급에서 6급으로 갈수록 의역을 많이 하였습니다. 고유 명사 표기 부분에서 우리에게 많이 알려진 내용들은 한자어 독음으로 표기하였고, 그 이외에는 음역을 하되 발음은 정부방안을 기준으로 하였습니다. 번역뿐만 아니라 해설에서도 십분 심혈을 기울였습니다. 수험생이 쉽게 범할 오류를 지적해 내고, 수험생의 눈에서 이해하기 쉽도록 잘 설명하려 많은 애를 썼습니다. 다른 보기들이 왜 답이 안 되는지도 확인하고 넘어가는 그런 깐깐함이 필요하므로 수험생들은 이 부분의 설명들을 잘 공부하여 많은 수확을 얻기 바랍니다.

중국의 대외한어 분야에 교학 지도 경험이 풍부하시고, 기초 HSK에서 고등 HSK까지 많은 책을 집필하신 저명한 于鹏, 焦毓梅, 郭婷婷 교수님들과 같이 작업을 할 수 있는 기회를 얻게 되어서 영광스럽게 생각하며, 저도 많이 배우는 기회가 되었습니다. 더불어 이런 기회를 만들어 준 제이플러스 출판사 이기선 실장님과 편집부 식구들에게도 감사의 말씀을 전하고 싶습니다. 그리고, 제게 전폭적인 지지를 해 주시는 顺利通 HSK 학회장 찐순지 선생님, 한국외국어대학교 통번역대학원 송근호님께도 감사의 말씀을 전합니다.

마지막으로 제 일이라면 만사 제쳐놓고 도와주시는 친정어머니와 시어머님 및 가족들, 그리고 제 삶의 활력소인 남편, 세상에서 엄마가 제일 예쁘다는 아들 정현이와 이 교재 탄생의 기쁨을 같이 하고 싶습니다.

번역 및 해설 박은영

● HSK 5급은 응시자의 중국어 응용능력을 평가하는 시험이다. 이 시험의 수준은 《국제중국어능력기준》 5급과, 《유럽공통언어참조프레임(CEF)》 C1급에 해당한다.

● HSK 5급에 합격한 응시자는 중국어 신문과 잡지를 읽을 수 있고, 중국어 영화 또는 TV프로그램을 감상할 수 있다. 또한 중국어로 비교적 완전한 연설을 진행할 수 있다.

① 응시 대상

HSK 5급은 매주 2–4시간씩 2년 이상(400시간이상) 집중적으로 중국어를 학습하고, 2,500개의 상용어휘와 관련 어법지식을 마스터한 학습자를 대상으로 한다.

② 시험 내용

HSK 5급은 총 100문제로 듣기/독해/쓰기 세 영역으로 나뉜다.

<table>
<tr><th colspan="2">시험 내용</th><th colspan="2">문항수(개)</th><th>시험 시간(분)</th></tr>
<tr><td rowspan="2">1. 듣기</td><td>제1부분</td><td>20</td><td rowspan="2">45</td><td rowspan="2">약 30</td></tr>
<tr><td>제2부분</td><td>25</td></tr>
<tr><td rowspan="3">2. 독해</td><td>제1부분</td><td>15</td><td rowspan="3">45</td><td rowspan="3">약40</td></tr>
<tr><td>제2부분</td><td>10</td></tr>
<tr><td>제3부분</td><td>20</td></tr>
<tr><td rowspan="2">3. 쓰기</td><td>제1부분</td><td>8</td><td rowspan="2">10</td><td rowspan="2">약 40</td></tr>
<tr><td>제2부분</td><td>2</td></tr>
<tr><td colspan="4">답안지 작성시간</td><td>약 10</td></tr>
<tr><td colspan="2">총계</td><td colspan="2">100</td><td>약 120</td></tr>
</table>

총 시험시간은 약 125분이다.(응시자 개인정보 작성시간 5분 포함)

③ 성적 결과

- HSK 5급 성적표에는 듣기,독해,쓰기 세 영역의 점수와 총점이 기재된다.
- 각 영역별 만점은 100점 만점이며, 총점은 300점 만점이다. ※총점이 180점 이상이면 합격이다.
- HSK 성적은 시험일로부터 2년간 유효하다.

1_듣기

▶ 第一部分

第一部分，共20题。每题听一次。每题都是两个人的两句对话，第三个人根据对话问一个问题，试卷上提供4个选项，考生根据听到的内容选出答案。

제1부분은 총 20문항이다. 모든 문제는 한 번씩 들려준다. 모든 문제는 두 사람의 대화로 이루어져 있으며, 두 문장으로 구성되어 있다. 세 번째 사람이 이 대화와 관련된 질문을 한다. 응시자는 시험지에 주어진 4개의 선택 항목 중에서 정답을 고른다.

〈例如〉

录音　女：我给你介绍的那个姑娘怎么样？
男：人长得倒不错，性格也挺好，就是对我不太热情。
问：男的觉得那个姑娘怎么样？

5. A 对他很好
B 性格不好
C 长得难看
D 态度不热情 ✓

答案 **5** [A] [B] [C] [■]

▶ 第二部分

第二部分，共25题。每题听一次。这部分试题都是4到5句对话或一段话，根据对话或语段问一个或几个问题，试卷上每题提供4个选项，考生根据听到的内容选出答案。

제2부분은 총 25문항이다. 모든 문제는 한 번씩 들려준다. 모든 문제는 4–5문장으로 구성된 대화 또는 단문이며, 이 내용을 들려준 후 내용과 관련된 하나 또는 여러 개의 질문을 한다. 응시자는 시험지에 주어진 4개의 선택 항목 중에서 정답을 고른다.

〈例如〉

录音　儿子、孙子们都学会了打电脑，挺有意思。但我觉得，电脑是属于年轻人的，与我没有关系。后来，看儿孙们用电脑打字比写快得多，我也想试试。我写的诗和小说还在稿纸上，要能打印出来该多好。孙子答应教我，于是退休多年的我开始和电脑打上了交道。开始时我打字很慢，还常打错。有时忘了存盘，好不容易打出来几行字都没了，心中说不出的烦恼。像这样的问题还有很多很多，我就想放弃，电脑不是咱老太婆的玩意儿。可我又不甘心，于是再来。除了吃饭、睡觉和上老年大学，我都在电脑前练习，慢慢儿毛病少了，速度也快了。现在写东西，我都能以电脑代笔了。

录音 41. 天说话人最可能是什么人？

A 教授
B 作家 ✓
C 退休工人
D 家庭主妇

答案 **41** [A] [■] [C] [D]

录音 42. 说话人为什么想学电脑？

A 儿孙们都支持
B 打字比写更快 ✓
C 学电脑很时髦
D 上老年大学需要

答案 **42** [A] [■] [C] [D]

录音 43. 当说话人好不容易打出的几行字忽然消失的时候，她的感觉是什么？

A 兴奋
B 痛快
C 烦恼 ✓
C 难过

答案 **43** [A] [B] [■] [D]

2_독해

▶ 第一部分

第一部分，共15题。提供几篇文字，每篇文字中有几个空格，空格中应填入一个词语或一个句子，每个空格有4个选项，考生要从中选出答案。

제1부분은 총 15문항이다. 이 부분 문제는 몇 편의 단문으로 구성되어 있으며, 단문 가운데에는 여러 개의 빈칸이 있다. 빈칸은 단어 하나 혹은 문장 하나로 채워져야 한다. 응시자는 시험지에 주어진 4개 선택 항목에서 빈칸에 들어갈 알맞은 것을 선택한다.

〈例如〉

46~50

食我曾经历过一次难忘的考试，那是一家外国公司的招聘考试。在面试中，考官们随便问了我几个问题，突然一位外国考官惊喜地说他在国外 __46__ 大学的语言培训班上见过我，并说："老朋友，又见面了！" 其他的考官听后都向我们 __47__ 祝贺，但是我心里很清楚，我并没有去过那所大学。__48__，是否应该利用他认错人来帮助自己得到这份工作？但是最后我想不能这样，于是说："对不起，您认错人了"。"不，我的记忆力很好！" "您 __49__ 认错人了！" 在我的坚持中，房间里突然响起了一片掌声，我被录用了。后来我 __50__ 知道，所谓在国外见过我，原来也是考试的一部分。

46. A 你本　　B 某 ✓　　C 该　　D 其

答案 46 [A] [■] [C] [D]

47. A 表现　　B 表明　　C 表示 ✓　　D 表演

答案 47 [A] [B] [■] [D]

48. A 我马上做出决定　　B 我立刻拒绝了他
C 我感到有些遗憾　　D 我一时犹豫起来 ✓

答案 48 [A] [B] [C] [■]

49. A 的确 ✓　　B 毕竟　　C 到底　　D 果然

答案 49 [■] [B] [C] [D]

50. A 就　　B 曾　　C 也　　D 才 ✓

答案 **50** [A] [B] [C] [■]

▶ 第二部分

第二部分，共10题。每题提供一段文字和4个选项，考生要选出与这段文字内容一致的一项。

제2부분은 총 10문항이다. 모든 문제는 하나의 단문과 4개의 선택 항목으로 구성되어 있다. 응시자는 내용과 일치하는 것을 선택한다.

〈例如〉

72. 参不知你注意了没有，现在打开电视或收音机，这个频道是广告，换个频道还是广告；杂志、报纸上是广告，甚至收到的信件上也有广告；走在路上，墙上贴的是广告，公共汽车、出租车车身上也是广告。

A 人们很喜欢看广告

B 电视上的广告最多

C 生活中到处是广告 ✓

D 车租车上没有广告

答案 **72** [A] [B] [■] [D]

▶ 第三部分

第三部分，共20题。提供几篇文字，每篇文字带几个问题，考生要从4个选项中选出答案。

제3부분은 총 20문항이다. 모든 문제는 몇 편의 단문으로 구성되어 있다. 제시된 단문 뒤에는 몇 개의 질문이 주어진다. 응시자는 4개의 선택 항목 중에서 정답을 선택한다.

〈例如〉

81~84

提到中国记载"李斯碑"的古书，最早最完整的就是汉代著名历史学家司马迁的《史记》，书中完整地记载了李斯赞美秦始皇的144字碑文。

这个石碑最早放在泰山上，到了明朝中期，"李斯碑"已经受损，仅存29字。为了保护它，人们把李斯碑移到了泰山顶部的碧霞祠内。可是好景不长，到了公元1740年，碧霞祠突然着火，人们赶忙泼水灭火。火灭之后，人们进去寻找石碑，可令人吃惊的是，到处都找不到，巨大的石碑就这样神秘地消失了。

81. 最早记载李斯碑的古书是：

A 《论语》

B 《史记》 ✓

C 《汉书》

D 《秦记》

答案 81 [C] [■] [C] [D]

82. 李斯碑中赞美了谁取得的成绩？

A 李斯

B 司马迁

C 秦始皇 ✓

D 明朝皇帝

答案 82 [A] [B] [■] [D]

83. 到了哪一朝代，石碑就已被损坏了？

A 汉朝

B 唐朝

C 宋朝

D 明朝 ✓

答案 83 [A] [B] [C] [■]

84. 在碧霞祠时，李斯碑上还能认出多少字？

A 20多个 ✓

B 50多个

C 100个

D 144个

答案 84 [■] [B] [C] [D]

3_쓰기

▶ 第一部分

第一部分，共8题。每题提供几个词语，要求考生用这几个词语写一个句子。

제1부분은 총 8문항이다. 모든 문제는 여러 개의 단어가 제시된다. 응시자는 주어진 단어를 사용하여 하나의 문장을 만든다.

98. 不　我　这种事　根本　相信　有

答案 **98** 我根本不相信有这种事。

▶ 第二部分

第二部分，共2题。第一题提供几个词语，要求考生用这几个词语写一篇80字左右的短文；第二题提供一张图片，要求考生结合图片写一篇80字左右的短文。

제2부분은 총 2문항이다. 첫 번째 문항에서는 여러 개의 단어가 제시되며, 응시자는 제시된 단어들을 사용하여 80字 내외로 구성된 단문을 작성한다. 두 번째 문항에서는 하나의 그림이 제시되며, 응시자는 그 그림을 근거로 80字 내외로 구성된 단문을 작성한다.

〈例如 1〉

99. 请结合下列词语(要全部使用)，写一篇80字左右的短文。

减肥　继续　成功　骄傲　坚持

答案 **99** 略

〈例如 2〉

100. 请结合下列图片写一篇80字左右的短文。

答案 **100** 略

차례

* 답안카드 5회분

新汉语水平考试

HSK 5级

模拟试题

新汉语水平考试
HSK(五级)

注意

一、HSK(五级)分三部分：

1. 听力(45题，约30分钟)
2. 阅读(45题，40分钟)
3. 书写(10题，40分钟)

二、答案先写在试卷上，最后10分钟再写在答题卡上。

三、全部考试约120分钟(含考生填写个人信息时间5分钟)。

一、听力

第一部分

第1-20题，请选出正确答案。

1
A 很喜欢喝咖啡
B 现在有事去不了
C 同意和男人一起去
D 正在等人，一会再去

2
A 你说得对
B 我不相信
C 你等等我
D 我相信你

3
A 今天我来做菜
B 在家里吃更好
C 你做的什么菜
D 你做的不好吃

4
A 他已经出院了
B 他的父母受了伤
C 他还在进行治疗
D 没联系到他的父母

5
A 男人今年出了三次国
B 男人在美国找到工作
C 男人换了好几次工作
D 女人希望男人去美国

6
A 书店
B 商店
C 医院
D 学校

7
A 前期工作又白干了
B 这次又和以前一样
C 领导怎么总改主意
D 领导的意见是对的

8
A 上街
B 看朋友
C 买衣服
D 去商店

9
A 她不给男人面子
B 她今天不能喝酒
C 她平时从不喝酒
D 喝酒以后脸会红

10
A 商场的前边
B 银行的后边
C 商场的后面
D 银行的前边

11
A 小丽和小红很善良
B 小丽和小红长得丑
C 小丽和小红关系不好
D 小丽和小红学习不错

12
A 路上
B 商店
C 银行
D 餐厅

13
A 男人妒忌小王有女朋友
B 小王的女朋友喜欢吃葡萄
C 男人喜欢小王的女朋友
D 男人没见过小王的女朋友

14
A 3000元以上的
B 2500元以下的
C 3000元左右的
D 3000-5000元的

15
A 希望下次合作
B 希望成为朋友
C 希望出去走走
D 对对方很失望

16
A 会议是从一点半开始的
B 会议原定只开一个小时
C 会议已经开了两个小时
D 会议结束的时间不好确定

17
A 女人喜欢这里的夏天
B 金色的秋天已经到来
C 这里最近下了一场雨
D 这里的夏天又热又湿

18
A 问男人什么时候请客
B 问男人什么时候放假
C 问男人什么时候结婚
D 问男人什么时候过生日

19
A 你说得是真的吗
B 这件事挺突然的
C 这种事很有可能
D 不要相信这种话

20
A 谢力是中国人所以普通话很好
B 谢力的普通话是在中国学的
C 谢力的普通话和中国人差不多
D 谢力觉得自己的普通话差得远

第二部分

第21-45题，请选出正确答案。

21 A 感冒
B 发烧
C 咳嗽
D 头疼

22 A 商店
B 汽车站
C 飞机场
D 电影院

23 A 再等一会儿山田
B 山田现在堵车了
C 山田10分钟后就来
D 山田今天不会来了

24 A 滑冰
B 游泳
C 吃饭
D 看书

25 A 抽烟
B 旅游
C 喝酒
D 买东西

26 A 让男人先说
B 想以后再说
C 忘了要说的话
D 不希望被打断

27 A 不相信女人
B 请女人保密
C 不了解女人
D 想给人写信

28 A 法语
B 英语
C 日语
D 西班牙语

29 A 买瓜的人说自己的西瓜好
B 卖瓜的人觉得西瓜太便宜
C 卖东西的说自己的东西好
D 买东西的说自己的东西好

30 A 工作很累
B 身体不好
C 睡不好觉
D 准备考试

31 A 他不想参加婚礼
B 他不太喜欢小王
C 他同意买对花瓶
D 他建议给小王钱

32 A 花瓶
B 被子
C 钟表
D 鹅毛

33 A 今年五岁了
B 上幼儿园大班
C 上小学一年级
D 上小学五年级

34 A 追星族
B 独身的人
C 不要孩子的人
D 和父母同住的人

35 A 九月九号
B 九月十九号
C 九月二十九号
D 十月十九号

36 A 登山
B 看菊花
C 划龙舟
D 喝菊花酒

37 A 大米的颜色
B 商标的颜色
C 没有受污染
D 包装的颜色

38 A 市场
B 超市
C 食堂
D 小卖部

39 A 太阳
B 花朵
C 绿叶
D 水滴

40 A 进行罚款
B 进行整顿
C 禁止出售
D 取消资格

41 A 法国
B 德国
C 英国
D 美国

42 A 蚊子
B 蜜蜂
C 苍蝇
D 蝴蝶

43 A 甜味
B 苦味
C 咸味
D 酸味

44 A 很难过
B 很高兴
C 很害怕
D 很惊慌

45 A 妻子
B 儿子
C 小学生
D 中学生

二、阅读

第一部分

第46-60题：请选出正确答案。

46-48

妻子的生日快到了，可是今年的情况比较__46__，我不在她的身边，我在国外，她在国内。那送给她一件什么生日礼物呢？我想了又想，对了，她是个__47__，还是给她寄几本书去。__48__，收到我寄去的书后，妻子回信说她对我的礼物十分满意。

46　A　特点　　B　特色　　C　特意　　D　特殊

47　A　球迷　　B　书迷　　C　影迷　　D　棋迷

48　A　可是真没想到　　B　结果让人很失望
　　C　最让我感到意外　　D　结果跟我想的一样

49-52

领导干部要深刻认识到，自己手中的权力是人民给的，权力只能用来为人民服务，__49__不能成为获得个人利益的工具。在任何时候、任何情况__50__，每一个领导干部都要__51__，做到光明正大，一身正气，以自己的模范行动取信于民，为现代化建设做出应有的__52__。

49 A 也 B 而 C 则 D 又

50 A 下 B 上 C 内 D 外

51 A 让人民为自己服务 B 把个人利益放在首位
C 要认真考虑自己的利益 D 把人民利益放在第一位

52 A 作用 B 影响 C 贡献 D 体现

53-56

1553年，法国国王亨利二世结婚的时候，从意大利请来了一个会做冰淇淋的厨师，他能做出各种各样的奶油冰淇淋，这让法国人大__53__眼界。1560年，法国卡特琳皇后的一个厨师，为了给这位皇后换__54__，发明了一种半固体的冰淇淋。他先把奶油、牛奶、香料等混在一起，__55__再刻上花纹，这样冰淇淋的颜色很鲜艳，也更加美味可口。以后冰淇淋的种类越来越多，成为大家所__56__的一种食品。

53 A 睁 B 发 C 打 D 开

54 A 口味 B 味道 C 香味 D 美味

55 A 先后 B 之后 C 后来 D 然后

56 A 好吃 B 喜爱 C 欢喜 D 爱护

57-60

有人可能会问：中国__57__有多少个姓呢？这个问题很难回答。在很早以前，有一本__58__姓氏的小学生汉字课本，叫《百家姓》，里面收入了500多个姓，__59__，据《中华姓氏大词典》统计，中国56个民族的姓氏多__60__11969个。

57　A 始终　　B 到底　　C 终于　　D 到头

58　A 关于　　B 至于　　C 给于　　D 对于

59　A 说明中国人的姓只有100个　　B 其实中国人的姓没有这么多
　　C 所以中国人的姓只有这么多　　D 但实际上中国人的姓不止500个

60　A 有　　B 是　　C 达　　D 成

第二部分

第61-70题：请选出与试题内容一致的一项。

61 早上起晚了，穿上衣服就跑出了家门，等快到公司的时候才发现手机忘带了。回家取是来不及了，算了，就当是手机里没钱了，手机没电了，手机坏了，一天的时间，很快就会过去的。

A 他的手机坏了　　B 他的手机忘带了

C 他的手机没钱了　　D 他的手机没电了

62 留学生在学习汉语时，常会遇到一些"神奇"的词语。说它们神奇，是因为这些词语同时表示几个意思。有时这些意思之间是互相联系的，容易理解；而有时这些意思之间却相差很远，简直让人摸不着头脑。

A 表示"神奇"的词很多　　B 汉语中的词语都互相联系

C "神奇"这个词很难理解　　D 有的词语同时有几个意思

63 龙是古代人想象出来的一种并不存在的动物，它在中国文化中具有重要的地位。在长期的封建社会中，龙是皇帝和皇族的象征。"龙子、龙种"中的"龙"都是指皇帝。中国的很多民间节日也与"龙"有关，如舞龙、赛龙舟、放龙灯等。

A 龙是中国古代的动物　　B 放龙灯是皇帝的象征

C 舞龙在文化中有重要的地位　　D 在中国文化中，龙有特殊的意义

64 在给小狗喂食上是有讲究的。喂小狗和人吃饭是一样的，不能总给它吃肉，也要给它蔬菜吃，这样对健康才有好处。在喂小狗时，先给它一些菜吃，因为它饿，不得不吃，等它吃个半饱了，再给它一点儿肉或者骨头，时间长了它会觉得素食和肉食都一样好吃。

A 小狗不喜欢吃肉　　B 不要给小狗吃肉

C 不要让小狗吃饱　　D 吃菜对小狗身体好

65 家庭教育是终身教育，它从孩子一出生就开始了。孩子上小学前的家庭教育是“人之初”的教育，在人的一生中起着基础的作用。孩子上了小学、中学后，家庭教育是学校教育的基础，二者相互补充。

A 家庭教育从孩子上学开始　　B 小学教育是一生中的基础
C 学校教育是家庭教育的补充　　D 进入小学前的教育不太重要

66 春节的假期就要结束了，不少公司的司机都开始清洗企业的公车，准备迎接新的一年的工作。在黄河道的一家洗车店里，共有5辆小汽车在等待清洗。据洗车的工作人员介绍，这些车都是公车，春节期间一直停在公司里。

A 公车是指不属于个人的车辆　　B 很多司机在清洗自己的汽车
C 洗车店里洗的都是公共汽车　　D 公共汽车公司就要开始上班

67 15岁的儿子放学回家，发现妈妈躺在床上，忙走过去。“妈妈病了吗？”儿子关心地问道。妈妈无力地点了点头。“妈妈，做饭的事你不用愁，”儿子安慰妈妈，“我一定会把您背到厨房里。”

A 妈妈的腿受伤了　　B 儿子要帮妈妈做饭
C 儿子是一名学生　　D 儿子很会照顾妈妈

68 宝贝9个月了为什么还没长牙？长牙时会不会发烧？长牙时拉肚子正常吗？许多像这样的问题，给家有长牙期孩子的父母带来了很大烦恼。孩子长牙的确是件大事，因为长牙不仅影响孩子吃饭、发音，对孩子脸的发育及成人后牙齿的生长都有决定性的影响。

A 孩子长牙时一定会发烧　　B 长牙会影响孩子脸的发育
C 9个月的孩子一定会长牙　　D 孩子长牙的时候肚子会疼

69 在各种各样的笔中，只有毛笔算是地道的中国发明。作为“文房四宝”之一，毛笔是古人必备的文具。毛笔的制作历史非常久远，最早的毛笔，出现于两千多年以前的西周时期。

A 笔是由中国人发明的　　B 制作毛笔需要花很长时间
C 毛笔在西周时期就出现了　　D 毛笔是现代人必备的文具

70 端午节吃粽子，据说是为了纪念伟大的爱国诗人屈原。经过两千多年的发展，粽子的做法已经有了很大的变化。最早的粽子是用竹筒装上米，后来人们用竹叶包上米，再用线系起来。以后南方和北方逐渐形成了各自不同的风味，不但形状、大小各不相同，味道也是各种各样。

A 粽子是中秋节的食品

B 粽子的历史有2000年了

C 最早的粽子是竹叶包上米

D 粽子的味道各地都差不多

第三部分

第71-90题：请选出正确答案。

71-74

1976年1月，周恩来总理去世了。那时和中国建立外交关系的国家只有103个，但却有130个国家的领导人来电表示哀悼。几乎所有重要国家的报纸、电台都在第一时间报道了这一消息。联合国总部也降半旗表示哀悼，联合国《旗典》中规定的哀悼领导人的降半旗仪式，被第一次应用于一位现职去世的国家领导人，而且突破了《旗典》中关于降半旗最多两天的规定，一个星期的时间联合国总部上空没有升起任何一个会员国的国旗。

71 周恩来总理去世时，与中国建交的国家有多少个？

A 33个　　B 73个　　C 103个　　D 130个

72 联合国《旗典》中规定降半旗最多不超过多长时间？

A 8小时　　B 12小时　　C 24小时　　D 48小时

73 联合国为周恩来总理降半旗的时间是：

A 两天　　B 四天　　C 七天　　D 十天

74 关于周总理去世，下面哪一项没有提到？

A 周总理是第一个受到联合国降半旗哀悼的人

B 有100多个国家的领导人来电表示哀悼

C 联合国降半旗首次应用于现职去世的领导人

D 重要报纸几乎都在第一时间播报了这条消息

75-78

人们常以为月饼自古以来就与中秋节有关，其实，情况并非如此。在唐朝初年，农历八月只有初一是节日，并没有十五这个节日。相传，后来唐明皇曾于八月十五夜游月宫，这样民间才把八月十五这一天作为中秋节。到了中唐，人们开始在八月十五之夜登楼观月，而当时还没有月饼出现。月饼的出现，最早是在南宋的时候。不过当时的月饼与中秋节毫不相干，那时的月饼与现代月饼也大不相同，只不过是一种人们日常的面食。

月饼真正与中秋节联系起来是在明代。当时北京城里出现了一种以果做馅的月饼，而人们在中秋节这一天自己制作月饼，自己吃或送给亲朋好友，以表达团圆和祝贺之意。那时月饼的大小和形状各种各样，名称也很特别。有专供男人食用的月牙月饼，有只限于女子食用的葫芦月饼，还有特别为孩子们准备的"孙悟空"、"兔儿爷"之类的月饼等。月饼的制作技术，在明代就已达到很高的水平，在当时一些月饼上，已出现了很多装饰图案。

75 在唐朝初年，农历八月的哪一天是节日？

A 初一　B 初五　C 初八　D 十五

76 月饼最早出现在什么时候？

A 北宋　B 南宋　C 中唐　D 唐末

77 最早的月饼是一种：

A 水果　B 小吃　C 点心　D 面食

78 明朝时只限于女人食用的月饼是什么形状的？

A 圆形　B 方形　C 月牙形　D 葫芦形

79-83

作为班长，分发全班学生的信件是我每天的一项工作。我注意到，“多吉”的信最多，每周都有。多吉是布依族，来自贵州的贫困山区，那里交通不便，至今未通电话。那些信正是从他家乡寄来的。

一天，我又在班里分发信件，多吉听到名字后高兴地过来取信，大概是信封破了，我的手刚抬起，里面的“信”飘了出来——竟是一片树叶。

同学们好奇地问他，多吉的脸一下子红了，不好意思地说“我爸爸不在了，只有我妈，但她是个瞎子。我家就我一个孩子，妈很想我，我也想她，我用自己辅导赚的钱，给她准备了上百个写好了地址的空白信封。我对她说，如果她平安，就寄一片树叶给我。我收到信后，再把树叶寄回去，但不是一片，而是两片。干枯的树叶在水中泡一泡，两片合在一起，妈妈能吹出很好听的声音。妈妈说，那样的话，她就知道我平安了。”

79 多吉是哪个民族？

A 藏族　B 苗族　C 布依族　D 纳西族

80 关于多吉，下面哪一项不正确？

A 家里很穷　B 妈妈是盲人　C 居住在山区　D 是家中最小的孩子

81 信是谁寄来的？

A 多吉自己　B 多吉的妈妈　C 多吉的爸爸　D 多吉的哥哥

82 信封里是什么？

A 一张白纸　B 一片树叶　C 一张邮票　D 什么也没有

83 多吉每次给母亲寄回什么？

A 钱　B 特产　C 信封　D 树叶

84-86

“傻子”、“笨蛋”、“我要是你早就从楼上跳下去了”……北京青少年研究中心最近公布的教师语言调查报告显示：48%的小学生、36%的初中生、18%的高中生表示，老师在批评自己或者同学时，使用过这样的语言。

一个月以前，中国少年儿童平安行动研究会的一项调查也显示：语言伤害、同伴打斗、运动伤害是当前最急需解决的三大校园伤害问题。其中81.45%的被访小学生认为语言伤害是最急需解决的问题。与此同时，一些青少年教育关爱援助热线发现，每到期末或开学，总有不少孩子或家长打进电话，其中语言伤害是他们反映的几个主要问题之一。

84 调查报告显示约有多少小学生受到教师语言的伤害？

A 18%　B 36%　C 48%　D 81.45%

85 当前急需解决的三大校园伤害问题不包括下面哪一项？

A 运动伤害　B 同伴打斗　C 语言伤害　D 教师伤害

86 每年什么时候孩子或家长常打电话向教育机构反映教师的问题？

A 暑假期间　B 寒假期间　C 周初或周末　D 开学或期末

87-90

每年初夏6、7月份，在中国湖北宜昌以东地区有一段连续阴雨天气，这时正是江南梅子成熟季节，故称为“梅雨”。又因时间较长，空气湿度较大，物品容易受潮发霉，所以又称“霉雨”。梅雨开始称为入梅，梅雨结束称为出梅。各地入梅、出梅的时间是不一致的。入梅时间江西南部和浙江一般在5月底至6月初，长江一带在6月中旬，江苏南部多在6月底。出梅时间从6月底到7月中旬自南而北先后结束。梅雨持续时间一般约一个月左右，江苏南部约为20天。梅雨形成的主要原因是：太平洋暖气团在五、六月间北移到达长江和南岭之间，六月中旬前后到达长江两岸，这时控制江淮地区的冷气团势力还较强，冷暖气团在长江下游地区相遇，从而形成连续阴雨天气。

梅雨量的多少，入梅、出梅时间，梅雨期长短每年并不完全一致。某些年份没有明显的梅雨期，形成“空梅”，有些年份梅雨期到来时间较早，称为“早梅”，有些年份梅雨期来得较迟，称为“迟梅”。空梅、早梅和迟梅都会农业生产带来不利。入梅过早会影响夏收，造成小麦发霉，空梅或迟梅会对夏种带来不利的影响。

87 “梅雨”出现在哪一季节？

A 早春　B 晚春　C 初夏　D 夏末

88 “梅雨”开始时被称作什么？

A 入梅　B 梅来　C 来梅　D 出梅

89 出现“梅雨”的原因是什么？

A 梅子成熟　B 海洋性气候　C 冷暖气团相遇　D 地理位置形成

90 影响夏收，造成小麦发霉的原因是什么？

A 迟梅　B 早梅　C 空梅　D 烂梅

三、书写

第一部分

第91-98题：完成句子。

91 弹　孩子　感兴趣　对　钢琴

92 学习　努力　相当　他　汉语

93 病　好　一天天　妈妈的　起来

94 等　下午你　在学校门口　五点半　我

95 你那个　没　还　朋友　来　怎么

96 哪儿　从　你　买的　这么多书

97 比原来　戴上　新眼镜　多了　清楚

98 正　这个周末　我们　去哪儿玩　呢　商量

第二部分

99　请结合下列词语(要全部使用)，写一篇80字左右的短文。

错误　　改正　　勇敢　　严重　　更

100　请结合下列图片写一篇80字左右的短文。

新汉语水平考试

HSK 5级

模拟试题

新汉语水平考试
HSK(五级)

注意

一、HSK(五级)分三部分:

1. 听力(45题,约30分钟)
2. 阅读(45题,40分钟)
3. 书写(10题,40分钟)

二、答案先写在试卷上,最后10分钟再写在答题卡上。

三、全部考试约120分钟(含考生填写个人信息时间5分钟)。

一、听力

第一部分

第1-20题，请选出正确答案。

1 A 不打算买
B 颜色不好
C 价钱太贵
D 想想再说

2 A 7:45
B 8:00
C 8:30
D 8:45

3 A 旅馆
B 餐厅
C 医院
D 商场

4 A 有些担心
B 没有把握
C 一定完成
D 试试再说

5 A 不愿帮男人的忙
B 要男人有所表示
C 想知道帮谁的忙
D 担心王红不答应

6 A 李新水平很高
B 李新不想翻译
C 李新翻译不了
D 李新不会答应

7 A 孩子
B 保姆
C 领导
D 丈夫

8 A 公司老板
B 银行职员
C 学校教师
D 游泳教练

9 A 太淘气了
B 很不听话
C 笑起来了
D 哭得很凶

10 A 需要做进一步观察
B 检查结果还没出来
C 医生建议住院手术
D 病情严重需要住院

11 A 女人因为收获小而心情不好
B 女人只得到一次面试的机会
C 很多招聘单位都不招收女性
D 女人今天参加了工作招聘会

12 A 哥哥和妹妹
B 丈夫和妻子
C 医生和病人
D 两人是同事

13 A 女人和男人的区别
B 什么是最幸福的事
C 女人的婚姻和事业
D 婚姻和爱情的关系

14 A 排球
B 篮球
C 足球
D 乒乓球

15 A 赞扬
B 满意
C 羡慕
D 批评

16 A 已经有女朋友了
B 没有时间见面
C 很讨厌那个女人
D 希望马上见到她

17 A 她不想来了
B 她当然要来
C 她觉得太远
D 她认为不远

18 A 鞋
B 衬衣
C 裤子
D 手表

19 A 这次考试不太难
B 我肯定能够及格
C 我们班都及格了
D 我又考了第一名

20 A 到女人家来玩儿
B 帮助女人干活儿
C 在自己家干活儿
D 在自己家里玩儿

第二部分

第21-45题，请选出正确答案。

21 A 存钱
B 旅游
C 踢球
D 看电视

22 A 公司
B 医院
C 路上
D 食品店

23 A 生日时
B 约会时
C 告别时
D 结婚时

24 A 南京
B 北京
C 上海
D 西安

25 A 辞职
B 结婚
C 找工作
D 去学习

26 A 很伤心
B 很后悔
C 很可惜
D 很生气

27 A 感谢
B 赞扬
C 鼓励
D 讽刺

28 A 女的需要帮助
B 女的不爱说话
C 男的不想帮忙
D 男的是个经理

29 A 他没有工作经验
B 他大学生没毕业
C 公司不要大学生
D 公司不需要新职员

30 A 老板
B 老师
C 学生
D 工人

31 A 校长和老师
B 老师和学生
C 母亲和孩子
D 丈夫和妻子

32 A 老师生病了
B 他身体不舒服
C 他不想上课了
D 老师让大家回去

33 A 羡慕
B 高兴
C 激动
D 失望

34 A 到了二十一世纪，男女就能平等了
B 二十一世纪了，男女平等却还没实现
C 二十一世纪是男女平等的世纪
D 二十一世纪应大力宣传男女平等

35 A 第一次
B 第二次
C 第三次
D 第四次

36 A 企业
B 中专
C 大学
D 工厂

37 A 2名
B 5名
C 10名
D 19名

38 A 医院
B 学校
C 公司
D 歌厅

39 A 大发脾气
B 心情激动
C 问来问去
D 不和他说话

40 A 我想去玩
B 我去工作
C 朋友请我
D 一起去吧

41 A 夫妻俩经常吵架
B 妻子不喜欢丈夫
C 夫妻间不能有秘密
D 有些谎言是善意的

42 A 星期六下午
B 星期六晚上
C 星期日下午
D 星期日晚上

43 A 1:0

B 1:1

C 2:1

D 2:2

44 A 球赛的票很难买

B 比赛踢得很精彩

C 北京队先进了球

D 比赛踢了加时赛

45 A 山东队8号

B 山东队10号

C 北京队5号

D 北京队15号

二、阅读

第一部分

第46-60题：请选出正确答案。

46-49

孔子不但是一位思想家，__46__。他的一生差不多有四、五十年在__47__教育工作。他最早提出人人都应该受教育的思想，开创私人讲学，打破官府办学的局面，这在当时无疑是__48__新鲜事。孔子的教育改革与实践具有重要的社会意义，对于推动文化教育的发展起了重要__49__。

46　A　那么很喜欢改革　　B　而且是一位教育家
　　C　但是一直从事教育工作　　D　所以提出了很多新思想

47　A　当　　B　在职　　C　从事　　D　工作

48　A　条　　B　件　　C　份　　D　首

49　A　作用　　B　进步　　C　推进　　D　保证

50-53

一项最新的调查表明，越来越多的中国人正在加入到旅游__50__的行列中。北京大学去年年底对全国14座城市进行了问卷调查，调查结果__51__：有31.5%的居民去年参加了自费旅游，__52__3.4%的人自费参加了国外游；今年打算外出旅游的城市居民__53__38.2%，比去年高6.7个百分点。

50　A 人　B 者　C 家　D 众

51　A 显示　B 表示　C 表现　D 显现

52　A 之中　B 之内　C 其中　D 中部

53　A 至　B 达　C 到　D 居

54-57

亚布力滑雪场距离哈尔滨市200公里，是1996年为举办亚洲冬季运动会而__54__的。它是我国目前最大的滑雪场。亚布力滑雪场__55__有11条滑雪道，总长为30公里，其中有5公里的穿越乡村的雪道和一条2公里长的专供雪车的雪道，还有 3条专供初次滑雪的人使用的__56__雪道，及一条专为夜间滑雪者使用的夜道。__57__还专为孩子们设立了滑冰区。

54　A 创立　B 建造　C 制造　D 创新

55　A 一起　B 一共　C 一致　D 一切

56　A 独特　B 特点　C 特意　D 特殊

57　A 除了　B 除非　C 另外　D 别的

58-60

阅读速度的问题在日常阅读训练中 58 被学生和一些教师忽视。大部分学生往往会有这样的 心理：阅读速度慢了错误就会减少。一些教师也会对学生提出"只求准，不求快"的 59 。"准"与"快"的问题实际上是正确率与阅读速度的关系问题。研究发现，在这个问题上，"准"和"快"并不是矛盾的，二者并不存在反比例关系，因此教师首先要使学生清楚地认识到： 60 。

58 A 常常 B 平常 C 往常 D 常见

59 A 要求 B 标准 C 请求 D 规定

60 A 阅读速度快了错误就会增多 B 做题时一定不要速度太快
C 阅读时要注意问题的正确率 D 阅读速度快了正确率并不一定下降

第二部分

第61-70题：请选出与试题内容一致的一项。

61　有人说，19世纪是火车和铁路的时代，20世纪是汽车和高速公路的时代，而21世纪就将是电脑网络的时代。

A　19世纪是汽车的时代　　B　21世纪是网络的时代
C　20世纪是铁路的时代　　D　21世纪是高速铁路的时代

62　早上小李收到了一个陌生号码发来的短信："祝你姐姐新年快乐，越长越漂亮！"小李很奇怪，这个号码不熟悉呀？他实在感到好奇，就回短信去问："您是哪位？"短信回复说："你姐姐！"

A　小李的姐姐很好奇　　B　短信祝小李新年快乐
C　短信是小李的姐姐发的　　D　小李收到短信后很高兴

63　记者在五大道上的几家西餐厅了解到，今年不少年轻人都把和朋友过情人节的时间选在了中午。因此，西餐厅的预订情况也一改往年晚上客人多的情况，表现出中午"火"的局面。

A　情人节要去西餐厅　　B　中午西餐厅里着火了
C　情人节去西餐厅要提前预定　　D　往年情人节餐厅里晚上人多

64　中国人太奇怪了。明明很喜欢，却说"还可以"，对不喜欢的也说"过得去"。特别让我不理解的是，很少听到中国人说"谢谢"，在父子、夫妻间更是听不到。中国朋友告诉我越是不说"谢"字，说明关系越密切，说了反而显得关系不亲近，这是什么道理？

A　中国人常说"还可以"　　B　中国人很少说"谢谢"
C　中国人不喜欢说过去　　D　中国人不常说"奇怪"

65 “我们全家本来就计划利用周末时间去北京转转，这次又有了免费门票赠送，就更没有理由不参与了。”李先生说，前两天女儿收到了北京旅游景点的2张门票确认短信，所以他和妻子也打算借这个机会来个“全家春节北京游”。

A 全家春节时去北京旅行　　B 他们周末要去北京买票
C 他和妻子两个人去旅行　　D 他们得到了3张免费票

66 学习要根据学习者的心理发展规律，太容易的知识，不能激发学生的兴趣。太难的知识，学生学不会，这样会让学生有失败感，失去学习的信心。这两种心理都不利于学生学习。

A 教学要考虑孩子的心理发展规律　　B 学习的知识太难，孩子会有信心
C 学习什么主要根据学习者的兴趣　　D 学习的内容容易，孩子有失败感

67 从出现人类那天起，人们就一直梦想长出一对自由的翅膀，飞离地面，飞上蓝天，飞向遥远的太空。为了这个梦，千百年来人们做过无数的努力。本期节目就是为了纪念那些实现人类的伟大梦想而付出智慧、汗水、甚至生命的人们。

A 有了翅膀就能飞向遥远的太空　　B 每个人都梦想能长出一对翅膀
C 很多人为实现太空梦献出了生命　　D 这个节目是介绍有关太空知识的

68 经过上午紧张的工作，中午睡一小会儿，可以让大脑放松。有人说午睡10分钟，等于晚上睡2个小时。虽然午睡后下午的工作效率能大大提高，但专家建议：午睡时间不要过长，最好是一刻钟到半小时。

A 下午不工作时要午睡2个小时　　B 午睡1小时等于晚上睡2个小时
C 专家认为健康的人不需要午睡　　D 午睡时间最好在15-30分钟之间

69 宋师傅说，他主要是为老年人和残疾人提供修车的服务，并且还帮他们做些自己力所能及的事情，像搬东西、送水、打气等。“我的服务完全是义务的，只要是我能做的，一般我都不会拒绝的。”宋师傅说，“有时最忙的时候，一天能遇到五六个人来找我帮忙”。

A 宋师傅是个残疾人　　B 宋师傅是个送水工
C 宋师傅只为老人服务　　D 宋师傅提供免费服务

70 这家公司自成立以来一直不断发展，可今年经济情况却不太好。这绝不能怪工人，因为大家拼命工作的情况一点儿也不比往年差，甚至可以说，因为大家知道经济不太好，干得比以前更努力。这也更加重了总经理的负担，因为马上要过年了，以前到了年终最少加发两个月工资作为年终奖，可今年最多只能加发一个月的工资。

A 工人不努力工作

B 今年经济不太好

C 今年没有年终奖

D 工人对经理不满意

第三部分

第71-90题：请选出正确答案。

71-73

人们的生活越来越丰富多彩了。就拿看电影来说吧，从黑白电影发展到彩色电影，从无声电影发展到有声电影再到立体声电影，近几年数字电影越来越流行。可虽说如此，电影却越来越难满足人们的口味。有的电影，导演、演员辛辛苦苦拍出来，却常常受到大家的批评，而有些轻松浪漫的电影却很受欢迎。仔细想一想，这就好像喝酒一样，有人喜欢葡萄酒，有人喜欢啤酒，有人喜欢白酒，每个人口味不一样，一部电影也不可能让所有人满意。

71　现在流行的是：

A　彩色电影　　B　立体电影
C　数字电影　　D　黑白电影

72　为什么有的电影受批评？

A　观众的口味各不相同　　B　观众喜欢浪漫的电影
C　导演和演员们不认真　　D　观众喜欢轻松的电影

73　为什么说看电影就像喝酒一样？

A　说明观众一般都喜欢喝酒　　B　说明观众喜欢的都不一样
C　说明拍电影时不应该喝酒　　D　说明导演对喝酒很有研究

74-77

海洋是地球生命系统的重要组成部分，人们常把海洋和森林比成地球的肺。海洋不仅可以吸收大气中的二氧化碳，而且可以制造氧气。海洋中的植物每年可以产生大约360亿吨的氧气，大气中70%的氧气来自于海洋。

海洋处在地球表面的最低部位，所以人类排放的各种污染物通过大小河流最终流入大海。大海就像一个巨大的清洁器，不仅保持了自己的清洁，也帮助人类处理了大量的垃圾。所以，海洋又被人们称为“地球生命的保护者”。

可是有人竟然以为大海的清洁能力是无限的，不断地把污染物倒入大海，以至海洋污染越来越严重。

74 人们常把海洋和森林比作：

A 地球之胃
B 地球之肺
C 地球之心
D 地球之脾

75 大气中产生于海洋的氧气约占多少？

A 50%
B 60%
C 70%
D 80%

76 海洋为什么被称为“地球生命的保护者”？

A 它能提供大量鱼类
B 它能提供大量淡水
C 它能处理大量垃圾
D 它能吸收大量氧气

77 海洋的清洁能力是：

A 有限的
B 巨大的
C 递增的
D 无限的

78-80

在北京，从事专业速录工作的人员仅有三、四百人。由于人才难求，高级速录师的月收入已经达到了5000元左右。

一些奇怪的符号在手写速记员的眼中都是有特殊意义的词语或短语。只要经过一定的培训就可以快速录入文字了。人的语速一般是每分钟200个字，而高级速录师文字录入速度可以达到每分钟280个字。现在杭州的同步高级速录师只有十几个，很多公司都想招到速录师。

速录师的入门条件不高，只需要中等专科以上的学历就可以了，但是要成为一个专业的速录师就不仅仅是这些了。知识面，头脑的反应速度，尤其是反应速度，是制约他成材的关键。

就目前国外的情况来说，虽然语音识别技术已经非常高端，但是速记员的工作仍是不可缺少的。

78 高级速录师每分钟可录入多少汉字?

A 150字　B 210字
C 250字　D 280字

79 速录师的入门学历是:

A 小学　B 初等
C 中专　D 大专

80 要成为一名优秀速录师，必须具备哪一重要条件?

A 能吃苦　B 有知识
C 有耐心　D 反应快

81-85

奶奶住到我家的时候，已经有些神志不清。通常，奶奶在吃完午饭后都要午睡。醒来，就一个人自言自语，午饭呢，怎么还不吃午饭？弄得母亲不得不向偶尔到来的客人解释，以免别人误会。

奶奶会长时间地盯着床边的一角，然后叫着爷爷的名字，说"你往床里边坐一坐呀，一半屁股坐着，你累不累？"其实那时爷爷已经过世两年多了。奶奶的话，让人害怕。

奶奶每天都要吃药，她以为世界上的药都是治同一种病的。她经常问，怎么这些药粒都不一样呢？花那么多钱干什么？

那几年父亲的生意不好。我生病休学在家，也是天天吃药。姑姑从南京回来，看到我家的生活这么紧张 说什么也要把奶奶接走。父母不愿意奶奶走，但姑姑家的条件更好，所以最后只好答应了。

临走前，奶奶把我叫到身边。她一边笑着，一边从床角摸出了一个黑塑料袋，里面竟装满了大大小小花花绿绿的药粒。她说，这都是她每天吃药时，故意省下来的。现在让我留着慢慢吃，别再让父亲给我买药吃了，家里没钱。奶奶以为，她省下的药可以治好我的病。

奶奶在我家住了3个多月。3个多月的时间里，奶奶为我省下了100多粒药。可她并不知道，那些让奶奶的生命得以维系的药粒，对她的孙子来说毫无意义。

奶奶上车时，仍然朝我挤眼，只有我知道她的意思。

81 奶奶午睡醒来后，就会不停地说：

A 什么时候吃药　　B 孙子怎么不回来
C 怎么还不吃午饭　　D 怎么没有人管我

82 奶奶长时间地盯着床角时，常常会叫谁的名字？

A 爷爷　　B 爸爸
C 妈妈　　D 自己

83 每天吃药时，奶奶总是说：

A 药怎么这么贵　　B 药怎么不一样
C 怎么每天吃药　　D 药怎么这么苦

84 奶奶的黑塑料袋里装着的是什么？

A 零钱　　B 药粒

C 点心　　D 糖果

85 奶奶上车时，为什么一直朝我挤眼？

A 向我告别　　B 让我记着吃药

C 让我别忘了她　　D 让我去姑姑家

86-90

黎族是海南岛上最早的居民。大约在3000多年前，古百越族的一支从两广大陆这边渡过海峡到达海南岛，这就是今天黎族的祖先。后来，汉族、苗族、回族等民族相继移居海南，逐步形成海南今天的多民族聚居社会。经过历史演变，各民族的某些特征在不断被同化，但是作为本民族最基本特征的方言被世代保留和延续，形成了今天众多的海南方言。

海南话属汉藏语系汉语闽南方言，全省有500多万人使用，约占全省总人口的80%，是海南使用最广泛，使用人数最多的方言。主要分布在海口、琼山、文昌、琼海、万宁、屯昌、澄迈等市、县的沿海一带地区。在不同的地方，海南话的语音和声调有所不同，但相互之间一般可通用对话。海南话通常以文昌口音为标准音，海南各地广播、电视的海南话播音以及招考的海南话播音员一般也以文昌口音为标准音，海南的传统琼剧也以文昌口音为唱腔。

86 哪个民族是海南岛最早的居民？

A 苗族　　B 黎族　　C 汉族　　D 回族

87 海南话属于哪一方言？

A 粤方言　　B 赣方言　　C 晋方言　　D 闽方言

88 说海南话的人数占全省的比例约是多少？

A 50%　　B 60%　　C 80%　　D 90%

89 海南话以哪一地区的口音为标准音？

A 海南　　B 文昌　　C 万宁　　D 屯昌

90 海南岛的地方剧种是什么？

A 越剧　　B 琼剧　　C 沪剧　　D 黄梅戏

三、书写

第一部分

第91-98题：完成句子。

91 让我　张华　看　不　电视

92 起　下　雪　来　天上

93 回家　想　很　一点儿　早　我

94 汉语　讲得　流利　马丁的　特别

95 比我　他的个子　高　不

96 能　怎么　你　做　这样

97 这个习惯　把　要　改过来　一定

98 一点儿　可靠　他的话　不　也

第二部分

99 请结合下列词语(要全部使用)，写一篇80字左右的短文。

习惯　　开夜车　　健康　　生活　　年轻

100 请结合下列图片写一篇80字左右的短文。

新汉语水平考试

HSK 5级

模拟试题

新汉语水平考试
HSK(五级)

注意

一、HSK(五级)分三部分:

1. 听力(45题，约30分钟)
2. 阅读(45题，40分钟)
3. 书写(10题，40分钟)

二、答案先写在试卷上，最后10分钟再写在答题卡上。

三、全部考试约120分钟(含考生填写个人信息时间5分钟)。

一、听力

第一部分

第1-20题，请选出正确答案。

1 A 今天天气不错
B 今天天气不好
C 不知道天气情况
D 没听清男人的话

2 A 同意了女人辞职的请求
B 等一会再跟女人谈这个问题
C 希望女人继续留在公司里
D 等女人找到新工作后再说

3 A 我可以和你去
B 我晚上不能去
C 让我考虑一下
D 我已经吃饭了

4 A 长相不太好
B 两人还没见面
C 对男人不热情
D 对男人不满意

5 A 很一般
B 不太好
C 挺不错
D 还可以

6 A 你说的很对
B 他不一定答应
C 他已经回去了
D 让我来帮你吧

7 A 外行
B 外地人
C 外国人
D 老年人

8 A 饭店
B 商店
C 银行
D 宾馆

9 A 领导不同意让你去
B 没有人说不让你去
C 大家都说不让你去
D 有的人说不让你去

10 A 3：00
B 3：30
C 3：40
D 3：45

11 A 我有事要离开
B 没有谈的必要
C 站着谈就行了
D 我很忙，没有空

12 A 下次一定再来
B 下次绝对不来
C 这里卫生很好
D 这里条件不错

13 A 很生气
B 很伤心
C 很高兴
D 很失望

14 A 儿子说的话很幽默
B 儿子的话是开玩笑
C 儿子竟敢说这种话
D 儿子的话你别相信

15 A 在家里
B 去医院
C 去云南
D 去旅游

16 A 喝减肥茶
B 经常运动
C 吃减肥药
D 不要吃肉

17 A 女人的狗
B 女人的女儿
C 女人的朋友
D 女人的妈妈

18 A 学习压力大
B 家庭人口多
C 家里房子小
D 孩子不听话

19 A 跟不上潮流发展
B 欣赏习惯改变了
C 年龄越来越大
D 歌词不吸引人

20 A 人们每天都得吃饭
B “吃了吗”是常用语
C 中国的风味美食众多
D “吃”是最重要的事

第二部分

第21-45题，请选出正确答案。

21 A 饭馆
B 邮局
C 教室
D 电影院

22 A 在家里可以
B 在外边可以
C 在办公室可以
D 在哪儿都不行

23 A 当兵
B 去公司
C 当翻译
D 学英语

24 A 价钱是多少
B 在什么地方
C 面积大不大
D 有几个房间

25 A 书
B 服装
C 电脑
D 日用品

26 A 小王很喜欢写信
B 小王早就应该出国
C 小王已经告诉我了
D 不要相信小王的话

27 A 买菜
B 做菜
C 吃菜
D 卖菜

28 A 上网
B 打游戏
C 看电视
D 逛商店

29 A 春天
B 夏天
C 秋天
D 冬天

30 A 家里有事情
B 课程学完了
C 学期结束了
D 要外出旅行

31 A 亲爱的
B 老太婆
C 好太太
D 孩子妈

32 A 很高兴
B 很满意
C 很生气
D 很感动

33 A 亲戚
B 同事
C 朋友
D 邻居

34 A 她升职了
B 她结婚了
C 她发财了
D 她买房子了

35 A 在树上
B 在地上
C 在房子里
D 在空中飞

36 A 狐狸吃掉了小鸟
B 兔子很羡慕狐狸
C 小鸟很喜欢兔子
D 兔子被狐狸吃了

37 A 看朋友
B 买东西
C 回家乡
D 去别人家

38 A 站票
B 卧铺票
C 软座票
D 硬座票

39 A 119
B 199
C 911
D 991

40 A 伦敦
B 马尼拉
C 哥本哈根
D 巴黎

41 A 5
B 6
C 7
D 8

42 A 北京
B 上海
C 成都
D 广州

43 A 80年代初
B 80年代中
C 80年代末
D 90年代初

44 A 学生来自高收入家庭
B 师资力量强
C 全日制住读
D 学习条件优越

45 A 全局意识
B 商业意识
C 投资意识
D 风险意识

二、阅读

第一部分

第46-60题：请选出正确答案。

46-51

每__46__头发都有一定的寿命，平均是二至四年，__47__，然后由新生的头发所代替。随着年龄的__48__，人头发的根部开始衰老，特别是到了老年，老的头发落下后，新生的头发不易长出，__49__长出头发，也比原来的要细要脆。要想__50__脱发，除了多吃维生素含量丰富的食物和少吃油腻食物以外，也可以__51__服用维生素A和维生素B等。

46 A 棵 B 支 C 条 D 根

47 A 从此不再长出来 B 每年都要定时脱落
C 人的头发长得很快 D 到了时间会自然脱落

48 A 增强 B 增加 C 老化 D 扩大

49 A 即使 B 既然 C 立即 D 马上

50 A 预计 B 预防 C 免得 D 以免

51 A 合适 B 适应 C 适合 D 适当

52-56

术语是一种重要的社会语言现象，是随着语言的产生__52__产生的。现在随着术语规模的不断扩大和人们认识的不断加深，对它的研究已经不仅限于词汇学中的术语词，进而上升成为一门__53__的应用语言学学科——术语学。在术语学中，中医学术语是一个重要的__54__部分，这一方面的术语广泛而丰富，__55__。近年来由于科学技术的发展与普及，国际标准化活动的开展与推广，以及中医对外__56__的不断加强和深入，对它的研究才逐渐引起人们的重视。

52 A 和 B 而 C 又 D 跟

53 A 独立 B 孤独 C 独自 D 独身

54 A 组织 B 完成 C 组成 D 造成

55 A 但人们一直忽视对它的研究 B 人们一直很重视对它的研究
C 大量研究者从事这方面的研究 D 所以很多人不喜欢这方面研究

56 A 交换 B 交际 C 交替 D 交流

57-60

开封市位于河南省东部，是我国的七大古都之一，是国家级历史文化名城。

开封历史__57__，早在北宋时期这里就是全国的政治、经济、文化__58__，也是世界上最繁华的都市之一。各个朝代的交替__59__开封留下了众多的文物古迹：开封的古建筑群风格鲜明多样，宋、元、明、清、民初各个时期特色齐备，龙亭、铁塔、相国寺等古迹，再现了北宋时期京城的风貌。

开封还是著名的书画之乡、戏曲之乡。历史上曾__60__过“苏、黄、米、蔡”四大书法派系，也是豫剧的发源地之一。到开封游古迹之余，您可以去当地的书画院或小剧场走走，也许会有意想不到的收获呢。

57	A 多长	B 悠久	C 好久	D 永远
58	A 中部	B 中间	C 之中	D 中心
59	A 对	B 向	C 给	D 往
60	A 产生	B 生产	C 发生	D 出生

第二部分

第61-70题：请选出与试题内容一致的一项。

61 马丁通过打篮球认识了一个中国朋友，叫王强。王强学习西班牙语已经有四年了，不过是在中国学的。马丁尽管只学过1年汉语，但是在中国学的，所以他说汉语比王强说西班牙语流利得多。

A 王强以前在西班牙学习　　B 马丁学习汉语已经四年了

C 马丁是王强的西班牙语老师　　D 马丁的汉语比王强的西班牙语好

62 秋天是北京最好的旅游季节，气温不高也不低。要是登上山，从山顶往下看，到处是各种颜色的花草树木，红的、黄的、绿的都有，好看极了。可惜秋天太短，冬天很快就来了。在寒冷的冬天里，人们都盼望着春天。不过春天风沙太大，有时候吹得人连眼睛都睁不开。

A 冬天的风沙很大　　B 春天时间太短了

C 秋天气温不高也不低　　D 夏天是最好的季节

63 4岁的孩子问爸爸什么是婚姻，爸爸拿出结婚照片和婚礼录像带给孩子看，孩子看到爸爸和妈妈穿着漂亮的衣服在一起，有祝贺的人群，有音乐……等孩子看完，爸爸问道："现在你明白了吗？""明白了"孩子说道，"妈妈就是从那个时候开始来我们家干活的。"

A 孩子想看录像带　　B 孩子想知道婚姻是什么

C 孩子参加了父母的婚礼　　D 爸爸找来打扫房间的人

64 据英国报纸介绍，美国一位科学家最近正在研制一种可以让人活到100岁的药物。这一发明将解决人类健康长寿方面的重要难题，从而大大提高人类的平均寿命，但是很多读者对药物的成分和治疗效果都表示怀疑。

A 这种新药物能让人活到100岁　　B 研制药物的是一位英国科学家

C 读者们对科学家本人表示怀疑　　D 这种使人长寿的药物正在销售

65 把面和冷水和在一起，做成大面团，盖上湿布或毛巾，放一小时左右，用刀切成很多的小面团，这就是做饺子面皮的原料。注意面不要太软或者太硬，太软的话包的饺子容易煮破，太硬的话吃起来口感不好。

A 做面团时不要放冷水
B 软面皮包的饺子很好吃
C 硬面皮包的饺子容易煮破
D 包饺子时面不能太硬或太软

66 马丽是5个子女中最小的，也是最聪明的一个。她爸爸是一名中学教师，收入不高，妈妈身体不好，她是由大姐照顾长大的。可是，妈妈和大姐都在她不到10岁时就去世了。这样的家庭环境和生活环境不仅培养了她独立生活的能力，也使她的性格非常坚强。

A 马丽只有一个姐姐
B 马丽的妈妈从小照顾她
C 马丽的爸爸是小学老师
D 马丽独立生活的能力很强

67 绿色食品在中国是对无污染的安全、优质、营养类食品的总称。是指按特定生产方式生产，并经国家有关的专门机构认定，准许使用绿色食品标志的无污染、无公害、安全、优质、营养型的食品。

A 有营养的食品都是绿色食品
B 绿色食品都是安全无污染的
C 绿色食品是所有绿色蔬菜的总称
D 安全、优质的食品都是绿色食品

68 李红来到我们这里学习已经3年了，她热情、活泼，热爱跳舞。为了提高跳舞水平，她的所有时间几乎都是在训练厅里度过的，连星期天也不休息。她希望能给观众留下几个美好的艺术形象。

A 李红非常喜欢跳舞
B 观众非常喜欢李红
C 李红已经工作3年了
D 李红只有星期天休息

69 科学家经过研究发现：人在早上起床后和晚上睡觉前这两段时间的记忆力最好。因为早上起床后，大脑经过一夜的休息，刚开始工作，最有活力，这时最适合背诵。而睡觉前，学习的内容进入大脑后就人就睡觉了，很少受其他影响，所以也不容易忘。

A 人们应该早睡早起　　B 睡前学习容易忘

C 大脑晚上最有活力　　D 早上记生词最好

70 相声一般可按表演人数的多少分为单口相声、对口相声和群口相声等，其中对口相声最为常见。对口相声是由两个演员合说的，两个人通过你一句我一句的问答，运用幽默的语言以及表情、动作等，以达到逗笑观众的目的。

A 群口相声是两个人合说的　　B 按表演人数，相声分为两类

C 相声的最终目的是让观众笑　　D 单口相声是相声中最常见的

第三部分

第71-90题：请选出正确答案。

71-74

马上就要过春节了，一对老夫妻开始整理房间。在打扫阳台时，他们发现了一张洗衣店开出的取衣单，单子上取衣服的日期已经过去两年了。夫妻俩都笑了，回忆当年是谁忘了取衣服。

“也许是你的大衣，或者是西装，也许是我的毛衣，谁知道呢！”妻子说着，就要把取衣单扔掉。“等一下”丈夫拦住了妻子，“我们可以去试一下，这事怪有意思的。”

于是，夫妻俩下了楼，来到那家洗衣店，把单子交给服务员，要求取衣服。服务员仔细地看了看单子，对他们说：“请稍等，我现在就到后面去找一找。”大约10分钟以后，他们听到服务员在喊：“找到了，衣服找到了！”

“不是开玩笑吧？”夫妻俩对望了一眼，谁会都想不到过了这么长时间，忘记取的衣服还会放在店里。可是那个服务员空着手回到柜台前。“我们的衣服呢？”丈夫奇怪地问。“对不起，先生，我们的活儿太忙，您的衣服还没来得及洗呢！”

71 这对夫妇在哪儿找到了取衣单？

A 厨房　　B 阳台　　C 杂志里　　D 口袋里

72 取衣单的衣服应该什么时候去取？

A 春节前　　B 1年前　　C 2年前　　D 前几天

73 这对夫妇洗的是什么衣服？

A 大衣　　B 毛衣　　C 西装　　D 不记得了

74 他们的衣服还在洗衣店吗？

A 不在，洗衣店弄丢了他们的衣服　　B 在，他们取回了自己的衣服

C 不在，洗衣店不负责长期保管　　D 在，但是洗衣店还没有洗好

75-80

五官与身体的五脏是密切相关的。

眼角发干、眼睛经常看不清东西，这是肝脏功能衰弱的预报。如果按一按肝脏的四周，可能会有发胀的感觉。这时要及时去看医生，而且还要注意用眼卫生，有时用眼不当也会影响到肝脏。

声音也听不太清楚、耳朵里总是有响声、出现脚痛、尿频等症状的话，这可能是肾功能逐步衰弱的信号。工作过于劳累的人尤其要注意休息，少饮酒，少吃姜、辣椒等刺激性强的食物。

嗅觉不灵敏、经常咳嗽、有时甚至呼吸困难，这可能是肺脏功能逐步衰弱的信号。病人首先要注意饮食，戒烟或者控制吸烟量，也不要和经常吸烟的人在一起，多吃新鲜瓜果和蔬菜，加强体育锻炼。

嘴唇感觉麻木、身体日渐消瘦，这可能是胰脏功能在逐步衰弱，主要是饮食失调的结果。由于胰脏不好，便会影响到胃。当胃受到损害时，嘴唇就会明显地变得干燥、麻木。这时除了调整饮食外，还要注意不要吃生冷、油腻的食品。

如果尝不出味道，还伴随着失眠等症状，这意味着心脏功能可能受到了损害。当口中发干、尝不出食物的滋味时，尤其要小心心脏疾病。

75 肝脏和哪个器官的关系较为密切？

A 嘴　　B 眼睛　　C 耳朵　　D 鼻子

76 下面哪一项不是肾功能衰退的表现？

A 尿频　　B 脚疼　　C 听力下降　　D 常常出汗

77 肾脏功能较弱的人应该：

A 多饮酒　　B 多吃姜　　C 多休息　　D 多吃辣椒

78 当经常咳嗽，嗅觉也不太灵敏时，可能是身体哪里出了问题？

A 肝脏　　B 心脏　　C 肺脏　　D 胰脏

79 胰脏功能不好的原因是：

A 压力过大　　B 饮食失调　　C 吸烟过多　　D 过量饮酒

80 如果味觉减退，并且常常失眠，有可能会引起哪类疾病？

A 肝炎　　B 肾病　　C 心脏病　　D 高血压

81-85

2006年1月13日，中国围棋第四个世界冠军诞生了。他就是28岁、第一次打入世界大赛决赛的"小猪"罗洗河九段，他在第十届三星杯决赛中，击败了世界第一人——"石佛"李昌镐，成为继马晓春、俞斌、常昊之后中国围棋第四位世界冠军。

这一胜利具有重要意义。要知道，从1992年16岁的韩国神童李昌镐第一次夺得世界冠军那一刻起，世界棋坛就此跨入"石佛时代"。此后的14年，李昌镐一直少有对手。

也许是因为164的智商，也许是少小离家开始训练生活，三星杯的新冠军"小猪"罗洗河是那么与众不同。虽然拿到了世界冠军，但他脸上绝对看不到狂喜。

中国人5次冲击三星杯，只有小猪得胜。小猪这一胜意义重大，以至于大到"石佛时代已经被小猪结束了吗"？答案非常肯定："NO！""李昌镐时代远没有结束，真正将李昌镐请下台，最少还需要两三年。"中国棋院王汝南院长这样说。

81 罗洗河中国围棋界第几个获得世界冠军的？

A 第四个 B 第五个 C 第九个 D 第十四个

82 罗洗河的外号是什么？

A 石佛 B 小猪 C 神童 D 第一人

83 在这次决赛中，罗洗河的对手是哪国选手？

A 印度 B 日本 C 韩国 D 中国

84 罗洗河的智商是多少？

A 140多 B 150多 C 160多 D 180多

85 彻底战胜石佛至少要多长时间？

A 一年 B 两三年 C 五六年 D 十年

86-90

我每年都按系里的要求，指导十多个学生的阅读和写作。这些学生从中学进入大学不久，读完一部名著想到的问题往往是：这部作品表现了什么思想，体现了作家的什么态度。然后他们就会说这本《源氏物语》有什么好看的？对这个雨果，我怎么没感觉呢？

在解决这些问题前，我通常会推荐他们阅读纳博科夫的《文学讲稿》。纳博科夫是一位多才多产的作家，他也曾在大学教文学课。我的小说家朋友王小波生前送给我这本《文学讲稿》，他说应该像这样来上课。记得他不动声色地复述了里面的一个故事：纳博科夫的一个学生在发下来的试卷里找不到自己的那份，最后不得不找到老师面前，老师变戏法一样取出她得了97分的卷子，说："我想看看天才长得什么样。"

我看了纳博科夫出的一些考试题，关于《包法利夫人》，考试题共有18个，其中有这样一些：讨论福楼拜对"以及"这个词的用法；爱玛读过什么书，至少举出四部作品及其作者；描述爱玛的眼睛、双手、阳伞、发型、衣着和鞋子。

老实说，《包法利夫人》我是看了，但这些题目我全答不上来，除非带着这些问题再读它，至少读五遍。但是，对于真正的好书，如果不是这样阅读，又如何能体会文学想象的妙趣呢？

86 根据短文，说话人的职业是：

A 作家　B 教师　C 编辑　D 评论家

87 说话人常把哪本书推荐给别人看？

A 《洛丽塔》　B 《源氏物语》
C 《文学讲稿》　D 《包法利夫人》

88 第2段画线部分的"多产"是指：

A 作品多　B 收入高　C 水平高　D 地位高

89 纳博科夫为什么不发给考得最好的学生试卷？

A 想留作纪念　B 找不到试卷了
C 想看看谁这么聪明　D 喜欢看学生着急的样子

90 说话人认为对一本好书，至少应该读几遍？

A 两遍　　B 三遍　　C 四遍　　D 五遍

三、书写

第一部分

第91-98题：完成句子。

91 吗　你　这瓶酒　喝下　能

92 爷爷　走走　去　想　外边

93 一定　学好　你　汉语　能

94 能力　他们俩的　差不多　都　和水平

95 向你的家人　问好　替　我　请

96 叹　王经理　了　轻轻地　一口气

97 半年前　5公斤　胖　比　我现在

98 把　要　一定　这件事　干好　我

第二部分

99 请结合下列词语(要全部使用)，写一篇80字左右的短文。

朋友　　帮助　　选择　　问题　　爱好

100 请结合下列图片写一篇80字左右的短文。

新汉语水平考试

HSK 5级

模拟试题

新汉语水平考试
HSK(五级)

注意

一、HSK(五级)分三部分:

1. 听力(45题,约30分钟)
2. 阅读(45题,40分钟)
3. 书写(10题,40分钟)

二、答案先写在试卷上,最后10分钟再写在答题卡上。

三、全部考试约120分钟(含考生填写个人信息时间5分钟)。

一、听力

第一部分

第1-20题，请选出正确答案。

1 A 男人说话有趣
B 男人新买了MP3
C 男人不够时尚
D 男人在赶时髦

2 A 这么远，为什么不坐车
B 你怎么突然来到这里
C 你是怎么来到这里的
D 不欢迎你到我这里来

3 A 20人
B 100人
C 200人
D 500人

4 A 父母
B 同学
C 朋友
D 妻子

5 A 今天当然不去
B 今天一定要去
C 哪天去都可以
D 哪天都不能去

6 A 现在走还有点儿早
B 现在走已经太晚了
C 想知道现在的时间
D 让女人别忘了戴表

7 A 医院
B 商店
C 街道
D 饭店

8 A 3：30
B 4：00
C 4：30
D 5：00

9 A 女主角很漂亮
B 音乐非常好听
C 男主角演得好
D 中国特色鲜明

10 A 生意
B 工作
C 恋爱
D 学习

11 A 提前得到的消息
B 道听途说的消息
C 广播里说的消息
D 不重要的消息

12 A 他做了两个菜
B 他做菜很不错
C 他做了很多菜
D 他做菜不太好

13 A 小丽刚才去了医院
B 小丽希望能够减肥
C 有一种家具在促销
D 小丽的工作很辛苦

14 A 经理叫老刘去外地
B 老刘现在正在外地
C 经理要去外地出差
D 老刘叫经理快回来

15 A 李红有事不来了
B 李红没带电话机
C 李红可能进去了
D 李红一定会来的

16 A 买新车合适
B 不应该买车
C 买哪种都行
D 买二手车更好

17 A 婚姻是现实的
B 婚姻应该浪漫
C 恋爱是浪漫的
D 婚姻不同于恋爱

18 A 他马上要去德国
B 他去过一次德国
C 他还没去过德国
D 德国之行让他难忘

19 A 我妈妈喜欢买衣服
B 我不喜欢这种样式
C 我越来越讨厌妈妈
D 我喜欢便宜的衣服

20 A 他不舒服
B 学校停课
C 老师病了
D 下午没课

第二部分

第21-45题，请选出正确答案。

21 A 男人做得不好
B 想去饭店吃饭
C 这个菜很好吃
D 自己不想做菜

22 A 男人已经工作了
B 男人是学经济的
C 男人打算找工作
D 男人今年大学毕业

23 A 散步
B 上网
C 看比赛
D 看小说

24 A 环境好
B 味道好
C 价格便宜
D 服务员漂亮

25 A 生病了
B 累坏了
C 要帮忙
D 出差了

26 A 去留学
B 学英语
C 去出差
D 去工作

27 A 十点半
B 十一点
C 十二点
D 一点

28 A 给孩子吃
B 给爱人吃
C 给小狗吃
D 有客人来

29 A 不太精彩，但是票价不贵
B 特别精彩，而且票价不贵
C 特别精彩，但是票价很贵
D 不太精彩，而且票价很贵

30 A 四点以前
B 七点半以前
C 八点以后
D 十点以前

31 A 明天有考试
B 这两天很忙
C 考试没考好
D 不喜欢看表演

32 A 今天下午
B 明天上午
C 后天下午
D 大后天上午

33 A 米饭
B 饺子
C 面条
D 豆腐

34 A 父女关系
B 夫妻关系
C 母子关系
D 姐弟关系

35 A 老师
B 学生
C 厨师
D 工程师

36 A 家离饭店很远
B 在外边吃很贵
C 这里没有食堂
D 不喜欢食堂的菜

37 A 我
B 小张
C 小唐
D 我和小唐

38 A 吃惊
B 遗憾
C 兴奋
D 难过

39 A 500多
B 1000多
C 5000多
D 10000多

40 A 100元
B 200元
C 300元
D 400元

41 A 学习
B 旅行
C 参观
D 看朋友

42 A 10块
B 20块
C 50块
D 100块

43 A 非常有意思
B 牙齿活动了
C 和人吵架了
D 去医院看牙

44 A 没听见他的话
B 不想和他聊天
C 误会了他的意思
D 没时间和他打招呼

45 A 我的朋友不会说普通话
B 我的朋友听不懂售票员的话
C 我的朋友告诉售票员自己很有钱
D 看到售票员生气的表情，朋友很害怕

二、阅读

第一部分

第46-60题：请选出正确答案。

46-50

中国人自称为龙的传人。龙是古代人想象出来的一种在世界上并不 46 的动物，它在中国文化中具有重要的地位。在长期的封建社会中，龙是皇帝和皇族的 47 。"龙子、龙种"中的"龙"都是指皇帝。中国的很多民间节日也与"龙" 48 ，如舞龙、赛龙舟、放龙灯等。在汉语中 49 龙的成语也特别多，如龙飞凤舞、龙马精神、龙争虎斗、藏龙卧虎、望子 50 龙、生龙活虎、叶公好龙等。

46 A 活　B 有　C 在　D 存在

47 A 部分　B 代替　C 角度　D 象征

48 A 无关　B 关系　C 关心　D 有关

49 A 关于　B 对于　C 由于　D 相似

50 A 当　B 变　C 成　D 是

51-55

随着我国经济的持续＿51＿、改革开放的不断深入，以及与世界各国文化＿52＿的不断增多，在世界＿53＿内逐渐形成了一股“汉语热”。几年来，“汉语热”持续生温，并发展到中国传统医学、文化艺术、历史等很多方面。＿54＿是近年来出现的“中医热”，使我国中医院校的留学生人数由几百名猛增到目前的近万名，＿55＿。

51 A 增加 B 加快 C 发展 D 进步

52 A 交换 B 交替 C 交际 D 交流

53 A 范围 B 位置 C 空间 D 条件

54 A 特殊 B 特意 C 特别 D 特产

55 A 可见留学生喜欢来中国 B 吸引留学生学习汉语
C 丰富了留学生的人数 D 并且人数还在不断增加

56-60

日落时分，我在海边散步，望见远处的海岸边也有一个人。我__56__那个人不停地弯腰又站起，好像正从沙滩上捡东西又扔回海里去。时间一分一秒地过去，__57__。

__58__我靠近时，才知道那个人是把海水冲上岸来的海星一个一个地扔回海里。我感到十分奇怪，于是走到那个人身边问他“你好，请问您在做什么呢？”那人回答“我把这些海星丢回海里。你看，现在已经退潮了，如果我不把它们丢回去，它们就会__59__缺氧而死在这里。”

我当然能了解这种情况，但仍感到奇怪，“海滩上有成千上万的海星，您不可能把它们全都扔回海里去啊？您难道看不出来，这样做并没有什么用。”

那人微笑，仍是弯下腰再一次拾起一只海星。当他把海星丢回海里的时候，嘴里自言自语地说：“又__60__了一只海星的命运了。”

56 A 发明 B 发现 C 发展 D 发挥

57 A 那个人仍然不停地朝大海扔着 B 那个人终于停止向海里扔东西
C 那个人一直不停地向大海走去 D 那个人突然飞快地开车离开了

58 A 离 B 对 C 从 D 当

59 A 为 B 因 C 由 D 以

60 A 改变 B 变化 C 变为 D 改正

第二部分

第61-70题：请选出与试题内容一致的一项。

61　儿子初中毕业后考上了驾驶学校，要去学习开汽车了。这可把他的父母愁死了。“学习什么不好，非要学开汽车，这多危险啊！要是出了危险怎么办？”可无论两位老人怎么劝说，儿子反正只有一句话：“这是我自己的决定，你们别管！”

A　开汽车很不好学　　　　B　儿子开车出了事
C　儿子学习成绩不好　　　D　儿子坚持要学开车

62　在地铁站等地铁时，我一边看报纸一边戴着耳机听音乐。过了一会儿，有个人把头靠近我肩膀看我的报纸。我笑着把报纸给他，说：“你拿去看吧，我已经看完了。”可那个人并没有接报纸，而是不好意思地说：“我不是看你的报纸，我在听你听的歌，那是我最喜欢的歌。”

A　我在地铁上看报纸　　　B　我在地铁站听音乐
C　有个人想借我的耳机　　D　有个人和我一起看报

63　有一天父亲带着儿子去看一个朋友。他们刚走出家门不远，父亲觉得脚上的鞋很不舒服，走起路来一脚高一脚低。父亲坐在地上把鞋脱下来，发现两只鞋的鞋跟一薄一厚，原来是他出门以前没有注意，穿错了。父亲对儿子说：“快把这两只鞋拿回家，给我换一双鞋来。”

A　父亲穿错了鞋　　　　B　父亲的鞋坏了
C　父亲忘了带鞋　　　　D　父亲的脚受伤了

64　我的英语老师是美国人，叫马丁。他会说汉语，但不会写汉字。他说他对中国很感兴趣，所以大学一毕业就来到了中国。生活上有什么不懂的事，他常问我。我也很愿意把中国的历史和文化知识讲给他听。

A　马丁经常给我讲美国的事情　　B　我愿意给马丁讲中国的历史
C　我很想了解美国的历史和文化　D　马丁对中国的汉字非常感兴趣

65 我从小就喜欢体育，以前上学时我的体育成绩一直很好。体育锻炼不仅给了我健康的身体，对我唱歌也帮助很大。比如长跑就提高了我的肺功能，而肺功能的加强对我唱歌的帮助是巨大的。

A 唱歌和体育锻炼没有关系
B 喜欢运动的人唱歌也很好
C 体育运动对唱歌有重要作用
D 唱歌对体育成绩有很大影响

66 小王和小张是好朋友，一天他们去爬山，突然遇到了一只老虎。小王赶紧蹲下系鞋带。小张很奇怪，问道："你干嘛呢，系鞋带也跑不过老虎啊！"小王说："我只要跑得比你快就行了"。

A 小王原来没穿鞋
B 两人不是真朋友
C 两个人要杀老虎
D 两人要和老虎赛跑

67 现在孩子越来越少，小学招生越来越难。我家附近的白云小学，因为不是重点小学，最近几年这个学校招生情况很不理想，今年一年级才招到50名新生。再这样下去的话，几年后学校就很危险了。

A 现在小学招生情况不好
B 现在重点小学越来越少
C 现在孩子上小学很危险
D 白云小学共有50名学生

68 哈尔滨冰雪节是当地第一个地方性的法定节日，全市放假1天。这样哈尔滨人每年都比其他地方的人多休息1天。自1985年创办冰雪节以来，哈尔滨每年都吸引了大批海内外游客前来观光，欣赏冰灯、冰雕等，参加丰富多彩的冰雪活动，大大提高了城市在国际上的知名度。

A 冰雪节每两年举办一次
B 第一届冰雪节在1986年
C 大批游客参加冰雪节活动
D 冰雪节时全国都休息1天

69 “早吃饱、午吃好、晚吃少”这句话强调了早饭在一日三餐中的重要地位，许多同学都知道其中的道理。但是实际生活中，仍有近20%的学生不吃早饭，这样对身体伤害很大。即使吃早饭的学生也因一些人对早饭的重要性认识不够，不能合理安排早饭的营养，而影响学生的身体发育。

A 早饭一定不要多吃
B 不吃早饭伤害身体
C 早饭在三餐中最重要
D 有30%的学生不吃早饭

70 春节就要到了，按照传统风俗，老人又要给孩子们压岁钱了。压岁钱的钱数在前些年还比较少，而且只限于亲戚之间。现在不同了，已经扩大到了邻居、同事、朋友甚至更广的范围，钱数也成倍增长。

A 以前老人不给孩子压岁钱
B 现在压岁钱只限于亲戚之间
C 现在压岁钱的钱数越来越大
D 中秋节时老人要给孩子压岁钱

第三部分

第71-90题：请选出正确答案。

71-74

地球总水量约为14.1亿立方公里，但其中淡水只占3%，而且淡水中的87%被封闭在冰川、大气、地层中。20世纪以来，全球人口增长了3倍，经济增长了20倍，用水量增长了10倍。同时，由于生产和生活废水急增，而且不经处理直接排入水体，更加重了水资源匮乏这一全球性危机。

中国水资源总量约2.8万亿立方米，但人均占有量只排在世界第121位，是世界人均占有量的1/4。此外，我国水资源空间分布很不均匀，南方多而北方少。重经济发展而轻环境保护又导致许多地区出现严重的水体污染，因此，水资源问题也成了我国社会和经济发展中的重大问题。

71 世界上淡水约占地球总水量的多少？

A 1%　B 3%　C 5%　D 8%

72 20世纪以来，全球人口增长了几倍？

A 2倍　B 3倍　C 10倍　D 20倍

73 中国水资源空间分布很不均匀，主要表现为：

A 南多北少　B 东多西少　C 南少北多　D 东少西多

74 在中国，重经济发展而轻环境保护导致了哪一严重问题？

A 水价上涨　B 饮水危机　C 水体污染　D 水资源浪费

75-76

现在流行"情侣消费"，商人们看准年轻恋人购物的这种心理，"温柔一刀"斩得颇到火候。也难怪，绝大多数男性消费者在购买商品时都比较干脆，如果身旁有佳人陪伴，往往为了面子而不愿讨价还价。于是，越来越多的女性开始"讲价不带男友"。

某公司的张小姐在和男友购物中，看中一套标价为580元的名牌时装，张小姐就和老板讲起价来，可老板报出480元后再不肯让步，男友见了，就如数付给了老板。几天后，当张小姐听说同事指花了300元就购得相同时装后，差点儿没气昏过去。

在银行工作的高先生对此也有同感。他和女朋友外出购物时，一般都由女友单独和售货员商量价钱，而他一般等在外面，有时还以局外人的身份帮助女友还价，这样常会取得出奇制胜的效果。

75 为什么很多女性"讲价不带男友"？

A 怕自己缺乏勇气
B 担心男友不会讲价
C 怕还价没有面子
D 担心自己多花钱

76 由这段文字可知：

A 男人购买商品时一般不讲价
B 张小姐在和男友购物时不讲价
C 情侣购物时，一般男友负责讲价
D 在购物时，由高先生与商家讲价

77-81

相声有说的有唱的，这说的呢，有群口的相声，也有俩人说的相声，我一个人往这一站呢，今天表演的叫小笑话。

我们家楼上，四楼，住着这么两户人家，门儿对着门儿。一家姓张，一家姓李。张家和李家都是两口子带一个孩子。可是张家的日子越过越红火，去年安了空调，今年又给孩子买了电脑。李家那位大哥呢，心里纳闷儿，就跟他妻子说："你说张家跟咱工资收入都差不多，人家的日子是怎么过的，明天你去问问，他们家日子怎么过的。"第二天这俩女人正好在楼道里碰上了，于是李家大姐就问："张姐，你们家的日子怎么过的呢？你看，咱收入差不多，你们家又安空调又买电脑的，您给我们说说，我学学。""这好学啊。我告诉你呀，这过日子啊，吃不穷、花不穷，计算不到就受穷。""那您这日子是怎么计算的呢？""我告诉你就一句话，就一句话。""您赶紧给我说说这一句话是怎么一个经验呢？""我告诉你呀，自从我们两口子结婚以后，一三五吃孩子姥姥，二四六上他奶奶家吃去。"

77 群口相声是指：

A 小笑话　　B 一个人说的相声

C 两个人说的相声　　D 多人合说的相声

78 第2段画线部分的"纳闷儿"是指：

A 生气　　B 高兴　　C 奇怪　　D 客气

79 第2段画线部分的"计算"是指：

A 节省　　B 计划　　C 商量　　D 存钱

80 张家的日子越过越好是因为：

A 挣钱多　　B 靠父母　　C 会节省　　D 人口少

81 关于张、李两家的情况，下面哪一项是错误的？

A 都住在四楼　　B 都是三口人

C 都买了电脑　　D 收入差不多

82-86

深圳人什么都敢想，什么都敢做。在中国航空航天展开幕的时候，中国民航史上最短的航班——深圳至珠海航班也将在深圳人手中诞生了。令主办者感到意外的是，首航中家庭订座竟占了一大半。深圳市航天航空服务公司明天将采用包机的形式，使用波音737客机，将深圳参观者从深圳机场运至珠海机场，飞行时间只需15分钟。目前这一航班已获得民航管理局和机场的批准，并将以最短航程的航班载入中国民航史册。开通深珠航班其实是由一个玩笑引起的。在珠海举办的航展推广会上，一位贵州客人询问怎么看航展最快，珠海人开玩笑说坐飞机最快。说者无意，听者有心。与会的航天航空负责人产生了开通深圳至珠海航班的想法。结果此举获得了民航部门及珠海方面的大力支持。一路大开绿灯，在一个月内办齐了所有手续。

82 这次航展的举办地是：

A 广州 B 深圳 C 贵州 D 珠海

83 中国航程最短航班全程的飞行时间是：

A 15分钟 B 20分钟 C 25分钟 D 30分钟

84 首航班机的机型是：

A 麦道 B 比尔 C 波音 D 空客

85 首航旅客的费用大都由谁来支付？

A 航展的主办者 B 深圳航空公司
C 坐飞机的乘客 D 珠海民航部门

86 “一路大开绿灯”是指：

A 提供各种方便 B 工作不负责任
C 做事不加考虑 D 动作迅速干脆

87-90

钱玄同是我国著名语言文字学家、教育家，自30年代起，他一直担任北京师范大学的教授。1936年，他在北师大中文系讲授音韵学。一天，当他讲到"开口音"和"闭口音"的时候，一个学生请他举个例子。钱先生幽默地讲到：北京有个唱大鼓的女演员，长得很漂亮，特别是长着一口洁白而整齐的牙齿，十分引人注目。没想到在一次交通事故中，女演员掉了两颗门牙。在假牙补好以前，每当应邀参加宴会时，因为怕破坏了形象，所以坐在宾客中尽量避免张口说话，万不得已才答话。当别人问话时，她一律采用"闭口音"回答，避免"开口音"，以此来遮丑。

"你贵姓？"——"姓吴"。

"多大年纪？"——"十五"。

"家住在哪里？"——"保定府"。

"干什么工作？"——"唱大鼓"。

以上的回答都是用"闭口音"，可以不露牙齿。

等到这位女艺人的假牙补好了，再与人交谈时，就全部改成"开口音"了。

"你贵姓？"——"姓李"。

"多大年纪？"——"十七"。

"家住在哪里？"——"城西"。

"干什么工作？"——"唱戏"。

87 钱先生讲授什么课程？

A 大鼓　　B 音乐　　C 教育学　　D 语言学

88 在授课中，学生提出了一个什么问题？

A 让他讲一个幽默故事　　B 让他唱一段北京大鼓

C 想向他学习北京大鼓　　D 解释"开口音"和"闭口音"

89 文中画线部分的"万不得已"是指：

A 万一　　B 不可能　　C 不得不　　D 怪不得

90 应邀参加宴会时，女演员为什么采用"闭口音"？

A 牙齿掉了，怕人笑话

B 心情不好，不想多说

C 人很多，感到不舒服

D 想吸引别人的注意力

三、书写

第一部分

第91-98题：完成句子。

91 酒　很多　了　喝　他

92 好看　长得　不　他　一点儿也

93 听见　没　你　吗　我的话　难道

94 一个月　想　住　他　在这儿

95 8岁　他　比　我的年龄　大

96 来　一连　两周　上班　他　没

97 说出　能　话　你　这样的　怎么

98 北京的　打算　我　世界公园　玩儿　去

第二部分

99 请结合下列词语(要全部使用)，写一篇80字左右的短文。

节日　　重要　　放假　　回家　　电话

100 请结合下列图片写一篇80字左右的短文。

新汉语水平考试

HSK 5级

模拟试题

新汉语水平考试
HSK(五级)

注意

一、HSK(五级)分三部分:

1. 听力(45题，约30分钟)
2. 阅读(45题，40分钟)
3. 书写(10题，40分钟)

二、答案先写在试卷上，最后10分钟再写在答题卡上。

三、全部考试约120分钟(含考生填写个人信息时间5分钟)。

一、听力

第一部分

第1-20题，请选出正确答案。

1　A 在哪儿上大学
　B 很快就毕业了
　C 没听清男人的话
　D 大学还没有毕业

2　A 我来得不太早
　B 我每天这时来
　C 我已经迟到了
　D 你来得也很早

3　A 女人昨天去叔叔家了
　B 女人的手机忘在叔叔家
　C 男人埋怨女人不接电话
　D 男人多次给女人打电话

4　A 在家
　B 杭州
　C 医院
　D 国外

5　A 一本
　B 两本
　C 三本
　D 不能借

6　A 我不想买
　B 我钱不够
　C 以后再买
　D 先算一下钱

7　A 能参加演出
　B 一定参加演出
　C 不想参加演出
　D 没时间参加演出

8　A 他很忙
　B 他不知道
　C 他不想回答
　D 他没听清问话

9 A 同学
B 师生
C 夫妻
D 朋友

10 A 赛场上风很大
B 两队水平相当
C 主队明显占优势
D 主队已经上场了

11 A 生气
B 高兴
C 谦虚
D 后悔

12 A 小刘
B 老马
C 老张
D 小李

13 A 我不去了，你来吧
B 你别来了，我去吧
C 你不来，我也不去
D 你来也行，我去也行

14 A 三点见面更好
B 我两点去不了
C 我不想看电影
D 不见到你我不走

15 A 男人一直喜欢女人
B 女人的孩子是小学生
C 有人说女人还没结婚
D 男人不知道女人结婚了

16 A 表示祝贺
B 表示感谢
C 表示道歉
D 表示关心

17 A 老伴去世
B 下岗在家
C 没有子女
D 孩子不在身边

18 A 天
B 风神
C 雨神
D 皇帝

19 A 想想办法
B 仔细考虑
C 别睡懒觉
D 不要幻想

20 A 只要有能力，总会有表现的机会
B 能力和外貌两方面都是重要的
C 社会上大部分人是重视外表美的
D 丰富的物质基础是成功的保证

第二部分

第21-45题，请选出正确答案。

21
A 因为感动
B 因为难过
C 因为出了事
D 因为怕男人笑话

22
A 节目太多
B 有人被骗
C 商品不多
D 收不到商品

23
A 很着急
B 很害怕
C 很幸运
D 很生气

24
A 衣服
B 手机
C 电脑
D 汽车

25
A 上午
B 下午
C 晚上
D 夜里

26
A 游泳
B 跳舞
C 踢球
D 画画儿

27
A 桂林
B 南京
C 东北
D 上海

28
A 杂志太贵了
B 出租车太少
C 电视剧不好
D 广告太多了

29
A 花
B 茶
C 画儿
D 蛋糕

30
A 收入方面
B 结婚方面
C 打招呼方面
D 称呼年龄方面

31 A 耽误孩子的学习
B 影响孩子的视力
C 买新眼镜浪费钱
D 孩子不愿与父母交流

32 A 玩游戏
B 查资料
C 聊天儿
D 看电影

33 A 把网络断掉
B 让孩子去网吧
C 禁止玩网络游戏
D 教育孩子正确对待

34 A 支持
B 反对
C 犹豫
D 赞赏

35 A 法国
B 日本
C 美国
D 德国

36 A 日本
B 德国
C 中国
D 法国

37 A 喝减肥茶
B 吃减肥药
C 进行运动
D 控制饮食

38 A 散步
B 骑车
C 游泳
D 慢跑

39 A 中国
B 法国
C 英国
D 韩国

40 A 青年妇女
B 青年男子
C 小孩
D 老年妇女

41 A 刚开始工作时
B 生孩子时
C 过年过节时
D 丈夫不在家时

42 A 旅行
B 上班
C 运动
D 看朋友

43 A 等人
B 休息
C 修车
D 看时间

44 A 问路
B 问时间
C 打招呼
D 卖东西

45 A 我要睡觉
B 请叫醒我
C 别打扰我
D 我没有表

二、阅读

第一部分

第46-60题：请选出正确答案。

46-50

早在3000年以前，中国人就已经__46__到天然植物具有药用作用。到了春秋战国时期，医药学大大__47__，出现了一些著名的医生。齐国的扁鹊就是一位突出的代表，他的医术很高，能用针灸、按摩、手术等多种疗法__48__人治病。到了宋朝，__49__，如：风科、眼科、产科、针灸科、齿科、咽喉科等，__50__是在针灸学和解剖学方面，有了较大的进展。

46 A 认识 B 发现 C 理解 D 意思

47 A 增加 B 扩大 C 增长 D 发展

48 A 向 B 为 C 对 D 往

49 A 出现了更多的医学家 B 中国的医生越来越多了
C 医学的分科已经非常细了 D 医生的社会地位不断提高

50 A 特殊 B 特别 C 独特 D 特地

51-52

在问卷调查中，未婚女性和已婚女性对“幸福”表现出两种不同的思想。在回答“女人的幸福中哪一种幸福最重要”时，已婚女性认为“把孩子__51__好最幸福”者占15%，而未婚女性认为“打扮得漂亮最幸福”者占17%。在回答“享受幸福生活最重要的前提是什么”的__52__时，已婚妇女认为“必须有一个爱人”的占44.7%，而未婚女性则认为是“要做自己的事情”，占41.5%。

51 A 营养 B 喂养 C 养成 D 培养

52 A 提问 B 提出 C 提倡 D 提示

53-56

__53__中国，重男轻女是一种传统观念。__54__大部分妇女也认为生儿生女都一样，但总觉得生儿子是她们的__55__。因此，不少妇女怀了孩子后会偷偷地进行性别检验，看看到底是男孩还是女孩。这种情况使中国每年至少少生10万个女孩，__56__。

53 A 离 B 在 C 从 D 到

54 A 虽然 B 果然 C 仍然 D 居然

55 A 事业 B 态度 C 决心 D 责任

56 A 最终将导致女性人口少于男性 B 这样会使男性人口少于女性
C 使人逐渐产生重男轻女的观点 D 使得男性的出生率大大降低

57-60

近年来，越来越多的城市人不愿__57__所谓"3D"工作——即脏、难、险的工作，特别是年轻人。一些六七十年代__58__的职业，今天已面临__59__的人员短缺，如重工业、制革业、金属和染色业工作等。这些工作由于工作环境差、对健康损害等原因，__60__。

57 A 担任 B 作为 C 从事 D 处理

58 A 火热 B 热闹 C 热烈 D 热门

59 A 严肃 B 严重 C 严格 D 严厉

60 A 招工已经越来越困难 B 正需要越来越多的工人
C 吸引了越来越多的年轻人 D 在经济中的重要性不断下降

第二部分

第61-70题：请选出与试题内容一致的一项。

61 我和同学去老师家做客，我们一起包饺子吃，饺子的味道很不错。老师告诉我们，如果没有时间自己包的话，可以去超市买冻饺子，冻饺子的味道也不错。对北方人来说，饺子是一种重要的食品，可是我们南方人一般不吃面，我们更喜欢吃米饭。

A 北方人喜欢吃米饭　　B 我们在老师家包饺子
C 南方人更喜欢吃面　　D 老师请我们吃冻饺子

62 有一个人在河边钓鱼，他钓了非常多的鱼，但每钓上一条鱼他就拿尺量一量。只要比尺大的鱼，他都放回河里。旁边的人见了就问他："别人都希望钓到大鱼，你为什么将大鱼都丢回河里呢？"这个人回答说："因为我家的锅只有尺这么宽，太大的鱼装不下。"

A 他不喜欢钓小鱼　　B 他用尺在河边钓鱼
C 他放掉比锅大的鱼　　D 他钓鱼但是不吃鱼

63 这两年，不少老朋友都说我越活越年轻了，这话还真是不假。我虽然已经快60岁了，可是跟40多岁的人差不多。你要问我有什么长生不老的方法，我说没有。为什么显得年轻？只有一条，心情愉快。

A 我今年六十多岁了　　B 朋友们都越来越年轻
C 我有长生不老的方法　　D 心情愉快能使人年轻

64 期末了，女儿的考试成绩在班上数一数二，得了奖学金。到家时却假装失望地对妈妈说："对不起，妈妈，我考试不及格。"妈妈先是大吃一惊，知道真实的情况后，轻轻地拍了一下女儿的肩膀说："你又骗妈妈。"

A 女儿得了第二名　　B 女儿考试不及格
C 女儿和妈妈开玩笑　　D 妈妈听后很生气

65 人不吃饭不行，不喝水不行，不睡觉更不行。长期缺乏睡眠会影响健康。比如一个重体力劳动者，虽然劳动强度大，但吃得香、睡得香，第二天体力可以完全恢复。而一个轻体力劳动者如果连续几天睡眠不足，他很快就会有不想吃饭、体力不足的感觉。

A 睡眠不足将影响人的健康
B 重体力劳动者一定要多吃
C 轻体力劳动者可以少睡觉
D 人可以不吃饭但一定要睡觉

66 放学的时候，看到儿子不太高兴，妈妈忙问："今天考试不太好吗？"孩子不说话。"是不是和同学吵架了？"孩子还是不回答。"老师批评你了？"孩子摇摇头。"那你是不是想爸爸了？"孩子使劲儿地点了点头。

A 孩子很想见爸爸
B 孩子考试不及格
C 孩子和同学吵架了
D 孩子被老师批评了

67 老张退休后并没有像其他老年人那样种花、养狗、逛公园。她仍然每天坚持读书、写作，每天早上6点钟就起床，简单吃一点儿，然后就坐在书桌前开始写文章了，简直比以前工作时还忙。

A 老张每天写作
B 老张喜欢种花
C 老张每天上班
D 老张不想退休

68 在高速行驶的火车上，一位老人不小心把刚买的新鞋从窗口掉下去了一只，周围的人都感到非常可惜，没想到老人立即把另一只鞋也从窗口扔了下去。这更让人感到吃惊。老人解释说："这一只鞋无论值多少钱，对我来说已经没有用了，如果有人能捡到这一双鞋子，说不定他还能穿呢！"

A 老人扔了自己的旧鞋
B 老人要把鞋送给别人
C 老人不喜欢新买的鞋
D 老人想让人捡到一双鞋

69 中国是世界人口最多的国家，但人口分布不均匀，东部人口密度大，特别是沿海地区。中国又是一个多民族国家，共有56民族，汉族人最多。其他55个少数民族的人口只占6%，而且主要分布在西部。中国地形东低西高，山地占33%，高原占26%，平原约占12%。

A 少数民族主要分布在东部
B 中国共有56个少数民族
C 中国地形特点是西高东低
D 中国西部地区人口密度很大

70 一说起营养食品，许多人马上就会想到鱼、肉、蛋等。这些食品不能说营养不丰富，但任何营养丰富的食品并不是各种营养成分都有，也并不是动物性食品的营养都丰富。比如有些人尽管吃了很多鱼、肉、蛋，人长得白白胖胖的，但还是缺乏营养。有些植物性食品的营养成分远远超过了动物性食品，海带就是其中的一种。

A 鱼、肉、蛋是最有营养的食品
B 植物性食品的营养成分不丰富
C 多吃鱼、肉、蛋就不会缺乏营养
D 海带的营养成分超过动物性食品

第三部分

第71-90题：请选出正确答案。

71-75

在经过了三万多年后，鸵鸟今天才又成功回到鄂尔多斯高原。就专家从鄂尔多斯高原上发现的大量鸵鸟蛋化石考证，三万多年前这里水草丰美，鸵鸟曾生活在这里，但气候和环境的恶化使鸵鸟逐渐消失了。为了使鸵鸟能够尽快回到故乡，人们在对沙漠进行了十多年的治理后，从广东买回了12只种鸵鸟。目前这12只种鸵鸟已经发展到了129只，为了使鸵鸟在鄂尔多斯高原生活得愉快舒适，饲养人员用沙柳编制了一千平方米圈舍，还备好了它们喜欢吃的草料。有关人士告诉记者，引来鸵鸟不仅是为了吸引游客，更主要是为了发展沙漠区鸵鸟养殖业。鸵鸟有较高的经济价值，国际市场上对鸵鸟的肉和羽毛的需求量越来越大，鸵鸟养殖业将成为鄂尔多斯高原又一致富新路。

71 鸵鸟重回鄂尔多斯经历了多长时间？

A 10多年　B 近130年　C 1000年　D 3万多年

72 为使鸵鸟尽快回到故乡，人们首先做了什么？

A 编制圈舍　B 治理沙漠　C 准备草料　D 购买种鸟

73 鸵鸟现已发展到多少只？

A 12只　B 129只　C 300只　D 3万只

74 鸵鸟的圈舍是用什么做的？

A 沙柳　B 草料　C 泥土　D 石头

75 引来鸵鸟的最主要目的是：

A 吸引各地的游客　B 使鸵鸟生活愉快

C 发展鸵鸟养殖业　D 使鸵鸟数量增加

76-78

北京的一些患者发现，元旦以后，他们居然可以在周六、周日到北京朝阳医院看普通门诊了。2001年1月10日，朝阳医院又宣布全天候为患者服务，春节也不例外。医院院长在谈到他们改革时说，原来公休日、节假日只开半天门诊，不仅患者不方便，医院也没有效益。改革后，患者称赞说："多亏有这样的好医院，不然不知有多少病人耽误治疗呢！"这项改革不但患者满意，也适应了市场需求，为医院带来了良好的声誉和可观的效益。难怪双休日门诊开设以来，以往患者不多的门诊大厅显得那么热闹，在没有进行事先宣传的情况下，日门诊量仍增加了三分之一以上，可见这项改革深得人心。

76 作者对医院进行改革的态度是什么？

A 肯定　B 羡慕　C 怀疑　D 担心

77 医院在节假日开设普通门诊后：

A 医生工作量没有增大　B 给医院工作带来效益

C 对医院利益没什么好处　D 方便了病人，影响了医院

78 下面的答案中哪一项符合短文内容？

A 北京全年就诊的医院很多　B 朝阳医院节假日不开门诊

C 知道医院这项改革的人很少　D 群众欢迎医院实行这项改革

79-82

爸爸、妈妈：

你们好！我最近学习很累（　）一般（　）不累（　），身体很好（　）一般（　）不好（　），有钱（　）缺钱（　），想家（　）一般（　）……

亲爱的读者，看了上面的这段话，你千万别误会，这不是一封子女写给父母的普通家信，而是一位母亲替正在外地读大学的儿子写的信。信的下面是这位母亲的一段注释：

"孩子，好长时间没有收到你的信了。你每天很忙，可能没时间给家里写信，妈替你写好这封信，你只要根据自己的情况在（　）里划"✓"就行了。妈已经给你准备好了信封，写好了地址，贴上了邮票，你只要把信装进去塞在邮筒里就可以了。爸和妈接到你的信就放心了。你可一定要注意身体，别在吃的方面太节省，缺钱就告诉家里，我们会给你汇过去。"

近年来，在全国各大高校里普遍出现这样一种现象，即面对家长的一封封来信，一些大学生的家信却越写越少、越写越短，信的内容也只限于向家里要钱要物，有的甚至不回信，以至于出现了本文开头这种"父母替子女写家信"的怪事。

79　文章开头的这封家信是谁写的？

A　儿子　　B　女儿　　C　妈妈　　D　爸爸

80　根据上文，孩子在信中划"✓"以后，还要做什么？

A　给家里打电话

B　把信装进去寄回来

C　准备信封，写地址，再贴上邮票

D　准备信封，买邮票，把信塞在邮筒里

81　根据家信，可以知道母亲很担心孩子的哪些方面？

A　身体和饮食

B　是不是想家

C　学习忙不忙

D　成绩和经济

82　文中的这种怪现象主要出现在哪类学校？

A　小学　　B　初中　　C　高中　　D　大学

83-86

继中小学请家教热之后，“包师”现象又在上海悄然出现。主要形式是一个教师在放学后把一个或几个学生带回家中住宿，既提供晚餐同时又提供晚上的学习辅导，到周末才由家长接回。还有的学生是每到周末去老师家，有吃有玩还有人辅导功课。

据了解，如果以每周到老师家去五个晚上计算，家长支出的费用，小学生一般800～1000元，中学生则为1000～1200元。这些学生的家长基本属于收入较高的生意人，其中有相当一部分学生是出于包工头、个体户及父母离异的家庭。因为工作忙，没有精力辅导孩子功课。他们所聘请的一般是家庭居住较为宽敞、人口简单、条件较好的中老年女教师。也有的家长愿意把年龄较小的孩子寄托给刚刚从师范学校毕业的年轻教师，一是他们一般没有结婚，没有家务烦恼，二是年轻教师容易与孩子沟通，可以一起学习，甚至还会有共同的兴趣爱好。

83 这种“包师”是指什么？

A 老师+厨师　　B 老师+包工头

C 老师+保姆　　D 只在家工作的老师

84 下面哪一项不属于“包师”的家庭？

A 一部分收入较低的家庭　　B 一部分离婚的高收入家庭

C 一部分生活条件较好的家庭　　D 一部分有钱但无精力教育孩子的家庭

85 下面哪一项不属于家长请年轻教师的原因？

A 学费低　　B 没有家庭负担

C 与孩子有共同的兴趣爱好　　D 与孩子年龄接近容易相处

86 根据文章，下面哪一项是正确的？

A 这种包师现象首先出现在广州　　B 中老年教师最受学生家长欢迎

C 请老师的费用与孩子的年龄有关　　D 家长都愿意请有经验的年轻教师

87-90

《孙子兵法》简称《孙子》，成书于公元前五世纪，是中国也是世界上最古老的军事理论著作。

《孙子》的作者孙武，是春秋末期的齐国人。因为他的才华主要是在吴国表现出来的，战绩是在吴国创建的，因此人们也称他吴孙子。史书没有记载他出生的具体年月，他大致与孔子(−551～−479)是同一时代人。公元前512年他从齐国到了吴国，他向吴王献上了自己那部心血之作《孙子兵法》，同时以他丰富的学识，过人的见解，深深打动了吴王，从而得到吴王的重用。从此，孙武帮助吴王治军理国，使吴国迅速发展起来。据史书记载，孙武从公元前512年被吴王召见，到公元前482年帮助吴国夺取霸主的30年间，在军事理论与实践上都做出了伟大成绩。正如人们尊称孔子为“儒圣”一样，孙武也被后人称为“兵圣”。

《孙子兵法》今存13篇。它问世以来，对中国古代军事思想的形成与发展，产生了重要影响，在世界军事史上也有重要地位，被誉为“东方兵学始祖”、“世界古代第一兵书”、“兵学圣典”。

87　关于《孙子兵法》，下面哪一项不正确？

A　它的作者是吴国人

B　是中国最早的军事著作

C　被称为“东方兵学始祖”

D　在世界军事史上很重要

88　这段文字主要说的是：

A　孙武的得名原因

B　孙武和《孙子兵法》

C　孙武的军事才华

D　孙武的生活年代

89　第2段划线部分的“兵圣”是指：

A　优秀的士兵

B　写兵书的人

C　伟大军事家

D　会武术的人

90　孙武在吴国最主要的功绩是：

A　写下了《孙子兵法》

B　帮助吴王管理国家

C　帮助吴王当上霸主

D　得到了吴王的信任

三、书写

第一部分

第91-98题：完成句子。

91 起来　没完没了地　他　说了

92 字　你　看不清　看得清　黑板上的

93 给我　一遍　你　讲　能不能

94 一句话　没　进去　听　都　我

95 火车站　十分钟　能　到　就　骑车

96 怎么　回答　实在　我　不知道

97 玻璃　碎　被　打　了　教室的

98 调查　我们　这件事　的　会　一定

第二部分

99 请结合下列词语(要全部使用)，写一篇80字左右的短文。

旅游　　麻烦　　问路　　热情　　当地

100 请结合下列图片写一篇80字左右的短文。

한번에 합격!

新 HSK 실전모의고사

저자 위펑(于鹏), 쟈오위메이(焦毓梅), 궈팅팅(郭婷婷)
해설 박은영

차례

新汉语水平考试

HSK
5级

모의고사 해설

①

HSK（五级）1회 모범답안

一、听力

第一部分	1. B	2. B	3. D	4. C	5. C	6. C	7. A	8. B	9. C	10. B
	11. B	12. D	13. A	14. C	15. B	16. C	17. A	18. C	19. D	20. C
第二部分	21. D	22. C	23. D	24. A	25. B	26. D	27. A	28. B	29. C	30. C
	31. D	32. D	33. C	34. C	35. A	36. C	37. C	38. B	39. D	40. D
	41. B	42. C	43. A	44. D	45. C					

二、阅读

第一部分	46. D	47. B	48. D	49. B	50. A	51. D	52. C	53. D	54. A	55. D
	56. B	57. B	58. A	59. D	60. C					
第二部分	61. B	62. D	63. D	64. D	65. C	66. A	67. C	68. B	69. C	70. B
第三部分	71. C	72. D	73. C	74. A	75. A	76. B	77. D	78. D	79. C	80. D
	81. B	82. B	83. D	84. C	85. D	86. D	87. C	88. A	89. C	90. B

三、书写

第一部分	91.	孩子对弹钢琴感兴趣。
	92.	他学习汉语相当努力。
	93.	妈妈的病一天天好起来。
	94.	下午你五点半在学校门口等我。
	95.	你那个朋友怎么还没来。
	96.	你从哪儿买的这么多书？
	97.	戴上新眼镜比原来清楚多了。
	98.	我们正商量这个周末去哪儿玩呢。
第二部分 参考答案	99.	每个人都有可能犯错误，犯了错误就有可能会受到惩罚。于是，很多人用各种办法把自己的错误藏起来，可这样做常常会造成更严重的后果。我们只有勇敢地承认错误、改正错误，才能得到大家的原谅。
	100.	现在城市里差不多每个家庭都有一辆汽车。车多了，酒后开车的人也多了，很多人觉得自己的驾驶技术好，喝点儿酒没关系，其实很多交通事故就是这样引起的。为了别人和自己的安全，喝酒以后千万不能开车。

1. 듣기(听力)

제1부분

제1부분은 총 20문항이다. 모든 문제는 한 번씩 들려준다. 모든 문제는 두 사람의 대화로 이루어져 있으며, 두 문장으로 구성되어 있다. 세 번째 사람이 이 대화와 관련된 질문을 한다. 응시자는 시험지에 주어진 4개의 선택 항목 중에서 정답을 고른다.

1

男：小丽，咱们一起去喝杯咖啡吧。
女：那当然好，可我现在手头的活儿谁干？

问：女人的意思是:

남 : 샤오리, 같이 커피 한 잔 하러 가자.
여 : 그러면야 물론 좋겠지만, 지금 내가 하고 있는 일은 누가 하고?

문 : 여자의 말은 무슨 뜻인가요?

A 커피를 매우 좋아한다
B 지금 일이 있어서 갈 수가 없다
C 남자와 같이 가기로 했다
D 지금 사람을 기다리고 있으니, 잠시 후에 가자

정답 B

해설 이 문제는 응시생의 반어문 이해 능력을 체크하는 문제이다. "我现在手头的活儿谁干"은 '지금 커피 마시러 가면 일할 사람이 없다'라는 뜻으로 갈 수 없음을 뜻하고 있다. 이 문제에서 언급된 "手头儿"은 회화체로 '수중에'라는 뜻이다.
예 我手头没有词典，你帮我查一下这个词，好吗?(지금 저한테는 사전이 없으니, 당신이 이 단어 좀 찾아 주세요.)

단어 手头 shǒutóu 수중에
活儿 huór 일

2

女：我要是有了男朋友，绝对不会限制他的自由。
男：等着瞧吧，到时候你就知道了！

问：男人的意思是:

여 : 내게 만일 남자 친구가 생긴다면, 절대 남자 친구의 자유를 구속하지는 않을 거야.
남 : 그건 두고 봐야 알지. 때가 되면 너도 알게 될 거야.

문 : 남자의 말은 무슨 뜻인가요?

A 당신 말이 맞아요
B 나는 믿지 않아요
C 나를 기다리세요
D 당신을 믿어요

정답 B

해설 이 문제는 응시생의 상용 회화 이해 능력을 체크하는 문제이다. "等着瞧(吧)"는 '나의 말을 믿지 않는다면, 결과는 내가 말한 것과 같을 것'이라는 뜻이다. 보기 네 개를 비교해 보면 답은 B이다.

단어 限制 xiànzhì 제한하다, 통제하다
等着瞧 děngzheqiáo 두고 보자

3

男：今天就在这儿吃吧，让你尝尝我做的菜。
女：就你那技术…

问：女人的意思是:

남 : 오늘은 여기서 먹자. 내가 만든 반찬 좀 먹어봐.
여 : 네 솜씨로 무슨…

문 : 여자의 말은 무슨 뜻인가요?

A 오늘 내가 요리한다
B 집에서 먹는 것이 더 좋다
C 어떤 음식을 만들었나요?
D 당신이 만든 음식은 맛없어요

정답 **D**

해설 이 문제는 응시생의 어투 및 태도 파악 능력을 체크하는 문제이다. 남자의 먹어보라는 말에 여자는 "就你那技术"라고 말하며 말 끝을 흐렸다. 태도를 말로 분명히 언급하지는 않았지만, 이것은 "你做的菜太差了"를 의미한다. 게다가 부사 "就"가 주어 앞에 사용되어 '그 사람의 능력이 별로임'을 뜻하였다. 예 你快别说了，就你那酒量，还跟我吹(意思是:你的酒量不行，别吹牛了)。(그만하고, 당신 주량으로 무슨 허풍 떨지 마세요.)

단어 就 jiù 겨우, 고작

4

女：受伤的那个男孩现在的情况怎么样？他的父母找到了吗？ 男：医生还在给他进行治疗，你放心吧，他的父母已经联系上了。
问：关于男孩的情况，下面哪一项是正确的？
여：다쳤던 그 꼬마 아이 지금은 어때? 부모님이 오셨으려나? 남：의사가 아직 치료하고 있는 중이야. 안심해, 그 아이 부모님이랑 연락 됐어.
문：남자아이의 상황에 관하여, 다음 중 맞는 것은 무엇인가요?

A 그는 이미 퇴원했다
B 그의 아버지는 다쳤다
C 그는 아직 치료받고 있다
D 그의 부모와 연락이 되지 않았다

정답 **C**

해설 치료 중이라 했으니 보기 A는 틀렸고, C가 정답임을 알 수 있다. '부모와 연락되었다'고 언급되었으니 보기 D도 틀린 것이고, 보기 B는 언급되지 않았다.

단어 受伤 shòushāng 다치다

5

男：我现在到一家美国公司工作了。 女：怎么，你又跳了一家，这可是今年的第三次了。
问：从对话中我们知道：
남：나 요즘 미국 회사에서 일해. 여：어떻게 된 거야? 또 회사 옮긴 거야? 너 올해만 벌써 세 번째야.
문：이 대화에서 우리가 알 수 있는 것은 무엇인가요?

A 남자는 올해 세 차례 출국했었다
B 남자는 미국에서 일을 찾았다
C 남자는 이직을 여러 차례 했다
D 여자는 남자가 미국에 가기를 희망한다

정답 **C**

해설 이 문제는 응시생의 세부 사항 파악 능력을 체크하는 문제이다. "跳了一家"의 "跳"는 "跳槽"를 줄여 쓴 것으로, "跳槽"의 직접적인 뜻은 '말이나 소 등 가축이 구유를 바꾸어 먹이를 먹는다'는 것이고, 비유의 뜻으로 '이직'을 뜻한다. 대화에서 우리는 남자가 이미 세 번이나 이직을 하였고, 이번에는 미국 회사에 들어갔음을 알 수 있다. 그러므로 답은 보기 C이다.

단어 跳 tiào (직장을) 옮기다

6

女：你一个人行吗？我陪你去吧？ 男：不用，不就是去打针输液嘛，一会儿就回来了。
问：男的要去哪儿？
여：너 혼자 괜찮겠어? 내가 같이 가줄까? 남：괜찮아. 그냥 주사 맞고 수혈만 하면 되는데 뭘. 금방 돌아올게.
문：남자가 가려고 하는 곳은 어디인가요?

A 서점
B 상점
C 병원
D 학교

정답 **C**

해설 이 문제는 응시생의 장소 파악 능력을 체크하는 문제이다.

"打针输液"에서 '병원'임을 알 수 있다.

단어 陪 péi 대동하다, 같이 가다
打针 dǎzhēn 주사맞다
输液 shūyè 링거맞다

7

男：昨天开会时领导好像对咱们的这个计划不怎么感兴趣。
女：看来前边的工作都白忙了。

问：女人的意思是：

남 : 어제 회의에서 사장이 우리의 이 계획에 대해 별로 흥미를 못 느낀 것 같았어요.
여 : 보아하니 이번에도 또 헛수고가 돼버리겠네요.

문 : 여자의 말은 무슨 뜻인가요?

A 이번 일은 또 헛수고한 것이다
B 이번은 예전과 같다
C 사장님은 어떻게 자주 생각을 바꾸시는지
D 사장님 생각이 옳다

정답 A

해설 이 문제는 응시생이 어떤 특정 단어의 다의어 의미를 알고 있는지 체크하는 문제이다. 지문에 언급된 "白"가 상황어, 즉 술어를 꾸미는 말로 사용되면 '효과가 없다', '헛수고 하다'의 뜻이 되기도 한다. 그러므로 답은 보기 A이다.

단어 好像 hǎoxiàng ~인 것 같다
感兴趣 gǎnxìngqù 흥미를 가지다
白忙 báimáng 헛수고하다

8

女：咱们不是说好今天下午去商店买衣服嘛。
男：突然从外地来了个朋友，没时间陪你上街了。

问：男人下午要去干什么？

여 : 우리 오늘 오후에 상점에 옷 사러 가기로 한 거 아니야?
남 : 갑자기 멀리서 친구가 찾아와서 같이 쇼핑하러 갈 시간이 없어.

문 : 남자가 오후에 하려는 것은 무엇인가요?

A 쇼핑하다
B 친구를 만나다
C 옷을 사다
D 상점에 가다

정답 B

해설 이 문제는 응시생의 세부사항 파악능력을 체크하는 문제이다. 대화에서 알 수 있는 세부사항 하나는 '오후에 옷을 사러 상점에 간다'는 것, 또 다른 한 가지는 '외지에서 친구가 왔다'는 것인데, 남자가 '오후에 쇼핑하러 갈 시간이 없다'고 한 것은 '친구를 만나기 위해서'이다. 그러므로 답은 보기 B이다.

단어 突然 tūrán 갑자기
上街 shàngjiē 쇼핑가다

9

男：我敬您一杯，您就喝一点儿吧。
女：你知道我是从不喝酒的，要不是看在是你喜酒的份上，我今天可不给你这个面子。

问：根据女人的话可以知道：

남 : 제가 한 잔 따라드리겠습니다. 조금만 드세요.
여 : 제가 술은 입에도 안 댄다는 걸 알고 계시죠. 오늘 결혼 축하하는 자리라 당신 체면을 생각해서 조금 마시겠습니다.

문 : 여자의 말에서 알 수 있는 것은 무엇인가요?

A 그녀는 남자의 체면을 살려주지 않는다
B 그녀는 오늘 술을 마실 수 없다
C 그녀는 평소에 술을 입에 대지도 않는다
D 술을 마신 후에 얼굴이 붉어진다

정답 C

해설 이 문제는 응시생의 단어 이해력과, 가정의 뜻을 묻는 문제이다. "给…面子"는 '누구의 체면을 세워 준다'는 의미로, 그 사람의 얼굴을 봐서 요구를 승낙하겠다는 뜻이다. 지문에 여성은 "从不"를 사용하여 좀처럼 ~하지 않는 성향을 언급하였다. "要不~, 不~"는 가정의 뜻으로 '~가 아니라면, ~하지 않을 텐데.'를 의미하는 이중부정이며, 강한 긍정이다. 긍정형으로 바꾸면 '오늘은 당신 결혼식이니, 체면을 봐서 조금 마시지요.'라는 뜻이므로, 답은 보기 C이다.

단어 敬 jìng 공손히 청하다
从不 cóngbù 좀처럼 ~하지 않다
给面子 gěimiànzi 체면을 세워주다

10

女：请问山城宾馆怎么走？
男：你看到前边那个商场了吗？从那儿往左拐，走200米就是银行，在银行的后面就是山城宾馆。

问：宾馆在什么地方？

여 : 말씀 좀 여쭤볼게요. 샨청 호텔이 어디죠?
남 : 앞에 저 상점 보이시죠? 저 상점에서 좌회전 하신 다음에 200미터 정도 가시면 은행이 있는데, 은행 뒤쪽이 바로 샨청 호텔입니다.

문 : 호텔이 있는 곳은 어디인가요?

A 상가 앞에
B 은행 뒤에
C 상가 뒤에
D 은행 앞에

정답 **B**

해설 이 문제는 응시생의 방향 변별력을 체크하는 문제이다. 지문에 언급된 많은 세부 사항 중 "商场"과 "银行" 등 지점과 "左"와 "后" 등 방향을 잘 들어야 한다. 답은 보기 B '은행 뒤편'이다.

11

男：你认为小丽和小红长得怎么样？
女：和她们相比，我就是超级美女。

问：女人的意思是：

남 : 네 생각에 샤오리와 샤오홍의 외모는 어떤 것 같아?
여 : 그 둘에 비하면 내 미모는 세계 최고지.

문 : 여자의 말은 무슨 뜻인가요?

A 샤오리와 샤오홍은 착하다
B 샤오리와 샤오홍은 못생겼다
C 샤오리와 샤오홍은 사이가 안 좋다
D 샤오리와 샤오홍은 공부를 잘한다

정답 **B**

해설 이 문제는 응시생의 의미 파악 능력을 체크하는 문제이다. "和她们相比，我就是超级美女"의 뜻은 '그녀들의 미모는 나보다 한참 못하다' 즉 '못생겼다'는 뜻이다. 그러므로 답은 B이다.

단어 **相比** xiāngbǐ 서로 비교하다
超级 chāojí 슈퍼, 초특급

12

女：先生，这是我们店新推出的几道特价菜，您要不要尝尝？
男：等一会儿我朋友来了再决定。

问：对话发生在什么地方？

여 : 손님, 이 메뉴가 저희 상점에서 새로 출시한 특가 메뉴입니다. 한번 드셔 보시겠습니까?
남 : 제 친구가 도착하면 그 때 정하도록 할게요.

문 : 대화가 발생한 곳은 어디일까요?

A 길에서
B 상점에서
C 은행에서
D 음식점에서

정답 **D**

해설 이 문제는 응시생의 장소 파악 능력을 체크하는 문제이다. 지문에 언급된 "特价菜"와 "尝尝"에서 말하는 사람들이 손님과 음식점 종업원임을 알 수 있다. 그러므로 답은 보기 D '음식점'이 된다.

단어 **推出** tuīchū 내놓다, 선보이다
特价菜 tèjiàcài 특가 음식

13

男：小王的女朋友算什么，比她漂亮的有的是。
女：得了吧，我看你是吃不着葡萄说葡萄酸，你也找个那样的女朋友让我们瞧瞧！

问：女人的意思是：

남 : 샤오왕의 여자친구 그저 그렇던데. 샤오왕 여자친구보다 더 예쁜 사람도 얼마든지 많아.
여 : 됐어. 네가 여자친구 없다고 샤오왕 질투하는 것 같은데? 그러면 너도 샤오왕 여자친구만큼만 예쁜 사람 데려와서 좀 보여줘 봐!

문 : 여자의 말은 무슨 뜻인가요?

A 남자는 샤오왕에게 여자친구가 있는 것을 질투한다
B 샤오왕의 여자친구는 포도를 좋아한다
C 남자는 샤오왕의 여자친구를 좋아한다

D 남자는 샤오왕의 여자친구를 만나 본 적이 없다

정답 A

해설 이 문제는 응시생의 속담 이해 능력을 체크하는 문제이다. "吃不着葡萄说葡萄酸"은 본인의 능력 부족은 인정하지 않으면서, 각종의 핑계를 댈 때 사용하는 속담이다. 여우가 포도밭의 포도가 먹음직스러워서 먹으려 했으나, 포도밭에 들어가 먹을 수 없자, '흥! 이 포도는 반드시 엄청 실 거야.'라고 말했다는 이야기에서 유래한다. 이 대화에서 여자는 남자가 샤오왕의 여자친구 같은 애인이 없으니 질투심에서 고의적으로 샤오왕의 여자친구를 폄하한다고 여기는 것이다.

단어 算什么 suànshénme 별거 아니다
有的是 yǒudeshì 많다
得了 déle 그만해라
酸 suān 시다
瞧 qiáo 보다

14

女：我想买台数码相机，你帮我拿拿主意。
男：从实用的角度说，现在市场上的热点机型大都集中在2500到3500元之间，其中佳能、柯达、富士等品牌我看都不错。

问：市场上什么价钱的相机卖得最好？

여：디지털 카메라를 사고 싶은데 좋은 것 있으면 추천 좀 해 주세요.
남：실용성을 따져보면 요즘 시장에서 제일 인기 있는 모델은 대부분 가격이 2500위안에서 3500위안 사이에요. 제가 볼 때는 그 중에 캐논이나 코닥, 후지 브랜드가 괜찮은 것 같아요.

문：어떤 가격대의 카메라가 제일 잘 팔리나요?

A 3000위안 이상
B 2500위안 이하
C 3000위안 정도
D 3000-5000위안

정답 C

해설 이 문제는 숫자 이해력을 체크하는 문제이다. 지문에 언급된 "热点机型"은 질문의 "卖得最好"와 같은 뜻이라고 볼 수 있으므로 답은 2500위안~3500위안 사이인 '3000위안대'가 적합하다.

단어 数码相机 shùmǎxiàngjī 디지털카메라
拿主意 názhǔyi 결정하다
从～角度说 cóng~jiǎodùshuō ～각도(입장)에서 보면
热点机型 rèdiǎnjīxíng 잘 팔리는 모델

15

男：虽然生意没谈成，但我们可以交个朋友，多个朋友多一条路嘛。
女：可不是嘛，买卖不成友谊在。

问：说话人的意思是：

남：비록 거래는 성사 안 됐어도 그래도 서로 친구가 될 수는 있을 것 같습니다. 친구는 많을수록 좋다잖아요.
여：물론이죠. 거래가 성사되지 않았어도 우정은 남는 법이니까요.

문：화자의 말은 무슨 뜻인가요?

A 다음에는 협력하기를 희망하다
B 친구가 되기를 희망하다
C 나가서 걷기를 희망하다
D 상대방에게 실망하다

정답 B

해설 이 문제는 응시생의 속어 이해력을 체크하는 문제이다. "多个朋友多一条路"는 '친구가 많을수록 길이, 방법이 많다'는 의미로 '친구가 많을수록 좋다는 의미'이다. "买卖不成友谊在"는 '거래는 성사가 되지 않았다고 화를 낼 필요는 없으며, 친구가 될 수도 있다는 의미'로 일반적으로 비즈니스 상담이나, 무역 상담이 원만히 이루어지지 않았을 때 예의상 많이 사용한다. 답으로는 보기 B가 제일 적합하다.

단어 生意 shēngyi 사업
谈成 tánchéng 성사되다

16

女：会议什么时候能结束？
男：原定是一个小时的会，两点半结束，不过现在就不好说了。

问：根据对话，下面哪一项是错误的？

여：회의가 언제쯤 끝날까요?
남：원래는 한 시간 동안 열릴 예정이어서 2시 반이면 끝날 테지만 지금은 확실히 말씀드릴 수가 없네요.

문 : 대화에 따르면, 다음 중 틀린 내용은 무엇인가요?

A 회의는 1시 30분에 시작하였다
B 회의는 원래 한 시간만 하기로 하였다
C 회의는 이미 두 시간을 진행하였다
D 회의 끝나는 시간은 확정하기 어렵다

정답 C

해설 이 문제는 세부 사항 파악 능력을 체크하는 문제이다. 남자가 말 한 부분에서 우리는 몇 가지 세부 사항을 알 수가 있다. 1. 회의는 1시 30분에 시작했다. 2. 회의는 원래 1시간 정도 진행할 계획이었으므로 2시 30분에 끝난다. 3. 지금으로서는 회의가 2시 30분에 끝나는 것은 불가능하며, 언제 끝날지 잘 모른다. 이로써 '회의가 이미 2시간 진행되었다'고 하는 보기 C가 틀린 내용이 되겠다.

단어 原定 yuándìng 원래 ~로 정하다
不好说 bùhǎoshuō ~라고 말하기 곤란하다

17

男：一场秋雨一场凉啊，你可要注意加衣服，小心感冒。
女：我喜欢金色的秋天，又热又湿的夏天总算过去了。

问：下面哪一项是错误的？

남 : 가을비가 한 번 내릴 때마다 그만큼 추워지는 거야. 옷 좀 두껍게 입고 감기 안 걸리게 조심해.
여 : 나는 온통 황금 물결인 가을이 좋아. 덥고 습한 여름이 다 지나갔잖아.

문 : 다음 중 틀린 내용은 무엇인가요?

A 여자는 이곳의 여름을 좋아한다
B 이미 황금색 가을이 되었다
C 이곳은 최근 비가 내렸다
D 이곳의 여름은 덥고 습하다

정답 A

해설 이 문제는 세부사항 파악 능력을 체크하는 문제이다. 여자가 한 말에서 우리는 다음 몇 가지 세부사항을 알 수가 있다. 1. 여자는 이곳의 가을을 좋아한다. 2. 이곳의 여름은 덥고 습하다. 3. "总算"을 사용하여 여름이 끝났음을 반가워하므로, 여자는 이곳의 여름을 좋아하지 않는다. 남자가 말한 "一场秋雨一场凉"은 속담으로 '가을비가 내리고 나면 날씨가 추워짐'을 뜻하는 것이다. 그러므로 최근 비가 한차례 내렸고, 가을이 성큼 다가왔음을 알 수 있다.

단어 秋雨 qiūyǔ 가을비
凉 liáng 차갑다, 춥다
湿 shī 습하다, 습기
总算 zǒngsuàn 결국

18

女：老王，我们什么时候才能喝你的喜酒啊？
男：快了，等放了暑假吧，到时第一个邀请你。

问：女人的意思是：

여 : 라오왕, 언제쯤 혼인주를 마실 수 있나요?
남 : 곧 드실 수 있을 거예요. 여름 휴가 때까지만 기다리세요. 때가 되면 제일 먼저 초대할게요.

문 : 여자의 말은 무슨 뜻인가요?

A 남자에게 언제 한턱 내는지 묻는다
B 남자에게 언제 방학하는지 묻는다
C 남자에게 언제 결혼하는지 묻는다
D 남자에게 언제 생일파티 하는지 묻는다

정답 C

해설 이 문제는 응시생의 관용어 용법 이해력을 체크하는 문제이다. "喜酒"는 결혼할 때 마시는 술이다. 언제 "喜酒"를 마실 수 있냐는 것은 우리말의 '국수 언제 먹을 수 있나요?'와 같은 뜻이다. 그러므로 답은 보기 C이다.

단어 喜酒 xǐjiǔ 결혼식에 마시는 술
邀请 yāoqǐng 초청하다

19

男：听说总经理爱上李秘书了。
女：没有的事，你不要听风就是雨的。

问：女人的意思是：

남 : 듣자 하니 사장님이 이 비서를 사랑한다던데.
여 : 그런 일 없어요. 너무 성급하게 판단하지 말아요.

문 : 여자의 말은 무슨 뜻인가요?

A 당신이 말한 것은 정말인가요?
B 이 일은 너무 갑작스럽다

C 이런 일은 일어날 가능성이 크다

D 이런 말은 믿지 마세요

정답 D

해설 이 문제는 응시생의 속담 이해력을 체크하는 문제이다. "听风就是雨"는 '바람소리만 듣고서 비가 온다고 확신을 한다'라는 의미로, 성급하게 앞서 판단하는 것을 비유할 때 사용한다. 그러므로 여자의 말은 보기 D '믿지 마세요'가 답이다.

단어 听风就是雨 tīng fēng jiù shì yǔ 섣불리 판단하다

20

女：谢力，没想到你的普通话说得这么地道。 男：那是，听我说话，好多人都以为我是中国人呢！
问：根据对话，下面哪一项是正确的？
여 : 셰리, 중국어를 이렇게 잘하시는 줄 미처 몰랐어요. 남 : 네, 많은 사람들이 제 말을 듣고 다 제가 중국인인 줄 알아요.
문 : 대화에 따르면 다음 중 맞는 내용은 무엇인가요?

A 셰리는 중국인이라 표준어를 잘한다

B 셰리의 표준어는 중국에서 배운 것이다

C 셰리의 표준어는 중국인과 별 차이가 없다

D 셰리는 본인의 표준어 실력이 많이 떨어진다고 여긴다

정답 C

해설 이 문제는 응시생의 단어 이해력을 체크하는 문제이다. 남자가 사용한 "以为"는 '~인 줄 알았는데, 아니더라'의 뜻으로 남자는 실제는 중국인이 아닌데, 중국어를 잘하여, 사람들이 중국인인 줄 알고 있다는 것을 표현한 것이다. 그러므로 답은 보기 C이다.

단어 地道 dìdao 정통의, 본고장의

以为 yǐwéi ~인 줄 알았는데 (아니다)

제2부분

제2부분은 총 25문항이다. 모든 문제는 한 번씩 들려준다. 모든 문제는 4-5 문장으로 구성된 대화 또는 단문이며, 이 내용을 들려준 후 내용과 관련된 하나 또는 여러 개의 질문을 한다. 응시자는 시험지에 주어진 4개의 선택 항목 중에서 정답을 고른다.

21

女：你怎么还不起床？都8点多了。 男：我头疼得厉害。 女：是不是感冒了？让我看看，发烧吗？ 男：没生病，就是我昨天晚上酒喝多了。
问：男人怎么了？
여 : 아직도 자고 있으면 어떻게 해? 벌써 8시가 다 됐어. 남 : 두통이 너무 심해. 여 : 감기 걸린 거 아니야? 어디 좀 봐봐, 열 나는 것 같아? 남 : 무슨 병은 아니고 그냥 어제 저녁에 술을 좀 많이 마셔서 그런 것 같아.
문 : 남자는 어떤가요?

A 감기

B 발열

C 기침

D 두통

정답 D

해설 보기 C는 언급되지 않았고, 보기 A, B는 여자가 질문을 한 내용이며, 이 질문에 남자는 '술을 많이 마셔서 머리가 아프

다'고 하였다.

단어 厉害 lìhai 심하다
发烧 fāshāo 열나다

22

男：小姐，请问从上海来的航班怎么还没到？
女：航班因为天气的原因晚点了。
男：那飞机什么时候才能到呢？
女：现在还不知道，请您注意听广播。

问：这段对话可能发生在什么地方？

남 : 아가씨, 말씀 좀 여쭙겠습니다. 상하이에서 출발한 비행 편은 아직 도착 전인가요?
여 : 날씨 때문에 조금 연착됩니다.
남 : 그러면 언제쯤 도착할까요?
여 : 지금은 아직 잘 모르겠네요. 방송을 잘 듣고 계시면 아실 수 있을 거에요.

문 : 이 대화가 발생한 곳은 어디일까요?

A 상점
B 버스정류장
C 공항
D 영화관

정답 C

해설 지문에 언급된 "航班", "晚点", "飞机" 등에서 '공항'임을 알 수 있다.

단어 航班 hángbān 노선
晚点 wǎndiǎn 연착하다
广播 guǎngbō 방송

23

女：约好了9点在学校门口见，已经过了10分钟了，山田怎么还没来？
男：是不是路上堵车了，我们再等一会儿吧。
女：别等了，他这么晚还没到，我看十有八九是不会来了。
男：再等10分钟，如果到时还不来，咱们就走。

问：女人的意思是:

여 : 9시에 학교 정문에서 만나기로 약속했는데 이미 10분이나 지났어. 샨텐은 왜 아직도 안 오는 거야?
남 : 차가 막혀서 늦을 수도 있으니까 우리 조금 더 기다려보자.
여 : 기다릴 것 없어. 이렇게 늦었는데도 도착하지 않은 걸 보면 십중팔구 안 오는 거야
남 : 10분만 더 기다려보고 그때까지도 안 오면 우리끼리 가자.

문 : 여자의 말은 무슨 뜻인가요?

A 샨텐을 더 기다리다
B 샨텐은 지금 차가 막힌다
C 샨텐은 10분 후에 도착한다
D 샨텐은 오늘 오지 않을 것이다

정답 D

해설 관용어 "十有八九"는 '십중팔구 그렇다'는 뜻으로 여자는 샨텐이 안 올 것이라고 여기고 있다.

단어 约 yuē 약속하다
堵车 dǔchē 차가 막히다
十有八九 shíyǒubājiǔ 십중팔구

24

男：今天可够热的，听说最高气温有37度。
女：是啊，热得我饭也吃不下，书也看不了。
男：那咱们去滑冰场怎么样？那儿特别凉快。
女：好啊，咱们比比，看谁滑得快。

问：他们要去做什么？

남 : 오늘 날씨가 너무 덥네, 최고 기온이 37도까지 올라간다던데.
여 : 그러게. 너무 더워서 입맛도 없고 책도 못 보겠어.
남 : 그럼 우리 스케이트장 가지 않을래? 거기는 정말 시원한데.
여 : 좋아. 우리 누가 더 빨리 타나 시합하자.

문 : 이들이 하려는 것은 무엇인가요?

A 스케이트
B 수영
C 식사

D 책 읽기

정답 A

해설 보기 C, D는 '날이 더워서 여자가 할 수 없다'라고 한 것이고, 이에 남자가 스케이트장 가자고 제안하였다. 여자는 시합을 해보자고 하였으므로 이들이 스케이트장에 갈 것이란 것을 알 수 있다.

단어 滑冰 huábīng 스케이트
比 bǐ 비교하다, 시합하다

25

女：小李，你最大的爱好是什么？
男：我一不抽烟，二不喝酒，除了旅游以外，没什么别的爱好。
女：怪不得一放假就看不到你的影子呢。
男：我可不像你，一有空就往商店跑。

问：男人有什么爱好？

여：샤오리, 제일 좋아하는 취미가 뭐에요?
남：저는 담배도 안 피고, 술도 안마시고, 여행 말고는 특별한 취미가 없어요.
여：어쩐지 휴가만 생겼다 하면 그림자도 안보이더라니.
남：그래도 당신처럼 틈만 나면 상점으로 달려가진 않잖아요.

문：남자의 취미는 무엇인가요?

A 흡연
B 여행
C 술 마시기
D 물건사기

정답 B

해설 남자가 사용한 "除了~以外, 没~"는 유일함을 강조하는 것으로 취미가 여행임을 알 수 있다.

단어 抽烟 chōuyān 담배를 피우다
怪不得 guàibude 어쩐지
影子 yǐngzi 그림자

26

男：怎么裙子这么脏？是不是又摔倒了。
女：我刚骑到路口就碰到一个老人躺在地上…
男：怎么，你撞人了？
女：哎呀，我还没说完呢，你听我往下说呀。

问：女人为什么说"我还没说完呢"？

남：치마가 왜 이렇게 더러워졌어? 또 넘어졌어?
여：방금 자전거 타고 가다가 길에 누워 있는 노인을 봤는데…
남：어떻게 된 거야, 사람이랑 부딪힌 거야?
여：아휴 참, 아직 내 말 다 안 끝났잖아. 내 말 좀 끝까지 들어.

문：여자는 왜 "내 말 다 안 끝났잖아"라고 말하였나요?

A 남자보고 먼저 말하라고 한다
B 생각한 후에 말하다
C 하려고 한 말을 잊다
D 말이 끊어지는 것을 바라지 않는다

정답 D

해설 여자가 한 말 "我还没说完呢"에서 여자가 말을 다 하지 않았는데, 남자가 말을 끊었음을 알 수 있고, "你听我往下说呀"에서 여자가 계속 이야기를 하려는 것을 알 수 있다. 그러므로 '남자에 의해 말이 끊어지기를 바라지 않는다'가 답으로 적당하다.

단어 脏 zāng 지저분하다, 더럽다
摔倒 shuāidǎo 넘어지다
撞 zhuàng 부딪히다

27

女：告诉我吧，我一定不告诉别人。
男：这件事可不能告诉你，不然别人就都知道了。
女：难道你不相信我吗？
男：就是因为了解你，所以我才信不过你。

问：男人是什么意思？

여：나한테 말해봐, 절대로 다른 사람한테는 말 안 할게.
남：이 일은 정말 너한테 말해줄 수 없어, 말했다가는 다른 사람들이 다 알 테니까.
여：설마 나 못 믿는 거야?
남：내가 너를 너무 잘 알아서, 그러니 더 못 믿지.

문 : 남자의 말은 무슨 뜻인가요?

A 여자를 믿지 않는다
B 여자에게 비밀을 지켜 달라고 부탁하다
C 여자를 잘 모른다
D 편지를 쓰고 싶어한다

정답 A

해설 남자가 한 말 "就是因为了解你，所以我才信不过你"에서 사용한 "信不过"는 "不相信"의 뜻으로 남자가 여자를 믿지 못함을 알 수 있다.

단어 难道 nándào 설마하니 ~겠나?(반어)
了解 liǎojiě 속속들이 잘 알다

28

男：没想到你的英语和法语都这么流利。
女：没什么，我是英语专业的，法语是我的第二外语，所以都能说一点儿。
男：你太谦虚了，别的同学也学第二外语吗？
女：我们外语专业的都学，不过第二外语除了法语，还有日语和西班牙语。

问：女人的专业是什么？

남 : 영어와 불어를 이렇게까지 유창하게 하실 줄은 전혀 생각도 못했어요.
여 : 별 것 아니에요. 영어가 전공이고, 불어는 제2외국어라서 조금 말할 줄 아는 정도에요.
남 : 지나치게 겸손하시네요. 다른 학생들도 제2외국어를 배우나요?
여 : 저희 외국어 전공하는 학생들은 다 배워요. 그런데 제2외국어에는 불어 외에도 일본어, 스페인어도 있답니다.

문 : 여자의 전공은 무엇인가요?

A 프랑스어
B 영어
C 일어
D 스페인어

정답 B

해설 여자의 전공은 영어이고, 나머지 보기들은 제2외국어들이다. 이런 나열식의 문제는 귀로는 문제를 듣고 눈으로는 선택항의 보기를 보면서 풀어야 좀 더 쉽게 답에 접근할 수 있다. 더불어 보기 옆에 기록하는 습관을 꼭 기르도록 한다.

단어 流利 liúlì 유창하다
谦虚 qiānxū 겸손하다

29

男：电视上说这种化妆品效果特别好，给你买一套吧。
女：广告你也信，那些都是"王婆卖瓜，自卖自夸"。
男：好不好你试一下总可以吧。
女：我才不信广告呢，卖东西的当然都说自己的东西好了。

问：女人说的"王婆卖瓜，自卖自夸"是什么意思？

남 : TV에서 이 화장품이 효과가 굉장히 좋다고 하던데, 하나 사줄게.
여 : 광고를 믿는 거야? 그게 다 자기 상품 좋다고 자화자찬하는 거야
남 : 좋은지 안 좋은지 네가 한번 시험해보면 되잖아.
여 : 나는 광고 안 믿어. 물건 파는 사람들이야 당연히 자기 물건이 좋다고 하지.

문 : 여자가 말한 "자기 상품 좋다고 자화자찬하다"는 무슨 뜻인가요?

A 과일을 사는 사람은 자기가 산 수박이 맛있다고 한다
B 과일을 파는 사람이 수박이 싸다고 여긴다
C 과일을 파는 사람은 자기 과일이 맛있다고 한다
D 물건 사는 사람이 자기 물건이 좋다고 한다

정답 C

해설 여자는 "王婆卖瓜，自卖自夸"라고 말하고, 또 광고를 믿지 못한다면서 "卖东西的当然都说自己的东西好了"라고 말해 표현만 바꾸었을 뿐 똑같은 의미를 전달하고 있다. 그러므로 답은 보기 C이다. "王婆卖瓜，自卖自夸"는 속담으로 '자화자찬'을 뜻한다.

단어 效果 xiàoguǒ 효과
婆 pó 할머니
夸 kuā 칭찬하다

30

女：老李，你脸色不好，是不是不舒服？
男：别提了，我家隔壁新搬来一家，天天吵得我睡不着觉。
女：睡不好觉可是个大问题呀。
男：谁说不是呢。

问：男人为什么脸色不好？

여 : 라오리, 안색이 좋지 않네요. 어디 불편하세요?
남 : 말도 마세요. 우리 옆집에 새로 이사온 가족들이 날이면 날마다 싸워대서 잠도 제대로 못 자요.
여 : 잠을 못 잘 정도면 정말 심각한 문제네요.
남 : 누가 아니래요.

문 : 남자의 안색이 좋지 않은 이유는 무엇인가요?

A 일이 힘들다
B 건강이 좋지 않다
C 잠을 잘 이룰 수가 없다
D 시험을 보려 한다

정답 C

해설 지문에 남자가 언급한 "睡不着觉"와 보기 C "睡不好觉"는 같은 의미이다. 나머지 보기들은 언급되지 않았다.

단어 别提了 biétíle 말도 마(불만)
隔壁 gébì 이웃

31-32 第31到32题是根据下面一段对话：

女：小王的婚礼咱们没法参加了，买床被子送给他怎么样？
男：不管买什么都不如给钱好，让他爱买什么就买什么。
女：送钱太俗，"千里送鹅毛，礼轻情意重"嘛，不管怎么样，要让人家知道我们的心意啊。你看是不是送个钟表？要不就跟上次你同事结婚时一样，送一对花瓶？
男：你要送就送点儿实用的，花瓶只能摆着看，有什么用？

여 : 샤오왕의 결혼식에 우리가 참석하지도 못했는데 선물로 이불이라도 사주는 게 어때요?
남 : 뭘 사줘도 돈으로 주는 것보다는 못하지. 그래야 샤오왕이 사고 싶은 걸 살 수 있잖아.
여 : 돈은 너무 속된 것 같아요. 아무리 보잘것없어도 선물은 마음이 중요하잖아요. 어찌됐든 샤오왕이 우리 마음을 알 수 있게 하는 것이 좋아요. 이 시계는 어때요? 아니면 지난번 당신 동료 결혼식 때처럼 꽃병을 주는 건 어때요?
남 : 선물하려면 실용적인 걸로 해야지, 꽃병은 그냥 놓아두고 보는 물건인데 쓸모가 있겠어?

31

根据录音，男人是什么意思？

지문에 따르면, 남자의 말은 무슨 뜻인가요?

A 그는 결혼식에 참여하고 싶어하지 않는다
B 그는 샤오왕을 그다지 좋아하지 않는다
C 그는 꽃병을 사는 것에 동의했다
D 그는 샤오왕에게 돈을 주자고 건의한다

정답 D

해설 남자는 무조건을 나타내는 관련사 "不管~, 都~"를 사용하여 돈이 제일 적합함을 나타냈고, "爱~, 就~"는 회화에 자주 사용하는 구문으로 '하고 싶은 것을 하다'의 뜻이다.

32

下面哪一项不是女人想送的东西？

다음 중, 여자가 선물하려고 한 물건이 아닌 것은 무엇인가요?

A 꽃병
B 이불
C 시계
D 거위털

정답 D

해설 지문에 의하면 보기 A, B, C는 다 언급이 되었고, 선물은 마음이 중요하지 물건의 가격이 중요하지 않다는 뜻으로 사용된 속담 "千里送鹅毛, 礼轻情意重"에 언급된 '거위털'은 비유의 의미이지, 정말로 선물하려는 것은 아니다.

단어 不如 bùrú ~만 못하다
俗 sú 속되다, 저속하다
礼轻情意重 lǐqīngqíngyìzhòng 선물보다 성의가 중요하다
心意 xīnyì 성의
实用 shíyòng 실용적이다

33-34 第33到34题是根据下面一段对话:

女：志强，你儿子今年该上幼儿园大班了吧？
男：哪儿啊，已经一年级了。小李，你孩子多大了？
女：我是"丁克"一族，不要孩子。
男：啊？为什么？
女：我结婚五年了，但我和爱人不打算要孩子。一方面是由于我们工作都忙，没时间照顾孩子，另一方面养一个小孩费用挺高的。
男：你说的很对，养个小孩的费用可不是个小数目。我给儿子计算了一下，在他上小学前就花了10万元。
女：你看，还是像我这样不要孩子好吧。

여：즈창, 아드님이 올해 유치원 졸업반에 들어갔죠?
남：유치원이라니요, 벌써 초등학교 1학년인걸요. 샤오리 아이는 올해 몇 살이에요?
여：저는 아이 낳고 싶어하지 않는 딩크족이에요.
남：네? 왜요?
여：결혼한 지 5년이나 지났는데도 저와 남편은 아이 계획이 없어요. 한편으로는 우리들 일이 바빠서도 그렇지만, 또 한편으로는 아이 키우는데 돈이 너무 많이 들어가니까요.
남：정말 맞는 말이에요. 아이 키우는 데 필요한 돈이 정말 보통이 아니라니까요. 제 아들의 경우만 계산해봐도, 초등학교 입학 전에만 이미 10만 위안이나 들어갔어요.
여：그것 보세요. 저희들처럼 아이 낳지 않는 편이 더 낫다니까요.

33

关于男人的儿子，下面哪一项正确？

남자의 아들에 관하여, 다음 중 내용이 맞는 것은 무엇인가요?

A 올해 5살이다
B 유치원에 다닌다
C 초등학교 1학년이다
D 초등학교 5학년이다

정답 C

해설 결혼한 지 5년 된 여자가 남자에게 '아이가 유치원 다니냐'고 질문을 하였고, 남자는 '초등학교 1학년'이라고 대답하였다.

34

"丁克"一族是指：

"딩크족"이란 무슨 뜻인가요?

A 스타를 좋아하는 팬
B 독신
C 아이를 낳지 않는 사람
D 부모와 같이 사는 사람

정답 C

해설 여자는 "丁克"족이라 말하고 뒤에 부연설명으로 "不要孩子"라고 하였다. 그러므로 보기 C가 답이다.

단어 丁克族 dīngkèzú 딩크족
由于 yóuyú ~때문에
照顾 zhàogù 돌보다
养 yǎng (아이를) 기르다
费用 fèiyòng 비용

35-36 第35到36题是根据下面一段话:

农历九月九日，是中国传统的重阳节。在古代，重阳节的活动很多，包括登山欣赏美景、看菊花、吃重阳糕、喝菊花酒等。1989年，中国把每年的重阳节定为老人节，这样就把传统与现代巧妙地结合起来，重阳节又成了尊敬老年人的节日。

음력 9월 9일은 중국의 전통적인 중양절이다. 고대의 중양절에는 산에 올라 자연을 느끼고 국화를 감상하거나 국화꽃 과자를 먹기도 하고 국화주를 마시기도 하는 등 다양한 활동을 했다. 1989년, 중국은 매년 중양절을 노인의 날로 지정함으로써 전통과 현대를 절묘하게 결합시켰고 중양절은 노인을 존경하는 명절이 되었다.

35

重阳节是农历的哪一天？

중양절은 음력으로 언제인가요?

A 9월 9일
B 9월 19일
C 9월 29일
D 10월 19일

정답 A

해설 지문에 '음력 9월 9일'이라고 분명히 언급하였다. 나머지 보기들은 언급되지 않은 보기들이지만, 날짜와 관련된 숫자는 혼동의 우려가 있으니, 평소에 지문을 들으면서 내용 받아 쓰기 연습을 많이 하는 것이 중요하다.

36

下面哪一项不属于重阳节的活动?
다음 중 중양절 행사가 아닌 것은 무엇인가요?

A 등산
B 국화 감상
C 드래곤보트 타기
D 국화술 마시기

 **C**

해설 보기 A, B, D는 중양절에 하는 행사로 언급이 되었고, 보기 C '드래곤보트 타기'는 애국 시인 굴원을 기리는 단옷날 하는 행사이다. (※굴원 : 중국 전국시대 초나라의 시인)

단어 农历 nónglì 음력
传统 chuántǒng 전통
重阳节 Chóngyángjié 중양절
欣赏 xīnshǎng 감상하다
巧妙 qiǎomiào 기발하다, 절묘하다
尊敬 zūnjìng 존경하다

37-40 第37到40题是根据下面一段话:

你知道绿色食品吗？如果你听到"绿色大米"、"绿色饮料"，不要以为这些大米和饮料真的是绿颜色的。绿色食品是说这种食品出自良好的生长环境，没有污染。现在不论在哪家超市和商场都可以看见这样的食品。它们有一个由太阳、叶子和花朵组成的绿色商标。只要是有这种商标的食品，你就可以放心地买来吃。得到这样一个商标可不容易，"中国绿色食品发展中心"每年都要根据国际标准严格对这些厂家进行检查，只有检查合格，才能获得这个商标。而已经得到这个商标的厂家，如果不合格，也会被取消。

녹색 식품(그린 푸드)을 아십니까? 혹시 '녹색 쌀', '녹색 음료수'라는 단어를 들어보셨다면 이들의 색깔이 정말 녹색일거라고는 생각하지 마십시오. 녹색 식품은 깨끗한 성장 환경에서 탄생한 오염 없는 음식을 말합니다. 현재 모든 슈퍼마켓과 상점에서 이러한 식품을 만나보실 수 있습니다. 녹색 식품에는 태양, 나뭇잎, 꽃의 조합으로 이루어진 녹색 상표가 부착되어 있습니다. 이런 상표가 있는 식품이라면 안심하고 드실 수 있습니다. 이러한 상표를 획득하기는 결코 쉬운 일이 아닙니다. '중국 녹색 식품 발전 센터'는 매년 국제기준에 따라 이러한 업체들을 대상으로 엄격한 검사를 실시합니다. 합격 업체만이 녹색 상표를 획득할 수 있습니다. 그러나 이미 이 상표를 획득한 업체라도 검사에서 불합격을 받게 되면 자격이 박탈됩니다.

37

"绿色大米"中"绿色"是指:
'녹색 쌀'의 '녹색'이 가리키는 것은 무엇인가요?

A 쌀의 색
B 상표 색
C 오염이 되지 않았다
D 포장한 것의 색

 **C**

해설 도입 부분에 '그린 푸드'는 좋은 환경에서 자라 오염이 안된 것을 가리키는 말로 식품의 색이 아니라고 설명하였다.

38

根据录音，在哪里可以买到绿色食品?
지문에 따르면, 녹색 식품을 구입할 수 있는 곳은 어디인가요?

A 시장
B 슈퍼
C 식당
D 구멍가게

 **B**

해설 '슈퍼나 상점에서 다 볼 수 있다'고 언급하였으므로 답은 보기 B이고, 보기 A 시장은 추상적인 의미의 시장 점유율이라던지, 해외 시장 등을 가리키는 말로 우리 말의 장 보러 가는 시장과 혼동하지 않도록 주의한다. 장 보러 가는 시장은 앞에 "菜"를 붙여 "菜市场"이라고 표현한다.

39

下面哪一项不出现在绿色食品的商标内?

다음 중, 녹색 식품 상표 표시가 아닌 것은 무엇인가요?

A 태양
B 꽃
C 잎
D 물방울

정답 D

해설 보기 A, B, C는 언급이 되었고, 보기 D '물방울'은 언급이 되지 않았다.

40 如果发现有些厂家生产的"绿色食品"不合格，那该怎么办？

만약 생산업체가 만들어낸 '녹색 식품'이 불합격이라면, 어떻게 처리하나요?

A 벌금을 물린다
B 질서를 바로 잡는다
C 판매를 금지한다
D 자격을 취소한다

정답 D

해설 보기 D는 지문 맨 마지막에 언급되었으며, 나머지 보기들은 언급되지 않았다.

단어 颜色 yánsè 색
出自 chūzì ~로부터 나오다
良好 liánghǎo 양호하다
生长环境 shēngzhǎnghuánjìng 생장 환경
污染 wūrǎn 오염
商标 shāngbiāo 상표
根据 gēnjù ~에 따르면
标准 biāozhǔn 표준, 기준
检查 jiǎnchá 검사
取消 qǔxiāo 취소하다

41-45 第41到45题是根据下面一段话：

本生是德国化学家。一天，他在实验室做实验，当把一张带有铍元素的纸放到阳光下晒时，一只苍蝇突然飞到纸上，偷吃那有点儿甜味的沉淀物。这个意想不到的事情使本生慌了神，他立即跑去抓，苍蝇飞了。本生边喊边追，惊动了好几个小学生，他们一起来帮他抓，最后终于抓住了。

本生松了一口气，把苍蝇肚子里的铍元素细心地搜集起来，称出它们的重量，然后把这个重量加入到滤纸上沉淀物的总量中，从而得出了化学元素铍准确的原子量。

분젠은 독일의 화학자이다. 어느 날, 그가 연구실에서 실험을 하던 중 베릴륨 원소를 담은 종이 한 장을 햇볕이 드는 자리에 놓자 파리 한 마리가 갑자기 종이 위로 날아와 그 달콤한 침전물을 야금야금 먹기 시작했다. 이러한 예상치 못한 일이 일어나자 분젠은 당황해서 어찌할 줄 몰라 하다가 곧바로 파리를 잡으러 뛰어갔으나 파리는 날아서 도망갔다. 분젠은 고함을 지르면서 파리를 쫓아다녔고 함께 있던 초등학생들은 크게 놀랐다. 놀란 초등학생들이 함께 분젠을 도와 파리를 잡으러 다닌 덕에 결국에는 그 파리를 잡았다.

분젠은 숨을 한 번 들이키더니 파리의 배 안에 있는 베릴륨 원소를 세심하게 찾아 모으기 시작했다. 모은 베릴륨 원소의 무게를 잰 후에, 이 무게를 거름종이 위의 침전물 총 무게에 더함으로써 마침내 베릴륨 원소의 정확한 원자량을 알아낼 수 있었다.

41 本生是哪国人？

분젠은 어느 나라 사람인가요?

A 프랑스
B 독일
C 영국
D 미국

정답 B

해설 지문 처음 시작 부분에 '독일'이라고 언급되었고, 나머지 보기들은 언급되지 않았다. 서술형 문제는 처음과 끝을 특히 주의 깊게 들어야 한다.

42 本生做实验时，什么东西飞到了纸上？

분젠이 실험할 때, 종이에 날아든 것은 무엇인가요?

A 모기
B 꿀벌
C 파리
D 나비

정답 C

해설 지문에 보기 C를 제외하고 나머지 보기들은 언급되지 않았다.

43

铍的沉淀物带有什么味?
베릴륨 침전물은 어떤 맛인가요?

A 단맛
B 쓴맛
C 짠맛
D 신맛

정답 A

해설 지문에 '달콤한 침전물'이라고 나와 있다.

44

突然发生的情况，使得本生:
갑자기 발생한 상황에 대해, 분젠은 어떻게 하였나요?

A 괴롭다
B 기쁘다
C 무섭다
D 당황하다

정답 D

해설 지문에 언급한 "慌了神"은 보기 D "惊慌"과 같은 의미이다.

45

在谁的帮助下，本生终于抓住破坏实验的害虫?
분젠은 실험을 망친 곤충을 누구의 도움으로 잡았나요?

A 부인
B 아들
C 초등학생
D 중, 고등학생

정답 C

해설 지문에 보기 C를 제외하고 나머지 보기들은 언급되지 않았다.

단어 实验 shíyàn 실험
铍 pí 베릴륨
晒 shài 햇볕을 쬐다
偷 tōu 훔치다
沉淀物 chéndiànwù 침전물
慌 huāng 당황하다
惊动 jīngdòng 놀라게 하다
松口气 sōngkǒuqì 한숨 돌리다, 한시름 놓다
搜集 sōují 수집하다, 찾아모으다
滤纸 lǜzhǐ 여과지

2. 독해(阅读)

제1부분

제1부분은 총 15문항이다. 이 부분 문제는 몇 편의 단문으로 구성되어 있으며, 단문 가운데에는 여러 개의 빈칸이 있다. 빈칸은 단어 하나 혹은 문장 하나로 채워져야 한다. 응시자는 시험지에 주어진 4개 선택 항목에서 빈칸에 들어갈 알맞은 것을 선택한다.

46-48

이제 곧 아내의 생일이 다가오는데 올해는 상황이 비교적 46 특수하다. 내가 아내 곁에 있지 않기 때문이다. 나는 해외에, 아내는 국내에 있다. 그렇다면 아내에게 어떤 생일 선물을 해줘야 좋을까? 생각하고 또 생각한 후에, '그래! 아내가 47 독서광이었지. 그러면 책 몇 권을 선물로 부쳐줘야겠구나'라는 결론을 내렸다. 48 결과는 내가 생각한 대로였다. 내가 보낸 책 선물을 받고서 아내는 내 선물에 매우 만족했다는 답장을 보내왔다.

단어
比较 bǐjiào 비교적
身边 shēnbiān 곁
送 sòng 선물하다
寄 jì 부치다
满意 mǎnyì 만족하다
特意 tèyì 일부러
特殊 tèshū 특수하다
意外 yìwài 의외이다

46 A 특징
B 특색
C 일부러
D 특수하다

정답 D

해설 "特点"은 '사람이나 사물의 독특한 부분'을 가리키는 명사이므로, 부사 "比较" 뒤에는 사용할 수 없다. "特色"는 사물이 나타내는 독특한 '색채'나 '스타일'을 가리키는 명사로 이 역시 부사 뒤에 사용할 수 없다. "特意"는 어떤 목적을 가지고 행하는 행동을 수식하는 부사로 "比较"와 조합을 이루기 어색하다. "特殊"는 평범한 것을 벗어나 '특별하다'는 의미의 형용사로 문맥에 적합하다.

47 A 축구팬
B 독서광
C 영화광
D 장기 마니아

정답 B

해설 "~迷"는 '어떤 방면을 아주 좋아하는 사람'을 뜻한다. 책을 선물하였고, 결과도 좋았다는 문맥에 비추어 부인이 '독서광'임을 알 수 있다.

48 A 그러나 정말 그럴 줄 몰랐다
B 결과는 아주 실망스러웠다
C 아주 뜻밖이였다
D 결과는 내가 생각한 대로였다

정답 D

해설 빈칸 뒤로 언급된 "妻子很满意"에서 결과가 예상대로임을 알 수 있다. 그러므로 답은 D이다.

49-52

지도층 인사는 자신의 수중에 있는 권력은 국민으로부터 부여 받은 것이며 권력은 오로지 국민에게 봉사할 때만 사용할 수 있는 49 것이지 개인의 이익을 얻기 위한 도구가 되어서는 안 된다는 사실을 깊이 인식해야 한다. 언제나, 어떤 상황 50 하에서도, 모든 지도층 인사는 반드시 국민의 51 이익을 최우선시해야 한다. 또한 공명정대함과 정의감을 가지고 자신의 모범적인 행동으로 국민의 신뢰를 얻어야 하며 현대화

건설을 위해 마땅히 해야 할 [52]공헌을 해야 한다.

단어 领导干部 lǐngdǎogànbù 지도층 인사
深刻 shēnkè 깊다
认识 rènshi 인식하다
为~服务 wèi ~ fúwù ~에게 서비스하다
获得 huòdé 얻다
工具 gōngjù 도구
光明正大 guāngmíngzhèngdà 광명정대하다
模范行动 mófànxíngdòng 모범 행동
取信于民 qǔxìnyúmín 시민의 신임을 얻다
贡献 gòngxiàn 공헌

49 A ~도
B 그러나
C 그럼
D 또

정답 **B**

해설 문맥에 따르면 전환의 의미가 와야 하는데, 보기 네 개 중 전환의 의미는 "而"밖에 없으며, 보기 C "则"는 "那么"의 뜻으로 문맥에 맞지 않는다.

50 A 하
B 방면에
C 내
D 외

정답 **A**

해설 상용 개사구 "在…下"는 어떤 조건을 나타내는 것으로 "帮助, 指导, 要求, 命令, 影响, 启发, 教育, 情况, 条件, 前提" 등과 조합을 이루어 사용된다. 지문의 "情况"과 조합을 이루는 것은 보기 A '下'가 제일 적합하고, 나머지는 어색하다.

51 A 국민이 나에게 봉사하도록 시키다
B 개인의 이익을 최우선시한다
C 본인의 이익을 진지하게 고려해야 한다
D 국민의 이익을 최우선시한다

정답 **D**

해설 보기 D만 국민을 위해서 봉사한다는 개념이고, 나머지 보기 A, B, C는 '다 자기를 위한다는 의미'이다. 그러므로 문맥상 답은 D이다.

52 A 작용
B 영향
C 공헌
D 구현하다

정답 **C**

 보기 네 개중, C "贡献"만이 동사 "做出"와 조합을 이루어 사용된다. "贡献"은 나라와 대중을 위해서 '좋은 일을 한다'는 뜻이다. "作用"은 동사 "起"와 조합을 잘 이루며, "影响"은 동사 "产生"을 사용하는 것이 적당하다. "体现"은 동사로, 동사 "做出"와 조합을 이루기 어색하다.

53-56

1553년 프랑스 국왕 헨리 2세가 결혼할 당시 이탈리아에서 아이스크림을 만들 줄 아는 요리사를 초빙하였다. 그 요리사는 다양한 바닐라 아이스크림을 만들어 프랑스인들의 시야를 [53]넓혀주었다. 1560년, 프랑스 카트린 황후의 한 요리사는 황후의 [54]입맛을 바꾸기 위해 반고체 형태의 아이스크림을 만들어냈다. 그는 먼저 버터, 우유, 향료를 함께 섞은 [55]후, 꽃무늬를 새겨 넣었다. 이렇게 탄생한 아이스크림은 색깔이 산뜻하고 아름다웠을 뿐만 아니라 맛도 훨씬 훌륭했다. 이후 아이스크림의 종류가 날이 갈수록 다양해지면서 아이스크림은 모든 사람들이 [56]좋아하는 음식이 되었다.

단어 法国 Fǎguó 프랑스
结婚 jiéhūn 결혼하다
意大利 Yìdàlì 이탈리아
请来 qǐnglái 모셔오다
冰淇淋 bīngqílín 아이스크림
厨师 chúshī 주방장
换 huàn 바꾸다
半固体 bàngùtǐ 반고체
混 hùn 섞다
刻 kè 새기다
花纹 huāwén 꽃무늬
鲜艳 xiānyàn 산뜻하고 아름답다
睁 zhēng (눈을) 뜨다

53 A 뜨다
B 보내다
C 치다
D 열다

정답 **D**

해설 "大开眼界"는 성어로 '많은 사물을 접한 후 견식이 늘었음'을 뜻하는 것이다.

54 A 입맛
B 맛
C 냄새
D 맛 좋은 음식

정답 A

해설 "口味"는 '입맛', 혹은 '구미'라는 뜻으로 좋아하는 음식에 대한 욕구나, 좋아하는 일에 대한 흥미 혹은 취미를 형용할 때 사용할 수 있다. "味道"는 혀에서 느끼는 '미각'과 '마음'을 표현하기도 한다. "香味"는 코로 혹은 혀로 느끼는 '향기로운 맛'이다. "美味"는 '맛있는 음식'을 가리킨다. "换口味"는 관용어로 '음식 만드는 법을 달리한다'는 뜻에서 '새로운 시도를 해본다'는 비유의 뜻으로 사용된다.

55 A 차례로
B ~한 후에
C 후에
D 후

정답 D

해설 "先后"는 부사로 어떤 동작이 차례로 잇따라 일어날 때 수식하는 것이며, "后来"는 명사로 '과거의 어떤 시간으로부터 지금까지'를 뜻한다. "之后"는 명사로 '과거, 현재, 미래의 어떤 시간 후'를 뜻하며, 단독으로 사용할 수 없고, 반드시 "…之后의 구조로 사용된다. "然后"는 관련사로 어떤 동작 후에 일어나는 동작을 설명하므로, 지문에는 보기 네 개중 보기 D가 가장 적합하다. 그리고 앞에 사용된 "先"과 호응을 하여 "先…, 然后…"의 구조를 만든다.

56 A 맛있다
B 좋아하다
C 기쁘다
D 보호하다

정답 B

해설 "所"자 뒤에는 동사가 와서 "为~所~"피동문 구조를 만들어 주는 것이 좋다. 그러므로 형용사인 보기 A, C는 제거한다. "好吃"는 '맛있다'라는 뜻이고, "欢喜"는 '기쁘다'의 뜻이다. "爱护"는 '보호하다'는 뜻으로 문맥상 어울리지 않는다. "喜爱"는 '사람이나 사물에 대한 호감'으로 문맥에 제일 적합하다.

57-60

어떤 사람들은 중국에 [57] <u>도대체</u> 몇 개의 성씨가 있는지 물을 수도 있을 것이다. 이 문제는 대답하기가 쉽지 않다. 아주 오래전, 『백가성』이라고 불리는 성씨에 [58] <u>관한</u> 어린이 한자 교과서에는 500여 개가 넘는 성이 수록되어 있었다. [59] <u>그러나 실제로 중국인의 성씨는 500개가 넘는다</u>. 『중화성씨대사전』의 통계에 따르면, 중국 56개 민족의 성씨는 총 11,969 [60] <u>개나 된다고 한다</u>.

단어
课本 kèběn 교과서
收入 shōurù 수록하다
据~统计 jù ~ tǒngjì 통계에 따르면
始终 shǐzhōng 시종
到底 dàodǐ 도대체
终于 zhōngyú 드디어
到头 dàotóu 끝에 이르다
不止 bùzhǐ ~뿐만이 아니다

57 A 시종일관
B 도대체
C 드디어
D 끝에 이르다

정답 B

해설 의문문이므로, 어기 강조의 의미이자, 원인 추궁의 의미인 보기 B 부사 "到底"가 제일 적합하다. 나머지 보기들은 평서문에 사용되는 단어들이다.

58 A ~에 관하여
B ~이 있어서
C ~에게 주다
D ~에 대하여

정답 A

해설 한정어 "关于…的+명사(주어/빈어)" 구조를 묻는 문제이다. 나머지 보기들은 다 부적합하다.

59 A 중국인의 성씨가 100개만 있다는 것을 설명한다
B 사실 중국인의 성씨는 그렇게 많지 않다
C 그래서 중국인의 성씨는 이 정도밖에 되지 않는다
D 그러나 실제로 중국인의 성씨는 500개를 훨씬 넘는다

정답 D

해설 빈 칸 다음으로 언급한 '통계에 따르면 중국 56개 소수민족의 성씨가 만여 개에 달한다'는 뜻으로 봐서 빈칸에는 '500개 이상'이라는 보기 D가 가장 적합하다. "不止+수량사"는 '그 이상'이라는 뜻을 가진다.

60 A 있다
B 이다
C 이른다
D 되다

정답 C

해설 네 개의 보기 중 "达"만이 수사 앞에 쓰여 '숫자가 많음'을 표현하는 것이다. 보기 A, B는 객관적인 숫자를 서술할 뿐, '많다', '적다'의 의미를 내포하고 있지 않다. 보기 D는 수사와 바로 연결지어 사용하지 않는다.

제2부분

제2부분은 총 10문항이다. 모든 문제는 하나의 단문과 4개의 선택 항목으로 구성되어 있다. 응시자는 내용과 일치하는 것을 선택한다.

61 아침에 늦게 일어나는 바람에 급히 옷만 걸쳐 입고 집을 나섰다. 회사에 거의 다 도착했을 때쯤이 돼서야 휴대전화를 집에 두고 왔다는 것을 알았다. 그러나 집에 다시 돌아가서 가지고 오자니 너무 늦을 것 같아서 '그래, 휴대전화에 (충전한) 요금도 다 됐고, 기왕 이렇게 됐으니 배터리도 없고 고장났다고 생각하지 뭐, 하루쯤이야 금방 지나가지 않겠어'라고 마음먹기로 했다.

A 그의 휴대전화는 고장 났다
B 그는 휴대전화를 집에 두고 왔다
C 그의 휴대전화는 요금이 다 되었다
D 그의 휴대전화는 배터리가 다 되었다

정답 B

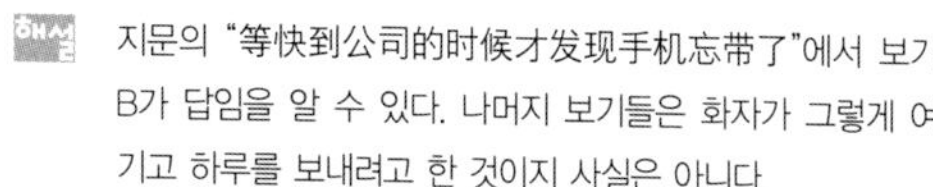

해설 지문의 "等快到公司的时候才发现手机忘带了"에서 보기 B가 답임을 알 수 있다. 나머지 보기들은 화자가 그렇게 여기고 하루를 보내려고 한 것이지 사실은 아니다.

단어 手机 shǒujī 휴대전화
带 dài 지니다
取 qǔ 손에 넣다
来不及 láibují ~할 시간이 없다
算了 suànle 그만하다
就当 jiùdàng ~인 셈치다

62 유학생들은 중국어를 배울 때 자주 '신기'한 단어를 접하게 된다. 신기하다고 하는 것은 이러한 단어들이 동시에 여러 가지 뜻을 표현하고 있기 때문이다. 어떤 때는 이러한 뜻들이 서로 연관되어 있어 쉽게 이해할 수도 있지만 또 어떤 때는 뜻이 서로 크게 차이가 나서 정말이지 종잡을 수 없을 때가 있다.

A '신기'하다는 뜻을 나타내는 단어는 많다
B 중국어 단어는 모두 서로 연관되어 있다
C '신기'하다는 이 단어는 이해하기 어렵다
D 어떤 단어는 동시에 여러 개의 의미를 뜻한다

정답 D

해설 지문의 "说它们神奇，是因为这些词语同时表示几个意思"에서 보기 D가 답임을 알 수 있다. 지문은 "神奇"라는 단어에 대하여 말하고 있는 것이 아니므로 보기 A, C는 제거한다. 한 단어의 여러 가지 의미가 전혀 서로 다른 뜻을 가질 때도 있어서 종잡을 수가 없다고 하였으므로 보기 B도 틀린 것이다.

단어 遇到 yùdào 우연히 마주치다, 만나다
神奇 shénqí 신기하다
词语 cíyǔ 단어
表示 biǎoshì 뜻하다, 표시하다
互相 hùxiāng 서로

联系 liánxì 연관있다
理解 lǐjiě 이해하다
相差 xiāngchà 서로 다르다
简直 jiǎnzhí 정말로
摸不着头脑 mōbuzháotóunǎo 두서를 잡을 수 없다, 종잡을 수 없다

63 용은 고대인들의 상상 속에서 탄생한 실재하지 않는 동물로 중국문화에서 매우 중요한 위치를 차지한다. 오랜 세월 동안 지속된 봉건사회에서 용은 황제와 황족의 상징이었다. '용의 아들', '용의 자손'이라는 말에서도 '용'은 곧 황제를 가리킨다. 중국의 수많은 민간 명절 역시 모두 용과 관계가 있다. 예를 들면, 용춤이나 드레곤 보트 경기, 용등 등이 있다.

A 용은 중국 고대의 동물이다
B 용등을 놓는 것은 황제의 상징이다
C 용춤은 문화 속에서 중요한 위치를 차지한다
D 중국 문화 속에서, 용은 특수한 의미를 가진다

정답 D

해설 지문의 "它在中国文化中具有重要的地位"에서 보기 D가 답임을 알 수 있다. 용은 상상 속의 동물이므로 보기 A는 틀렸고, 보기 B "放龙灯"은 민간 행사이므로 황제와 관련이 없고, 용이 가지는 의미가 중국 문화 속에서 중요한 위치에 있는 것이지, 용춤이 그런 것은 아니므로 보기 C도 틀린 것이다.

단어 并 bìng 결코(부정 강조)
具有 jùyǒu 가지고 있다
地位 dìwèi 지위
封建社会 fēngjiànshèhuì 봉건사회
皇帝 huángdì 황제
象征 xiàngzhēng 상징

64 강아지에게 먹이를 줄 때는 매우 신경 써야 한다. 강아지에게 먹이 주는 것은 사람이 밥 먹는 것과 마찬가지로, 항상 고기만을 줘서는 안되며 채소도 먹어야만 건강에 좋다. 먹이를 줄 때는 처음에는 채소류를 조금 주어야 한다. 배가 고프기 때문에 어쩔 수 없이 채소라도 먹기 마련이다. 반쯤 먹었을 때 약간의 고기와 뼈를 주는 것이 좋다. 이렇게 오랫동안 하다 보면 강아지는 채식과 육식이 모두 맛있다는 것을 알게 될 것이다.

A 강아지는 고기를 좋아하지 않는다
B 강아지에게 고기를 먹이지 말아라
C 강아지를 배불리 먹이지 말아라
D 채소는 강아지 건강에 좋다

정답 D

해설 지문의 "也要给它蔬菜吃, 这样对健康才有好处"에서 보기 D가 답임을 알 수 있다.

단어 喂食 wèishí 음식을 먹이다
讲究 jiǎngjiū 중시하다, 신경쓰다
好处 hǎochù 좋은 점
不得不 bùdébù 어쩔 수 없이
素食 sùshí 채식

65 가정교육은 곧 평생교육이며 자녀가 태어나자마자 곧 시작된다. 아이들이 초등학교에 입학하기 전의 가정교육은 '인격 형성 초기'교육으로서 한 사람의 인생에서 가장 기초적인 역할을 한다. 초등학교, 중, 고등학교에 입학한 후의 가정교육은 학교교육의 기초이자 학교교육의 보충이라 할 수 있다.

A 가정교육은 아이가 학교 다닐 때부터 시작한다
B 초등학교 교육은 일생의 기초가 된다
C 학교교육은 가정교육의 보충이다
D 초등학교 입학 전 교육은 그다지 중요하지 않다

정답 C

해설 지문의 "家庭教育既是学校教育的基础, 又是学校教育的补充"에서 보기 C가 답임을 알 수 있다. '가정교육은 평생교육이므로 태어나자마자 곧 시작된다'이므로 보기 A는 틀린 것이고, '초등학교 입학 전의 교육은 인격형성 교육이라 일생에 영향을 미친다'이므로 보기 B, D 역시 틀린 것이 된다.

단어 终身 zhōngshēn 평생
人之初 rénzhīchū 인격 형성
起~作用 qǐ ~ zuòyòng 작용을 하다
基础 jīchǔ 기초
补充 bǔchōng 보충

66 춘절(설) 연휴 기간이 막바지에 이르자 많은 회사의 기사들은 회사버스를 세차하기 시작했고 새해의 업무를 시작할 준비에 나섰다. 황허도의 한 세차장에서는 총 5대의 소형차가 세차를 기다리고 있었다. 세차장 직원의 설명에 따르면 이러한 차들은 모두 회사 차량으로 춘절 기간 동안 줄곧 회사 내에 주차되어 있었다고 한다.

A 회사차량은 개인 차량이 아니다
B 많은 기사들이 자기의 차를 세차하고 있다
C 세차장에서 세차하는 것은 모두 버스이다

D 버스 회사는 업무를 시작하려 한다

정답 A

해설 "公车"는 '회사 소속 차량'이므로 보기 A는 맞는 것이고, "公车"는 '버스'가 아니므로 보기 C, D는 제거한다. 지문에 '기사 본인의 소유차량'은 언급되지 않았으므로 보기 B도 제거한다.

단어 结束 jiéshù 끝나다
清洗 qīngxǐ 깨끗이 닦다
公车 gōngchē 회사 차량
迎接 yíngjiē 맞이하다
据~介绍 jù ~ jièshào 소개에 따르면

67 15살짜리 아들이 학교수업을 마치고 집에 돌아와 침대에 누워 있는 엄마를 보았다. 아들은 급히 달려가 "엄마, 어디 편찮으세요?"라고 걱정하며 물었다. 엄마는 힘없이 고개를 끄덕였다. "엄마, 식사 준비는 걱정하실 필요 없어요" 아들은 엄마를 위로하며 말했다. "제가 어떻게든 엄마를 주방까지 업어 드릴 테니까요"

A 엄마는 다리를 다쳤다
B 아들은 엄마를 도와 밥을 한다
C 아들은 아직 학생이다(아이다)
D 아들은 엄마를 잘 보살핀다

정답 C

해설 보기 A의 '다리를 다쳤다'는 지문에 구체적으로 언급되지 않았으므로 제거한다. 아들이 '엄마를 주방까지 업고 가겠다'고 하는 말에서 아직 철이 덜 든 아이임을 알 수 있고, 지문의 "15岁的儿子放学回家"에서 보기 C가 답임을 알 수 있다.

단어 关心 guānxīn 관심을 가지고 신경쓰다
问道 wèndào 묻다
点头 diǎntóu 고개를 끄덕이다
愁 chóu 걱정하다
安慰 ānwèi 위로하다
背 bēi 업다

68 아기가 9개월이나 지났는데도 왜 아직 치아가 나지 않는 걸까? 치아가 나올 때는 열이 나는 걸까? 치아가 날 때 설사하는 것이 정상인가? 이와 같은 많은 문제들이 이제 막 치아가 나기 시작할 때쯤의 아이를 둔 부모에게 큰 걱정거리를 안겨 준다. 아이의 치아가 자라는 것은 정말로 중요한 일이다. 왜냐하면 치아가 자라는 것은 아이의 식사나 발음에 영향을 줄 뿐만 아니라, 얼굴 근육의 발달과 성인이 된 후의 치아 형성에도 결정적인 역할을 하기 때문이다.

A 아이 치아가 날 때는 반드시 열이 난다
B 치아 발육은 아이의 얼굴 근육 발달에 영향을 준다
C 9개월 된 아이는 반드시 치아가 난다
D 아이 치아가 날 때는 배가 아프다

정답 B

해설 보기 A, C, D는 꼭 발생하는 현상은 아니므로 틀린 표현이다. 그러나 보기 B는 얼굴 근육 형성에 영향을 주므로 맞는 표현이다.

단어 拉肚子 lādùzi 설사하다
许多 xǔduō 많은
烦恼 fánnǎo 번뇌, 고민
的确 díquè 정말로
发烧 fāshāo 열나다

69 다양한 종류의 펜 중에 붓만이 가장 순수한 중국 발명품에 속한다 할 수 있다. '문방사우' 중의 하나인 붓은 고대인들이 반드시 갖춰야 할 문구(붓, 벼루, 먹, 종이 등의 용품)였다. 붓의 제작은 유구한 역사를 지녔으며 최초의 붓은 2,000여 년 전 서주시기에 탄생했다.

A 필기류는 중국인이 발명한 것이다
B 붓을 제작하는 데 많은 시간이 걸린다
C 붓은 서주시대 때 출현했다
D 붓은 현대인의 필수 문구이다

정답 C

해설 "笔"는 '필기류'이고, "毛笔"는 '붓'이다. 붓을 중국인들이 발명한 것이므로 보기 A는 틀린 것이고, 보기 B는 언급되지 않았다. 붓은 문방사우로 옛날 사람들의 필수품이었지 현대인의 필수품은 아니다. 그러므로 보기 D도 틀린 것이다.

단어 作为 zuòwéi ~로서(자격)
必备 bìbèi 필수의
制作 zhìzuò 제작하다
久远 jiǔyuǎn 오래되다

70 단오절에 쫑쯔(粽子)를 먹는 것은 위대한 애국 시인 굴원을 기리기 위한 것이라고 한다. 2000여 년의 발전을 통해 쫑쯔를 만드는 법에 큰 변화가 생겼다. 최초의 쫑쯔는 대나무 통에 쌀을 담았지만 후에 사람들은 대나무 잎을 사용해서 밥을 싼 다음 실로 묶는 방법을 사용했다. 이후 남부 지역과 북부지역에서는 각각의 특색에 맞는 쫑쯔를 만들었는데 형태나 크기뿐만이 아니라 그 맛도 각양각색이었다.

모의고사 1
모의고사 2
모의고사 3
모의고사 4
모의고사 5

A 쫑쯔는 추석 음식이다
B 쫑쯔는 역사가 2000년 되었다
C 최초의 쫑쯔는 대나무 잎으로 쌌다
D 쫑쯔의 맛은 지역별로 차이가 없다

정답 B

 '쫑쯔는 2000여 년의 발전과 많은 변화를 겪어 왔다'라고 지문은 설명하고 있으니 보기 B는 맞는 것이다. 단옷날 먹는 음식이므로 보기 A는 틀렸고, 최초에는 대나무 통에 넣었던 것이니 보기 C도 잘못된 보기이다. 많은 변화를 겪어 지금은 지역마다 제 각각의 쫑쯔를 먹는다고 하니 보기 D도 틀린 보기이다.

단어 端午节 Duānwǔjié 단오절
粽子 zòngzi 쫑쯔
纪念 jìniàn 기념하다
屈原 Qūyuán 굴원(시인)
竹筒 zhútǒng 대나무통
装 zhuāng 담다
包 bāo 싸다
系 jì 묶다
逐渐 zhújiàn 점점
风味 fēngwèi 맛

제3부분

제3부분은 총 20문항이다. 모든 문제는 몇 편의 단문으로 구성되어 있다. 제시된 단문 뒤에는 몇 개의 질문이 주어진다. 응시자는 4개의 선택 항목 중에서 정답을 선택한다.

71-74

1976년1월 저우언라이(周恩来) 총리 서거 당시, 중국과 외교 관계를 수립한 국가는 103개국에 지나지 않았다. 그러나 오히려 130개국의 정상들이 애도의 전보를 보내왔다. 거의 모든 주요 국가의 신문, TV에서 이 소식을 가장 먼저 보도했다. UN 본부 역시 조기 게양과 함께 애도를 표시했으며 'UN기 규칙' 중 지도자에 대한 애도의 뜻을 표현하기 위한 조기 게양 규정이 최초로 현직 지도자의 서거에 적용되었다. 게다가 'UN기 규칙' 중 조기 게양은 최대 2일로 한다는 규정을 깨뜨리고 일주일 동안이나 UN본부 상공에는 다른 어떤 회원국의 국기도 게양되지 않았다.

단어 去世 qùshì 죽다, 돌아가시다
建立 jiànlì (관계를) 맺다
哀悼 āidào 애도하다
第一时间 dìyīshíjiān 맨 처음, 우선
降半旗 jiàngbànqí 조기
突破 tūpò (규정을) 깨다

71 저우언라이 총리 서거 당시, 중국과 외교 관계를 수립한 국가는 몇 개국이었나요?

A 33개국
B 73개국
C 103개국
D 130개국

정답 C

 103개국과 수교를 맺었는데, 130개국에서 애도의 전보를 보내왔다.

72 'UN기 규칙' 중 조기 게양은 최대 몇 시간을 초과하지 않는다고 규정하고 있나요?

A 8시간
B 12시간
C 24시간
D 48시간

정답 D

해설 '규정에는 2일로 정해져 있다'고 언급되었는데, 2일은 48시간이므로 답은 D이다.

73 UN은 저우언라이 총리를 위해 조기를 얼마간 게양하였나요?

A 2일
B 4일
C 7일
D 10일

정답 C

해설 '일주일 동안 UN 본부에는 회원국 국기가 게양되지 않았다'는 내용에서 조기가 일주일간 게양되었음을 알 수 있다. 참고로, UN본부에서 조기를 달 때는 UN기를 반쯤 내려 달고, 회원국 국기는 달지 않는다.

74 저우언라이 총리 서거에 관하여, 다음 언급되지 않은 내용은 무엇인가요?

A 저우언라이 총리는 UN 조기 게양 대우를 첫 번째로 받은 인물이다
B 100여 나라의 정상들이 애도의 전보를 보내왔다
C UN 조기 게양 최초로 현직 지도자의 서거에 적용되었다
D 주요 신문들이 거의 다 이 소식을 먼저 보도하였다

정답 A

해설 보기 B, C, D는 지문에 언급된 내용이다. 저우언라이 총리는 현직 지도자로서 UN 조기 게양 대우를 받은 최초의 지도자였으므로 보기 C는 맞는 내용이다. 이를 보기 A와 혼동하지 않도록 주의한다.

75-78

사람들은 항상 월병은 예로부터 중추절과 관계 있는 음식이라고 여기지만 사실은 그렇지 않다. 당(唐) 초기에는 음력 8월 초하루만이 명절이었으며 15일은 명절이 아니었다. 전해오는 이야기에 따르면, 당명황(唐明皇)(당현종(玄宗))은 일찍이 8월 보름 저녁이면 달빛을 즐기며 궁궐을 거닐곤 했는데 이러한 이유로 민간에서는 8월 보름을 중추절로 정했다고 한다. 중당(中唐)시대에 이르러 사람들은 누각에 올라 달을 감상하였지만 그때까지도 월병은 존재하지 않았다. 월병은 남송 시대에 최초로 등장했다. 그러나 당시의 월병은 중추절과는 아무런 연관도 없었으며 현재의 월병과도 크게 달랐다. 단지 일종의 밀가루 음식에 불과했다.

월병이 중추절과 진정한 관계를 가지기 시작한 것은 명대(明代)부터이다. 당시 베이징에 과일 열매로 소를 채운 월병이 등장하면서 사람들은 중추절에 스스로 월병을 만들어 자기가 먹거나 혹은 친척과 친구들에게 화합과 축하의 의미로 선물을 보내곤 했다. 당시의 월병은 크기와 형태가 각양각색이었고 그 명칭도 매우 특별했다. 남자만 먹기 위해 만든 월병은 '월아월병'이라고 불렀고 여자만 먹는 월병은 '호리월병'이라고 불렀으며 아이들에게는 특별히 '손오공', '투얼예(兎兒爺 – 토끼 얼굴에 사람 모양의 인형)'와 같은 월병을 준비해주었다. 월병을 만드는 기술은 명대에 이미 매우 높은 수준에 이르렀고 당시의 몇몇 월병에는 많은 장식 그림이 그려져 있기도 했다.

단어
自古以来 zìgǔyǐlái 자고 이래로, 예전부터
并非如此 bìngfēirúcǐ 결코 그렇지 않다
夜游月宫 yèyóuyuègōng 밤에 놀러 나가다
登楼观月 dēnglóuguānyuè 높은 곳에 올라 달구경하다
毫不相干 háobùxiānggān 전혀 관계없다
面食 miànshí 밀가루 음식
馅 xiàn 소, 속재료
团圆 tuányuán (가족 등이) 모이다
供 gōng 제공하다

75 당대 초기에, 음력 8월 몇 일이 명절이었나요?

A 1일
B 5일
C 8일
D 15일

정답 A

해설 '당나라 초기에는 음력 8월 1일이 명절이었고, 지금 우리가 추석으로 지내는 음력 8월 15일은 명절이 아니었다'고 지문에 언급되었다.

76 월병이 제일 처음 만들어진 것은 언제인가요?

A 북송
B 남송
C 당대 중엽
D 당대 말기

정답 B

해설 두 번째 단락에 "月饼的出现，最早是在南宋的时候"에서 답이 보기 B임을 알 수 있다.

77 최초의 월병은 일종의 무엇이었나요?

A 과일
B 간식거리
C 간식거리
D 밀가루 음식

정답 **D**

해설 첫 번째 단락 끝 부분에 '예전의 월병은 지금과는 아주 다른 단지 "人们日常的面食"였다'고 언급된 부분에서 알 수 있다.

78 명대 때 여성전용 월병은 어떤 형태였나요?

A 원형
B 네모 형
C 초승달 형
D 호리병 형

정답 **D**

해설 두 번째 단락에 '남성은 월아월병', '여성은 호리월병이라고 부른다'고 언급되어 있고, 나머지 보기는 언급되지 않았다.

79-83

반장으로서 반 전체 학생들에게 편지를 나누어 주는 것은 내가 매일 해야 할 일이다. 나는 '둬지'가 가장 많은 편지를 받고 매주마다 꼭 편지를 받는다는 것에 주목했다. 둬지는 부이족 학생으로 구이저우의 가난한 산간벽지 출신이다. 그곳은 교통도 불편하고 아직까지 전화가 개통되지도 않은 상태다. 둬지가 받은 그 편지들은 모두 가족들이 고향에서 보내온 것이었다.

어느 날, 또 반에서 편지를 나눠주고 있을 때, 둬지가 자기의 이름을 듣고 기뻐하며 편지를 받아갔다. 아마도 편지봉투가 찢어져 있었던 탓인지 내가 편지를 주려고 손을 들자 봉투에서 편지가 나풀거리며 떨어졌다. 그런데 떨어진 것은 놀랍게도 편지가 아닌 나뭇잎이었다.

반 친구들이 의아해하며 묻자 둬지는 얼굴이 확 달아올라 창피해하며 말했다. "사실 아버지는 돌아가시고 엄마 혼자 계시는데 앞을 못 보셔. 집에 자식이 나 혼자 뿐이라 어머니께서 날 많이 보고 싶어하시고 나도 엄마가 많이 보고 싶어. 그 동안 과외 해서 번 돈으로 엄마에게 주소를 써놓은 빈 편지봉투를 몇 백장 준비해드렸는데, 만일 편안하게 잘 지내시면 나뭇잎 한 장을 보내달라고 말씀 드렸거든. 편지 받고 나서는 엄마께 다시 나뭇잎을 보내드려. 한 장이 아니라 두 장. 마른 나뭇잎을 물에 잘 적시고 두 장을 하나로 포개면 엄마가 그 잎을 불어서 정말 좋은 소리를 내실 수 있거든. 엄마는 그렇게 하면 내가 무사히 잘 지내고 있다는 걸 아시는 거야"

단어 分发 fēnfā 나누어 주다
贫困 pínkùn 가난하다
未 wèi ~하지 않다
好奇 hàoqí 호기심 있어 하다
瞎子 xiāzi 장님
赚钱 zhuànqián 돈을 벌다
吹 chuī (입으로 바람을) 불다

79 둬지는 어느 민족인가요?

A 짱족
B 미야오족
C 부이족
D 나시족

정답 **C**

해설 지문에 보기 C를 제외하고는 언급되지 않았다.

80 둬지에 관하여, 다음 중 틀린 것은 무엇인가요?

A 가난하다
B 엄마가 맹인이다
C 산간벽지에 산다
D 집에서 막내이다

정답 **D**

 보기 A의 "穷"은 지문의 첫 번째 단락의 "贫困"이라는 단어와 일맥상통하므로 맞는 내용이다. 보기 B의 "盲人"은 지문 세 번째 단락에 언급된 "瞎子"와 같은 의미이므로 이 역시 맞는 내용이다. 보기 C는 첫 번째 단락에 "贫困山区"라고 언급된 부분에서 맞는 내용임을 확인할 수 있다. 보기 D는 지문 세 번째 단락의 "就我一个孩子"와 모순이다. 둬지는 외동아들이므로 형제자매가 있는 막내가 아니다. 그러므로 답은 D가 된다.

81 편지는 누가 보낸 것인가요?

A 둬지 본인
B 둬지 엄마
C 둬지 아빠
D 둬지 형

정답 **B**

해설 두 번째 단락에 근거하면 아버지는 돌아가셨으며, 둬지의 엄마가 보내 온 것을 알 수 있고, 보기 D는 언급되지 않았다.

82 편지봉투 안에 있는 것은 무엇인가요?

A 백지 한 장
B 나뭇잎 한 장
C 우표 한 장
D 아무것도 없었다

정답 **B**

해설 첫 번째 단락에 '편지 봉투에서 뜻밖에도 나뭇잎이 떨어져 나왔다'고 언급되었고, 나머지 보기들은 언급되지 않았다.

83 둬지는 매 번 엄마에게 회신할 때 무엇을 보냈나요?

A 돈
B 특산품
C 편지봉투
D 나뭇잎

정답 **D**

해설 세 번째 단락의 내용에서 엄마에게 처음에는 주소를 쓴 편지봉투를 보내고, 그 봉투에 엄마가 무사하시면 나뭇잎을 넣어서 둬지에게 보내는 일종의 암호이다. 둬지는 '나뭇잎을 받은 후에는 두 장의 나뭇잎을 답장 삼아 다시 엄마께 보낸다'고 나와 있다. "寄回"는 '답장'이란 의미이므로 보기 C와 혼동하지 않도록 한다. 답은 보기 D '나뭇잎'이다.

84-86

'바보', '멍청이', '내가 너였으면 옥상에서 뛰어내렸겠다'…베이징 청소년 연구센터에서 최근 발표한 교사언어조사 보고서에 따르면 48%의 초등학생과 36%의 중학생, 18%의 고등학생이 교사가 자기나 혹은 반 친구들을 나무랄 때 이러한 단어들을 사용한다고 밝혔다고 한다.

한 달 전, '중국 소년아동 바른 행동 연구회'의 한 조사에 따르면 언어폭력으로 인한 피해, 친구와의 몸싸움으로 인한 피해, 운동 중에 발생하는 피해가 현재 가장 시급히 해결해야 하는 3대 캠퍼스 피해 문제라고 한다. 그 중 81.45%의 초등학생 응답자가 언어폭력으로 인한 피해를 가장 시급히 해결해야 할 문제로 꼽았다. 이와 함께, 청소년 교육에 관심과 사랑을 지원하는 핫라인 상담전화소 몇 곳에는 학기 말이나 개학 때만 되면 많은 학생들과 학부모들이 언제나 전화를 걸어오는 데 그 중에서 언어 폭력 문제가 가장 중요한 문제 중의 하나라고 한다.

단어 显示 xiǎnshì 나타내다
伤害 shānghài 상처주다
打斗 dǎdǒu 몸싸움
援助 yuánzhù 돕다
热线 rèxiàn 핫라인

84 조사에 따르면, 교사로부터 언어폭력의 피해를 입은 초등학생은 몇 프로인가요?

A 18%
B 36%
C 48%
D 81.45%

정답 **C**

해설 48%는 초등학생, 36%는 중학생, 18%는 고등학생이 교사의 언어폭력으로 상처를 입었고, 보기 D는 해결이 시급한 학교 3대 피해 중, 81.45%의 초등학생들이 언어폭력이 제일 시급히 해결되어야 할 문제라고 꼽았다는 것이다. 보기 C와 D를 혼동하지 않도록 주의한다.

85 다음 중, 현재 가장 시급히 해결해야 하는 3대 캠퍼스 피해가 아닌 것은 무엇인가요?

A 운동 중에 발생하는 피해
B 친구와의 몸싸움으로 인한 피해
C 언어폭력
D 교사로 인한 피해

정답 **D**

해설 해결이 시급한 문제는 두 번째 단락에 세 가지를 언급하였는데, 보기 A, B, C가 바로 그것이며, 해결이 시급한 3대 교내 피해에 보기 D는 포함되지 않는다.

86 매년 아이들이나 학부모나 교육기구에 교사의 문제로 상담 핫라인에 전화를 거는 것은 언제인가요?

A 여름 방학 기간
B 겨울 방학 기간
C 주초나 주말
D 개학초기나 기말

정답 **D**

해설 지문에 기간은 보기 D만 언급이 되었고, 나머지 보기들은 언급이 되지 않았다.

87-90

매년 초여름 6, 7월이 되면 중국 후베이성 이창(宜昌)의 동부지역은 한동안 장마 날씨가 계속된다. 이때가 바로 장난(江南)지역의 매화나무 열매가 익는 계절이며 그러한 이유로 이 시기에 내리는 비를 '메이위(梅雨)'라고 부른다. 또한 이 기간이 비교적 긴 편이기 때문에 습도가 높아 습기 찬 물건들은 쉽게 곰팡이가 슬게 된다. 역시 이러한 이유로 '웨이위(黴雨)'라고도 불린다. '메이위'가 시작되는 것을 '루메이', 끝나는 것은 '추메이'라고 한다. 각 지역의 '루메이'와 '추메이'의 시기는 일치하지 않는다. 장난 남부 지역과 저장(浙江)의 '루메이' 시기는 보통 5월 말에서 6월 초 정도이며 창장(長江) 일대는 6월 중순, 장쑤(江蘇) 남부 지역은 6월 말 정도이다. '추메이' 시기는 6월 말부터 7월 중순까지이며 남부에서 북부로 잇따라 끝나게 된다. '메이위'의 지속 시간은 보통 1개월 가량이며 장쑤 남부 지역은 20일 정도이다. '메이위'형성의 주요 원인은 태평양 온난기단이 5, 6월 동안 북쪽에서 창장과 난링(南嶺) 사이로 이동하고, 6월 중순을 전후로 창장 양안 지역으로까지 이동하는데, 이때 창장과 화이허(淮河) 지역에 영향을 미치는 한랭기류 세력이 강해져 창장하류 지역에서 온난기류와 만나 장마가 계속되는 것이다.

'메이위'량과 '루메이', '추메이' 시기 그리고 '메이위' 기간은 매년 조금씩 다르다. 어느 해에는 '메이위'기가 확실히 나타나지 않아 '콩메이(空梅)'라고 불리고 또 어느 해는 '메이위'기가 조금 일찍 시작되는 때도 있는데 이를 두고는 '자오메이(早梅)'라고도 부른다. 반면, '메이위'기가 비교적 늦게 시작되어 '츠메이(迟梅)'라고 불리는 해도 있다. '콩메이', '자오메이', '츠메이'는 모두 농업 생산에 불리한 영향을 끼친다. '루메이'가 지나치게 이른 시기에 찾아오면 밀에 곰팡이가 피는 등 여름 수확에 영향을 미치고, '콩메이' 혹은 '츠메이'는 여름철 파종에 악영향을 미칠 수도 있다.

단어
连续 liánxù 연속하여
梅子 méizi 매실
潮 cháo 습하다
发霉 fāméi 곰팡이 나다
一致 yīzhì 일치하다
气团 qìtuán 기류
岸 àn 기슭
相遇 xiāngyù 서로 만나다

87 "메이위"는 어느 계절에 나타나나요?

A 이른 봄
B 늦 봄
C 초 여름
D 늦 여름

정답 C

해설 본문 첫 도입 부분에 '초여름 6-7월'이라고 언급된 부분에서 답을 알 수 있고, 나머지 보기는 언급되지 않았다.

88 '메이위'가 시작되면 무엇이라 부르나요?

A 루메이
B 메이라이
C 라이메이
D 추메이

정답 A

해설 보기 B, C는 언급되지 않았고, 시작은 보기 A '루메이', 끝은 보기 D '추메이'라 부른다고 지문에 언급되어 있다.

89 '메이위'가 생기는 원인은 무엇인가요?

A 매실이 익어서
B 해양성 기후로
C 냉, 온 기류가 만나서
D 지리 위치적으로 형성되어서

정답 C

해설 첫 번째 지문 후반부에 '장마 전선은 냉온기류가 창장 하류에서 만나서 생긴다'고 원인을 설명하고 있다. 보기 B, D는 언급되지 않았고, 보기 A는 장맛비의 이름이 '메이위'가 된 이유이다.

90 여름 수확에 영향을 미치고, 밀에 곰팡이가 피게 되는 원인은 무엇인가요?

A 츠메이
B 자오메이
C 콩메이
D 란메이

정답 B

해설 '장마가 일찍 오면 밀 등에 곰팡이가 생겨 여름 수확에 영향을 준다'고 하였으므로 장마가 일찍 시작된다는 뜻의 보기 B '자오메이'가 답이다.

3. 쓰기(书写)

제1부분

제1부분은 총 8문항이다. 모든 문제는 여러 개의 단어가 제시된다. 응시자는 주어진 단어를 사용하여 하나의 문장을 만든다.

91 정답 孩子对弹钢琴感兴趣。

아이는 피아노 치는 것에 흥미가 있다.

해설 우선 "对"가 형용사가 아니라 개사임을 확인한다. 그리고 "A对B+感兴趣"를 떠올려 이 구조에 맞추어 문장을 완성시킨다. 주어는 "孩子"이고, "弹钢琴"에 흥미를 느끼는 것이므로, 올바른 문장은 "孩子对弹钢琴感兴趣"이다. 평소에 개사를 공부할 때, 개사와 자주 같이 사용되는 동사나 명사와 짝꿍을 이루어 외우도록 한다.

92 정답 他学习汉语相当努力。

그는 중국어 공부를 매우 열심히 한다.

해설 먼저 주어, 술어, 빈어를 확인한다. 주어 "他", 술어 "学习", 빈어 "汉语"를 확인한다. 나머지 중 "相当"은 정도가 매우 높음을 뜻하는 정도부사로 "努力"앞에 위치시켜, "努力"의 상황어를 만들어 준다. "相当努力"가 "学习"앞에 놓이는 상황어로 사용되려면, "地"를 가져야 한다. "地"가 없으므로 "相当努力"는 "汉语" 뒤에 놓는다. 이렇게 되면 문장 전체의 주어는 단순명사가 아닌 '주술구'를 주어로 하는 것이다. 올바른 문장은 "他学习汉语相当努力"이다.

93 정답 妈妈的病一天天好起来。

엄마의 병은 하루하루 좋아졌다.

해설 먼저 주어, 술어, 빈어를 확인한다. 주어 "病", 술어 "好"를 확인한다. "妈妈的"는 "病"의 한정어이므로 "妈妈的病"으로 사용하고, "起来"는 방향보어로 술어 뒤에 위치시킨다. "一天天"은 시간사이므로 상황어 자리인 주어 뒤 술어 앞에 위치시킨다. 올바른 문장은 "妈妈的病一天天好起来"이다.

94 정답 下午你五点半在学校门口等我。

오후에 당신은 5시 반에 학교 정문에서 나를 기다리세요.

해설 먼저 주어, 술어, 빈어를 확인한다. 시간명사 "下午"는 주어 앞에 위치할 수 있으므로, 주어 "你", 술어 "等", 빈어 "我"를 확인한다. 구문에 시간(시점) "五点半"과 장소 "在学校门口"는 상황어로 주어 뒤 술어 앞에 위치시켜야 한다. 상황어가 여러 개일 경우 '시간상황어+장소상황어'의 순서로 위치시킨다. 올바른 문장은 "下午你五点半在学校门口等我"이다.

95 정답 你那个朋友怎么还没来？

당신 그 친구는 왜 아직 안 오나요?

해설 먼저 주어, 술어, 빈어를 확인한다. 주어 "朋友", 술어 "来"를 확인한다. "你那个"는 "朋友"의 한정어이므로 "朋友"앞에 위치시킨다. 나머지 "怎么", "还", "没"는 술어 "来"앞에 위치시켜야 하는 상황어 성분이다. 부사가 여러 개일 경우, '시간+부정'의 순서로 배열한다. 그래서 "还没来"라고 써야 한다. "怎么"는 원인을 묻는 의문사로 "还没来"앞에 위치시킨다. 올바른 문장은 "你那个朋友怎么还没来？"이다.

96 정답 你从哪儿买的这么多书？

당신은 어디서 이렇게 많은 책을 샀나요?

해설 개사 "从"을 확인하고, "从"은 장소나 시간의 '시작'을 뜻하므로, "从哪儿" 개사구 조합을 만들어 동사 "买" 앞에 위치시킨다. 주어 "你", 빈어 "这么多书"를 확인한다. 올바른 순서는 "你从哪儿买的这么多书？"이다.

97 정답 戴上新眼镜比原来清楚多了。

새로운 안경을 쓰니 이전보다 잘 보인다.

해설 개사 "比"를 통해서 이 문장이 비교구문임을 확인한다. 비교문의 기본 형식은 'A(명사/대명사/구)+比+B(명사/대명사/

구)+비교결과(형용사)+수량사'이다. "多了"는 불특정 수량사이다. 그러므로 올바른 순서는 "戴上新眼镜比原来清楚多了"이다.

98 정답 我们正商量这个周末去哪儿玩呢。

우리는 지금 이번 주말에 어디로 놀러 갈 것인지 상의하고 있다.

해설 먼저 주어, 술어를 확인한다. 주어 "我们", 술어 "商量"을 확인한다. "商量"이란 동사는 빈어로 '주어+술어' 구조를 가진다. 그러므로 빈어 성분이 단순 명사가 아닌 긴 구조임을 알아야 한다. "去+동사"는 목적을 나타내는 연동구로 "商量"의 빈어 성분이 된다. 부사 "正"은 동사 "商量"앞에 위치시켜 진행을 표시하고, "这个周末"는 시간상황어로 "去哪儿玩"과 관계가 깊어, 이 앞에 위치시킨다. 올바른 순서는 "我们正商量这个周末去哪儿玩呢"이다.

제2부분

제2부분은 총 2문항이다. 첫 번째 문항에서는 여러 개의 단어가 제시되며, 응시자는 제시된 단어들을 사용하여 80字 내외로 구성된 단문을 작성한다. 두 번째 문항에서는 하나의 그림이 제시되며, 응시자는 그 그림을 근거로 80字 내외로 구성된 단문을 작성한다.

99 참고답안

每个人都有可能犯错误，犯了错误就有可能会受到惩罚。于是，很多人用各种办法把自己的错误藏起来，可这样做常常会造成更严重的后果。我们只有勇敢地承认错误、改正错误，才能得到大家的原谅。

모든 사람은 누구나 다 실수를 할 수 있고 실수를 저지르면 처벌을 받게 될 것이다. 따라서 많은 사람들이 다양한 방법으로 자신의 실수를 숨기려고 하고 그렇게 되면 더 심각한 결과를 초래하기 마련이다. 우리는 용기를 가지고 실수를 인정하고 잘못을 바로잡아야만 다른 사람들로부터 용서를 받을 수 있다.

단어
- 犯错误 fàncuòwù 잘못을 범하다
- 惩罚 chéngfá 처벌하다
- 藏 cáng 감추다
- 后果 hòuguǒ (나쁜) 결과
- 勇敢 yǒnggǎn 용감하다
- 承认 chéngrèn 인정하다
- 原谅 yuánliàng 용서하다

100 참고답안

现在城市里差不多每个家庭都有一辆汽车。车多了，酒后开车的人也多了，很多人觉得自己的驾驶技术好，喝点儿酒没关系，其实很多交通事故就是这样引起的。为了别人和自己的安全，喝酒以后千万不能开车。

현재 대부분의 도시 가정은 모두 자가용을 보유하고 있다. 차가 많아지면서 음주운전을 하는 사람도 많아졌다. 많은 사람들이 자신은 운전 실력이 좋기 때문에 술을 조금 마신 정도는 괜찮다고 생각하지만, 사실 수많은 교통사고가 바로 이러한 이유로 인해 발생한다. 타인과 자신의 안전을 위해 술을 마신 후에는 절대 운전하지 말아야 한다.

단어
- 驾驶 jiàshǐ 운전하다
- 引起 yǐnqǐ 야기하다
- 千万 qiānwàn 제발

新汉语水平考试

HSK 5级

모의고사 해설

HSK（五级）2회 모범답안

一、听力

第一部分	1. A	2. B	3. C	4. C	5. B	6. C	7. D	8. C	9. C	10. A
	11. B	12. B	13. C	14. C	15. D	16. C	17. B	18. A	19. B	20. B
第二部分	21. B	22. B	23. D	24. A	25. D	26. C	27. D	28. A	29. A	30. C
	31. C	32. D	33. C	34. B	35. A	36. C	37. D	38. A	39. C	40. B
	41. D	42. D	43. C	44. C	45. D					

二、阅读

第一部分	46. B	47. C	48. B	49. A	50. B	51. A	52. C	53. B	54. B	55. B
	56. D	57. C	58. A	59. A	60. D					
第二部分	61. B	62. C	63. D	64. B	65. A	66. A	67. C	68. D	69. D	70. B
第三部分	71. C	72. A	73. B	74. B	75. C	76. C	77. A	78. D	79. C	80. D
	81. C	82. A	83. B	84. B	85. B	86. B	87. D	88. C	89. B	90. B

三、书写

第一部分	91.	张华不让我看电视。
	92.	天上下起雪来。
	93.	我很想早一点儿回家。
	94.	马丁的汉语讲得特别流利。
	95.	他的个子不比我高。
	96.	你怎么能这样做？
	97.	你一定要把这个习惯改过来。
	98.	他的话一点儿也不可靠。
第二部分 参考答案	99.	很多年轻人喜欢开夜车，觉得夜里安静，没有人打扰，工作效率高。其实，这是一种非常不好的生活习惯，对健康十分有害。常开夜车的人不仅抵抗力差，容易得病，而且也更容易衰老。
	100.	教会孩子合理地消费，已经成了最让父母和学校头疼的问题之一。现代社会是一个经济社会，父母希望小孩子从小就有经济头脑。可是，想让孩子既不大手大脚乱花钱，又不自私、小气，实在不是件容易的事。

1. 듣기(听力)

제1부분

제1부분은 총 20문항이다. 모든 문제는 한 번씩 들려준다. 모든 문제는 두 사람의 대화로 이루어져 있으며, 두 문장으로 구성되어 있다. 세 번째 사람이 이 대화와 관련된 질문을 한다. 응시자는 시험지에 주어진 4개의 선택 항목 중에서 정답을 고른다.

1

男：这件风衣的样式不错，你穿着一定很合适。
女：我看还是算了吧。

问：女人的意思是:

남：이 바바리코트 스타일 괜찮은데? 네가 입으면 어울릴 거야.
여：됐어.

문：여자의 말은 무슨 뜻인가요?

A 사지 않을 것이다
B 색이 좋지 않다
C 가격이 너무 비싸다
D 생각해 보고 다시 말하다

정답 **A**

해설 이 문제는 응시생의 관용어 이해도를 체크하는 문제이다. "算了吧"는 일반적으로 거절을 뜻하거나 부정의 의미를 가진다. 대화에서 여자가 "算了吧"라고 한 것은 "不要买了"의 뜻이므로 답은 A이다.

단어 风衣 fēngyī 바바리 외투

2

女：不是说好八点来车吗？现在都八点半了，车怎么还没来。
男：再等等看吧，一刻钟以后要是还不来的话，咱们就打车走。

问：汽车应该几点到？

여：8시에 차 오기로 돼 있지 않았어? 벌써 여덟 시 반인데 아직 안 오네.
남：좀 더 기다려 보자. 15분 후에도 안 오면 택시 잡지 뭐.

문：차가 도착해야 하는 시간은 몇 시였나요?

A 7:45
B 8:00
C 8:30
D 8:45

정답 **B**

해설 이 문제는 응시생의 시간 세부사항 파악력을 체크하는 문제이다. 대화에 여러 가지 시간이 언급되기는 하였지만 차가 도착하여야 하는 시간은 '8시'이다.

단어 说好 shuōhǎo ~하기로 약속이 되다
一刻钟 yíkèzhōng 15분
打车 dǎchē 택시를 타다

3

男：请问张勇先生住在几号病房？
女：一直走到头儿就是护理中心，你去那儿问问。

问：说话人在什么地方？

남：실례지만 장용 씨는 몇 호실에 입원해 있나요?
여：앞으로 쭉 가시면 간호 센터가 있으니 거기서 물어보세요.

문：화자가 있는 곳은 어디인가요?

A 호텔
B 음식점
C 병원
D 상점

정답 C

해설 이 문제는 응시생의 관련 핵심어로 장소를 유추해 내는 능력을 체크하는 문제이다. "病房", "护理中心"이라는 말에서 '병원'임을 알 수 있다.

단어 头儿 tóur 끝
护理 hùlǐ 간호하다

4

女：这项任务很艰巨，你有信心吗？
男：没有把握的事我从来不做。

问：男人的意思是：

여 : 이번 임무가 꽤 어려운데, 자신 있어?
남 : 난 자신 없는 일은 하지를 않아.

문 : 남자의 말은 무슨 뜻인가요?

A 약간 걱정스럽다
B 자신이 없다
C 반드시 완수하다
D 시도해 보고 다시 말하다

정답 C

해설 이 문제는 응시생의 의미 파악 능력을 체크하는 문제이다. "没有把握的事我从来不做"는 이중 부정으로, 이는 강한 긍정을 뜻한다. 긍정형으로 표현하면 "有把握的事我才做"이며, 이는 "对这件事我有把握(이 일에 상당한 자신과 확신이 있다)"라는 뜻이므로 보기 C '반드시 임무를 완수할 수 있다'가 답이다.

단어 任务 rènwù 임무
艰巨 jiānjù 어렵고 힘들다
把握 bǎwò 자신있다, 확신있다
从来不 cóngláibù 좀처럼 ~하지 않다

5

男：小刘，你跟王红说一下，我想约她出来坐坐。
女：可以是可以，不过这个忙可不能白帮啊。

问：女人的意思是：

남 : 샤오류, 왕홍이랑 데이트 좀 하고 싶은데, 네가 말 좀 전해 줘.
여 : 도와줄 수는 있는데, 공짜로 도와줄 수는 없지.

문 : 여자의 말은 무슨 뜻인가요?

A 남자를 돕고 싶지 않다
B 남자가 도움의 대가를 지불하기를 바라다
C 누구를 돕는 것인지 알고 싶다
D 왕홍이 거절할까 싶어 걱정된다

정답 B

해설 이 문제는 응시생의 의미 파악 능력을 체크하는 문제이다. "白"는 부사로 '헛수고하다'와 '공짜로'의 의미를 가진다. "白帮忙"은 '공짜로, 대가 없이 도와 준다'는 뜻을 가진다. 여자가 한 말 "这个忙可不能白帮"은 '공짜로 도와줄 수 없다', 즉, '대가가 필요하다'는 뜻이다. 보기 B "表示"는 동사로 '성의를 표시하다', '선물을 주다'의 뜻이 있다. 그러므로 보기 B가 답이다.

단어 白帮 báibāng 공짜로 도와주다

6

女：我想请李新帮我翻译这篇论文。
男：就凭他的英语水平，根本谈不上翻译这样难的文章。

问：男人的意思是：

여 : 이 논문 번역은 리신에게 도와달라고 할 생각이야.
남 : 고작 리신 정도 영어실력으로는 이렇게 어려운 글은 어림도 없어.

문 : 남자가 한 말은 무슨 뜻인가요?

A 리신의 실력은 상당하다
B 리신은 번역하고 싶지 않다
C 리신은 번역할 수 없다
D 리신은 대답하지 않을 것이다

정답 C

해설 이 문제는 응시생의 의미 파악 능력을 체크하는 문제이다. "就"는 범위부사로 명사 앞에 사용되면 '겨우, 단지, 고작'의 의미를 가진다. 이 지문에 사용된 "就凭他的英语水平"은 '영어실력이 형편없음'을 뜻하고, "谈不上"은 '정도가 낮아 ~라고 말할 정도는 아니다'라는 뜻으로 사용되는데, 예를 들면 '我们只是见过几次面，谈不上熟悉。(우리는 겨우 몇 번 밖에 안 만나봐서, 잘 안다고 할 수 없다)'로도 많이 사용된다. 지문의 "谈不上" 역시 '실력이 없음'을 뜻한다. 그러므로 답은 보기 C 가 답이다.

단어 翻译 fānyì 번역하다
就 jiù 고작, 겨우
凭 píng 근거로 하다
根本 gēnběn 전혀, 도무지
谈不上 tánbushàng ~라 말할 정도가 안된다

7

男：怎么愁眉苦脸的，又跟谁吵架了？
女：我又带孩子又做饭，可他却不知道心疼我。

问：女人跟谁吵架了？

남：왜 그렇게 인상을 쓰고 있어? 또 누구랑 싸웠니?
여：애 보랴 밥 하랴 힘든데 그이는 내가 불쌍하지도 않은가봐.

문：여자는 누구와 싸웠나요?

A 아이
B 도우미
C 상사
D 남편

정답 D

해설 이 문제는 응시생의 핵심 단어를 통한 관계 파악 능력을 체크하는 문제이다. "我又带孩子又做饭，他也不知道心疼我"에서 남편에 불만이 있음을 알 수 있다.

단어 愁眉苦脸 chóuméikǔliǎn 인상을 쓰다
吵架 chǎojià 싸우다
心疼 xīnténg 아끼다

8

女：你不是下海开公司了吗？怎么又回学校干教书的老本行了？
男：咳，别提了，在海里游得不好所以就又回来了。

问：男人现在做什么工作？

여：사업 시작한 거 아니었어? 왜 또 다시 학교로 학생들 가르치는 원래 직업으로 돌아왔니?
남：휴, 말도 마. 사업이 잘 안 됐으니 돌아왔지.

문：남자는 현재 어떤 직업을 가지고 있나요?

A 회사 사장
B 은행 직원
C 학교 선생님
D 수영 코치

정답 C

해설 "老本行"은 원래 종사하던 직종을 뜻한다. 여자가 말한 "怎么又回学校干教书的老本行了"에서 '남자가 원래 선생님이었음'을 알 수 있고 지금 다시 돌아왔으니 답은 보기 C이다.

단어 下海 xiàhǎi 상업을 하다
老 lǎo 본래의
本行 běnháng 원래의 직업
别提了 biétíle 말도 마(불만)

9

男：刚才是怎么回事，孩子哭得那么厉害。
女：小孩子的脸说变就变，现在早就阴转晴了。

问：根据对话，孩子现在怎么样？

남：아까는 무슨 일이길래 애가 그렇게 울었어?
여：애들이 원래 이랬다 저랬다 하잖아. 지금은 또 방실거려.

문：대화에 따르면, 아이는 지금 어떤가요?

A 장난이 심하다
B 말을 매우 안 듣는다
C 웃기 시작했다
D 심하게 운다

정답 C

해설 이 문제는 응시생의 의미 파악 능력을 체크하는 문제이다. 회화에 상용구인 "说+동사+就+동사"는 '금세 동사~한다'는 뜻으로 "小孩子的脸说变就变"은 '아이의 기분이 빨리 변하였음'을 나타낸다. "阴转晴"은 '흐린 날씨가 맑아짐'을 표현하는데, 이 지문에서는 비유의 뜻으로 '좋은 방향으로 발전하고 있다'는 뜻이다. 그러므로 여자가 말한 "现在早就阴转晴了"에서는 '아이가 기분이 좋아졌음'을 알 수 있다. 보기 중 좋은 방향으로 발전했다고 생각할 수 있는 것은 보기 C밖에 없다.

단어 说~就~ shuō ~ jiù ~ 바로 ~하다
阴转晴 yīnzhuǎnqíng 좋아지다, 맑아지다

10

女：检查结果出来了吗？要不要紧？
男：别担心，医生说不要紧，但是要住院观察一段时间。

问：男人的情况怎么样？

여 : 검사 결과 나왔어? 심각한 거야?
남 : 걱정 마. 의사 선생님이 심각하진 않다고 하셔. 그래도 한동안 입원해서 좀 지켜봐야 한다고 하시던데.

문 : 남자의 상황은 어떠한가요?

A 더 관찰을 해야 한다
B 검사 결과가 아직 나오지 않았다
C 의사는 입원하여 수술하라고 건의한다
D 병세가 심각하여 입원해야 한다

정답 A

해설 남자가 말 한 "别担心，医生说不要紧，但是要住院观察一段时间"에서 보기 B, C, D가 내용에 부합되지 않음을 알 수 있다.

단어 不要紧 búyàojǐn 심각하지 않다
观察 guānchá 관찰하다

11

男：在今天上午的招聘会上找没找到满意的工作单位？
女：别提了！这些公司都"重男轻女"，连一次面试的机会都不给我。

问：根据对话，下面哪一项是错误的？

남 : 오늘 채용박람회에서 꽤 얻은 것이 있었을 텐데 왜 그렇게 울상이야?
여 : 말도 마. 이 회사 저 회사 다 '남성 직원 채용'이라고 써 붙였잖아. 나한테는 면접 기회도 안 주더라고.

문 : 대화에 따르면, 다음 보기 중 틀린 내용은 무엇인가요?

A 여자는 얻은 것이 없어서 기분이 나쁘다
B 여자는 한 차례의 면접기회만 얻었다
C 많은 회사들이 여성을 채용하지 않는다
D 여자는 채용박람회에 참가하였다

정답 B

해설 "连…都…"는 '~조차도'로 강조의 뜻이다. 여자가 말 한 "连一次面试的机会都不给我"는 강조로 '한 차례의 면접 기회조차 얻지 못했음'을 강조하는 것이다. 그러므로 보기 B는 틀린 내용이고, 나머지 보기들은 내용과 부합한다.

단어 招聘 zhāopìn 직원을 모집하다

12

女：听说小李昨天一下子晕倒了，被120送进了医院。
男：看来这次小梅提出离婚对他的伤害太大了，他心里还是舍不得小梅啊。

问：小李和小梅可能是什么关系？

여 : 샤오리가 어제 쓰러져서 구급차로 병원에 실려 갔다는군.
남 : 샤오메이가 이혼하자고 해서 지나치게 상심한 것 같던데. 여전히 샤오메이를 떠날 수가 없나 봐.

문 : 샤오리와 샤오메이는 어떤 관계일까요?

A 오빠와 여동생
B 남편과 부인
C 의사와 환자
D 두 사람은 동료이다

정답 B

해설 이 문제는 핵심 관련사를 통한 관계 파악 능력을 체크하는 문제이다. "离婚"은 부부 사이에 가능한 것이므로 답은 보기 B이다.

단어 一下子 yíxiàzi 갑자기
晕倒 yūndǎo 쓰러지다
提出 tíchū 제출하다, 제기하다
伤害 shānghài 상처주다
舍不得 shěbude 아쉬워하다, 포기 못하다

13

男：我认为女人干得好不如嫁得好！
女：我不同意你的观点，嫁得好不是幸福的保证，女人最重要的还是应该干得好。

问：两人讨论的是什么问题？

남：여자가 능력 있어서 뭐해, 시집을 잘 가야지!
여：난 반대야. 시집 잘 가는 게 행복을 보장해 줄 수는 없지. 여자한테 가장 중요한 건 역시 능력이야.

문：두 사람이 토론하는 것은 무슨 문제인가요?

A 여자와 남자의 차이
B 무엇이 제일 행복한 일인지
C 여성의 결혼과 일
D 결혼과 사랑의 관계

정답 C

해설 이 문제는 응시생의 세부 내용 파악력을 체크하는 문제이다. 남녀가 언급하고 있는 "干得好"와 "嫁得好" 등의 내용은 여성의 결혼과 능력에 대하여 말하고 있는 것이므로 답이 C임을 유추할 수 있다. 보기 B는 혼동하지 않도록 유의한다.

단어 不如 bùrú ~만 못하다
嫁 jià 시집가다
观点 guāndiǎn 관점
保证 bǎozhèng 보장하다

14

女：听说你打乒乓球最拿手。
男：你听谁说的？我最喜欢足球，别的什么篮球、排球、网球，我都不喜欢。

问：男人最喜欢哪一种运动？

여：탁구가 네 장기라며?
남：누가 그래? 난 축구가 제일 좋아. 농구, 배구, 테니스 같은 건 다 별로야.

문：남자가 제일 좋아하는 운동은 무엇인가요?

A 배구
B 농구
C 축구
D 탁구

정답 C

해설 이 문제는 응시생의 세부 내용 파악력을 체크하는 문제이다. 녹음 지문에 많은 운동 경기를 언급하지만 남자가 말한 "我最喜欢足球"를 정확히 듣고, 나머지 보기에 방해 받지 않도록 해야 한다.

단어 拿手 náshǒu 잘하다

15

男：张师傅修理自行车最在行了，你们怎么不找他帮忙？
女：你说他呀，昨天他就在旁边，不但不帮忙，还一个劲儿地说风凉话呢。

问：女人对张师傅是什么态度？

남：장씨 아저씨가 자전거를 제일 잘 고치는데, 왜 아저씨한테 도와달라고 안 해?
여：그 아저씨? 어제는 옆에서 자전거는 안 고치고 내내 빈정대기만 하시던 걸.

문：여자는 장씨 아저씨에 대하여 어떤 태도인가요?

A 칭찬하다
B 만족하다
C 부러워하다
D 질책하다

정답 D

해설 이 문제는 응시생의 관련 핵심어를 통한 태도 파악력을 체크하는 문제이다. "说风凉话"는 관용어로 '다른 사람의 적극성을 없애버리는 조롱의 말'을 뜻한다. 여자의 말뜻에서 장씨 아저씨가 도와주지는 않고 빈정대므로 이에 불만을 가지고 있음을 알 수 있으며, 보기 네 개 중에 답으로는 보기 D가 제일 적합하다.

단어 在行 zàiháng 전문가이다, 잘 안다
一个劲儿 yígèjìnr 끊임없이
说风凉话 shuōfēngliánghuà 비아냥거리다

16

女：介绍刘小丽做你的女朋友怎么样？
男：要是那样你还不如现在就杀了我呢。

问：男人的意思是：

여：류샤오리를 여자친구로 소개시켜 줄게, 어때?
남：차라리 지금 날 죽여라.

문：남자가 한 말은 무슨 뜻인가요?

A 이미 여자친구가 있다
B 만나 볼 시간이 없다
C 그 여자를 싫어한다
D 바로 만나고 싶어한다

정답 C

해설 이 문제는 응시생의 의미 파악 능력을 체크하는 문제이다. "要是~不如~"는 '~한다면,~하는 것만 못하다'의 뜻으로 "不如" 뒤의 행동을 하겠다는 뜻이다. 남자가 한 말 "要是那样你还不如现在就杀了我呢"는 '죽어도 싫다'는 의미이다. 그러므로 보기 중 C가 가장 적당하다.

단어 杀 shā 죽이다

17

男：这么远的路，我以为你不会来了呢。 女：怎么会呢？
问：女人的意思是：
남 : 너무 멀어서 못 올 줄 알았는데. 여 : 어떻게 안 올 수가 있겠어.
문 : 여자가 한 말은 무슨 뜻인가요?

A 그녀는 오고 싶지 않았다
B 그녀는 마땅히 와야 한다
C 그녀는 너무 멀다고 여긴다
D 그녀는 멀지 않다고 여긴다

정답 B

해설 이 문제는 응시생의 의미 파악 능력을 체크하는 문제이다. "怎么会呢"는 반어의 뜻으로 부정을 뜻한다. 그러므로 '당연히 참석하다'의 "当然不会不来"의 뜻이 된다. 답은 보기 B이다.

단어 以为 yǐwéi ~라고 잘못 알다

18

女：再买一双吧，你看才120元，比这双便宜多了。 男：便宜没好货，穿不了两天就得修。
问：说话人要买什么？
여 : 한 켤레 더 사. 그래 봐야 다 해서 120위안밖에 안 되는데. 이 신발보다 훨씬 싸구먼. 남 : 싼 게 비지떡이라고, 이틀도 못 가서 고쳐 신어야 할 걸?
문 : 화자가 사려는 것은 무엇인가요?

A 신발
B 블라우스
C 바지
D 손목시계

정답 A

해설 이 문제는 응시생의 관련 핵심어를 통한 파악력을 체크하는 문제이다. 양사 "双"과 동사 "穿"에서 이들이 사려는 것이 신발임을 알 수 있다. 참고로 보기 B "衬衣"는 양사 "件"을 자주 사용하고, 보기 C "裤子"는 양사 "条"를, 보기 D "手表"는 양사 "块"를 자주 사용한다.

단어 便宜没好货 piányìméihǎohuò 싼 게 비지떡이다

19

男：小丽，听说这次考试挺难的，你及得了格吗？ 女：难是难，可我要是及不了格，我们班谁也不可能及格了。
问：女人的话是什么意思？
남 : 샤오리, 이번 시험 진짜 어려웠다는데, 통과할 수 있겠어? 여 : 어렵긴 했지만, 내가 통과 못하면 우리 반에서 누가 할 수 있겠어?
문 : 여자가 한 말은 무슨 뜻인가요?

A 이번 시험은 그다지 어렵지 않았다
B 나는 반드시 통과할 수 있다
C 우리 반 학생들은 다 통과했다
D 나는 또 일등을 하였다

정답 B

해설 이 문제는 응시생의 의미 파악 능력을 체크하는 문제이다. 여자가 한 말 "难是难，可我要是及不了格，我们班谁也不可能及格了"에서 우리는 1. 시험이 어려웠다. 2. 반 전체가 불합격이면 모를까, 그렇지 않다면 나는 반드시 합격이다. 즉 '나는 반드시 합격한다'는 것을 알 수 있다. 그러나 여자가 일등을 했다거나, 반 전체가 불합격이라는 것은 알 수가 없다. 그러므로 보기 중 답은 B이다.

단어 及格 jígé 합격하다

20

女：星期天还让你来帮忙，心里实在过意不去。 男：没事儿，在家闲着也是闲着，干这点活儿还不是跟玩儿一样。

问：男人星期天干什么了？
여 : 일요일까지도 도와달라고 해서 정말 미안해. 남 : 괜찮아. 집에 있어도 어차피 할 일도 없고, 이 정도 일은 노는 거지 뭐.
문 : 남자는 일요일에 무엇을 하였나요?

A 여자 집에 와서 놀았다
B 여자를 도와 일을 하였다
C 자기 집에서 일 하였다
D 자기 집에서 놀았다

정답 B

해설 이 문제는 응시생의 의미 파악 능력을 체크하는 문제이다. 여자와 남자가 한 말에서 일요일 날 남자가 여자를 도와주었다는 것을 알 수 있다. 그러므로 답은 B이다.

단어 实在 shízài 정말로
过意不去 guòyìbúqù 미안하다
闲 xián 한가하다

제2부분

제2부분은 총 25문항이다. 모든 문제는 한 번씩 들려준다. 모든 문제는 4-5 문장으로 구성된 대화 또는 단문이며, 이 내용을 들려준 후 내용과 관련된 하나 또는 여러 개의 질문을 한다. 응시자는 시험지에 주어진 4개의 선택 항목 중에서 정답을 고른다.

21

男：小王，听说你又去旅游了。 女：是啊，我最大的爱好就是旅游，一有时间我就去。你喜欢什么？ 男：我除了看足球以外，没什么别的爱好。 女：看来你是个球迷，怪不得你总是看足球节目呢。
问：女人的爱好是什么？
남 : 샤오왕, 또 여행 간다며? 여 : 응, 내 제일 큰 취미가 여행이잖아. 시간만 나면 가지. 넌 뭘 좋아해? 남 : 난 축구 보는 것 말고는 딱히 취미가 없어. 여 : 보아하니 축구 광이구나, 어쩐지 항상 축구 프로그램만 보더라니.
문 : 여자의 취미는 무엇인가요?

A 저축
B 여행
C 축구
D TV보기

정답 B

해설 여자의 취미는 여행, 남자의 취미는 축구이며, 보기 A는 언급되지 않았다.

단어 爱好 àihào 취미
一~就~ yī ~ jiù ~ ~하기만 하면, ~하다
除了~以外 chúle ~ yǐwài ~를 제외하고
怪不得 guàibude 어쩐지

22

女：身体好点儿了吗？我给你带了点儿水果。 男：好多了，谢谢你来看我。 女：这个星期能出院吗？ 男：没问题，医生说马上就能出院了。
问：他们谈话的地方是：
여 : 몸은 좀 괜찮아졌어? 너 주려고 과일을 좀 가져왔어. 남 : 많이 좋아졌어. 와 줘서 고마워. 여 : 이번 주엔 퇴원할 수 있어?

남 : 응, 의사 선생님이 금방 퇴원할 수 있다고 하셨어.

문 : 그들이 대화하는 곳은 어디인가요?

A 회사
B 병원
C 길
D 식품점

정답 **B**

해설 "身体", "出院"이라는 단어에서 장소가 '병원'임을 알 수 있다. 지문에 '과일'이 언급되었지만 반드시 보기 D와 관계있는 것은 아니다.

23

男：你们能来参加，真是太好了。
女：今天是你们大喜的日子，我怎么能不来呢？
男：快请坐，我给你倒酒。
女：恭喜恭喜，祝你们白头到老。

问：在什么时候可以听到这段对话？

남 : 와 주셔서 정말 감사합니다.
여 : 이렇게 좋은 날 제가 안 올 수 있나요?
남 : 어서 앉으세요. 술 좀 드릴게요.
여 : 축하해요. 오래오래 행복하세요.

문 : 이런 대화를 들을 수 있는 것은 언제인가요?

A 생일 때
B 데이트할 때
C 이별할 때
D 결혼할 때

정답 **D**

해설 "大喜的日子", "白头到老"는 결혼할 때 자주 사용하는 말들이다.

단어 **大喜的日子** dàxǐderìzi 기쁜 날, 결혼하는 날
倒酒 dàojiǔ 술을 따르다
白头到老 báitóudàolǎo 흰머리가 되도록 같이 살다, 오래오래 같이 살다

24

女：来中国以后，你去过哪些地方？
男：除了北京以外，我还去西安和上海。
女：你是自己去的还是和朋友一起去的？
男：都是和朋友一起去的。

问：下面哪个城市对话中没有提到？

여 : 중국에 와서 어디어디 가 봤어?
남 : 베이징 말고는 시안이랑 상하이에 가 봤어.
여 : 혼자? 아니면 친구랑?
남 : 다 친구랑 같이 다녔지.

문 : 다음 언급되지 않은 도시는 어디인가요?

A 난징
B 베이징
C 상하이
D 시안

정답 **A**

해설 "除了~以外, 还~"는 '~말고도 또 ~하다'의 뜻으로, 베이징, 시안, 상하이를 다 가봤음을 알 수 있다. 보기 A만 언급되지 않았다.

단어 **除了~以外, ~还** chúle ~ yǐwài, ~ hái ~말고도, 또 ~하다

25

男：你不是说着玩吧？
女：你以为我开玩笑？我真的辞职了。
男：那么好的工作放弃了太可惜了，那你以后有什么打算？
女：我想回学校去读研究生。

问：女的打算做什么？

남 : 농담하는 거 아니지?
여 : 농담 같아? 나 진짜로 회사 그만뒀어.
남 : 그렇게 좋은 직장을 그만두다니, 진짜 아깝다. 앞으론 뭐 할 계획인데?
여 : 석사 공부 해보려고.

문 : 여자가 하려는 것은 무엇인가요?

A 사직
B 결혼
C 구직
D 공부

정답 D

해설 이 문제는 질문을 잘 들어야 한다. 여자가 한 것이 아니라 앞으로 하려는 것이 무엇인지를 묻고 있다. "读研究生"은 '석사 과정을 밟는다'는 뜻으로 보기 D "学习"와 같은 뜻으로 볼 수 있다. 보기 A는 이미 한 것이고, 나머지 보기들은 언급되지 않았다.

단어 辞职 cízhí 사직하다
放弃 fàngqì 포기하다
可惜 kěxī 아쉽다, 안타깝다

26

女：今天的演出特别精彩，你怎么没来呢？
男：你不知道，晚上有足球赛。
女：球赛有什么好看的，这么好的节目你竟然不来，真太可惜了！
男：足球赛更吸引人，错过了才后悔呢。

问：男的没看演出，女的觉得：

여：오늘 공연 정말 끝내줬는데, 왜 안 왔어?
남：모르는구나? 저녁에 축구 경기 있었어.
여：축구가 뭐 볼 게 있다고. 이렇게 좋은 공연을 놓치다니, 진짜 아깝다!
남：축구가 훨씬 멋져. 놓치면 후회한다고.

문：남자가 공연을 못 본 것에 대해 여자는 어떻게 여기나요?

A 상심하다
B 후회하다
C 애석하다
D 화나다

정답 C

해설 지문에 직접 "可惜"하다고 언급하였고, 보기 A, D는 언급하지 않았다. 축구시합을 놓쳤다면 남자가 후회를 하였을 것이라고 하였으므로 정답은 보기 B '후회하다'이다.

단어 精彩 jīngcǎi 훌륭하다
吸引人 xīyǐnrén 사람을 매료시키다
错过 cuòguò (기회를) 놓치다

27

男：最近我很痛苦，每天失眠。
女：怎么了？是不是工作压力太大了？
男：不是，上周我女朋友和我分手了。
女：为这个失眠？你还是个男子汉吗？

问：女人是什么语气？

남：요즘 나 너무 괴로워. 밤마다 잠을 못 자.
여：무슨 일이야? 업무 스트레스 너무 받는 거 아냐?
남：아니. 지난 주에 여자친구랑 헤어졌어.
여：그것 때문에 잠을 못 잔다고? 무슨 사내자식이 그러냐?

문：여자가 한 말은 무슨 뜻인가요?

A 감사하다
B 칭찬하다
C 격려하다
D 비웃다

정답 D

해설 여자가 한 말 "你还是个男子汉吗?"는 반어적인 표현으로 조롱, 조소의 의미를 담고 있다. '그 정도 일로 잠을 못 잔다면 사내대장부가 아니다'라는 뜻이다. 보기 네 개 중 보기 D는 부정적인 의미의 말투이고, 나머지 보기 세 개는 긍정적인 의미의 태도나 말투들이다.

단어 痛苦 tòngkǔ 괴롭다, 고통스럽다
失眠 shīmián 불면증
压力 yālì 스트레스
分手 fēnshǒu 헤어지다
男子汉 nánzǐhàn 사내대장부

28

女：我有点儿事求你，想了半天，就是没有勇气开口。
男：有什么不好意思的，说吧。
女：我想请你跟经理说说，能不能让我去你们公司工作？
男：这好办，我一定尽力帮忙，明天我就帮你问问。

问：根据对话我们可以知道什么？

여：부탁이 있어. 사실 오래 생각한 건데, 말할 엄두가 안 나.
남：에이, 미안할 꺼 뭐 있어. 말해 봐.
여：나를 너희 회사에 취직 시켜 달라고 너희 사장님께 말 좀 해 주면 안 돼?
남：그쯤이야. 최대한 도와야지. 내일 한번 여쭤볼게.

문 : 대화에 따르면 우리가 알 수 있는 것은 무엇인가요?

A 여자는 도움이 필요하다
B 여자는 말하는 것을 좋아하지 않는다
C 남자는 돕고 싶어하지 않는다
D 남자는 사장이다

정답 A

해설 여자는 남자에게 구직을 부탁하고 있는 상황이며, 남자가 도와주겠다고 하였으니 보기 C는 제거하고, 보기 B는 언급되지 않았다.

단어 求 qiú 부탁하다
勇气 yǒngqì 용기
开口 kāikǒu 입을 떼다, 말을 하다
不好意思 bùhǎoyìsi 미안하다
尽力 jìnlì 최대한, 힘껏

29

男 : 给我一次机会吧，我一定能干好的。
女 : 对不起，我们公司需要有经验的工作人员，不招聘刚毕业的大学生。
男 : 我有工作经验，以前假期打工的时候我也做过这样的工作。
女 : 可我们的条件是三年以上的工作经验。

问 : 女的为什么不同意男的来公司工作?

남 : 한 번만 기회를 주십시오. 잘 해낼 수 있습니다.
여 : 죄송합니다. 저희 회사는 경력사원이 필요해요. 이제 막 대학 졸업한 사람은 모집 안 합니다.
남 : 저도 경력 있어요. 방학에 아르바이트 할 때 이런 일 한 적 있습니다.
여 : 하지만 저희 회사에 들어오시려면 삼 년 이상 경력이 있어야 해요.

문 : 여자가 남자를 고용하지 않는 이유는 무엇인가요?

A 그는 일한 경력이 없다
B 그는 대학을 아직 졸업하지 않았다
C 회사는 대학생을 뽑지 않는다
D 회사는 새로운 직원을 뽑지 않는다

정답 A

해설 여자는 삼 년 이상 경력직을 구하는데, 남자는 갓 대학을 졸업하였고, 아르바이트 경험만 있기 때문이다. 그러므로 답은 C이다. 보기 D의 "新职员"은 새로운 직원이지 초보 신입사원만을 뜻하는 것은 아니다. 경력직으로 새로운 회사로 옮기면, 그 회사의 '새로운 직원'이 될 수 있는 것이다. 그러므로 답으로 선택하기에는 모순이 있다.

단어 假期 jiàqī 방학 기간, 휴가 기간
打工 dǎgōng 아르바이트하다
经验 jīngyàn 경험

30

女 : 小王，听说你暑假里当了老板，赚了不少钱。
男 : 哪儿啊！ 不过是帮人卖衣服，根本没赚什么钱。
女 : 别害怕，我又不是让你请客。
男 : 说真的，一直生活在校园里，每天打交道的只有同学和老师，我卖衣服只是为了多接触社会。

问 : 根据录音可以知道，男人是:

여 : 샤오왕, 듣자하니 여름 방학에 사장님 되더니 돈 많이 벌었다며?
남 : 무슨! 옷 좀 팔아준 것뿐이야. 몇 푼 못 벌었어.
여 : 걱정 마. 밥 사라고 안 할 테니.
남 : 진짜야. 줄곧 학교 안에만 있었더니 매일 보는 사람이라곤 동기들과 선생님뿐이잖아. 사회생활을 좀 해 보려고 장사 한번 해 본 거야.

문 : 지문에 따르면 남자는 어떤 사람인가요?

A 사장님
B 선생님
C 학생
D 노동자

정답 C

해설 지문에 언급된 "暑假", "生活在校园里", "同学和老师"에서 남자가 학생임을 알 수 있다. 학생인 남자는 여름방학 기간에 사회경험을 쌓을 겸 해서 장사를 해봤다는 것이므로 보기 A보다는 보기 C가 답으로 적합하다.

단어 赚钱 zhuànqián 돈을 벌다
根本 gēnběn 전혀, 아예
害怕 hàipà 무섭다, 무서워하다
接触 jiēchù 접촉하다

31-32 第31到32题是根据下面一段对话:

男：妈，我回来了。
女：你怎么回来了？早晨走时，你不是说下午还有课，中午不回来了吗？
男：下午的课不上了！
女：怎么，老师病了？
男：不是，检查团明天上午要来检查我们学校卫生，今天上午我们打扫了校园和教室。老师怕我们下午上课把教室弄脏了，所以不让我们下午上课了。

남 : 엄마, 다녀왔습니다.
여 : 이 시간에 어떻게 왔어? 아침에 나갈 때는 오후에도 수업 있어서 점심 때 못 온다더니?
남 : 오후 수업 취소됐어요.
여 : 왜? 선생님 편찮으시다니?
남 : 아니요. 내일 오전에 학교 위생 검사가 있어서 오늘 오전에 학교 교정과 교실 대청소 했거든요. 오후에 수업하면 교실 더러워질까 봐 오후 수업 취소하신대요.

단어 早晨 zǎochén 아침
检查 jiǎnchá 검사하다
卫生 wèishēng 위생
脏 zāng 더럽다

31 说话人是什么关系？
말하는 이들은 어떤 관계일까요?

A 교장 선생님과 선생님
B 선생님과 학생
C 엄마와 아들
D 남편과 부인

정답 C

해설 지문 처음에 남자가 "妈，我回来了"라고 하였다.

32 男的下午为什么不上课？
남자가 오후에 수업을 안 듣은 이유는 무엇인가요?

A 선생님이 편찮으시다
B 그는 몸이 불편하다
C 그는 수업하고 싶지 않다
D 선생님이 모두들 집에 돌아가라고 시켰다

정답 D

해설 지문에 '교실이 더러워질까 봐 수업을 취소했다'고 나와 있다.

33-34 第33到34题是根据下面一段话:

男：今天去了人才招聘会，收获不小吧，怎么反而愁眉苦脸的？
女：别提了！好多招聘单位都是要求招"男性"，连个面试的机会都没有给我。
男：你可是我们学校的高材生，连你也感到就业的压力了？
女：都二十一世纪了，可男女平等还只是停留在口头上。我承认男女在性格心理上有些差异，但我们女人和男人一样，通过了激烈竞争、接受过高等教育、成绩优异，在智力和能力上与男性根本没有什么差别。

남 : 오늘 채용박람회에서 꽤 소득이 있었을 텐데 어째 죽을상을 하고 돌아와?
여 : 말도 꺼내지 마. 회사들이 죄다 남자만 고용한다고 써 붙여서 나한테는 면접 기회도 안 주더라.
남 : 우리 학교 대표 엘리트인 너도 취업 때문에 스트레스를 받아?
여 : 21세기인데도 남녀 평등은 말 뿐이야. 물론 성격이나 심리적으로 남자와 여자가 다르다는 건 나도 인정해. 하지만 여자들도 남자처럼 치열한 경쟁을 거치고 고등교육을 받고 성적도 뛰어나. 지적으로나 능력으로나 남자와 다를 게 하나도 없다고.

단어 人才招聘会 réncáizhāopìnhuì 채용박람회
收获 shōuhuò 수확, 얻은것
高材生 gāocáishēng 수재, 우등생
口头 kǒutóu 입, 말
承认 chéngrèn 인정하다
激烈竞争 jīlièjìngzhēng 치열한 경쟁
优异 yōuyì 우수하다

33 参加了人才招聘会后，女人感到:

채용박람회에 참가한 후 여자는 무엇을 느꼈나요?

A 부러워하다
B 기뻐하다
C 흥분하다
D 실망하다

정답 **D**

해설 "别提了"는 불만을 나타내는 말투이다. 보기 A, B, C는 긍정적인 태도를 나타내는 단어이고, 보기 D는 부정적인 태도를 나타내는 단어이다. 답으로 보기 D가 제일 적당하다.

34 女人说的"都二十一世纪了，可男女平等还只是停留在口头上"是指:

여자가 말 한 "21세기인데도 남녀 평등은 말 뿐이야."가 뜻하는 바는 무엇인가요?

A 21세기가 되면 남녀평등은 이루어진다
B 21세기이지만, 남녀평등은 실현되지 않았다
C 21세기는 남녀평등의 시대다
D 21세기는 남녀평등을 대대적으로 홍보해야 한다

정답 **B**

해설 "停留在口头上"은 관용어로 '행동으로 옮기지 못하고 말로만 하다'의 뜻이다. 그러므로 여자가 한 말인 보기 B가 제일 알맞다.

35-37 第35到37题是根据下面一段话:

北京经济技术开发区首次招聘城管队员，没想到竟招来了多名重点大学的本科毕业生和研究生。这次一共录取了19人，其中一多半来自高校，并且有两名来自北京大学和中国人民大学的研究生。

베이징 경제기술 개발구에서 처음으로 도시관리원을 모집했는데, 모집인원 가운데에는 놀랍게도 일류 대학졸업생과 석사생도 있었다. 이번에 뽑힌 19명 가운데 절반 이상이 대졸자들이고, 두 명은 심지어 베이징대학과 런민대학의 석사생이었다.

단어 首次 shǒucì 처음, 제1회
城管 chéngguǎn 도시 관리
重点大学 zhòngdiǎndàxué 일류대학
录取 lùqǔ 선정하다, 뽑다

35 这是开发区第几次招收城管人员?

이번은 개발구의 몇 번째 도시관리원 모집인가요?

A 제1회
B 제2회
C 제3회
D 제4회

정답 **A**

해설 "首次"는 '처음', '제1회'를 뜻하므로 답은 A이다.

36 被录取的人大多来自什么地方?

뽑힌 사람들 대부분은 어디 출신인가요?

A 기업
B 중등전문학교
C 대학
D 공장

정답 **C**

해설 "高校"는 '고등학교'가 아니라 '대학교'를 뜻한다. 혼동하지 않도록 주의해야 한다. 그러므로 "来自高校"는 '대학교에서 왔다'라는 뜻이므로, 답은 C이다.

37 这次一共录取了多少人?

이번에는 모두 몇 명이 채용되었나요?

A 2명
B 5명
C 10명
D 19명

정답 **D**

뽑힌 전체인원 19명 중 절반 이상이 대졸자고, 2명이 석사출신이라고 언급된 점에 미루어, 답은 D이고, 보기 B, C는 언급되지 않았다.

38-41 第38到41题是根据下面一段话:

我是搞医的，比较忙。闲下来时，喜欢到外面散散心，换换空气。但我妻子不爱动，总喜欢在家看电视。工作忙了一个星期，周末我就和朋友一起喝喝酒、跳跳舞、唱唱歌。以前每次回来晚了，她就东问西问，弄得我心情很不好，家庭气氛也很紧张。后来每次出去玩，我就跟她说："我有手术，得赶快去。"虽然也是很晚回家，妻子却不发脾气，也不东问西问了。如果告诉她去玩了，她肯定不这样。所以我觉得为了避免一些不必要的误会，夫妻之间有些小秘密，说几句善意的谎言也未尝不可。

의사라 좀 바쁜 편인 나는 한가할 때면 밖에 나가 스트레스도 풀고 바람도 쐬곤 한다. 하지만 아내는 움직이는 걸 귀찮아해서 집에서 TV나 보고 있기 일쑤다. 바쁜 일주일을 보내고 맞는 주말, 나는 친구와 술도 마시고 춤도 추고, 노래도 부르며 보낸다.

예전에 아내는 매번 내가 늦게 들어올 때마다 꼬치꼬치 캐물어서 내 화를 돋우고 집안 분위기도 이상하게 만들었다. 그래서 어느 날부턴가 나는 놀러 나갈 때마다 "수술이 있어서 빨리 가 봐야 해" 하고 둘러댔다. 비록 똑같이 늦게 들어오는데도 부인은 도리어 성질도 안 부리고 이것저것 따져 묻지도 않는 것이 아닌가. 만일 놀러 나간다고 했으면 이렇게 나왔을 리가 없다. 그래서 나는 불필요한 오해를 피하기 위해서는 부부 사이에 작은 비밀을 만들고 선의의 거짓말을 하는 것도 꼭 안 될 일은 아니라고 생각한다.

단어
搞医的 gǎoyīde 의사
闲 xián 한가하다
东问西问 dōngwènxīwèn 이것저것 캐묻다
气氛 qìfēn 분위기
发脾气 fāpíqi 성질을 내다
避免 bìmiǎn 피하다
误会 wùhuì 오해
秘密 mìmì 비밀
善意 shànyì 선의의
谎言 huǎngyán 거짓말
未尝不可 wèichángbùkě 못할 것이 없다, 해볼 만하다

38 说话人在什么地方工作?

화자가 일하는 곳은 어디인가요?

A 병원
B 학교
C 회사
D 노래방

정답 A

"搞医的", "手术" 등 관련 핵심어에서 화자의 신분이 의사임을 알 수 있고, 의사가 일하는 곳으로는 보기 A가 가장 적합하다.

39 以前回来晚了，妻子总是:

예전에 늦게 귀가하면, 부인은 늘 어떠하였나요?

A 화를 많이 내다
B 마음으로 기뻐하다
C 이것저것 캐묻는다
D 그와 말을 하지 않는다

정답 C

지문에 언급된 "东问西问"은 '이것저것 묻는다'는 의미로 보기 C "问来问去"와 같은 의미이다.

40 现在每次出去玩儿，说话人对妻子怎么说?

요즘 놀러 나갈 때 화자는 부인에게 뭐라고 말하나요?

A 나 놀러 가고 싶다
B 나 일하러 간다
C 친구가 나보고 나오라는데
D 같이 가자

정답 B

해설 "我有手术，得赶快去"라고 지문에 언급되어 있다.

41 这段录音说的是:

이 지문이 말하고자 하는 것은 무엇인가요?

A 부부가 자주 싸운다
B 부인은 남편을 좋아하지 않는다
C 부부 사이에는 비밀이 있어서는 안 된다
D 어떤 거짓말은 선의의 거짓말이다

정답 **D**

지문의 마지막에 언급된 '불필요한 오해를 피하기 위해 선의의 거짓말을 하는 것도 나쁘지는 않다'라는 곳에서 답이 D임을 알 수 있다. 듣기 서술형 문제에서 글의 주제 등은 지문의 처음과 끝에 언급이 잘 되므로 이 부분을 주의 깊게 잘 들어야 한다.

精彩 jīngcǎi 훌륭하다, 멋지다
主力 zhǔlì 주력, 스트라이커
受伤 shòushāng 다치다, 부상을 입다
传球 chuánqiú 패스, 어시스트
胜利 shènglì 승리
输 shū 지다
优秀 yōuxiù 우수하다

42-45 第42到45题是根据下面一段话:

星期天晚上有北京队对山东队的足球比赛，这是一场争夺冠军的比赛。我和小王都是球迷，我们排了两个多小时的队才买到球票。

比赛踢得很精彩。上半场，山东队踢得比较好，先进了一个球。下半场开始后，北京队越踢越好，但比分一直是1:0。到比赛快结束的时候，山东队的主力10号受伤被换下场。北京队加强进攻，由15号踢进了一球，把比分变成1:1。在加时赛中，北京队的15号接到5号的传球，又踢进了一个球，这样北京队2:1获得了比赛的胜利。

我觉得要是山东队的10号不受伤，他们就不会输了，但小王不同意，他觉得北京队的水平更高。不过我们俩都认为北京队的15号是这场比赛表现最优秀的队员。

일요일 저녁, 베이징팀과 산둥팀의 축구 결승전이 있었다. 열렬한 축구팬인 샤오왕과 나는 두 시간이나 줄을 서 입장권을 샀다.

시합은 정말 멋졌다. 전반전에는 산둥팀이 먼저 선취 골을 얻어냈다. 후반전 들어 베이징팀이 기세를 올리긴 했지만 점수는 여전히 1:0이었다. 경기 종료를 얼마 안 남기고 산둥팀의 스트라이커 10번 선수가 부상으로 퇴장했다. 그 후 베이징팀은 적극적으로 공격에 나섰고, 결국 15번 선수가 한 골을 만회해 점수는 1:1, 다시 원점으로 돌아갔다. 연장전에서 베이징팀의 15번 선수가 5번의 어시스트를 받아 한 골을 더 넣으면서 베이징팀이 결국 2:1로 역전승을 거뒀다.

나는 산둥팀 10번 선수의 부상이 아니었으면 산둥팀이 이겼을 거라고 말했지만, 샤오왕은 동의하지 않고 베이징팀의 수준이 더 높다고 말했다. 그러나 우리 둘 다 베이징팀의 15번 선수가 이번 결승전의 MVP라는 데에는 이견이 없었다.

단어 争夺 zhēngduó 쟁탈하다, 싸워서 빼앗다
冠军 guànjūn 1등

42

比赛在什么时候?

시합은 언제 진행되었나요?

A 토요일 오후
B 토요일 저녁
C 일요일 오후
D 일요일 저녁

정답 **D**

지문 처음에 '일요일 저녁'이라고 바로 언급이 되었다. 듣기 서술형 문제는 귀로는 지문을 듣고, 동시에 눈으로는 보기 선택항을 봐 가면서 필기를 해야 한다. 이렇게 연습을 많이 하면 이런 문제는 쉽게 정답을 고를 수 있다.

43

比赛的结果是什么?

시합 결과는 어떠한가요?

A 1:0
B 1:1
C 2:1
D 2:2

정답 **C**

처음은 산둥팀이 먼저 넣어서 1:0이였고, 후반전 막바지에 1:1이였으며, 연장전까지 가서 베이징팀이 2:1로 승리를 했으므로 정답은 C이다.

44

根据录音可以知道，下面哪一项是错误的?

지문에 따르면, 다음 중 틀린 내용은 무엇인가요?

A 축구시합 표를 사기 어렵다
B 시합은 훌륭했다
C 베이징팀이 먼저 골을 넣었다

D 시합은 연장전까지 갔다

정답 **C**

 산둥팀이 선취골을 넣었으므로 보기 C가 틀린 내용이다. 보기 A '어렵게 표를 샀다'는 내용은 지문에 언급한 두 시간 걸려서 표를 산 것과 같은 의미이고, 보기 B는 지문에 그대로 언급되어 있으며, 보기 D '연장전까지 갔다' 역시 지문에 언급된 내용이다.

45

他们觉得比赛中表现最好的是哪个队员?
이들은 누가 이 경기의 MVP라고 생각하나요?

A 산둥팀 8번
B 산둥팀 10번
C 베이징팀 5번
D 베이징팀 15번

정답 **D**

 지문의 마지막에 '베이징팀 15번 선수가 MVP라는데 이견이 없다'고 하였고, 이는 베이징팀 15번 선수가 결정적인 골을 넣어 2:1로 우승할 수 있었기 때문이다.

2. 독해(阅读)

제1부분

제1부분은 총 15문항이다. 이 부분 문제는 몇 편의 단문으로 구성되어 있으며, 단문 가운데에는 여러 개의 빈칸이 있다. 빈칸은 단어 하나 혹은 문장 하나로 채워져야 한다. 응시자는 시험지에 주어진 4개 선택 항목에서 빈칸에 들어갈 알맞은 것을 선택한다.

46-49

공자는 사상가일 뿐만 아니라 [46] 교육가이기도 했다. 그는 일생 중의 4,50년을 교육업에 [47] 종사했다. 그는 '사람은 누구나 교육을 받아야 한다'는 개념을 최초로 제시했고, 개인 학당을 열어 국가 차원에서만 학교를 열던 상황을 타파하였는데, 이는 당시로서는 분명 획기적인 일이었음에 틀림없다. 공자의 교육개혁과 실천은 중요한 사회적 의미를 가지며, 문화교육의 발전을 추진하는 데 중요한 [49] 작용을 했다.

단어
思想家 sīxiǎngjiā 사상가
提出 tíchū 제기하다, 제출하다
开创 kāichuàng 새로 만들다
打破 dǎpò 타파하다
官府 guānfǔ 나라, 국가
办学 bànxué 학교를 운영하다
局面 júmiàn 국면, 상황
无疑 wúyí 의심할 바 없다
改革 gǎigé 개혁
实践 shíjiàn 실천, 행동
推动 tuīdòng 추진하다

46 A 그럼 개혁을 좋아하다
B 게다가 교육가이기도 하다
C 그러나 줄 곧 교육업에 종사하였다
D 그래서 새로운 사상을 많이 제기했다

정답 **B**

해설 보기 A에 사용된 "那么"는 '가정'의 의미 "如果" 등과 자주 같이 사용된다. 보기 C에 언급된 "但是"는 관련사 "虽(然)"와 자주 같이 사용하여 '전환'의 의미를 나타낸다. 보기 D에 언급된 "所以"는 '원인'을 나타내는 "因为"와 같이 사용되어 '인과관계'를 나타낸다. 빈칸 앞에 "不但"이 사용되었는데, 이는 '심화, 점층'의 관계를 나타내므로 관련사 "而且"와 호응하여 사용된다. 의미는 '~일 뿐만 아니라, 게다가 ~이기도 하다'이다. 그러므로 답은 B이다.

47 A 되다
B 재직하다
C 종사하다
D 일하다

정답 **C**

해설 "当"은 '어떤 직책이나 신분이 되다'의 뜻으로 빈어는 일반적으로 직업이나 일에 관련된 것이 많이 온다. 예를 들면 "当老师", "当作家", "当翻译"로 많이 사용되며, "当教育工作"라고는 사용하지 않는다. "在职" '직책을 얻었다'는 단어 조합으로 빈어를 따로 가질 수 없다. "工作"는 명사로 많이 사용되고, 동사로 사용될 때는 일반적으로 빈어를 가지지 않는다. "从事"는 일반적으로 큰 범위의 업종이 빈어로 많이 오고, 구체적인 직업이 오지 않는다. 예를 들면 "从事教育"라고는 표현해도, "从事老师"라고는 표현하지 않는다.

48 A 조
B 건
C 분
D 수

정답 **B**

해설 네 개 양사 중 "件"만 명사 "事(情)"와 조합을 이룰 수 있다. "条"는 길고 가는 물건을 세는 양사로 "裤子, 路, 河(바지, 길, 강)" 등에 많이 사용된다. "份"은 조합을 이룬 물건 등 묶을 나타낼 때 사용되는 양사로 "报纸, 礼物(신문, 선물)"

등에 사용된다. "首"는 "歌曲, 诗歌(노래, 시)" 등에 많이 사용된다.

49 A 작용
B 진보
C 추진하다
D 보증

정답 A

해설 이 곳에는 동사 "起"의 빈어가 들어가야 한다. 보기 A "作用"만이 동사 "起"와 조합을 이루어 어떤 사물에게 영향을 미친다는 '작용하다' 의 뜻이 될 수 있다. "推进"은 동사이므로 빈어로 사용되지 않는다. "进步"와 "保证"은 동사 "起"와 조합을 이루지 않는다.

50-53

최근 한 조사 결과에 따르면, 갈수록 많은 중국인이 50 여행자 대열에 합류하고 있다고 한다. 베이징 대학이 작년 연말 전국 14개 도시에서 실시한 설문조사 결과는 (다음과 같이) 51 나타내고 있다. 응답자의 31.5%가 작년에 자비를 들여 여행을 했고, 52 그 중 3.4%는 자비로 해외 여행을 다녀왔다고 한다. 또 올해 여행을 갈 계획인 도시 주민도 38.2%에 53 달해, 작년보다 6.7% 늘어났다.

단어 表明 biǎomíng 밝히다, 표명하다
行列 hángliè 행렬, 대열
自费 zìfèi 자비
显示 xiǎnshì 나타내다
表示 biǎoshì 밝히다
表现 biǎoxiàn 표현하다
显现 xiǎnxiàn 나타내다

50 A 인
B 자
C 가
D 중

정답 B

해설 "者"는 형태소로 동사나 동사성 단어 뒤에 붙어 '~하는 사람'이라는 "流浪者, 参加者(방랑자, 참가자)" 등 명사형을 만든다. "人"은 명사로 2음절 단어 뒤에 사용하려면 "的"가 있어야 한다. "家"는 명사 뒤에 붙어 '그 방면의 전문가'임을 나타낸다. 예를 들면 "艺术家, 歌唱家(예술가, 가수)" 등이 있다. "众"은 형용사로 '사람이 많음'을 뜻하고, "群众(군중)" 등이라고 사용할 수 있지만, "旅游众"이라는 말은 없다.

51 A 나타내다
B 표시하다
C 표현하다
D 나타나다

정답 A

해설 "表示"는 '직접 말하거나 혹은 어떤 생각을 밝힌다'는 뜻으로 사용되며, 정신이나 품성 등의 내면적인 것에는 사용되지 않고, 사람이 주어로 오는 경우가 많다. "表现"은 '언어나 행동으로 나타내는 것'으로 대상은 사상, 감정, 태도, 면모, 정신, 사물의 성질, 변화 등 추상적인 것이 많이 온다. "显现"은 원래 없던 것 혹은 희미한 사물이 '점점 뚜렷하게 변화하여 나타난다'는 뜻으로 대상은 일반적으로 눈에 보이는 구체적인 사물이다. "显示"는 '분명하게 표시한다'는 뜻으로 대상은 성질, 작용, 결과 등 추상적인 사물의 근거 등이다. 그러므로 빈 칸 앞의 "调查结果"와 같이 사용할 수 있는 것은 보기 A가 가장 적합하다.

52 A ~중에
B ~안에
C 그 중
D 중부

정답 C

해설 "之中", "之内"는 단독으로 홀로 사용할 수 있는 단어들이 아니다. 반드시 "…之中", "…之内" 구조를 갖추고 사용되어야 한다. "中部"는 '공간의 개념'이므로 문맥상 적합하지 않고, "其中"은 명사로 어떤 큰 범위 속의 부분을 뜻하는 '그 중에~'의 의미이다. 문맥상 보기 C가 가장 적합하다.

53 A ~까지
B 달하다
C ~까지
D 차지하다

정답 B

해설 "至", "到" 뒤에는 일반적으로 장소나 시간의 개념이 많이 나온다. "居"는 '전체 속에서 어떤 위치를 차지하다'는 개념이다. "达"는 수사 앞에 사용되어 '높은 정도의 수량에 도달한다'는 의미를 가진다.

54-57

하얼빈 시에서 200km 떨어진 야부리 스키장은 1996년 동계 아시안게임을 치르기 위해 [54] 지어진 것이다. 현재 중국에서 가장 큰 스키장인 야부리 스키장에는 [55] 총 11개의 슬로프가 있으며 총 길이는 30km이다. 그 가운데 주변 마을을 지나는 5km코스와 눈썰매를 제공하는 2km 길이의 코스가 있으며, 초보자용의 [56] 특수 코스 3개, 그리고 야간에 스키 탈 사람들을 위한 야간 코스도 마련해 놓았다. [57] 그 외에도 아이들을 위한 스케이트 존을 마련해 놓고 있다.

단어 举办 jǔbàn 거행하다, 개최하다
滑雪场 huáxuěchǎng 스키장
设立 shèlì 만들다, 마련하다
创立 chuànglì 설립하다
建造 jiànzào 만들다, 짓다
制造 zhìzào 만들다
创新 chuàngxīn 새롭게 만들다
除非 chúfēi 오직

54 A 창립하다
B 짓다
C 제조하다
D 새롭게 만들다

정답 B

해설 "创立"의 빈어는 기구, 정당 혹은 학설, 이론 등 추상적인 것으로 "滑雪场"과 조합을 이루지 않는다. "制造"는 원자재를 가공하여 상품으로 만드는 것을 가리키며, 이 역시 "滑雪场"과 조합을 이루지 않는다. "创新"은 '과거의 낡은 것을 버리고 새로운 것을 만든다'는 의미로 빈어를 가지지 않는다. "建造"는 건축, 토목 등에 사용하는 단어로 빈어를 "桥梁, 道路, 房屋(다리, 도로, 집)" 등 공간을 차지하는 사물을 가진다. 문맥상 보기 B가 가장 적합하다.

55 A 같이
B 모두
C 일치한다
D 모두

정답 B

해설 "一起"는 전체를 강조하는 말이며, 동사 앞에 사용하여 같이 '그 동작을 완성시킨다'는 의미로 이 문맥에는 어울리지 않는다. "一致"는 형용사로 의견이나 관점이 '다르지 않음'을 나타내는데, 동사 "有"를 수식할 수 있는 것이 아니다. "一切"는 형용사로 '모든 것'을 뜻하고, 동사 "有"를 수식할 수 없다. "一共"은 부사로 합계, 총계 등 숫자와 같이 사용된다. 문맥에 가장 적합한 것은 B이다.

56 A 독특하다
B 특징
C 일부러
D 특수하다

정답 D

해설 "独特"는 형용사로 '특유한 것', '독특한 것'을 가리키며, 사용범위가 비교적 좁은 편으로 면모, 성격 등을 형용한다. "特点" 명사는 한정어로 사용되지 않는다. "特意"는 부사로 어떤 목적을 가지고 일부러 하는 행동을 수식하는 말로 한정어로 사용될 수 없다. "特殊"는 형용사로 '같은 종류 사물 간의 다른 점'을 가리키며, 사용 범위는 비교적 넓다. "特殊"는 한정어로 사용할 수 있고, 문맥에 가장 적합하므로 답은 D이다.

57 A 제외하고
B ~해야만
C 그 외에도
D 다른 것

정답 C

해설 "除了"는 개사로, 종종 "还"와 조합을 이루어 "除了…(以外), 还…"구조로 사용된다. 이는 '~말고도, 또~'라는 뜻이다. "除非"는 관련사로 '유일한 조건'을 나타내며, "只有"와 같은 의미이다. "除非"는 또 부사와 같이 연이어 사용되지 않는다. "别的"는 대명사로 '어떤 사람이나 사물을 대신한다'는 뜻이며, 명사 앞에서 한정어로 사용될 수 있지만 부사 "还"와는 같이 사용되지 않는다. "另外"는 부사로 '말하거나 언급된 범위 이외의 것'을 가리키며, 문장의 앞 부분에 많이 사용된다. 문맥상 보기 C가 가장 적합하다.

58-60

독해 속도와 관련된 문제는 평소의 독해 훈련 과정 중 학생과 일부 교사들이 [58] 자주 소홀히 지나치는 문제이다. 대부분의 학생은 독해속도가 느리면 실수도 줄어들 것이라 생각한다. 일부 교사들 역시 학생들에게 '빠르지 않아도 되니 정확해야 한다'고 [59] 요구를 한다. '정확함'과 '신속함'의 문제는 사실상 정확성과 독해속도의 관계 문제이다. 연구 결과, 이 문제에 있어서 '정확함'과 '신속함'은 서로 모순되는 요소가 아니며 양자간에는 결코 반비례관계가 존재하지 않는다. 따라서 교사들은 먼저 학생들이 [60] 독해 속도가 빠르다고 해서 정확성이 떨어지는 것은 아니라는 사실을 확실하게 인식하도록 해야 한다.

단어 训练 xùnliàn 훈련
忽视 hūshì 소홀히 하다
正确率 zhèngquèlǜ 정확성
矛盾 máodùn 모순
反比例 fǎnbǐlì 반비례

58 A 자주
B 평상시
C 평소
D 흔하다

정답 A

해설 "平常"은 명사로 '평상시'라는 뜻이며 동사 앞에서 빈도를 나타낼 때 사용하지 않는다. "往常"도 명사로 말하기 이전의 상황을 나타내며, 현재의 상황과 비교함을 강조하는데, 문맥과 어울리지 않는다. "常见"은 형용사로 '쉽게 볼 수 있는 것', '종종 발생하는 것'을 가리키는데, 상황어로 사용되지 않는다. "常常"은 부사로 동사 앞에 위치해, 그 동작이 '여러 차례 발생하였음'을 뜻하므로 문맥상 가장 적합하다.

59 A 요구
B 기준
C 부탁
D 규정

 A

해설 "标准"은 사물을 가늠하는 기준에 사용되는 뜻인데, 문맥의 "只求准，不求快"의 내용은 기준이 아니므로 어색하다. "请求"는 아래에서 위로의 수직의 개념이 들어 있다. 아랫사람이 웃어른에게, 부하가 상사에게 '요구를 한다'는 뜻으로 학교 선생님이 학생에게는 어울리지 않는다. "规定"은 사물의 수량, 품질 및 진행방식 등에 구체적인 요구나 규칙을 정하는 것으로 동사 "提出"하고는 잘 안 쓰인다. "要求"는 구체적인 소망이나 조건들을 제시하는 것이며, 실현되기를 바라는 것으로 문맥에 적합하다.

60 A 독해 속도가 빠르면 틀린 것이 많아진다
B 문제를 풀 때 속도가 빠르면 안 된다
C 독해 시 주의해야 할 문제는 정확성이다
D 독해 속도가 빠르다고 해서 정확성이 떨어지는 것은 아니다.

정답 D

해설 지문의 "研究发现，在这个问题上，'准'和'快'并不是矛盾的，二者并不存在反比例关系"에서 보기 A, B가 틀린 것이고, D가 맞는 것을 알 수 있다. 지문은 '정확성'만을 언급하는 것이 아니고, '정확성과 속도의 관계'를 언급하므로 보기 C도 어색하다.

제2부분

제2부분은 총 10문항이다. 모든 문제는 하나의 단문과 4개의 선택 항목으로 구성되어 있다. 응시자는 내용과 일치하는 것을 선택한다.

61 어떤 사람들은 19세기가 기차와 철도의 시대이고, 20세기가 자동차와 고속도로의 시대라면 21세기는 컴퓨터 네트워크의 시대라고 말한다.

A 19세기는 자동차의 시대이다
B 21세기는 네트워크의 시대이다
C 20세기는 철도의 시대이다
D 21세기는 고속철도의 시대이다

정답 B

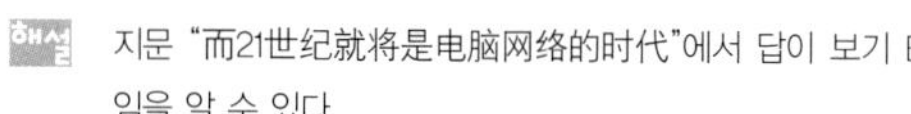
해설 지문 "而21世纪就将是电脑网络的时代"에서 답이 보기 B임을 알 수 있다.

단어 铁路 tiělù 철도
网络 wǎngluò 네트워크

62 샤오리는 아침에 어떤 낯선 전화번호로 "네 누나에게 새해 복 많이 받고 갈수록 예뻐진다고 전해줘!"라는 내용의 문자를 받았다. 이상하다, 이 번호 모르는 번호인데? 궁금해진 샤오리는 "누구세요?"라고 바로 답을 보내 물었다. 다시 답장이 왔다. "네 누나다!"

A 샤오리의 누나는 매우 호기심 있어 한다
B 샤오리에게 새해 복 많이 받으라는 메시지가 왔다
C 메시지는 샤오리의 누나가 보낸 것이다
D 샤오리는 메시지를 받고 아주 기뻐하였다

정답 C

해설 지문 "短信回复说: '你姐姐!'"에서 보기 C가 답임을 알 수 있다. 지문에 보기 A는 언급이 되지 않았고, 보기 B는 '샤오리에게'가 아니라 '샤오리 누나에게'임으로 틀렸다. 샤오리는 메시지를 받고 궁금해 했으므로 보기 D 역시 틀린 선택항이 되겠다.

단어 陌生 mòshēng 낯설다
奇怪 qíguài 이상하다
熟悉 shúxī 익숙하다, 잘 알다

63 기자가 우다다오(五大道)의 서양식 레스토랑 몇 군데를 조사한 결과, 올해 많은 젊은이들이 친구와 발렌타인 데이를 보낼 시간으로 점심시간을 선택했다는 사실을 발견했다. 이에 레스토랑의 예약 상황 역시 저녁 시간에 집중되었던 예년과는 크게 달라졌고, 그 대신 점심 시간에 손님들이 몰리는 모습을 보였다.

A 발렌타인 데이에는 레스토랑에 가야 한다
B 점심에 레스토랑에서 불이 났다
C 발렌타인 데이에 레스토랑을 가려면 사전에 예약을 해야 한다
D 예년 발렌타인 데이 저녁의 음식점에는 사람이 많았다

정답 D

해설 "因此, 西餐厅的预订情况也一改往年晚上客人多的情况, 表现出中午 '火'的局面"에서 예년에는 저녁에 손님이 많았음을 알 수 있으므로 답은 보기 D이다. 지문에는 '발렌타인데이에 레스토랑을 가야 하며, 예약을 해야 한다'는 부분은 언급되지 않았으므로 보기 A, C는 제거한다. 지문에 언급한 "火"는 '사람이 많거나, 시끌벅적함'을 뜻하므로 보기 B의 "着火"와 거리가 있다.

단어 了解 liǎojiě 조사해서 알게 되다
情人节 qíngrénjié 발렌타인 데이
选 xuǎn 고르다, 선택하다
预订 yùdìng 예약하다
火 huǒ 인기있다, 불티나다

64 중국인들은 참 이상하다. 분명 마음에 들면서도 말은 "괜찮네"라고 하고, 마음에 안 들면서도 "그럭저럭"이라고 말한다. 특히 이해가 안 되는 부분은, "고맙습니다"라고 말하는 중국인들이 적고, 특히 아버지와 아들, 부부 사이에서는 더 듣기 힘들다는 사실이다. 한 중국 친구가 내게 말하길 "고맙다"는 말을 덜 할수록 관계가 더욱 친밀한 것이고 더 많이 할수록 가깝지 않은 사이라고 한다. 대체 이게 무슨 논리인가?

A 중국인들은 "괜찮네"를 많이 말한다
B 중국인들은 "감사합니다"를 거의 말하지 않는다
C 중국인들은 과거를 말하는 것을 좋아하지 않는다
D 중국인들은 "이상하다"를 자주 말하지 않는다

정답 B

해설 "特别让我不理解的是, 很少听到中国人说 '谢谢'"에서 답이 보기 B임을 알 수 있다. 나머지 보기들은 C, D는 언급되지 않았다.

단어 明明 míngmíng 분명히
越~越~ yuè ~ yuè ~ ~할수록 ~하다
密切 mìqiè 밀접하다
显得 xiǎnde ~해보이다
亲近 qīnjìn 가깝다, 친하다

65 이 씨는 "우리 가족은 원래 주말에 베이징을 한번 둘러볼 계획이었는데 마침 이번에 공짜 입장 티켓을 사은품으로 받았으니 더더욱 가야 할 이유가 생겼다"라고 말했다. 이틀 전 딸이 '베이징 관광지 관람표 두 장 당첨'이라는 확인 문자를 받았고, 그래서 이 참에 '온 가족 설 맞이 베이징 여행'을 가기로 부인과 계획했다는 것이다.

A 가족 모두가 설에 베이징 여행을 간다
B 그들은 주말에 베이징에 표 사러 가야 한다
C 그와 부인 두 사람이 여행 간다
D 그들은 공짜 입장 티켓을 세 장 받았다

정답 A

해설 "前两天女儿收到了北京旅游景点的2张门票确认短信, 所以他和妻子也打算借这个机会来个 '全家春节北京游'"에서 보기 A가 답임을 알 수 있고, 공짜티켓 두 장을 받은 것을 알 수 있으므로 보기 D는 틀린 표현이다. 지문 "我们全家本来就计划利用周末时间去北京转转"에서는 주말에 북경에 놀러 가는 것이지 '표를 구매하러 간다'고 표현한 보기 B는 틀린 표현이다. 지문에 '부인'과 '딸아이' 및 "全家"도

언급하였으므로 '부부 두 사람'이라고 표현한 보기 C도 틀린 것이다.

단어 计划 jìhuà 계획
转 zhuàn 돌아다니다
免费 miǎnfèi 공짜이다, 무료이다
赠送 zèngsòng 무료 증정하다
参与 cānyǔ 참여하다
确认 quèrèn 확인하다

66 학습 내용은 학생의 심리변화 발전 법칙에 따라 달라져야 한다. 지나치게 쉬운 내용은 학생의 흥미를 끌지 못하며, 너무 어려운 내용은 이해하지 못한 나머지 좌절감을 느껴 결국 공부에 대한 자신감을 잃게 만들 수 있다. 흥미 상실과 자신감의 상실 둘 다 학생의 학습에 도움이 되지 못한다.

A 학습은 학생들의 심리변화 발전 법칙을 고려해야 한다.
B 학습 내용이 너무 어려우면 학생들은 자신감이 생긴다
C 무엇을 배울 것인지 주로 학습자의 흥미에 근거한다
D 학습 내용이 쉬우면 학생은 좌절감을 느낀다

정답 **A**

해설 "学习要根据学习者的心理发展规律"에서 보기 A가 정답임을 알 수 있다. 지문에 '너무 쉬우면 흥미를 잃고, 너무 어려우면 좌절감을 맛본다'는 부분에서 보기 B, D가 틀렸음을 알 수 있고, 보기 C는 언급되지 않은 내용이다.

단어 规律 guīlǜ 법칙
激发 jīfā 자극하다, 불러일으키다
失败感 shībàigǎn 좌절감, 패배감

67 태초부터 인간은 자유로운 날개 한 쌍이 돋아나 이 땅을 벗어나 푸른 하늘과 저 먼 우주로 날아가는 꿈을 꾸어왔습니다. 이 꿈을 이루기 위해 수천 년 동안 사람들은 끊임없이 노력했습니다. 본 프로그램은 인류의 위대한 꿈을 이루기 위해 지혜와 땀, 심지어 생명까지 바친 이들을 기리기 위해 제작되었습니다.

A 날개가 있으면 하늘 멀리 날아갈 수 있다
B 누구나 다 한 쌍의 날개가 돋아나기를 꿈꾼다
C 우주로 날아가는 꿈을 실현시키기 위해 생명을 바친 사람이 있다
D 이 프로그램은 우주 관련 지식을 소개하는 것이다

정답 **C**

해설 "本期节目就是为了纪念那些实现人类的伟大梦想而付出智慧、汗水、甚至生命的人们"에서 답이 C임을 알 수 있다. 지문에 언급된 사람들은 '하늘을 날고, 우주에 가보고자 하는 꿈을 이루기 위해 날개가 있었으면 한다'는 것이지, 날개가 돋아나기를 희망하는 것은 아니므로 보기 A, B는 틀린 내용이다. 이 프로그램은 이 꿈을 이루기 위해 희생한 사람들을 기리지 위해서 만든 프로그램으로, 우주에 대해 소개하는 프로그램이 아니다.

단어 梦想 mèngxiǎng 꿈
翅膀 chìbǎng 날개
遥远 yáoyuǎn 멀다
纪念 jìniàn 기념하다
伟大 wěidà 위대하다
付出 fùchū (대가를) 지불하다, 치루다
智慧 zhìhuì 지혜
甚至 shènzhì 심지어는

68 긴장된 오전 근무가 끝나면, 점심에는 대뇌가 휴식을 취할 수 있도록 잠을 조금 자는 것이 좋다. 어떤 이들은 낮잠 10분은 밤잠 2시간에 맞먹는다고 말한다. 낮잠을 잔 후 오후 업무 효율은 월등히 향상되지만, 전문가들은 낮잠을 15분에서 30분 사이 정도로 길지 않게 자는 것이 좋다고 권한다.

A 오후 업무가 없을 때 낮잠을 2시간 자야 한다
B 낮잠 1시간은 밤잠 2시간에 해당한다
C 건강한 사람은 낮잠 잘 필요가 없다고 전문가들은 여긴다
D 낮잠은 15분에서 30분 사이가 제일 좋다

정답 **D**

해설 지문에는 '낮잠 10분이 밤잠 2시간에 해당한다'고 했으므로 보기 B는 틀린 것이다. 10분과 1시간을 잘 구별해서 봐야 한다. 보기 A, C는 언급되지 않았다. 그리고 '낮잠은 오래 자지 않는 것이 좋다'고 지문에 언급되어 있으므로 보기 A '2시간씩 낮잠을 잔다'는 것은 바람직하지 않는 것임을 알 수 있다. 지문의 후반부의 "一刻钟到半小时"는 보기 D의 "15–30分钟之间"과 같은 뜻이므로 답은 보기 D이다.

단어 大脑 dànǎo 대뇌
午睡 wǔshuì 낮잠
等于 děngyú ~와 맞먹다

69 송선생님은 주로 노인과 장애우에게 자전거 수리 서비스를 제공하며 그들을 위해 물건 나르기, 물 배달, 자전거 타이어 공기 주입 등 자신이 할 수 있는 일을 한다고 말했다. "제 일은 순수한 자원봉사로, 제가 할 수 있는 일이

라면 대부분 거절하지 않죠." 그는 또 "바쁠 때는 하루에도 대여섯 명이 도움을 청하기도 한답니다."라고 말했다.

A 송선생님은 장애인이다
B 송선생님은 물 배달원이다
C 송선생님은 노인들에게만 봉사한다
D 송선생님은 무료 봉사한다

정답 D

해설 지문 "我的服务完全是义务的"에서 무료 자원 봉사임을 알 수 있으므로 보기 D가 답이다. "义务"는 '보수를 바라지 않는다'는 뜻이 내포하고 있다. 송선생님의 봉사 대상은 노인과 장애인이므로 보기 A, C는 제거하고, 지문에 '물 배달'은 언급되지 않았다.

단어 残疾人 cánjírén 장애인
力所能及 lìsuǒnéngjí 할 수 있는 만큼 최대한하다

70 이 회사는 설립 이래 지금까지 발전을 거듭해 왔지만 올해는 사정이 오히려 좋지 않다. 하지만 결코 노동자들의 탓은 아니다. 최선을 다해 일하는 그들의 모습이 예년보다 덜 한 것도 아니고, 오히려 회사 사정이 안 좋은 만큼 더 열심히 일하기 때문이다. 곧 새해를 맞이하는 시점에서는 이 점이 오히려 사장의 부담을 가중시켰다. 예전에는 연말이 되면 적어도 두 달치 월급은 연말 보너스로 줬었는데 곧 다가올 올해 세밑에는 기껏해야 한 달치 월급밖에 줄 수 없기 때문이다.

A 직원들은 열심히 일하지 않는다
B 올해 경제 상황이 좋지 않다
C 올해는 연말 보너스가 없다
D 직원들은 사장에게 불만이 있다

정답 B

해설 지문 "这家公司自成立以来一直不断发展，可今年经济情况却不太好"에서 보기 B가 답임을 알 수 있다. 지문에 '직원들이 열심히 일하는 것은 예년과 같다'고 언급되었으므로 보기 A는 틀린 것이다. '경기가 나빠서 연말 보너스를 두 번 못 주고 한 번만 준다'고 하였으므로 보기 C 역시 틀린 것이다. 보기 D는 언급되지 않았다.

단어 成立 chénglì 성립되다, 설립하다
怪 guài 나무라다, 질책하다
拼命 pīnmìng 최선을 다하다, 필사적이다
往年 wǎngnián 예년
负担 fùdān 부담

제3부분

제3부분은 총 20문항이다. 모든 문제는 몇 편의 단문으로 구성되어 있다. 제시된 단문 뒤에는 몇 개의 질문이 주어진다. 응시자는 4개의 선택 항목 중에서 정답을 선택한다.

71-73

사람들의 생활은 갈수록 풍부해지고 다채로워지고 있다. 영화를 예로 들자면, 흑백 영화에서 컬러 영화로, 무성 영화에서 유성 영화, 다시 스테레오 영화로 발전해왔고 최근에는 디지털 영화까지 유행하고 있다. 그렇긴 하지만 사람들의 입맛을 맞추는 것도 갈수록 까다로워지고 있다. 감독과 배우들이 고생해서 만들어 내도 대중의 혹평을 면치 못하는 영화가 있는가 하면 가볍게 즐길 수 있는 로맨스 영화가 인기를 끌기도 한다. 곰곰이 생각해 보면 영화도 술과 같다. 와인을 좋아하는 사람, 맥주를 좋아하는 사람, 백주(白酒)를 즐기는 사람 등 사람마다 취향이 각기 다르듯 한 편의 영화가 모두를 만족시킬 수 있는 것은 아니다.

단어 丰富多彩 fēngfùduōcǎi 다채롭다
拿~来说 ná ~ láishuō ~를 예로 들어 말하면
满足 mǎnzú 만족하다
口味 kǒuwèi 입맛
拍 pāi 찍다, 촬영하다

71 지금 유행하고 있는 것은 무엇인가요?

A 컬러 영화

B 스테레오 영화
C 디지털 영화
D 흑백 영화

정답 C

해설 지문 "近几年数字电影越来越流行"에서 알 수 있다.

72 일부 영화가 혹평을 받는 이유는 무엇인가요?

A 관람객의 취향이 달라서
B 관람객이 로맨스 영화를 좋아해서
C 감독과 배우들이 제대로 하지 않아서
D 관람객이 가볍고 즐기는 영화를 좋아해서

정답 A

해설 지문 "每个人口味不一样，一部电影也不可能让所有人满意"에서 알 수 있다. 영화는 관람객의 취향이 제 각각이라서 좋아하고 싫어하고 등이 구별된다. 관람객이 가볍게 볼 수 있는 영화나 로맨스를 좋아한다고 해서 일부 영화가 혹평의 대상이 될 수는 없으며, 보기 C는 언급되지 않았다.

73 영화 보는 것이 술 마시는 것과 같은 이유는 무엇인가요?

A 관람객이 일반적으로 술 마시는 것을 좋아해서
B 관람객이 좋아하는 것이 다 달라서
C 영화 촬영 시 술을 마시면 안되므로
D 감독이 음주에 상당한 견해가 있어서

정답 B

해설 '술도 여러 종류의 술이 있고, 각각 좋아하는 술이 있다'는 비유에서 '영화도 취향이 제각각'이라는 뜻을 강조하는 것이다. 이 문제는 72번과 같은 맥락의 문제이다.

74-77

바다는 지구 생태계의 중요한 구성요소로, 숲과 더불어 '지구의 허파'로 불리곤 한다. 바다는 대기 중의 이산화탄소를 흡수할 뿐만 아니라 산소를 만들어 내기도 한다. 해양 식물들은 매년 360억 톤의 산소를 만들어 내고, 대기 중 산소의 70%가 바다에서 만들어진다.

바다는 지구 표면의 가장 낮은 곳에 위치해 있기 때문에 사람이 배출한 각종 오염물질이 강을 따라 결국에는 바다로 흘러든다. 바다는 거대한 '청정기'와도 같아서 스스로를 깨끗하게 유지할 뿐 아니라 사람들이 배출하는 많은 쓰레기를 처리하는 데도 도움이 된다. 이에 바다는 '지구 생명의 수호자'라고도 불린다.

그러나 바다의 청정 능력이 무한하다고 생각한 나머지 끊임없이 오염물질을 바다에 버리는 사람들 때문에 해양 오염 문제가 갈수록 심각해지고 있다.

단어
比 bǐ 비유하다
肺 fèi 폐, 허파
二氧化碳 èryǎnghuàtàn 이산화탄소
氧气 yǎngqì 산소
吨 dūn 톤
污染物 wūrǎnwù 오염물
清洁器 qīngjiéqì 청정기
垃圾 lājī 쓰레기
无限 wúxiàn 무한하다
倒入 dàorù 부어넣다

74 사람들은 바다와 숲을 무엇에 비유하나요?

A 지구의 위
B 지구의 허파
C 지구의 심장
D 지구의 소화기관

정답 B

해설 지문 "人们常把海洋和森林比成地球的肺"에서 알 수 있다. 나머지 보기들은 언급되지 않았다.

75 바다에서 만들어지는 산소는 대기의 몇 %를 차지하나요?

A 50%
B 60%
C 70%
D 80%

정답 C

해설 지문 "大气中70%的氧气来自于海洋"에서 알 수 있다. 나머지 보기들은 언급되지 않았다.

76 바다가 "지구 생명의 수호자"라고 불리는 이유는 무엇인가요?

A 바다가 대량의 어획량을 제공하므로
B 바다가 대량의 담수를 제공하므로

C 바다가 대량의 쓰레기를 처리하므로
D 바다가 대량의 산소를 흡수하므로

정답 **C**

해설 지문 "大海就像一个巨大的清洁器，不仅保持了自己的清洁，也帮助人类处理了大量的垃圾。所以，海洋又被人们称为 '地球生命的保护者'"에서 알 수 있다. 보기 A, B는 언급되지 않았고, 바다는 이산화탄소를 흡수하고 산소를 만들어내는 것이므로 보기 D도 틀린 것이다.

77 바다의 청정능력은 어떠한가요?

A 유한적이다
B 거대하다
C 계단식으로 증가한다
D 무한하다

정답 **A**

 지문 "可是有人竟然以为大海的清洁能力是无限的，不断地把污染物倒入大海，以至海洋污染越来越严重"에서 답이 A임을 알 수 있다. "以为"는 '~인 줄 잘못 알고 있다'를 뜻하므로 보기 D는 제거한다.

78-80

베이징의 속기 전문가는 3, 4백 명에 불과하다. 구인난 때문에 고급 속기사의 월 소득은 5000위안에 달한다.

아주 괴상한 기호도 속기사의 눈에는 특수한 의미를 가진 글자나 단어이다. 어느 정도의 훈련만 거치면 누구든 문자를 빠르게 기록할 수 있다. 사람의 어속은 보통 1분당 200자인데, 고급 속기사의 문자 기록 속도는 1분당 280자에 이른다. 현재 항저우에는 십여 명의 속기사밖에 없는데, 많은 회사에서 속기사를 필요로 하고 있다.

속기사의 자격 요건은 높지 않은 편으로, 중등 교육기관 전공 이상의 학력만 있으면 된다. 하지만 전문 속기사가 되기 위해서는 그 밖에도 탄탄한 지식과 빠른 두뇌 반응이 필요하다. 특히 순발력은 고급 속기사가 되기 위한 필수 조건이다.

현재 해외 상황에 대해 말하면, 음성 식별 기술이 이미 크게 발전하긴 했지만 속기사 역시 여전히 없어서는 안 될 존재이다.

단어 **速录** sùlù 속기
仅 jǐn 겨우, 단지
难求 nánqiú 구하기 어렵다
培训 péixùn 훈련하다
制约 zhìyuē 제약하다
关键 guānjiàn 관건, 중요하다
就~来说 jiù ~ láishuō ~에 대해 말하자면
识别 shíbié 식별하다, 인식하다
不可缺少 bùkěquēshǎo 없어서는 안 된다

78 고급 속기사가 분당 기록할 수 있는 글자는 몇 글자인가요?

A 150자
B 210자
C 250자
D 280자

정답 **D**

 지문 두 번째 단락의 "人的语速一般是每分钟200个字，而高级速录师文字录入速度可以达到每分钟280个字"에서 답이 D임을 알 수 있고, 나머지 보기들은 언급되지 않았다.

79 속기사 입문 학력은 어떻게 되나요?

A 초등학교
B 중학교
C 중등교육기관
D 전문대학교

정답 **C**

 지문 세 번째 단락에 언급된 "速录师的入门条件不高，只需要中等专科以上的学历就可以了" 에서 답이 C임을 알 수 있고, 나머지 보기들은 언급되지 않았다.

80 우수한 속기사가 되려면, 꼭 갖추어야 하는 조건은 무엇인가요?

A 고생을 감수하다
B 지식이 있다
C 인내심이 있다
D 순발력이 빠르다

정답 **D**

 지문 세 번째 단락 "知识面，头脑的反应速度，尤其是反应速度，是制约他成材的关键"에서 반응속도, 즉 순발력이 관건임을 알 수 있다. 지식도 있어야 하지만 "尤其"라는 부사로 순발력을 강조하였다. 나머지 보기 A, C는 언급되지 않았다.

81-85

할머니께서는 우리 집에 계실 때부터 이미 정신이 흐릿하셨다. 주로 점심을 드신 후에는 항상 낮잠을 주무시곤 했는데 깨고 나면 "점심은? 왜 여태 점심을 안 줘?"하고 혼잣말을 하시는 바람에 어쩌다 손님이 오실 경우 어머니께서는 오해하지 않도록 설명을 하셔야 했다.

할머니는 침대 한 구석을 한참 동안 물끄러미 바라보다가 할아버지의 이름을 부르며 "침대 안쪽으로 앉으슈, 그렇게 엉덩이 한 쪽만 걸치고 있음 안 불편하슈?"하고 혼잣말을 하셨다. 사실 그 때는 이미 할아버지가 돌아가신 지 2년이 지난 때여서 할머니의 말을 들으면 덜컥 겁이 났다.

할머니께서는 날마다 약을 드셔야 했는데, 할머니에게 세상의 모든 약은 한 가지 병만 고치는 것이었다. 그래서 할머니께서는 늘 물으셨다. "어째 약이 다 달라? 돈을 그렇게 쓰다니 뭐 하는 짓이야?"

당시는 아버지의 사업이 잘 안 되던 때였고, 나는 아파서 휴학하고 집에 있으면서 매일 약을 먹었다. 난징에서 돌아오신 고모는 우리 집 상황을 보시고는 뭐라 해도 할머니를 모셔가겠다고 했다. 부모님은 할머니를 보내드리기 싫었지만 고모네 상황이 더 나았기 때문에 결국 보내드릴 수밖에 없었다.

떠나기 전, 할머니가 나를 불러 옆에 앉히시고는 미소를 띤 채 침대 구석에서 검은 비닐 봉지를 꺼내셨다. 봉지 안에는 크고 작은 색색의 알약들이 가득 들어 있었다. 당신께서 매일 약을 드실 때마다 일부러 조금씩 남기신 것이라고 하시면서 나에게 조금씩 아껴서 먹으라고, 집에 돈도 없는데 약 사느라 돈 쓰지 않게 하라고 하셨다. 당신께서 모아 두신 그 약으로 내 병을 고칠 수 있으리라 생각하셨던 것이다.

할머니께서는 우리 집에 계셨던 3개월 동안 나를 위해 100여 알의 약을 모으셨다. 하지만 할머니는 모르셨다. 할머니의 생명을 지켜주던 그 약들이 손자에게는 아무 쓸모없는 것임을.

할머니께서는 차에 오르면서도 내게 눈을 찡긋하셨다. 오직 나만이 그 뜻을 알 수 있었다.

단어
神志不清 shénzhìbùqīng 정신이 맑지 못하다
自言自语 zìyánzìyǔ 혼잣말하다
以免 yǐmiǎn ~하지 않도록
盯 dīng 주시하다
屁股 pìgu 엉덩이
过世 guòshì 돌아가시다
害怕 hàipà 무섭다
答应 dāying 승낙하다, 동의하다
摸 mō 어루만지다, 쓰다듬다
省 shěng 아끼다, 절약하다
维系 wéixì 유지하다, (명맥을) 잇다
毫无意义 háowúyìyì 전혀 의미가 없다
挤眼 jǐyǎn 눈을 찡긋하다

81 할머니가 낮잠에서 깬 후, 끊임없이 말하는 내용은 무엇인가요?

A 언제 약을 먹는지
B 손자가 왜 아직 돌아오지 않는지
C 왜 아직 점심을 먹지 않는지
D 왜 날 돌봐주는 사람이 없는지

정답 C

해설 첫 번째 단락 "通常，奶奶在吃完午饭后都要午睡。醒来，就一个人自言自语，午饭呢，怎么还不吃午饭"에서 답이 C임을 알 수 있고, 나머지 보기들은 지문에 언급되지 않았다.

82 할머니가 침대 구석을 한참 쳐다보고서, 종종 누구의 이름을 부르나요?

A 할아버지
B 아버지
C 어머니
D 본인

정답 A

해설 두 번째 단락 "奶奶会长时间地盯着床边的一角，然后叫着爷爷的名字"에서 답이 A임을 알 수 있고, 나머지 보기들은 지문에 언급되지 않았다.

83 매일 약 먹을 때 할머니는 무엇을 말씀하셨나요?

A 약이 왜 이렇게 비싼지
B 약이 왜 다른지
C 왜 매일 약을 먹어야 하는지
D 약이 왜 이렇게 쓴지

정답 B

해설 세 번째 단락 "奶奶每天都要服药，她以为世界上的药都是治同一种病的。她经常问，怎么这些药粒都不一样呢?"에서 답이 B임을 알 수 있다. '할머니 생각에 약은 다 같은 약인데, 이것 저것 사느라 돈을 사용한다'고 불만의 의미로 말한 것은 '약이 비싸다는 것'을 뜻하는 것이 아니므로 보기 A는 틀린 것이다.

84 할머니의 검은 비닐봉지에 담겨 있는 것은 무엇인가요?

A 잔돈
B 알약
C 간식
D 사탕

정답 **B**

해설 다섯 번째 단락 "她一边笑着，一边从床角摸出了一个黑塑料袋，里面竟装满了大大小小花花绿绿的药粒"에서 답이 B임을 알 수 있다. 나머지 보기들은 언급되지 않았다.

85 할머니가 차에 오르실 때, 나에게 눈을 찡긋하신 이유는 무엇인가요?

A 나에게 이별을 알리려고
B 나보고 약 먹으라고
C 나보고 할머니 기억하라고
D 나더러 고모 집에 가라고

정답 **B**

해설 지문 전체의 의미로 보았을 때 할머니는 '약은 다 같은 약'이라고 생각하므로, 본인이 손자에게 남겨준 100여 알은 손자의 병을 고칠 수 있을 것이라 여긴 것이다. 이는 집에 돈도 없는데 아버지의 부담을 덜어주라는 할머니의 뜻이기도 하다. 할머니가 고모 집으로 떠날 때 손자인 '나'에게 찡긋 신호를 보낸 것은 둘만 아는 비밀을 잘 지키고 수행하라는, 즉 할머니가 남겨준 약을 잘 먹으라는 할머니의 당부이다.

86-90

리(黎)족은 하이난(海南)섬 최초의 원주민이다. 약 3천여 년 전, 고대 백월(百越)족의 일파가 광둥(廣東)과 광시(廣西)성에서 바다를 건너 하이난으로 왔고, 이들이 바로 오늘날 리족의 선조이다. 그 후 한족과 먀오(苗)족, 휘(回)족 등이 차례로 하이난으로 옮겨 오면서 점차 오늘날 하이난의 다민족 거주 사회가 형성되었다. 역사의 변천 속에서 각 민족의 일부 특징들이 조금씩 비슷하게 변화했지만 민족의 가장 기본적인 특징인 방언은 세대를 이어 전해져 오늘날 하이난의 무수한 방언을 이루었다.

하이난어는 중국티베트 어족 중국어 민남 방언에 속하며 성 전체 인구의 80%인 500여만 명이 쓰고 있어 하이난에서는 가장 광범위하고 사용자가 많은 방언이다. 하이커우(海口)와 지옹산(鯨山), 원창(文昌), 지옹하이(鯨海), 완닝(萬寧), 툰창(屯昌), 청마이(澄邁) 등 시와 현의 연해지역 일대에서 주로 사용한다. 지역마다 하이난어의 억양과 성조는 조금씩 다르지만 서로 대화가 통한다. 하이난어는 주로 원창어를 표준어로 하는데, 하이난 각지의 하이난어 방송과 아나운서도 주로 원창어를 표준으로 하며 하이난의 전통극인 경극(鯨劇, 지옹쥐) 역시 원창어를 (기본)억양으로 한다.

단어
渡 dù 건너다, 지나가다
海峡 hǎixiá 해협
移居 yíjū 이주하다
聚居 jùjū 모여 살다
演变 yǎnbiàn 변천하다
特征 tèzhēng 특징
播音 bōyīn (라디오) 방송하다
招考 zhāokǎo 모집 시험
口音 kǒuyīn 억양
唱腔 chàngqiāng 노래 억양, 곡의 억양

86 하이난의 최초 원주민은 어느 민족인가요?

A 먀오족
B 리족
C 한족
D 휘족

정답 **B**

해설 첫 번째 단락 "黎族是海南岛上最早的居民"에서 답이 B임을 알 수 있다. 최초의 이주 민족은 리족이고, 나머지 보기들은 후에 이주해온 민족들이다.

87 하이난어는 어느 방언에 속하나요?

A 웨방언
B 간방언
C 진방언
D 민방언

정답 **D**

해설 두 번째 단락 "海南话属汉藏语系汉语闽南方言"에서 답이 D임을 알 수 있다. 나머지 보기들은 언급되지 않았다.

88 하이난어를 사용하는 인구는 성 전체의 몇 %인가요?

A 50%
B 60%
C 80%
D 90%

정답 **C**

해설 두 번째 단락 "全省有500多万人使用，约占全省总人口的80%"에서 답이 C임을 알 수 있고, 나머지 보기들은 언급되지 않았다.

89 하이난어가 기본으로 삼는 억양은 어느 곳인가요?

A 하이난
B 원창
C 완닝
D 툰창

정답 B

해설 지문 두 번째 단락 "海南话通常以文昌口音为标准音"에서 하이난은 원창 억양을 기준으로 하고, 나머지 보기에 언급된 지역들에서 하이난어를 사용하고 있음을 언급한 것이고, 기준을 언급할 때는 '원창' 이외에는 언급된 것이 없다.

90 하이난의 지방극은 무엇인가요?

A 웨쥐
B 지옹쥐
C 후쥐
D 황메이시

정답 B

해설 두 번째 단락의 "海南的传统琼剧也以文昌口音为唱腔"에서 하이난의 지방극은 '지옹쥐'임을 알 수 있다. 보기 A는 '광동성 지역의 지방극'이고, 보기 C는 '상하이 지역의 지방극, 보기 D는 '안후이성 지역의 지방극'이다. 참고로 징쥐(경극)은 베이징 지역의 지방극이다.

3. 쓰기(书写)

제1부분

제1부분은 총 8문항이다. 모든 문제는 여러 개의 단어가 제시된다. 응시자는 주어진 단어를 사용하여 하나의 문장을 만든다.

91 정답 张华不让我看电视。
장화가 TV를 못 보게 한다.

해설 "让"이 사역동사임을 확인한다. 겸어문 문장 구조는 '주어1+동사1(让)+빈어1/주어2+동사2' 형식을 갖는다. 그러므로 문장의 순서는 "张华让我看电视"이다. "不"는 "让" 앞에 위치시켜 '~을 못하게 하다'의 뜻이 되게 한다. 그러므로 올바른 순서는 "张华不让我看电视"이다.

92 정답 天上下起雪来。
하늘에서 눈이 내리기 시작했다.

해설 먼저 주어, 술어, 빈어를 확인한다. 주어 "天上", 술어 "下", 빈어 "雪"를 확인한다. "起来"는 방향보어로 동사 "下"에 위치시킨다. 그런데 "~来"로 끝나는 복합방향보어가 빈어를 가질 때는 빈어는 방향보어 중간에 위치한다. 즉 빈어 "雪"는 "起"와 "来" 사이에 위치해야 한다. 올바른 순서는 "天上下起雪来"이다.

93 정답 我很想早一点儿回家。
나는 집에 일찍 돌아가고 싶다.

해설 먼저 주어, 술어, 빈어를 확인한다. 주어 "我", 술어 "回家"를 확인하다. 부사 "很"과 조동사 "想"은 순서대로 술어 앞에 위치시킨다. "一点儿"은 동사나 형용사 뒤에 사용될 수 있다. 그러므로 "早一点儿"로 조합을 만들어 조동사 "想"과 술어 "回家" 사이에 넣어 준다. 그러므로 올바른 순서는 "我很想早一点儿回家"이다.

94 정답 马丁的汉语讲得特别流利。
마딩은 중국어를 매우 유창하게 한다.

해설 먼저 주어, 술어, 빈어를 확인한다. 주어 "汉语", 정도보어 조사를 가진 술어 "讲得"를 확인한다. "马丁的"는 한정어로 사용되었으므로 주어 "汉语"앞에 위치시킨다. 형용사 "流利"는 정도보어로 사용 가능하고 부사 "特别"는 형용사 "流利" 앞에 위치시킨다. 올바른 순서는 "马丁的汉语讲得特别流利"이다.

95 정답 他的个子不比我高。
그는 나보다 키가 크지 않다.

해설 개사 "比"를 보고 비교문임을 확인한다. 비교문의 기본 구조는 'A(명사/대명사)+比+B(명사/대명사)+비교 결과'이다. "他的个子"와 "我(的个子)"가 비교 대상이며, 부정부사 "不"는 개사 "比" 앞에 위치시킨다. 올바른 문장은 "他的个子不比我高"이다.

96 정답 你怎么能这样做?
당신은 어떻게 이렇게 할 수 있나요?

해설 먼저 주어, 술어, 빈어를 확인한다. 주어 "你", 술어 "做"를 확인한다. "这样"은 "做"의 상황어이다. 의문사 "怎么"는 조동사 "能"과 결합하여, 반어문 "怎么能+동사…?"구조로 쓰여, "不能/不应该+동사"의 의미를 가진다. 그러므로 올바른 순서는 "你怎么能这样做?"이다.

97 정답 你一定要把这个习惯改过来。
당신은 반드시 이 습관을 고쳐야 합니다.

해설 개사 "把"를 보고 "把자문"임을 확인하다. "把자문"의 기본 구조는 '주어+把대상+동사+기타성분' 이므로, 우선 "你把这个习惯改过来"라고 큰 틀을 만들어 준다. 부사 "一定"과 조동사 "要"는 개사 "把"앞에 위치시킨다. 올바른 순서는 "你一定要把这个习惯改过来" 이다.

98 정답 他的话一点儿也不可靠。

그의 말은 전혀 믿을 수 없다.

해설 먼저 주어, 술어, 빈어를 확인한다. 주어 "他的话", 술어 "可靠"를 확인한다. "一点儿+都/也+没/不+술어"는 '조금도 ~하지 않다'의 강조의 뜻이다. 그러므로 올바른 순서는 "他的话一点儿也不可靠"이다.

제2부분

제2부분은 총 2문항이다. 첫 번째 문항에서는 여러 개의 단어가 제시되며, 응시자는 제시된 단어들을 사용하여 80字 내외로 구성된 단문을 작성한다. 두 번째 문항에서는 하나의 그림이 제시되며, 응시자는 그 그림을 근거로 80字 내외로 구성된 단문을 작성한다.

99 참고답안

很多年轻人喜欢开夜车，觉得夜里安静，没有人打扰，工作效率高。其实，这是一种非常不好的生活习惯，对健康十分有害。常开夜车的人不仅抵抗力差，容易得病，而且也更容易衰老。

많은 젊은이들은 밤새 자지 않고 일하기를 좋아한다. 밤에는 조용하고 방해하는 사람도 없어서 일의 효율이 높기 때문이다. 하지만 사실 밤샘은 매우 좋지 않은 생활습관으로, 건강에도 매우 해롭다. 자주 밤을 새는 사람은 신체 저항력이 떨어져 쉽게 병에 걸릴 뿐 아니라 밤을 새지 않는 사람에 비해 노화가 더 빨리 진행된다.

단어 开夜车 kāiyèchē 밤을 지새다
打扰 dǎrǎo 방해하다, 저해하다
抵抗力 dǐkànglì 저항력
衰老 shuāilǎo 노쇠하다

100 참고답안

教会孩子合理地消费，已经成了最让父母和学校头疼的问题之一。现代社会是一个经济社会，父母希望小孩子从小就有经济头脑。可是，想让孩子既不大手大脚乱花钱，又不自私、小气，实在不是件容易的事。

자녀에게 합리적인 소비를 가르치는 것은 많은 학부모와 학교의 골칫거리이다. 현대사회는 경제를 중심으로 돌아가기 때문에 학부모들은 아이들이 어려서부터 경제 관념을 갖기를 바란다. 하지만 씀씀이가 헤프지 않으면서도 너무 이기적이거나 쪼잔하지 않게 가르치는 일은 결코 쉬운 일이 아니다.

단어 消费 xiāofèi 소비하다
头疼 tóuténg 골치 아프다
经济头脑 jīngjìtóunǎo 경제 관념
大手大脚 dàshǒudàjiǎo 흥청망청 쓰다
乱花钱 luànhuāqián 돈을 함부로 쓰다
自私 zìsī 이기적이다
小气 xiǎoqì 통이 좁다, 쪼잔하다

新汉语水平考试

HSK 5级

모의고사 해설 ③

HSK(五级) 3회 모범답안

一、听力

第一部分	1. A	2. C	3. B	4. C	5. B	6. B	7. A	8. C	9. B	10. B
	11. B	12. B	13. C	14. C	15. B	16. B	17. A	18. C	19. D	20. D
第二部分	21. A	22. D	23. D	24. B	25. C	26. D	27. C	28. D	29. C	30. A
	31. B	32. C	33. B	34. B	35. A	36. D	37. C	38. D	39. A	40. A
	41. C	42. C	43. C	44. A	45. D					

二、阅读

第一部分	46. D	47. D	48. B	49. A	50. B	51. D	52. B	53. A	54. C	55. A
	56. D	57. B	58. D	59. C	60. A					
第二部分	61. D	62. C	63. B	64. A	65. D	66. D	67. B	68. A	69. D	70. C
第三部分	71. B	72. C	73. D	74. D	75. B	76. D	77. C	78. C	79. B	80. C
	81. A	82. B	83. C	84. C	85. B	86. B	87. C	88. A	89. C	90. D

三、 书写

第一部分	91.	你能喝下这瓶酒吗?
	92.	爷爷想去外边走走。
	93.	你一定能学好汉语。
	94.	他们俩的能力和水平都差不多。
	95.	请替我向你的家人问好。
	96.	王经理轻轻地叹了一口气。
	97.	我现在比半年前胖5公斤。
	98.	我一定要把这件事干好。
第二部分 参考答案	99.	每个人都需要朋友，真正的朋友总能在最需要的时候帮助我们。那么应该怎么选择朋友呢？对于这个问题，我的看法是，选朋友一定要选和自己有共同爱好的人，这样在一起的时候才能开心。
	100.	现在禁止吸烟的地方越来越多，对不吸烟的人来说，这可是件好事。大家都知道吸烟有害健康，可还是有很多人喜欢吸烟，真不知道是为什么。那些吸烟的人，如果找不到可以吸烟的地方，就戒烟吧。

1. 듣기(听力)

제1부분

제1부분은 총 20문항이다. 모든 문제는 한 번씩 들려준다. 모든 문제는 두 사람의 대화로 이루어져 있으며, 두 문장으로 구성되어 있다. 세 번째 사람이 이 대화와 관련된 질문을 한다. 응시자는 시험지에 주어진 4개의 선택 항목 중에서 정답을 고른다.

1

男：今天天气不错。
女：可不是嘛。

问：女人的意思是：

남 : 오늘 날씨 정말 좋다.
여 : 정말 그렇네.

문 : 여자가 한 말은 무슨 뜻인가요?

A 오늘 날씨는 좋다
B 오늘 날씨는 안 좋다
C 날씨가 어떤지 모른다
D 남자의 말을 분명히 듣지 못했다

정답 **A**

해설 이 문제는 응시생의 상용 회화체 이해력을 체크하는 문제이다. "可不是"는 '부정'의 뜻이 아니라, '동의', '긍정'을 뜻하는 것으로, "可不", "是" 혹은 "对"라고도 할 수 있다.

단어 可不是嘛 kěbúshìma 그렇고말고(동의)

2

女：经理，我想辞职，请您批准。
男：你在这儿工作得挺好的，辞职的事以后再说吧。

问：经理的意思是：

여 : 사장님, 사직하겠습니다. 사표 수리해주세요.
남 : 자네 지금 여기서 일 정말 잘 하고 있잖나. 사직 이야기는 다음에 하도록 하세.

문 : 남자가 한 말은 무슨 뜻인가요?

A 여자의 사직을 수락하다
B 잠시 후에 다시 여자와 이 문제를 이야기하다
C 여자가 계속 회사에 남기를 바란다
D 여자가 새로운 일은 찾은 후 다시 이야기하다

정답 **C**

해설 이 문제는 응시생의 의미 파악 능력을 체크하는 문제이다. "以后再说吧"는 돌려서 거절하는 뜻으로 사장은 여자의 사표수리를 거절하며, 남아서 계속 일하라는 의미라고 여길 수 있으므로 답은 보기 C이다.

단어 辞职 cízhí 사직하다
批准 pīzhǔn 허가하다, 비준하다

3

男：今天晚上有时间吗？我想请你吃个饭。
女：我这几天都排得满满的。

问：女人的意思是：

남 : 오늘 저녁에 시간 괜찮으면 내가 저녁 살게.
여 : 나 요 며칠 동안 스케줄이 꽉 차있는데.

문 : 여자가 한 말은 무슨 뜻인가요?

A 너와 같이 갈 수 있다
B 나는 저녁에 갈 수 없다
C 내가 생각 좀 해볼게
D 나는 이미 밥을 먹었다

정답 **B**

해설 이 문제는 응시생의 의미 파악 능력을 체크하는 문제이다. "我这几天都排得满满的"는 '스케줄이 꽉 다 찼다'는 의미

로 시간이 없어서 못 간다는 완곡한 거절의 뜻으로 여길 수 있다.

단어 排 pái (시간, 스케줄) 배정하다

4

女：我给你介绍的那个姑娘怎么样？
男：人是长得不错，就是态度有点儿冷。

问：那个姑娘怎么样？

여 : 내가 소개해 준 그 아가씨는 어땠어?
남 : 외모는 괜찮은데, 태도가 조금 쌀쌀맞더라.

문 : 그 아가씨는 어떤가요?

A 못생겼다
B 두 사람은 본 적이 없다
C 남자에게 차갑게 대하다
D 남자에게 불만이다

정답 **C**

해설 이 문제는 응시생의 의미 파악 능력을 체크하는 문제이다. "冷"은 이 곳에서 "冷淡" 즉, '차갑게 대하다'라는 뜻이므로, 보기 C "对男人不热情"와 같은 의미이다.

단어 冷 lěng (태도가) 쌀쌀맞다, 차갑다

5

男：昨天的电影怎么样？
女：真没劲！多亏你没去。

问：女人认为电影怎么样？

남 : 어제 영화 어땠어?
여 : 정말 재미없었어. 넌 안 보길 정말 잘한 거야.

문 : 여자는 영화가 어떠하다고 여기나요?

A 아주 평범하다
B 그다지 좋지 않다
C 아주 좋다
D 그럭저럭 괜찮다

정답 **B**

이 문제는 응시생의 의미 파악 능력을 체크하는 문제이다. "没劲"은 '재미없다'는 표현이다. "没劲儿"은 '힘이 없다'는 표현이므로 주의하자. "多亏"는 "幸亏"의 뜻으로 어떠한 나쁜 결과를 피할 수 있었을 때 사용 가능한 단어이다. 일반적으로 주어 앞에 사용하는데, 예를 들면 "幸亏/多亏发现及时，不然一定损失更大。"(다행히 즉시 발견했기 망정이지, 아니라면 손해가 더 클 뻔 하였다)라고 사용할 수 있다. 보기 C, D는 긍정적 평가로 우선 제거한다. 보기 A와 B를 비교했을 때, 부정적 의미가 강한 것은 B이다. 그러므로 답은 보기 B가 좋다.

단어 没劲 méijìn 재미없다
多亏 duōkuī 다행히도

6

女：作为朋友，这种小事情我想他不会一口拒绝的，总该帮帮忙才是。
男：不见得吧。

问：男人的意思是：

여 : 네 친구니까 이런 작은 부탁을 단칼에 거절하지는 않을 것 같아. 어쨌든 도와줄 거야.
남 : 꼭 그렇진 않을걸.

문 : 남자가 한 말은 무슨 뜻인가요?

A 당신의 말이 맞다
B 그가 승낙하지 않을 수도 있다
C 그는 이미 돌아갔다
D 내가 도와 줄게

정답 **B**

해설 이 문제는 응시생의 관용어 이해력을 체크하는 문제이다. 지문의 "不见得"는 보기 B "不一定"과 같은 뜻으로, '꼭 그렇지만은 않은 것이다'라는 의미이다. 예를 들면 "戴眼镜的人不见得有学问。"(안경 쓴 사람이 꼭 학식이 풍부한 사람은 아니다)처럼 사용될 수 있다. 그러므로 보기 B가 답이다.

단어 一口拒绝 yìkǒujùjué 한마디로 거절하다
不见得 bújiàndé 꼭 그런 것은 아니다

7

男：这个东西挺有意思，叫什么来着？
女：你真老外！这就是现在流行的电子宠物。

问：女人说的"老外"是什么意思？

남 : 이것 정말 재미있다. 이름이 뭐야?
여 : 너 정말 문외한이구나. 이게 요즘 유행하는 '전자 애완동물'이라는 거야.

문 : 여자가 한 말 "문외한"은 무슨 뜻인가요?

A 문외한
B 외지인
C 외국인
D 나이 든 사람

정답 A

해설 이 문제는 응시생의 의미 파악 능력을 체크하는 문제이다. "老外"는 "外行"과 같은 의미로 '문외한'이란 뜻이다. 또 다른 의미로는 '외국인'이란 뜻이 있는데, 이때는 중국 물정을 잘 모른다는 폄하하는 의미도 내포되어 있다. 지문 내용에 비추어 보면 여기서는 잘 모르는 '문외한'이란 뜻으로 사용되었으므로 답은 보기 A이다.

단어 老外 lǎowài 문외한이다
流行 liúxíng 유행하다
宠物 chǒngwù 애완동물

8

女：我要把卡里的钱都取出来。
男：请输入密码。

问：这段对话可能发生在哪里？

여 : 카드에 있는 돈 모두 인출해 주세요.
남 : 비밀번호를 입력해 주십시오.

문 : 이 대화가 발생할 수 있는 장소는 어디인가요?

A 음식점
B 상점
C 은행
D 호텔

정답 C

해설 이 문제는 응시생의 핵심단어에 의한 장소 유추 능력을 체크하는 문제이다. 지문의 "卡"(카드), "钱"(돈), "取"(인출하다), "密码"(비밀번호) 등의 단어를 보아 은행임을 알 수 있다.

단어 输入 shūrù 입력하다
密码 mìmǎ 비밀번호

9

男：听说献血的名单里没有我。
女：谁说的？ 谁也没说不让你去献呀？

问：女人的意思是:

남 : 헌혈자 명단에 제가 빠져 있다는데요?
여 : 누가 그래요? 아무도 당신을 헌혈자 명단에서 빼라고 하지 않았는데요?

문 : 여자가 한 말은 무슨 뜻인가요?

A 네가 가는 것을 고위층에서 동의하지 않는다
B 너보고 가지 말라고 한 사람은 없다
C 모두들 너보고 가지 말라고 한다
D 누군가 너보고 가지 말라고 한다

정답 B

해설 이 문제는 응시생의 이중 부정 이해력을 체크하는 문제이다. "谁也没说不让你去呀"에서 "没"와 "不"는 부정의 의미로 두 개가 같이 사용되어 긍정을 의미하고 있다. 의문대명사 "谁"는 지문에서 의문사로 사용된 것이 아니라, 파생의 뜻인 '누구도', '아무도', '모든 사람'을 뜻한다. 그러므로 이 지문의 뜻은 "没有人说不让你去"로 답은 보기 B이다.

단어 献血 xiànxiě 헌혈하다
名单 míngdān 명단

10

女：说好3点半的，现在都3:40了，老王怎么还没来？
男：他爱人说他3点整就出来了，咱们就再等5分钟看看吧。

问：老王应该几点到？

여 : 분명히 3시 반에 만나기로 했는데 3시 40분이 되도록 라오왕은 왜 안 오는 거야?
남 : 라오왕이 3시에 출발했다고 부인이 말했으니까 우리 5분만 더 기다려보자.

문 : 라오왕은 몇 시에 왔어야 했나요?

A 3시
B 3시 30분
C 3시 40분
D 3시 45분

정답 B

해설 이 문제는 응시생의 세부 사항 파악력을 체크하는 문제이다. 지문에는 많은 시간이 언급되는데, '3시는 라오왕이 집에서 출발한 시간', '3시 30분은 도착을 약속한 시간', '3시 40분은 현재시간', '5분간은 더 기다리기로 한 시간'이다. 이렇게 많은 시간들이 나열될 때는, 보기 옆에 세부 사항들을 잘 기록해 놓아야 질문에 올바른 답을 고를 수 있다.

11

男：我们能不能坐下来好好谈谈？
女：咱们都已经离了，还有什么好谈的。

问：女人的意思是：

남 : 우리 앉아서 차근차근 이야기 좀 하면 어때?
여 : 이미 이혼한 사이에 더 이야기할 게 뭐가 있나요?

문 : 여자가 한 말은 무슨 뜻인가요?

A 나는 일이 있어서 떠난다
B 이야기 할 필요가 없다
C 서서 이야기 하면 된다
D 바빠서 시간이 없다

정답 B

해설 이 문제는 응시생의 의미 파악 능력을 체크하는 문제이다. "有什么好谈的"는 반어의 뜻으로 "有"는 "没有"를 의미하며, '대화 나눌 것이 없다'는 뜻이다. 의문대명사 "什么"가 이곳에서는 의문의 뜻이 아니라, 파생의 뜻으로, '~할 것 없다'이다. "동사+什么"는 "不要 +동사"의 의미이기도 하다. "看什么, 快走开"(뭐 볼 게 있다고, 어서 가) 는 "不要看, 快走开"의 의미이다.

단어 离 lí 이혼하다

12

女：欢迎您下次再来。
男：就你们这儿的卫生条件，我下次还敢来呀。

问：男人的意思是：

여 : 다음에 또 찾아 주세요.
남 : 위생 상태가 이런 걸 보고도 제가 다음에 어떻게 오겠습니까?

문 : 남자가 한 말은 무슨 뜻인가요?

A 다음 번에 반드시 또 오겠다
B 다음 번에는 절대 다시 안 온다
C 이곳은 아주 깨끗하다
D 이곳의 환경은 좋다

정답 B

해설 이 문제는 응시생의 의미 파악 능력을 체크하는 문제이다. "我下次还敢来呀"는 "下次再来(다음에 또 오겠습니다)"의 뜻이 아니라, 부정을 뜻하는 것으로 "下次不敢来"이다. "还敢"은 반어적인 용법으로 사용되어, 이곳에서는 "不敢"을 의미한다. '위생 상태가 더러워서 감히 또 올 생각을 못한다'는 의미를 우회적으로 표현한 것이다. 보기 C는 틀린 것이 된다. 그러므로 답은 B이다.

단어 就 jiù 겨우, 단지, 고작
敢 gǎn 감히 ~하다

13

男：怎么，生气了，是不是嫌我来晚了。
女：哪儿啊，知道你要来，我别提多高兴了。

问：女人的心情怎么样？

남 : 왜, 화났어? 혹시 내가 늦게 와서 싫은 거야?
여 : 그럴 리가. 네가 온다는 걸 알고서 내가 얼마나 기뻤는데.

문 : 여자의 기분은 어떤가요?

A 화나다
B 상심하다
C 기쁘다
D 실망하다

정답 C

해설 이 문제는 응시생의 상용구 이해력을 체크하는 문제이다. "别提多+형용사+了"는 "非常+형용사"하다는 의미이다. 그러므로 지문의 뜻은 보기 C와 똑같은 뜻이다.

단어 嫌 xián 싫어하다

14

女：儿子竟说让我滚出去。
男：他怎么能说出这样的话来，真是太不像话了！

问：男人的意思是：

여 : 세상에 내 아들이 나보고 '꺼져'라는 말을 했어.
남 : 아니 어린애가 어떻게 그런 말을 할 수가 있지? 정말 말도 안 되게 너무하네.

문 : 남자가 한 말은 무슨 뜻인가요?

A 아들이 한 말은 재미있다
B 아들의 말은 농담이다
C 아들이 뜻밖에도 감히 그런 말을 했다
D 아들의 말을 믿지 마라

정답 C

해설 이 문제는 응시생의 의미 파악 능력을 체크하는 문제이다. "他怎么能说出这样的话来"에서 "怎么能"은 반어적인 표현으로 '어떻게 그럴 수 있나?', '그러면 안 된다'는 의미를 가진다. "不像话"는 도리나 이치에 어긋나는 행동이나 말을 비판하는 말로써 남자는 여자의 아들에게 상당한 불만이 있음을 알 수 있다. 그러므로 보기 A, B, D 는 모두 지문과 거리가 있다. 보기 C의 "竟敢"은 뜻밖에도 감히 그런 행동을 했다는 것에 대한 놀라움과 불만이 나타나 있는 표현으로, "不像话"와도 같이 호응을 잘 이루는 표현이다.

단어 竟 jìng 뜻밖에, 의외로
滚 gǔn 꺼져, 구르다
不像话 búxiànghuà 말도 안 된다

15

男：老李呀，有日子没见了，听说你们两口子到云南旅游去了？
女：咳，别提了，还去旅游呢。这不，刚出院没几天。

问：女的最近去哪儿了？

남 : 라오리, 오랜만이에요. 부인과 함께 윈난 여행은 잘 다녀오셨어요?
여 : 에휴, 말도 마세요. 여행은 무슨… 이제 막 퇴원한 지 며칠 안 됐어요.

문 : 여자가 최근에 간 곳은 어디인가요?

A 집에 있다
B 병원에 가다
C 윈난에 가다
D 여행을 가다

정답 B

해설 이 문제는 응시생의 세부 사항 파악력을 체크하는 문제이다. '여행 갔다 왔냐'는 인사말에 '병원에서 퇴원했다'는 말로 대답함으로써 병원에 입원했었음을 알 수 있다. 그러므로 답은 B가 알맞다. 여자가 말한 "还去旅游呢"는 반어적인 표현으로 "哪能去旅游呀"와 같은 의미로, '여행을 가지 못했음'을 뜻한다.

단어 两口子 liǎngkǒuzi 부부
还~呢 hái ~ ne 무슨 ~(반어)

16

女：最近烦死了，一天比一天胖，喝减肥茶也没用，真没办法。
男：减肥茶、减肥药什么的都没用，关键还是要多活动。

问：男的认为减肥最好的办法是什么？

여 : 요즘 갈수록 살이 쪄서 짜증나 죽겠어. 다이어트 차를 마셔도 소용 없고, 정말 방법이 없어.
남 : 다이어트 차나 다이어트 약 같은 것들은 다 소용없는 거야. 제일 중요한 건 역시 많이 움직이는 거지.

문 : 남자는 다이어트에 제일 좋은 방법은 무엇이라고 여기나요?

A 다이어트 차를 마시다
B 자주 운동을 한다
C 다이어트 약을 먹는다
D 고기를 먹지 마라

정답 B

해설 이 문제는 응시생의 세부 사항 파악력을 체크하는 문제이다. 남자가 한 말 "关键还是要多活动" 속의 "关键"은 '포인트는~', '중요한 것은 ~'의 뜻이므로 이 곳에서 많이 움직이는 운동을 제일 중요하게 여긴다는 것을 알 수 있다. 보기 A, C는 '소용이 없는 것'이라고 언급되었고, 보기 D는 언급되지 않았다. 지문의 '많이 움직인다'는 의미와 같은 맥락은 보기 B 밖에 없다.

단어 烦死了 fánsǐle 짜증나서 죽겠다
减肥 jiǎnféi 다이어트하다
关键 guānjiàn 관건, 중요한 것

17

男：新新妈，听说你们家新新刚生完小狗，能不能送我一只？
女：没说的！等小狗一断奶我就给你送过去。

问：新新是：

남 : 신신이 엄마, 댁에 신신이가 새끼 낳았다면서요? 나 한 마리 줄 수 있어요?
여 : 물론이지요. 새끼 강아지가 젖 떼면 곧바로 보내 줄게요.

문 : 신신이는?

A 여자의 개
B 여자의 딸
C 여자의 친구
D 여자의 엄마

정답 **A**

해설 이 문제는 응시생의 세부 사항 파악력을 체크하는 문제이다. '신신이가 강아지를 낳았다'는 부분과 양사 "只"에서 신신이가 여자의 애완견을 알 수 있다. '누구누구 엄마'라고 부르는 호칭은 사람 이름에 사용하지만 동물, 애완동물 이름에도 사용을 하는데, 이는 새로운 시대상을 반영하는 표현이라고 할 수 있겠다. 이 부분을 생각하지 못하면 이 문제는 너무나도 생뚱맞게 들린다.

단어 送 sòng 선물하다, 주다
没说的 méishuōde 당연하다, 물론이다
断奶 duànnǎi 젖을 떼다

18

女：小刘，怎么总是愁眉苦脸的？
男：怎么高兴得起来呢？就这一间房子，家具没地方放，三个人一张桌子，孩子从幼儿园回来，你就别想看书。

问：男人为什么事情烦恼？

여：샤오류, 왜 항상 그렇게 울상이야?
남：어떻게 좋을 수가 있어? 이 방 한 칸에 살면서 가구 놓을 곳도 없이 세 명이 테이블 하나를 쓰질 않나, 애가 유치원에서 돌아오면 책 볼 생각은 하지도 못해.

문：남자는 왜 고민스러워하나요?

A 공부 스트레스가 크다
B 가족이 많다
C 집이 좁다
D 아이가 말을 안 듣는다

정답 **C**

이 문제는 응시생의 유추 능력을 체크하는 문제이다. 남자가 말한 "就这一间房子，家具没地方放，三个人一张桌子"에서 남자가 집이 좁아서 고민하고 있음을 알 수 있다. 그러므로 답은 보기 C이다. "孩子从幼儿园回来，你就别想看书"는 보기 D '아이가 말 안 듣고 시끄럽게 해서 공부를 못한다'기보다는 '집이 좁다'는 것을 부연설명하는 것이라 볼 수 있다.

19

男：你原来不是挺喜欢听流行音乐的吗？
女：可是现在的流行歌曲我不喜欢，不是因为自己老了跟不上潮流了，也不是现在的欣赏习惯改变了，而是现在流行音乐的歌词实在不好听。

问：女人为什么不喜欢现在的流行音乐？

남：너 원래 인기 가요 좋아하지 않았어?
여：그런데 요즘은 별로야. 내가 나이가 들어서 유행을 못 따라가서도 아니고, 지금의 음악 감상 취향이 바뀌어서 그런 것도 아니야. 단지 요즘 인기 가요 가사는, 정말 못 들어주겠더라.

문：여자는 왜 인기 가요를 좋아하지 않나요?

A 유행에 뒤쳐지다
B 감상 취향이 바뀌다
C 나이가 점점 많아지다
D 가사가 별로이다

정답 **D**

이 문제는 응시생의 세부 사항 파악력을 체크하는 문제이다. 여자가 한 말 "不是因为自己老了跟不上潮流了，也不是现在的欣赏习惯改变了，而是现在流行音乐的歌词实在不好听"은 "不是 보기 A, C, 也不是 보기 B, 而是 보기 D"로 축약된다. 그러므로 답은 보기 D이다. 이런 나열식의 문제는 보기 옆에 기록을 잘 해두어야 질문에 올바른 답을 할 수 있다.

단어 跟不上 gēnbushàng 뒤떨어지다
潮流 cháoliú 유행
欣赏 xīnshǎng 감상하다
实在 shízài 정말로

20

女：中国人把"吃"当成天底下头等重要的事。"吃了吗"这句话，已经成为人们见面打招呼的常用语。
男：怪不得中国人常说"民以食为天"。

问："民以食为天"是什么意思？

여：중국인들은 먹는 것을 세상에서 제일 중요한 일로 여겨서 '식사하셨어요?'라는 말이 이미 사람들끼리 인사할 때 자주 하는 말이 됐어요.
남：어쩐지 중국인들이 항상 '먹는 것을 제일 중시한다'라고 말하더군요.

문 : '먹는 것을 제일 중시한다'는 무슨 뜻인가요?

A 사람들은 매일 식사를 해야 한다
B "식사하셨습니까?"는 상용구이다
C 중국의 맛있는 음식은 많다
D "먹는 것"은 아주 중요한 일이다

정답 D

해설 이 문제는 응시생의 유추 능력을 체크하는 문제이다. 여자가 한 말 "中国人把 '吃'当成天底下头等重要的事"와 남자가 이 말에 "怪不得…"로 대답한 곳에서 "民以食为天"이 '먹는 것을 중요시한다'는 뜻이라는 것을 유추할 수 있다. "怪不得"는 '원인을 알고 나서, 이상할 것이 없다'는 뜻으로, 앞뒤에 그에 해당하는 원인을 설명하는 곳이 있다. 예를 들면 "怪不得她的英语说得那么标准，原来她在伦敦上的大学。"(어쩐지 그녀가 영어를 아주 잘한다 했더니, 알고 보니 런던에서 대학을 다녔었군요.)라고 사용할 수 있다. 지문의 뜻을 요약하면 남자의 말은 '어쩐지 중국인들이 "民以食为天"이라고 종종 말하던데, 먹는 것을 세상에서 제일 중요한 일로 여겨서이군요.' 이런 뜻이 되겠다. 그러므로 보기 D가 답이다.

단어 天底下 tiāndǐxià 하늘 아래
头等 tóuděng 1등, 최우선
打招呼 dǎzhāohu 인사하다
常用语 chángyòngyǔ 관용어, 상용구
怪不得 guàibude 어쩐지

제2부분

제2부분은 총 25문항이다. 모든 문제는 한 번씩 들려준다. 모든 문제는 4-5 문장으로 구성된 대화 또는 단문이며, 이 내용을 들려준 후 내용과 관련된 하나 또는 여러 개의 질문을 한다. 응시자는 시험지에 주어진 4개의 선택 항목 중에서 정답을 고른다.

21

女：你点的这个菜太辣了。
男：是吗？我倒觉得正好。
女：吃太辣的东西不好，你以后也要少吃。
男：我已经习惯了，要是不辣总觉得没有味道。

问：谈话人是在什么地方？

여 : 네가 주문한 이 요리 너무 매워.
남 : 그래? 내 입맛엔 딱인데.
여 : 너무 매운 음식은 건강에 안 좋아. 앞으로 조금만 먹어.
남 : 난 이미 습관이 돼서 음식이 맵지 않으면 맛이 없더라고.

문 : 화자는 있는 곳은 어디인가요?

A 음식점
B 우체국
C 교실
D 영화관

정답 A

해설 여자가 처음에 말한 "你点的这个菜太辣了"에서 음식점임을 알 수 있다. "点菜"는 '음식을 주문하다'는 뜻으로 음식점에서 할 수 있는 행동이다.

단어 点 diǎn 주문하다
辣 là 맵다
习惯 xíguàn 습관되다, 습관
味道 wèidào 맛

22

男：现在到处都写着"禁止抽烟"，在家里要是也不让抽，那我还能在哪儿抽呢？
女：要我说，在哪儿都不应该抽烟，家里也不是吸烟室。
男：照你说的，在家真的不能抽了？
女：对，我就一句话，戒烟！

问：女的觉得在哪儿可以吸烟？

남 : 요즘 곳곳마다 금연이라고 적혀 있는 데에다 집에서 못 피우게 하니, 어디서 담배를 피울 수 있으려나?
여 : 어느 곳에서도 담배는 피우면 안돼, 집 역시 흡연실은 아니잖아.
남 : 네 말대로라면 집에서도 정말 못 피우는 거야?
여 : 그럼, 딱 한 마디로 '금연'이지!

문 : 여자는 흡연 가능한 곳이 어디라고 생각하나요?

A 집에서 피울 수 있다
B 밖에서 피울 수 있다
C 사무실에서 피울 수 있다
D 어디에서도 피우면 안 된다

정답 **D**

해설 여자가 한 말 "在哪儿都不应该抽烟"과 "戒烟"이라고 한 부분에서 '어디에서도 안 된다'는 보기 D가 답임을 알 수 있다.

단어 到处 dàochù 곳곳에, 도처에
禁止抽烟 jìnzhǐchōuyān 흡연 금지
照 zhào 그대로
戒烟 jièyān 금연

23

女：听说你经历特别丰富。
男：可不是，什么都干过。高中毕业以前当过3年兵，后来上了大学。
女：大学毕业以后就一直在公司工作吗？
男：不是，我先去美国学了两年英语，回来后当了几年翻译，后来才来到这家公司。

问：男人大学毕业以后做什么？

여 : 경력이 굉장하시다고 들었어요?
남 : 그럼요. 안 해본 일이 없어요. 고등학교 졸업하기 전에 3년간 군복무를 했고, 그 후에 대학에 입학했습니다.
여 : 대학 졸업 후에 줄곧 회사에서 일하셨나요?
남 : 아니요. 우선 미국에서 2년 동안 영어를 배우고 나서 돌아온 후에 몇 년간 번역 일을 했어요. 그 후에야 이 회사에 취직했죠.

문 : 남자가 대학 졸업 후 바로 한 것은 무엇인가요?

A 군 복무하다
B 입사 하다
C 번역을 하다
D 영어를 배우다

정답 **D**

해설 문제는 대학 졸업 후 처음 한 것을 묻고 있다. '대학 졸업 후 영어를 배우러 갔다'고 말하였으므로 보기 D가 답임을 알 수 있다. 보기 네 개에 나열된 것은 녹음 지문에 다 언급된 것이다. 그러나 전후 순서가 있다. 이런 문제는 들을 때 보기 옆에 잘 기록을 하면서 들어야 혼동하지 않고 정답을 찾아낼 수 있다.

단어 经历 jīnglì 겪다
可不是 kěbushì 그렇고 말고요
当兵 dāngbīng 군복무를 하다, 군인이 되다

24

男：我已经看好了一处房子，明天我带你去看看。
女：那房子在哪儿？多大面积？
男：面积很大，有三个房间，价钱也很合适。
女：别的都没关系，一定得离我家近一点儿，我爸妈年龄都大了，住得近照顾起来方便。

问：女的最关心房子的哪一方面？

남 : 내가 미리 집을 한 군데 봐뒀는데 내일 같이 가서 보자.
여 : 어딘데? 크기는?
남 : 평수는 꽤 넓어. 방은 세 칸이고 가격도 꽤 적당한 편이야.
여 : 다른 건 다 상관 없는데 꼭 우리 집이랑 가까워야 돼. 부모님께서 연세가 있으셔서 내가 가까이 살아야 모시기 편하잖아.

문 : 여자는 집의 어떤 면이 가장 신경 쓰나요?

A 가격이 얼마인지
B 어느 곳에 있는지
C 크기가 어떻게 되는지
D 몇 개의 방이 있는지

정답 **B**

해설 여자가 한 말 "别的都没关系，一定得离我家近一点儿"에서 답이 보기 B임을 알 수 있다.

단어 面积 miànjī 면적
合适 héshì 적합하다
照顾 zhàogù 돌보다

25

女：下午没有课，你有什么计划？
男：我刚到北京，下午想去买点儿东西。
女：要是你想逛街，就去西单或王府井，那里服装、日用品很多，买东西很方便。
男：我只想买台电脑，我从美国带来的电脑坏了。

问：男的想买什么？

여 : 오후에 수업 없는데, 뭐 할 일 있어?
남 : 내가 이제 막 베이징에 온 터라 오후에는 물건을 좀 사러 가고 싶은데.
여 : 쇼핑하려면 시단이나 왕푸징에 한 번 가봐. 옷이며 생활용품이며 굉장히 많아. 물건 사기도 편하고.
남 : 난 컴퓨터만 사면 되는데. 미국에서 가져온 컴퓨터가 고장 났거든.

문 : 남자가 사려는 것은 무엇인가요?

A 책
B 옷
C 컴퓨터
D 생활용품

정답 C

해설 남자가 한 말 "我只想买台电脑"에서 답이 C임을 알 수 있다. 여자가 '왕푸징에 이것 저것 있다'고 나열식으로 언급하였고, 이에 남자는 '컴퓨터가 고장 나서 컴퓨터만 사면 된다'고 하였다.

단어 逛街 guàngjiē 쇼핑하다, 쇼핑

26

男：你怎么这么匆匆忙忙的，要去哪儿啊？
女：听说小王要出国了，我去看看他。
男：没有的事，他的话只有你信。
女：他不可能跟大家开这样的玩笑吧。

问：男人的意思是：

남 : 이렇게 급히 어디 가는 거야?
여 : 샤오왕이 곧 출국한다고 해서 좀 보러 가려고.
남 : 그럴 리가 없어. 그 애가 하는 말을 너만 믿을걸.
여 : 샤오왕이 설마 사람들한테 이렇게까지 장난치진 않겠지.

문 : 남자가 한 말은 무슨 뜻인가요?

A 샤오왕은 편지 쓰는 것을 좋아한다
B 샤오왕은 진작에 출국했어야 했다
C 샤오왕은 나에게 알려 주었다
D 샤오왕의 말을 믿지 말아라

정답 D

해설 남자가 한 말 "他的话只有你信"은 '너만 샤오왕의 말을 믿는다'라는 뜻은 '다른 사람은 안 믿는다'는 뜻을 내포하고 있으므로, 답은 보기 D가 가장 적합하다. 보기 A에 언급된 "信"은 '편지'의 뜻이고, 녹음 지문에 언급된 "信"은 '믿다'의 뜻이다.

단어 匆匆忙忙 cōngcōngmángmáng 급히
开玩笑 kāiwánxiào 농담하다

27

女：听说你做菜做得挺好。
男：谈不上好，不过我对做菜比较感兴趣。
女：那咱们的兴趣差不多。
男：是吗？你也喜欢做菜？
女：一点儿也不会，我只是对吃比较感兴趣。

问：女的对什么感兴趣？

여 : 요리 실력이 굉장하다면서.
남 : 그렇게 좋은 편은 아니야. 그냥 요리하는 걸 조금 좋아하는 것뿐이야.
여 : 그렇다면 우리 취미가 서로 비슷하네.
남 : 그래? 너도 요리 하는 걸 좋아해?
여 : 난 하나도 못해. 나는 단지 먹는 데 관심이 좀 있지.

문 : 여자가 관심 있어 하는 것은 무엇인가요?

A 장 보기
B 음식 만들기
C 음식 먹기
D 채소 팔기

정답 C

해설 남자는 요리하는 것에 관심이 있고, 여자는 지문의 마지막에

"我只是对吃比较感兴趣"라며 '먹는데 흥미가 있다'고 언급하였다. 그러므로 답은 보기 C이다.

단어 谈不上 tánbushàng ~인 정도는 아니다
对~感兴趣 duì ~ gǎnxìngqù ~에 관심이 있다

28

男：是不是女孩都喜欢逛商店？
女：不少女孩都爱逛商店，不过我不太喜欢。
男：那你没事的时候一般做什么呢？
女：也没有什么特别的，只是看看电视、上上网、打打游戏什么的。

问：下面哪一项不是女人的爱好？

남：여자들은 모두 쇼핑을 좋아하는 걸까?
여：많은 여자들이 다 쇼핑을 좋아하긴 하지. 그런데 나는 별로 안 좋아해.
남：그러면 너는 한가할 때 보통 뭐해?
여：뭐 특별히 하는 일은 없어. TV 볼 때도 있고, 인터넷 하거나 게임 할 때도 있고.

문：다음 중 여자의 취미가 아닌 것은 무엇인가요?

A 인터넷
B 오락
C TV보기
D 쇼핑

단어 D

해설 여자는 "不少女孩都爱逛商店，不过我不太喜欢"이라며, '일반적 여자들이 쇼핑을 좋아하지만, 본인은 좋아하지 않는다'고 언급했다. 보기 네 개는 지문에 다 언급된 내용인데, 좋아하는 것과 아닌 것을 구분하여 잘 들어야 한다. 답은 D이다.

단어 什么的 shénmede 등등(나열)

29

女：什么时候去北京旅行最好？
男：那当然是秋天，那时气温不高也不低，是最好的旅游时间。
女：可我听说春天也不错。
男：你听谁说的，春天风沙大、夏天太热、冬天太冷，都不好。

问：男人认为哪个季节去北京旅游最好？

여：베이징에 언제 여행을 가야 가장 좋을까요?
남：당연히 가을이지요. 가을은 날씨가 덥지도 춥지도 않아서 여행하기에 안성맞춤입니다.
여：제가 듣기로는 봄도 괜찮다던데요.
남：누가 그래요. 봄에는 황사가 심하고 여름은 너무 덥고, 겨울은 또 너무 추워서 다 별로예요.

문：남자가 베이징 여행에 제일 좋은 계절이라 여기는 것은 어느 계절인가요?

A 봄
B 여름
C 가을
D 겨울

정답 C

해설 이 문제 역시 지문의 '봄, 여름, 가을, 겨울' 사계절이 지문에 다 언급되었다. 각 계절의 특징을 설명하고 있으므로 특징을 잘 듣고, 보기 옆에 기록하는 습관을 기르도록 한다. '가을이 날씨도 좋고, 여행하기에 적합하다'고 하였으므로 질문의 답은 보기 C이다.

단어 风沙 fēngshā 황사

30

男：这学期眼看就要结束了，想不到你突然要回国。
女：是啊，我也舍不得大家，本来打算考完试以后再和大家毕业旅行的，可现在不行了。
男：你没跟家里说课程马上就要结束了吗？
女：说了，可爸爸说家里有十分紧急的事情，要我马上回去。

问：女人为什么要回国？

남：이제 조금만 있으면 이번 학기가 끝나는데, 네가 갑자기 귀국한다고 할 줄은 몰랐어.
여：그러게. 나도 너무 아쉬워. 원래는 시험 끝나고 너희들이랑 졸업 여행 가려고 했는데, 이젠 그것도 안되겠네.
남：집에 곧 있으면 학기 끝난다고 말씀 안 드렸어?
여：말씀 드렸지. 그런데 아버지께서 집에 급한 일이 생겼다고 빨리 귀국하라고 하셔.

문：여자가 귀국하는 것은 무엇 때문인가요?

A 집안에 사정이 생겼다
B 커리큘럼을 다 배웠다
C 학기가 끝났다
D 외부로 여행을 가려 한다

정답 A

해설 남자가 한 말 "说了, 可爸爸说家里有十分紧急的事情, 要我马上回去"에서 집안의 급한 사정으로 서둘러 귀국하는 것을 알 수 있다. 보기 A를 제외한 나머지 보기들은 남자가 서둘러 귀국하지 않는다면 해야 하거나, 혹은 하고자 하는 일들이다.

단어 结束 jiéshù 끝나다
舍不得 shěbude 아쉽다
紧急 jǐnjí 긴급하다

31-32 第31到32题是根据下面一段对话:

女：你一点儿也不了解我们女人心，难道你就不能说一些我爱听的话吗？
男：当然可以！老婆。不过你得提醒我一下。
女：你不帮我洗衣、做饭、做家务，但你至少得改一下称呼吧，不要总是叫我老婆老婆的，要叫三个字，亲热一些。
男：我知道了，"老婆"两个字，那三个字就叫"老太婆"吧。
女：什么？你…
男：别生气，别生气，我是跟你开玩笑的。

여：당신은 정말 여자 마음을 손톱만큼도 몰라주네요. 내가 듣고 싶어하는 말 좀 해주면 안 되나요?
남：물론 할 수 있지! 여보. 그런데 무슨 말이 듣고 싶은 건지 힌트라도 좀 주시구려.
여：빨래나 요리, 집안일은 안 도와주셔도 돼요. 대신 최소한 그 호칭만은 좀 바꿔주세요. 맨날 여보 여보 라고만 불러대지 말고 세 글자로 다정하게 저를 좀 불러 달란 말이에요.
남：이제 알겠소. '여보'가 두 글자니까 세 글자로 부르면 '할망구'겠네.
여：뭐라고요? 당신 정말…
남：화내지 말고 진정해요. 그냥 농담한 거에요.

단어 难道~吗? nándào ~ ma? 설마하니 ~겠는가? ~하면 안 되나?
提醒 tíxǐng 일깨워주다, 힌트 주다
至少 zhìshǎo 최소한
称呼 chēnghū 호칭, 부르다
亲热 qīnrè 다정하다

31 丈夫用哪三个字称呼妻子？

남편이 부인을 부른 세 글자는 무엇인가요?

A 자기야
B 할망구
C 좋은 부인
D 애 엄마

정답 B

해설 보기에 언급된 단어들은 다 부인을 편하게 부르는 말로 사용될 수 있으나, 지문에 언급된 것은 보기 B밖에 없다. "老婆"는 '마누라'라는 의미로 나이에 상관없이 사용할 수 있지만, "老太婆"는 나이든 여자에게 사용하는 말이다. 여자가 실로 듣고 싶어하는 세 글자는 다정한 의미를 지닌, 보기 A "亲爱的"(자기야~)임을 짐작할 수 있는데, 이에 남편이 농담을 한 것임을 알 수 있다.

32 听到丈夫对自己三个字的称呼，妻子是什么态度？

남편의 세 글자 호칭을 듣고, 부인의 태도는 어떠하였나요?

A 기쁘다
B 만족해하다
C 화나다
D 감동하다

정답 C

해설 여자가 한 말 "什么？你…"는 보통 화가 치밀어, 기가 차서 말이 안 나올 때 사용하는 표현이고, 이에 남자가 "别生气, 别生气, 我是跟你开玩笑的"라며 화내지 말라고 달래는 부분에서 부인이 화났음을 알 수 있다.

33-34 第33到34题是根据下面一段话:

男：说曹操，曹操到。小张，给你道喜呀，蜜月过得怎么样？是不是不想来上班了？

女：好啊王科长，你们说我什么坏话了？
男：哪儿啊，我们替你高兴还来不及呢，听说你老公才貌双全。
女：那当然了，我的眼光那还用说。
男：别吹了。对了，你们现在单过还是跟老人一起过？
女：我的新房还没装修完，所以先住在他家。
男：婚后与老人一起住那可是咱们的老传统。
女：我看还是分开来好，距离可以产生美嘛。

남：호랑이도 제 말하면 온다더니. 샤오장, 축하해요. 신혼여행은 어땠어요? 회사 출근하기 싫지 않았어요?
여：좋았죠, 왕 과장님. 다들 제 흉이라도 보고 계셨던 거에요?
남：흉이라니요, 아직 다 기뻐해 주지도 못했는데. 듣자하니 남편분께서 능력도 외모도 모두 출중하시다던데.
여：그럼요. 제 눈이 얼마나 높은지 다 아시면서.
남：너무 자랑만 하지 마세요. 참, 두 분 분가해서 사세요? 아니면 어른들 모시고 사세요?
여：저희 신혼집이 아직 공사가 덜 돼서요. 우선 시댁에서 살기로 했어요.
남：결혼해서 부모님을 모시고 함께 사는 건 오랜 전통이죠.
여：제 생각에는 분가해서 사는 것도 괜찮을 것 같아요. 조금 떨어져 살면 더 좋지 않겠어요?

단어 曹操 Cáocāo 조조
道喜 dàoxǐ 축하하다
蜜月 mìyuè 신혼여행
才貌双全 cáimàoshuāngquán 능력과 외모 둘 다 출중하다
还用说 háiyòngshuō 말할 필요없다(반어)
吹 chuī 허풍떨다
过 guò 지내다
装修 zhuāngxiū 인테리어하다
传统 chuántǒng 전통
距离 jùlí 거리

33

说话人是什么关系？

화자들은 어떤 관계인가요?

A 친척
B 동료
C 친구
D 이웃

정답 B

해설 "上班", "王科长"이란 단어에서 회사 동료 관계임을 유추할 수 있다.

34

男人为什么给女人道喜？

남자가 여자를 축하한 것은 무엇 때문인가요?

A 그녀가 승진했다
B 그녀가 결혼했다
C 그녀가 부자가 되었다
D 그녀가 집을 샀다

정답 B

해설 "蜜月"(신혼여행)이란 단어에서 갓 결혼해서 축하했음을 알 수 있다.

35-36 第35到36题是根据下面一段话：

一只小鸟坐在树上，整天什么事也不做。一只小兔子看见他，很羡慕，就问："我能像你一样整天坐在那里，什么也不干吗？" 小鸟答道："当然可以啦？" 于是，兔子就坐在树下，开始休息。突然，一只狐狸出现了，它跳向兔子，并把兔子给吃了。

새 한 마리가 나무 위에 앉아 하루 종일 아무 일도 하지 않고 있었다. 토끼 한 마리가 그 새를 보고 부러워하며 물었다. "나도 너처럼 하루 종일 거기 앉아서 아무 일도 하지 않고 쉴 수 있을까?" 새가 대답했다. "당연하지!" 그래서 토끼는 나무 밑에 앉아 쉬기 시작했다. 갑자기 여우 한 마리가 나타나더니 토끼에게 달려들어 토끼를 잡아먹었다.

단어 整天 zhěngtiān 온종일
羡慕 xiànmù 부러워하다
狐狸 húli 여우
跳 tiào 달려들다
并 bìng 게다가

35

这只小鸟在哪里?
이 새가 있는 곳은 어디인가요?

A 나무에
B 땅바닥에
C 집에
D 하늘을 날다

정답 A

해설 지문 도입 부분에 '나무에 있다'고 분명히 언급되었으며, 나머지 보기들은 언급되지 않았다.

36

根据录音，下列哪一项是正确的?
지문에 따르면 다음 중 맞는 내용은 무엇인가요?

A 여우가 새를 잡아 먹었다
B 토끼는 여우가 부러웠다
C 새는 토끼를 좋아했다
D 토끼는 여우에게 잡아 먹혔다

정답 D

해설 새, 토끼, 여우 세 동물이 등장하는데, 우리가 알 수 있는 사실은 '토끼가 새를 부러워하였고, 여우가 토끼를 잡아먹었다.'이다. 이외에 새가 토끼를 좋아했는지 아닌지는 지문상에서 알 수 없다.

37-38 第37到38题是根据下面一段话:

我跟丈夫排了半天队才买到回老家的硬座车票，等上车后却发现有个女人坐在我们的位子上。我正要叫她起来，丈夫拉了我一下，小声对我说就让这个女人坐在这儿吧。我很奇怪，仔细一看，才发现女人两只眼睛都看不见，原来丈夫早就看到了。

나는 남편과 한참 줄을 서고 나서야 겨우 고향으로 돌아오는 일반석 기차표를 살 수 있었다. 기차에 올라타니 한 여자가 우리 자리에 앉아 있었다. 내가 그 여자를 일어나라고 부르려고 하자, 남편이 내 팔을 잡아당기며 작은 목소리로 그냥 저 여자에게 자리를 양보하자고 말했다. 나는 뭔가 이상하다는 생각이 들어서 다시 한 번 자세히 살펴보고 나서야 그 여자가 앞이 보이지 않는 장님이라는 사실을 알았다. 알고 보니 남편은 이미 그 사실을 알아챘던 것이다.

단어
排队 páiduì 줄을 서다
硬座车票 yìngzuòchēpiào 일반 객실 차표
拉 lā 끌어당기다
奇怪 qíguài 이상하다
仔细 zǐxì 자세하다
原来 yuánlái 알고 보니
早就 zǎojiù 진작에

37

这对夫妻要去做什么?
부부는 무엇을 하러 가나요?

A 친구 방문
B 물건 구매
C 고향 방문
D 남의 집 방문

정답 C

 '고향에 가는 차표를 어렵게 샀다'는 부분에서 답이 C임을 알 수 있고, 나머지 보기들은 언급되지 않았다.

38

他们买的是什么票?
이들은 산 것은 어떤 표인가요?

A 입석
B 침대 표
C 일등석 기차표
D 일반석 기차표

정답 D

 '일반 객실 기차표를 샀다'고 언급하였다. 기차는 앉는 자리와 침대 칸으로 나뉘고, 이는 또 다시 딱딱한 것과 푹신한 것으로 나뉜다. "硬座"(딱딱한 좌석), "软座"(푹신한 좌석), "硬卧"(딱딱한 침대), "软卧"(푹신한 침대) 등 다양한 종류가 있다.

39-41 第39到41题是根据下面一段话:

中国的火警电话是“119”，世界上大部分国家和地区的火警电话与中国相同，但并不是世界各国的火警电话完全一致。

美国纽约的火警电话是“911”，英国伦敦的火警电话是“999”，而丹麦哥本哈根的则是“000”。世界上火警电话最简单的是菲律宾的马尼拉，在这个城市，如果谁家着火，只要拿起电话拨一个“0”，消防队就会很快赶到。世界上火警电话最复杂的是加拿大的渥太华，报警时需要拨七位数字“8721212”，但如此长的火警电话在这个城市却是家喻户晓。

중국의 화재 신고 전화번호는 '119'이며, 세계 대부분 국가의 화재 신고 전화번호 역시 중국과 같다. 그러나 세계 모든 국가의 화재 신고 전화번호와 완전히 똑같은 것은 아니다.

미국 뉴욕의 화재 신고 전화번호는 '911'이며 영국 런던은 '999', 덴마크 코펜하겐은 '000'이다. 전 세계에서 화재 신고 전화번호가 가장 간단한 지역은 필리핀의 마닐라이다. 이 도시에서는 만일 어느 집에 불이 나면 전화기를 들어 '0'하나를 누르기만 하면 소방대원들이 즉각 도착한다. 세계에서 화재 신고 전화번호가 가장 복잡한 곳은 캐나다의 오타와 지역으로 신고를 할 때 7자리 숫자 '8721212'를 눌러야 한다. 그러나 이렇게 긴 화재 신고 전화번호를 이 도시에서는 모르는 사람들이 없다.

단어
- 火警 huǒjǐng 화재경보
- 相同 xiāngtóng 같다
- 完全 wánquán 완전히
- 一致 yízhì 일치하다
- 纽约 Niǔyuē 뉴욕
- 伦敦 Lúndūn 런던
- 丹麦 Dānmài 덴마크
- 哥本哈根 Gēběnhāgēn 코펜하겐
- 马尼拉 Mǎnílā 마닐라
- 赶到 gǎndào 서둘러 도착하다
- 渥太华 Wòtàihuá 오타와
- 拨 bō (전화를) 걸다
- 家喻户晓 jiāyùhùxiǎo 집집마다 다 알다

39 世界上大部分国家的火警电话是什么？

전세계 대부분 국가의 화재 신고 전화번호는 무엇인가요?

A 119
B 199
C 911
D 991

정답 **A**

지문 도입 부분에 '전세계 대부분이 119로 중국과 같다'고 하였으므로 답은 보기 A이고, 나머지 보기 B, D는 언급되지 않았다.

40 哪座城市的火警电话是“999”？

화재 신고 전화번호가 “999”인 도시는 어디인가요?

A 런던
B 마닐라
C 코펜하겐
D 파리

정답 **A**

영국이 '999'라고 언급되었다. 나머지 마닐라와 코펜하겐은 '0', '000'이라고 언급하였으나, 프랑스 파리는 지문에 언급되지 않았다.

41 世界上最长的火警号码有几位数字？

전세계에서 화재 신고 전화번호가 제일 긴 것은 몇 자리 수인가요?

A 5
B 6
C 7
D 8

정답 **C**

캐나다 오타와의 7자릿수 '8721212'가 제일 긴 전화번호라고 언급되었다. 나머지는 언급된 숫자가 아니다.

42-45 第42到45题是根据下面一段话:

据统计，中国自80年代末四川成都出现首家私立学校以来，至今经政府批准的私立学校全国已近4000家，在校中小学生达10万人，并且这一数字还在不断增加。

目前，中国私立学校主要有三个特点；1.师资力量相对雄厚；2.学习条件较优越；3.全日制住读。

北京地区年收费在2万元以上的私立学校中，工薪家庭的比例正在增加。许多家长望子成龙心切，希望孩子能受到最好的教育，于是纷纷选择私立学校。为此，有关专家告诫人们:高投资未必会有高回报。家长投资于此也要有点“风险意识”。

통계에 따르면, 1980년대 말 중국 쓰촨성 청두에 최초의 사립학교가 등장한 이래, 현재까지 정부의 승인을 받은 사립학교는 이미 전국에 4000여 곳이나 된다고 한다. 재학중인 초중고교 학생 수는 10만 명에 달하며 이 수치는 계속해서 증가하고 있다.

현재 중국의 사립학교는 주로 다음과 같은 세 가지 특징을 띤다. 첫째, 상대적으로 우수한 교사들을 보유하고 있다. 둘째, 학습 환경이 상대적으로 양호하다. 셋째, 전일제 기숙사 제도를 갖추고 있다.

연간 등록금이 2만 위안이 넘는 베이징 지역 사립학교에는 샐러리맨 계층의 자녀 입학률이 증가하고 있다. 많은 학부모들이 모두 자식이 잘 되길 바라는 마음으로 자녀가 최고의 교육을 받을 수 있기를 바라기 때문에 다들 사립학교를 선택하곤 한다. 이에 대해 관련 전문가들은 고투자가 꼭 고수익을 보장하지는 않으므로 학부모들은 자녀 교육에 투자할 때 반드시 위기의식을 가져야 한다고 경고한다.

단어
据 jù ~따르면
私立 sīlì 사립
至今 zhìjīn 오늘날까지
经~批准 jīng ~ pīzhǔn 승인을 받다
增加 zēngjiā 증가하다
师资力量 shīzīlìliàng 교사진 수준
相对 xiāngduì 상대적으로
雄厚 xiónghòu 두텁다, 상당하다
优越 yōuyuè 우수하다
工薪家庭 gōngxīnjiātíng 월급쟁이 가정
望子成龙 wàngzǐchénglóng 자식이 훌륭한 인물이 되기를 희망하다
心切 xīnqiè 절박하다
纷纷 fēnfēn 너도나도
选择 xuǎnzé 선택하다
告诫 gàojiè 경고하다
投资 tóuzī 투자하다, 투자
未必 wèibì 꼭 그런 것은 아니다
回报 huíbào 보답하다, 수익
风险 fēngxiǎn 위험, 위기

42 中国第一家私立学校出现在哪座城市?

중국 최초의 사립학교가 등장한 도시는 어느 곳인가요?

A 베이징
B 상하이
C 청두
D 광조우

정답 C

해설 지문 도입 부분에 '쓰촨 청두에 최초의 사립학교가 세워졌다'고 언급되어 있다. 지문의 "首家"는 질문의 "第一家"와 같은 의미이다. 베이징은 '샐러리맨 가정의 자녀들 입학율이 증가하고 있다'고 언급된 것을 제외하고는, 나머지는 언급된 도시가 아니다.

43 第一家私立学校诞生于什么时候?

최초의 사립학교가 탄생한 것은 언제인가요?

A 80년대 초
B 80년대 중반
C 80년대 말
D 90년대 초

정답 C

해설 지문 도입 부분에 '80년대 말'이라고 분명히 언급되어 있고, 나머지 보기는 지문에 언급되지 않았다.

44 有关私立学校的特点，下面哪一项录音中没有提到?

사립학교의 특징과 관련해서 다음 중 지문에 언급되지 않은 것은 무엇인가요?

A 학생은 고소득층 자녀들이다
B 교사진이 우수하다
C 전일제 기숙사제도
D 학습 환경이 우수하다

 **A**

해설 지문에는 사립학교의 특징 세 가지를 언급하였는데, 이것은 보기 B, C, D이며, 보기 A는 언급되지 않았다.

45

专家认为家长应树立哪种意识?
전문가는 학부모가 어떠한 의식을 가져야 한다고 여기나요?

A 포괄적인 의식
B 비즈니스 의식
C 투자 의식
D 위기 의식

 **D**

해설 지문 마지막 부분에 '비싼 학비를 내지만, 그에 상응하는 수확을 거두리란 보장은 없으므로 자녀 교육에 투자시 위기의식을 가져야 한다'고 언급하였다. 나머지 보기들은 언급되지 않았다.

2. 독해(阅读)

제1부분

제1부분은 총 15문항이다. 이 부분 문제는 몇 편의 단문으로 구성되어 있으며, 단문 가운데에는 여러 개의 빈칸이 있다. 빈칸은 단어 하나 혹은 문장 하나로 채워져야 한다. 응시자는 시험지에 주어진 4개 선택 항목에서 빈칸에 들어갈 알맞은 것을 선택한다.

46-51

머리카락은 그 46 한 가닥 한 가닥마다 일정한 생명을 지니고 있다. 평균 수명은 2~4년으로 47 시간이 되면 자연스럽게 머리카락이 빠지고 그 후에는 새로 자란 머리카락으로 대체된다. 48 나이가 들면서 사람의 머리카락은 뿌리부분이 노쇠하게 된다. 특히, 노년기에 접어들면 노쇠한 머리카락이 빠진 후 새로 생긴 머리카락은 자라기 힘들다. 49 설령 머리카락이 자란다고 하더라도 원래보다 더 가늘고 약한 모발에 불과하다. 탈모를 50 예방하고 싶다면 비타민 함량이 풍부한 음식을 많이 섭취하고 기름진 음식을 피해야 하는 것 외에도 51 적정량의 비타민 A와 비타민 B를 섭취해야 한다.

단어
寿命 shòumìng 수명
代替 dàitì 대체하다
随着 suízhe ~함에 따라서
衰老 shuāilǎo 쇠약해지다
脆 cuì 부서지기 쉽다
脱发 tuōfà 탈모, 탈모되다

46 A 그루
B 가지
C 가지
D 가닥

정답 D

해설 "头发"의 양사는 "根"이다. "根"은 가늘고 긴 기둥모양의 물체에 사용하는 것으로 "针"(바늘), "蜡烛"(초), "火柴"(성냥), "竹子"(대나무), "柱子"(기둥), "棍子"(몽둥이), "筷子"(젓가락), "草"(풀), "线"(실), "绳子"(밧줄), "头发"(머리카락), "黄瓜"(오이) 등에 많이 사용한다. "棵"는 나무의 많이 사용되는 양사이다. "支"는 막대처럼 생긴 물건, 노래, 음악, 군대 등에 사용한다. "条"는 긴 물건에 사용하는 것으로 裤子"(바지), "裙子"(치마), "被子"(이불), "毯子"(담요), "垫子"(쿠션), "床单"(이불보), "毛巾"(수건), "围巾"(목도리), "领带"(넥타이), "皮带"(허리띠), "路"(길), "江"(강), "河"(강), "鱼"(물고기), "龙"(용), "蛇"(뱀), "新闻"(뉴스), "消息"(소식), "直线"(직선), "项链"(목걸이) 등과 자주 같이 사용된다.

47 A 이후로 자라지 않는다
B 매년 정기적으로 빠진다
C 사람의 머리카락은 아주 빨리 자란다
D 시간이 되면 자연스럽게 빠진다

정답 D

해설 빈칸 뒤의 "然后由新生的头发所代替"는 '그리고 새로운 머리카락으로 대체된다'이므로 47번 빈칸에는 '머리카락이 빠진다'는 의미가 와야 알맞다. 그러므로 보기 A, C는 제거한다. 나머지 보기 B는 해마다 정기적으로 빠진다는 것은 동물들의 털갈이가 아니기 때문에 사람들의 일반적인 생리에 안 맞는다. 그러므로 답은 보기 D이다.

48 A 증강하다
B 증가하다
C 노화하다
D 확장하다

정답 B

해설 "增强"은 '정도가 점점 강해지는 것'으로 빈어는 국력이라든지, 체력이라든지 주로 강약으로 구별할 수 있는 것들이 자주 온다. "老化"의 '노화'라는 것은 질감이 점점 쉽게 부러지기 쉽고, 딱딱해지며, 원래의 특성을 잃는 것이거나, 생물체 조직이나 기관이 점점 '쇠약해지는 것'을 뜻한다. "扩大"는 '범위가 점점 늘어난다'는 뜻으로 이 세 개 보기들은 "年龄"

과 조합을 이루기 어색하다. "增加"는 '수량의 증가'를 뜻하는 단어이므로, "年龄"과 조합을 이룰 수 있다.

49 A 설령 ~라 하더라도
B 이왕 ~한 바에는
C 바로
D 바로

정답 A

해설 "即使…也…"은 '설령 ~이라 하더라도 변함없이 ~하다'의 뜻으로 49번 빈칸 뒤에 있는 "也"와 호응을 이룰 수 있다. "既然"은 "就"와 호응을 잘 이루며, 이미 발생하거나 정해진 상황에 대한 전제로 뒷절은 이에 대한 결론이다. 뜻은 '이왕 ~한 바에는, 곧 ~하다'이다. "立即"와 "马上"은 부사로 시간이 빠름을 뜻하는 것이고 관련사가 아니다.

50 A 예측하다
B 예방하다
C ~하지 않도록
D ~하지 않도록

정답 B

해설 "预计"는 '예측하다'는 뜻으로 문맥과 어울리지 않는다. "免得"와 "以免"은 관련사로 '~하지 않도록' 목적을 나타내는 같은 의미이다. 일반적으로 복문에서 뒷절의 앞에 위치한다. 그러므로 '要想'이라는 단어 뒤에 오기에 어색하다. "预防"은 '사전에 준비를 하여 안 좋은 일이 발생하지 않도록 한다'는 뜻으로 문맥에 가장 적합하다.

51 A 적합하다
B 적응하다
C 적합하다
D 적당히

정답 D

해설 "合适"는 형용사이며, 실제상황이나 객관적인 요구에 '부합된다'는 뜻으로 한정어나 보어로 사용될 수 있다. 그러나 동사 "服用"앞에서 상황어로는 사용되지 않으므로 제거한다. "适应"과 "适合"는 동사며, 상황어로 잘 사용되지 않는다. "适当"은 '합당하다'는 뜻으로 '실제상황에 맞추어 진행한다'는 의미이며, 한정어, 보어, 상황어로 사용될 수 있다. 문맥에 가장 적합하다.

52-56

전문용어는 일종의 중요한 사회언어 현상으로 언어가 [52] 생산됨에 따라 함께 생산된다. 현재 전문용어의 규모가 끊임없이 확대되고 사람들의 인식이 부단히 심화되면서 전문용어에 대한 연구는 단순히 어휘학 안에서의 전문용어에 국한되는 것이 아니라, 나아가 하나의 [53] 독립적인 응용언어학 학과, 즉 용어학으로 발전했다. 용어학 중에서 중의학과 관련된 전문용어는 매우 중요한 [54] 구성 부분이다. 이 분야에서의 전문용어는 매우 광범위하고 풍부하지만 [55] 사람들은 줄곧 이에 대한 연구를 경시해왔다. 최근 과학기술의 발전과 보급, 국제 기준화 운동의 전개와 확대, 중의학의 끊임없는 해외 [56] 교류 강화 및 심화 등으로 인해, 전문용어에 대한 연구는 비로소 사람들의 주목을 끌게 되었다.

단어 术语 shùyǔ 전문 용어
扩大 kuòdà 확대되다
限于 xiànyú ~로 제한하다
广泛 guǎngfàn 광범위하다
普及 pǔjí 보급되다
推广 tuīguǎng 확대하고 보급하다
逐渐 zhújiàn 점차
引起 yǐnqǐ 야기하다, 이끌다

52 A ~와
B ~함에 따라
C 또
D ~와

정답 B

해설 "和", "跟"은 관련사로 평등의 관계를 연결시킬 때 사용하며, 주로 명사나 대명사를 연결시킨다. 문맥에 적합하지 않다. "又"는 부사로 똑 같은 현상 혹은 동작이 '다시 한번 나타난다'는 뜻으로 문맥에 맞지 않는다. "而"은 관련사로, 종종 "随着…而…"혹은 "由…而…"의 구조를 이루어 사용된다. 그러므로 답은 보기 B이다.

53 A 독립적이다
B 고독하다
C 혼자서
D 독신

정답 A

해설 "孤独"는 형용사로 심리적인 적막감을 나타낸다. "独自"는 부사로 다른 사람 없이 '혼자서'라는 의미이다. "独身"은 '독신'이거나, '결혼 전'을 뜻하는 단어이다. 이 세 개의 보기는 모두 사람과 관련된 단어로 "学科"와 관련이 없다. "独立"는 다른 것에 의존하지 않는 '독립적이다'라는 의미를 가진다. 그러므로 "独立的学科"는 '완전한 체계를 갖춘 독립적인 학과'를 뜻하게 되므로 문맥에 가장 어울린다.

54 A 조직
B 완수하다
C 구성
D 야기하다

정답 **C**

해설 "组织"는 분리되어 있는 사람이나 물건들을 목적이나 체계적으로, 질서 있게 '결합시킨다'는 뜻으로 빈어는 일반적으로 구체적인 사물이거나 추상적인 사물이 될 수 있으나, "部分"의 한정어로 사용되기 어색하다. "完成"은 동사로 '동작이 끝난다'는 뜻으로 "部分" '완수한 부분', '완성한 부분'이란 의미가 되는데, 문맥에 어울리지 않는다. "造成"은 동사로 '안 좋은 일이나 상황이 발생하다'는 뜻으로 한정어로 사용되지 않는다. "组成"은 '부분이나 개체가 모여 전체가 된다'는 뜻으로 "部分"의 한정어로 사용이 되면 '구성부분'이란 의미로, "中医学术语"는 "术语学"의 구성부분이란 뜻이 되므로 문맥에 적합하다.

55 A 그러나 사람들은 줄곧 이에 대한 연구를 경시해 왔다
B 사람들은 줄곧 이에 대한 연구를 중시해 왔다
C 많은 연구자가 이 방면의 연구에 종사한다
D 그래서 많은 사람들이 이 방면의 연구를 좋아하지 않는다

정답 **A**

해설 55번 빈 칸 뒤로 언급되는 부분에 "对它的研究才逐渐引起人们的重视"에서 답이 A임을 알 수 있다. '예전에는 중시 여기지 않았고, 연구하지 않았다'는 내용들이 와야 한다. 그러므로 보기 B, C는 제거하고, 보기 D의 "所以"는 결과를 나타내는 것으로 결과라고 할 부분이 없으므로 이 역시 제거한다.

56 A 교환
B 교제
C 교체
D 교류

정답 **D**

해설 "交换"은 동사이며 '각자 자기의 것을 상대방에게 준다'는 의미로 쌍방향적인 의미를 가진다. "对外"와 조합을 이루기 어색하고, "交际"는 '사람과 사람 사이의 왕래나 사교'로 문맥에 맞지 않다. "交替"는 '교체' 혹은 '대체'라는 뜻이며, 시간과 관련되어 '돌아가면서 진행된다'는 의미를 가지는 단어로 문맥과 어울리지 않는다. "交流"는 '자기의 것을 상대방에게 제공한다'는 뜻으로 서로의 소통을 중시 여기는 단어이다. "情况"(상황), "思想"(사상), "经验"(경험), "体会"(체험), "文化"(문화), "贸易"(무역)" 등의 빈어를 자주 가지며, "对外交流"란 단어는 자주 사용되는 조합이다. 그러므로 답은 D이다.

57-60

카이펑(開封)시는 허난성(河南省) 동부지역에 위치한 중국 7대 고도 중의 하나로 국가급의 역사 문화를 지닌 유명 도시이다. (국가차원의 관리와 보호를 받고 있는 역사 문화 도시로 유명하다) 57 유구한 역사를 지닌 카이펑시는 일찍이 북송시기 전국의 정치, 경제, 문화의 58 중심지였으며 전 세계에서 가장 번화한 도시 중 하나였다. 각 왕조가 교체되면서 카이펑시 59 에 수많은 문물 고적을 남겼다. 카이펑시의 오래된 건축물은 뚜렷하고 다양한 풍격을 갖췄으며 송, 원, 명, 청 민국 초년에 이르기까지 각 시대의 특색을 고루 갖추고 있다. 용정, 철탑, 상국사 등의 유적지는 북송시기 수도의 모습를 재현해냈다.

카이펑시는 또한 그림의 고향, 희곡의 고향으로도 유명하다. 역사적으로도 일찍이 소(蘇, 소동파), 황(黃, 황정견), 미(米, 미불), 채(蔡, 채경)"의 4대 서예의 계파를 60 만들었으며 예극의 발원지 중 하나이기도 하다. 카이펑시의 명승고적을 둘러보고 난 후에 여유가 생기면 현지의 서화원 혹은 소극장을 둘러보는 것도 괜찮을 듯하다. 아마도 예상치 못한 수확을 얻을 수 있을 것이다.

단어 古都 gǔdū 옛 도시
政治 zhèngzhì 정치
经济 jīngjì 경제
繁华 fánhuá 번화하다
朝代 cháodài 왕조
交替 jiāotì 교체하다
古迹 gǔjì 고적
风格 fēnggé ~풍, 스타일
齐备 qíbèi 모두 다 갖추다
再现 zàixiàn 재현하다
风貌 fēngmào 모습, 풍모
著名 zhùmíng 유명하다
戏曲 xìqǔ 희곡
派系 pàixì 계파
豫剧 yùjù 예극(호남성희곡)
发源地 fāyuándì 발원지

也许 yěxǔ 아마도
意想不到 yìxiǎngbúdào 미처 생각지 못하다
长远 chángyuǎn 장기적이다
悠久 yōujiǔ 유구하다

57 A 얼마나 긴가
B 유구하다
C 오래되다
D 영원히

정답 **B**

해설 "多长"은 의문사로 '시간의 양'을 묻는 표현이다. 시간의 오래됨을 표현할 수 있는 단어가 아니다. "好久"는 '오래 되었다'는 뜻으로 "很久"의 의미이며, 회화체에 자주 사용되는 단어이다. 예를 들면 "好久不见"이라는 인사말이 있다. "永远"는 시간을 초월하여 '변하지 않음'을 뜻하는데, 이 지문의 "历史"를 수식하기에 어색하다. 보기 B "悠久"는 '아득하게 연대가 오래 되었다'는 의미의 문어체적인 단어로 역사를 형용할 때 자주 사용된다. 우리말에도 '유구한 역사'처럼 같은 단어를 사용하고 있다.

58 A 중부
B 중간
C 그 중
D 중심

정답 **D**

 "中部", "中间"과 "之中"은 모두 방위사로 "政治", "经济", "文化" 등과 조합을 이루기 어색하다. "中心"은 방위사이기도 하지만, 추상적인 의미로 '사물의 중심', '핵심 부분'을 가리키는 의미도 있다. 그러므로 답은 보기 D가 제일 적합하다.

59 A ~에게
B ~에게
C ~에
D ~으로

정답 **C**

 개사 "对"가 대상을 끌고 나오면 그 대상에게 '어떤 동작이나 태도를 취했다'는 의미를 가져야 한다. 예를 들면 "对妈妈说"(엄마에게 말하다), "对历史感兴趣"(역사에 관심이 있다)처럼 사용된다. 개사 "向, 往" 둘 다 방향을 끌고 나올 수 있지만, 대상을 이끌 수 있는 것은 "向" 하나로 "向别人打听"(다른 사람에게 물어보다), "向他道歉"(그에게 사과하다)로 사용된다. 보기 C 개사 "给"는 수혜자를 이끌고 나온다. "给~留~印象"은 자주 사용되는 구문이므로 꼭 외우도록 한다.

60 A 만들다
B 생산하다
C 발생하다
D 태어나다

정답 **A**

 "发生"은 없던 일이 나타난 것이고, "出生"은 사람에게 사용하는 단어이다. "生产"은 농공업 방면에서 '상품이 만들어지는 것'을 표현한다. 이 세 개의 단어는 문맥에 맞지 않는다. "产生"은 '이미 있던 사물에서 어떤 새로운 것이 또 생겨나는 것'을 뜻한다. 자주 사용되는 단어는 "思想"(사상), "希望"(희망), "人物"(인물) 등이다. 4대 서예 계파는 많은 유파 중에서 발전하여 만들어지는 것이므로 보기 A가 답으로 가장 적합하다.

제2부분

제2부분은 총 10문항이다. 모든 문제는 하나의 단문과 4개의 선택 항목으로 구성되어 있다. 응시자는 내용과 일치하는 것을 선택한다.

61 마딩은 농구를 통해 왕창이라 불리우는 중국 친구를 알게 되었다. 왕창은 스페인어를 공부한 지 이미 4년이 되었지만 4년 동안 중국에서 스페인어를 배웠다. 마딩은 중국어는 1년밖에 배우지 않았지만 중국에서 배웠기 때

문에 마딩의 중국어는 왕창의 스페인어보다 훨씬 유창하다.

A 왕창은 이전에 스페인에서 공부했다
B 마딩이 중국어 공부한지 이미 4년이 되었다
C 마딩은 왕창의 스페인어 선생님이다
D 마딩의 중국어는 왕창의 스페인어보다 훌륭하다

정답 D

해설 '왕창이 스페인어를 4년 배웠다'고 언급되었으며, 선생님이 누구인지는 언급되지 않았다. 그러므로 B, C는 지문에 부합되지 않는다. 그리고 '중국에서 1년간 배운 마딩의 중국어는, 왕창의 4년 배운 스페인어보다 훨씬 유창하다'는 표현에서 답이 D임을 알 수 있고, '왕창이 현지에서 그 언어를 배우지 않았음'을 유추해 낼 수 있다. 그러므로 보기 A역시 부합되지 않는다.

단어 通过 tōngguò 통하여(수단, 방법)
尽管 jǐnguǎn 비록 ~이나
流利 liúlì 유창하다

62 가을은 베이징에서 여행하기에 가장 좋은 계절로 날씨가 춥지도 덥지도 않다. 산에 오르면 산 정상에서 빨강, 노랑, 초록 등 각양각색의 풀과 나무가 훤히 내려다 보여 절경을 이룬다. 안타까운 사실은 가을이 너무 짧아 곧 겨울이 찾아온다는 것이다. 추운 겨울에 사람들은 봄이 오기를 기대한다. 그러나 봄에는 황사가 너무 심해서 눈조차 제대로 뜰 수 없을 만큼 바람이 심하게 불 때도 있다.

A 겨울에 황사가 심하다
B 봄은 아주 짧다
C 가을은 기온이 높지도 낮지도 않다
D 여름이 제일 좋은 계절이다

정답 C

해설 북경의 가을이 제일 멋있고, 여행하기에 좋다는 것은 기본상식으로 알아두면 좋다. 봄에 황사가 심하므로 보기 A는 틀렸고, 가을이 아주 짧은 것이므로 보기 B도 틀렸다.

단어 山顶 shāndǐng 산 정상
到处 dàochù 도처에
可惜 kěxī 애석하다, 안타깝다
盼望 pànwàng 희망하다
吹 chuī 불다
睁 zhēng (눈을) 뜨다

63 네 살짜리 아이가 아빠에게 결혼이 뭐냐고 묻자 아빠는 결혼 사진과 결혼식 촬영 비디오를 아들에게 보여주었다. 아이는 아빠와 엄마가 함께 예쁜 옷을 입고 사람들의 축하를 받으며 흥겨운 음악과 함께 하는 결혼식을 보았다. 아이가 다 보자 아빠는 "이제 알겠니?"라고 물었다. "네, 알겠어요" 아이가 대답했다. "엄마는 이 때부터 우리 집에 와서 일하기 시작했네요."

A 아이는 비디오를 보려고 하였다
B 아이는 결혼이 무엇인지 알고자 하였다
C 아이는 부모의 결혼식에 참석하였다
D 아빠는 방 청소하는 사람을 데려왔다

정답 B

해설 지문의 "4岁的孩子问爸爸什么是婚姻"에서 답이 B임을 알 수 있고 나머지 보기들은 내용과 부합되지 않는다. 아빠가 결혼이 무엇인지 아이의 물음에 답하기 위한 도구로 사용한 것이 비디오 이므로 보기 A는 틀렸고, 아이가 부모의 결혼식에 참석했는지는 언급되지 않았으며, 보기 D는 아빠가 정말로 청소부나 식모를 정말 데려온 것이 아니라, 엄마가 가사노동에 눌려 사는 것을 빗댄 아이의 말이므로 혼동하지 않도록 한다.

단어 婚姻 hūnyīn 결혼, 혼인
结婚 jiéhūn 결혼
婚礼 hūnlǐ 결혼식, 혼례
录像带 lùxiàngdài 비디오
干活儿 gànhuór 일을 하다

64 영국 신문의 소개에 따르면, 최근 미국의 한 과학자가 사람을 100살까지 살게 할 수 있는 약을 연구 제작하고 있다고 한다. 이 발명은 인류의 건강과 장수 분야에서의 중요한 난제를 해결하게 될 것이고, 이에 인류의 평균 수명을 크게 연장시킬 것이다. 그러나 많은 독자들은 약물의 성분과 약효에 대해 의혹을 품고 있다.

A 이런 신약은 사람을 100살까지 살도록 해준다
B 약물을 연구한 사람은 영국 과학자이다
C 독자들은 과학자 자체에 의혹을 품고 있다
D 이런 장수 약물은 지금 판매되고 있다

정답 A

해설 '미국의 과학자가 연구해 냈다'고 하므로 보기 B는 틀린 것이며, 약 성분과 치료 효과에 의혹을 품고 있는 것이므로 보기 C 역시 틀렸다. '최근 연구하고 있다'는 부분에서 아직 판매가 시작되지 않았음을 알 수 있으므로 보기 D도 틀린 것이다. 지문 처음에 언급된 내용은 보기 A와 부합되므로 답으로 적합하다.

단어 研制 yánzhì 연구제작하다
解决 jiějué 해결하다

难题 nántí 난제
平均 píngjūn 평균
怀疑 huáiyí 의심하다, 의혹
销售 xiāoshòu 판매, 판매하다

65 밀가루와 찬물을 한 데 섞어 큰 밀가루 반죽 덩어리를 만들고, 젖은 수건이나 면 수건으로 그 위를 덮는다. 그렇게 한 시간 정도를 놓아 둔 후에 칼로 잘라 작은 밀가루 반죽 덩어리를 여러 개 만들어낸다. 이것이 바로 만두피를 만드는 원재료이다. 밀가루가 지나치게 질거나 되지 않도록 주의해야 한다. 지나치게 질 경우, 삶을 때 만두 피가 터지기 쉽고, 지나치게 될 경우, 먹을 때 씹는 맛이 좋지 않기 때문이다.

A 밀가루 반죽을 만들 때는 찬물을 넣지 않는다
B 부드러운 만두피로 만든 만두는 맛있다
C 딱딱한 만두피로 만든 만두는 끓일 때 쉽게 터진다
D 만두를 빚을 때 밀가루 반죽이 너무 되거나, 너무 질면 안 된다

정답 D

해설 지문의 "注意面不要太软或者太硬，太软的话包的饺子容易煮破，太硬的话吃起来口感不好"에서 보기 B, C가 틀렸음을 알 수 있고, 답이 D라는 것을 알 수 있다. 반죽할 때는 찬물로 하라고 지문에 언급되었으므로 보기 A도 틀린 것이다.

단어 面团 miàntuán 밀가루 반죽 덩어리
盖 gài 덮다
切 qiē 자르다
软 ruǎn 부드럽다
硬 yìng 딱딱하다
煮破 zhǔpò 끓여서 (속이) 터지다
口感 kǒugǎn 질감, 씹는 맛

66 마리는 5명의 자녀 중 막내로 가장 총명한 아이였다. 그녀의 아버지는 중학교 선생님으로, 수입이 그다지 많지 않았다. 어머니는 건강이 좋지 않아 큰 언니의 보살핌 속에서 성장했다. 그러나 어머니와 큰 언니는 그녀가 10살이 되던 해에 모두 세상을 떠났다. 이러한 가정환경과 생활환경은 그녀의 자립심을 길러줬을 뿐만 아니라, 그녀의 성격도 매우 강인하게 만들었다.

A 마리는 언니만 한 명 있다
B 마리 엄마는 어려서부터 그녀를 돌봤다
C 마리 아빠는 초등학교 선생님이다
D 마리는 자립심이 강하다

정답 D

해설 지문의 "培养了她独立生活的能力", "坚强"에서 '마리가 자립심이 강하다'는 것을 알 수 있고, '마리 엄마 건강이 안 좋아서 언니가 돌보아주었다'는 곳에서 보기 B가 틀렸음을 알 수 있다. '마리는 5명의 형제자매가 있다'고 하였으므로 보기 A도 틀린 것이다. '아버지는 중고등학교 선생님'이므로 보기 C도 틀렸다.

단어 最小的 zuìxiǎode 막내
由 yóu ~가, ~이
去世 qùshì 죽다
不仅~也 bùjǐn ~ yě ~일 뿐만 아니라, 또 ~
培养 péiyǎng 기르다
独立 dúlì 자립, 독립
坚强 jiānqiáng 꿋꿋하다

67 친환경 식품은 중국에서 오염되지 않은 안전하고 품질이 우수하며 영양가가 높은 식품의 총칭으로 통한다. 녹색 식품이란 특정 생산 방식에 따라 생산되고 국가 관련 전문 기관의 인증을 거쳐, 녹색 식품 로고의 사용을 승인받은 오염되지 않은, 무공해에 안전하고 품질이 우수하며 영양가가 높은 식품을 말한다.

A 영양가 있는 식품은 모두 친환경 식품이다
B 친환경 식품은 모두 안전하고 오염되지 않은 것이다
C 친환경 식품은 색이 녹색인 채소의 총칭이다
D 안전하고 우수한 품질의 식품이 친환경 식품이다

정답 B

해설 지문의 첫 줄에서 보기 A가 답임을 알 수 있다. 보기 D는 친환경 식품의 특징인 "安全，优质"를 언급하기는 했지만, 오염되지 않아야 하며, 국가의 인증을 거쳐서 친환경 식품이 될 수 있는 것이다. 친환경 식품이 된 것은 일반적으로 오염되지 않는 안전하고 영양가 높은 식품이다.

단어 污染 wūrǎn 오염
总称 zǒngchēng 총칭
按~方式 àn ~ fāngshì ~ 방식대로
经~认定 jīng ~ rèndìng 인증을 거쳐서
机构 jīgòu 기구
准许 zhǔnxǔ 허가하다, 비준하다
标志 biāozhì 표지, 상표, 로고

68 리홍이 우리가 있는 이곳에 와서 공부를 시작한지 벌써 3년이 지났다. 그녀는 열정적이고 활발했으며 춤 추는 것을 매우 좋아했다. 춤 실력을 향상시키기 위해 그녀는 모든 시간을 거의 연습실에서 보냈으며 일요일조차도 쉬

지 않고 연습했다. 리훙은 관중에게 여러 가지 아름다운 예술적 이미지를 남길 수 있기를 바랐다.

A 리훙은 춤 추는 것을 무척이나 좋아한다
B 관중은 리훙을 무척 좋아한다
C 리훙은 일한 지 3년 되었다
D 리훙은 일요일만 쉰다

정답 A

해설 보기 A의 '喜欢跳舞'는 지문의 "热爱跳舞"와 같은 표현으로 답이 될 수 있다. 보기 B는 언급되지 않았고, 리훙은 이곳에서 공부한 지 3년 된 것이므로 보기 C도 틀렸다. '일요일조차 쉬지 않고 연습한다'고 하였으므로 보기 D도 틀렸다.

단어 活泼 huópō 활발하다, 명랑하다
提高 tígāo 향상하다, 제고하다
几乎 jīhū 거의
度过 dùguò 보내다
连~也 lián ~ yě ~조차도
形象 xíngxiàng 이미지

69 과학자들은 아침에 깨어난 직후와 저녁 취침 전 이 두 시간대에 사람의 기억력이 제일 좋다는 것을 알아냈다. 아침에 일어난 후에는 대뇌가 밤 새 쉬었으므로, 활기 넘치게 일 할 수 있으며, 암기하기에 제일 좋다. 그리고 취침 전에는 공부한 내용이 대뇌에 입력된 후 잠을 바로 자서 다른 영향을 받지 않기 때문에 쉽게 잊지 않는다.

A 사람은 일찍 자고 일찍 일어나야 한다
B 취침 전에 한 공부는 쉽게 잊는다
C 대뇌는 저녁에 제일 활기차다
D 아침에 단어 외우는 것이 제일 좋다

정답 D

해설 보기 A는 언급된 내용이 아니므로 제거한다. 보기 B는 상반되게 언급이 하였으므로 틀린 것이고, 보기 C는 '대뇌가 충분한 휴식을 취한 후인 아침에 제일 활기 차다'고 본문에 언급되었으므로 틀렸다는 것을 알 수 있다. 그러므로 답은 보기 D이다. 지문 속의 아침과 저녁의 특징을 혼동하지 않도록 잘 봐야 한다.

단어 记忆力 jìyìlì 기억력
背诵 bèisoòg 파견하다, 외우다

70 상성(相声)은 일반적으로 배우가 몇 명이냐에 따라 (혼자 하는) 단구(单口)상성, (두 명이 하는) 대구(对口)상성, (세 명 이상이 하는) 군구(群口)상성 등으로 나뉜다. 그 중 두 명이 하는 상성은 가장 자주 볼 수 있는 일반적인 형태이다. 두 명이 하는 상성은 두 명의 배우가 함께 말을 하는 형식이며 두 사람이 서로 질문과 답을 주거니 받거니 하면서 관중들을 웃기기 위해 해학적인 언어와 표정 동작 등을 사용하곤 한다.

A 군구 상성은 두 사람이 하는 것이다
B 연기 인원수에 따라 상성은 두 종류로 나뉜다
C 상성이 추구하는 바는 관중을 웃기는 것이다
D 단구 상성은 상성 중 가장 일반적인 형태이다

정답 C

해설 지문의 맨 마지막 "以达到逗笑观众的目的"에서 보기 C가 답임을 알 수 있다. '상성은 사람 수에 따라 세 종류로 나뉘는 것'이라고 지문에 언급되었으므로 보기 B는 틀린 표현이며, "对口相声"이 두 사람이 하는 것이며 가장 일반적이고 보편적인 형태이다. 그러므로 보기 A, D도 틀린 내용이다.

단어 相声 xiàngshēng 상성, 만담
分为 fēnwéi ~으로 구분되다
常见 chángjiàn 일반적이다
通过 tōngguò ~ 통하여(수단)
问答 wèndá 묻고 답하다
运用 yùnyòng 활용하다
幽默 yōumò 유머, 해학
达到 dádào 이르다
逗笑 dòuxiào 재미있게 하다

제3부분

제3부분은 총 20문항이다. 모든 문제는 몇 편의 단문으로 구성되어 있다. 제시된 단문 뒤에는 몇 개의 질문이 주어진다. 응시자는 4개의 선택 항목 중에서 정답을 선택한다.

71-74

이제 곧 다가올 설을 맞아, 한 노부부가 방을 정리하기 시작했다. 베란다를 청소할 때, 그들은 세탁소에서 끊어준 세탁물 인수증(보관증)을 발견했다. 인수증에 적힌 날짜를 보니 이미 2년이나 지나있었다. 부부는 함께 웃으며 그 당시 누가 깜박하고 맡긴 옷을 찾지 않았는지를 회상했다.

부인은 "아마도 당신 코트였거나 양복이었을 수도 있고 내 스웨터였을 수도 있을 거예요, 누가 알겠어요."라고 말하며 그 인수증을 버리려 했다. "잠깐" 남편이 부인을 막아서며 말했다. "우리 가서 한번 알아보자고, 재미있겠는걸."

그래서 노부부는 아래층으로 내려와 그 세탁소에 갔다. 그 인수증을 종업원에게 주고 맡긴 옷을 찾아달라고 했다. 종업원은 그 인수증을 자세히 보더니 "잠시만요, 뒤쪽에 가서 한 번 찾아볼게요."라고 말했다. 약 10분 후에 그들은 종업원이 소리치는 것을 들었다. "찾았어요, 옷 찾았어요!"

"농담은 아니겠지?" 부부는 서로를 마주보며 말했다. 누구도 이렇게 오랜 시간이 지났는데도 깜박하고 찾지 않은 옷이 아직도 세탁소에 있을 것이라고는 생각하지 못했다. 그러나 그 종업원은 빈손으로 카운터에 돌아왔다. "우리 옷은요?" 남편이 의아해하며 물었다. 종업원은 "죄송합니다, 손님. 저희 세탁소가 일이 너무 바빠서요, 손님 옷이 아직 세탁이 안됐네요"라고 말했다.

단어
打扫 dǎsǎo 청소하다
阳台 yángtái 베란다
取衣单 qǔyīdān 세탁물 인수증
回忆 huíyì 추억하다, 기억하다
扔 rēng 버리다
拦住 lánzhù 막다, 가로막다
怪~的 guài ~ de 꽤 ~하다
空 kōng 비다
柜台 guìtái 카운터, 매대
没来得及 méiláidejí ~할 시간이 없었다

71 이 부부가 세탁물 인수증을 찾은 곳은 어디인가요?

A 주방
B 베란다
C 잡지에서
D 주머니에서

정답 B

해설 첫 번째 단락에 '베란다를 청소하다가 발견하였다'고 언급되어 있으며, 나머지 보기들은 언급되지 않았다.

72 세탁물 인수증의 옷은 언제 찾았어야 했나요?

A 설 전
B 1년 전
C 2년 전
D 며칠 전

정답 C

해설 첫 번째 단락에 "日期已经过去两年了"에서 2년 전에 찾았어야 하는 세탁물임을 알 수 있다.

73 이 부부가 세탁 맡긴 옷은 무엇인가요?

A 외투
B 스웨터
C 양복
D 기억이 안 난다

정답 D

해설 첫 번째 단락에 어떤 옷을 세탁 맡겼는지 "不记得了"라고 보기 C를 그대로 사용하였으며, '외투일까 스웨터일까' 추측하는 부분은 사실이 아니고, 추측일 뿐이다.

74 그들의 옷은 아직 세탁소에 있나요?

A 없다. 세탁소가 그들의 옷을 잃어버렸다
B 있다. 그들은 본인들의 옷을 인수했다
C 없다. 세탁소는 장기간 보관을 책임지지 않는다
D 있다. 그러나 세탁소에서 아직 세탁을 하지 않았다

정답 D

 마지막 단락에 "还没来得及洗呢"에서 옷은 있는데, '아직 세탁하지 않았음'을 알 수 있다.

75-80

오관(五官) (귀, 눈, 입, 코, 혀 등의 다섯 가지 신체 기관)과 신체의 오장(五臟) (간장, 심장, 비장, 폐장, 신장 등의 다섯 가지 내장)은 서로 밀접한 관계를 맺고 있다.

눈가가 건조하고 눈이 자주 침침한 것은 간의 기능이 쇠약해지고 있다는 경고 신호이다. 만일 간 주위를 눌러보면 간이 부어 있는 느낌을 받게 될 것이다. 이 때는 즉시 병원에 가서 진찰을 받아야 하며 눈 위생 관리에 신경 써야 한다. 어떤 경우에는 눈 관리를 잘 못하면 간에도 영향을 줄 수 있다.

소리가 희미하게 들리거나 귀 안이 계속 울리는 증상, 다리가 아프거나 빈뇨증 등의 증상이 나타나게 되면 이는 신장 기능이 점점 쇠약해지고 있다는 신호이다. 업무가 지나치게 많아 피곤한 사람들은 특히 휴식 시간을 갖도록 해야 하며 술을 적게 마시고 생강, 고추 등 자극적인 음식을 줄여야 한다.

후각이 둔해지거나 잔기침이 심하거나, 심지어 호흡 곤란까지 오게 되는 경우가 생기면, 이는 폐의 기능이 점차 약화되고 있다는 신호이다. 환자는 우선 음식을 주의해야 하고 담배를 끊거나 호흡량을 조절해야 한다. 또한 흡연자들과 함께 있는 것을 피해야 하며, 신선한 과일과 채소를 많이 섭취해야 하고 체력단련을 강화해야 한다.

입술이 마비된 것 같은 느낌을 받거나 몸이 갈수록 마른다면 이는 췌장의 기능이 점차 약화되고 있는 것이며 주로 음식 섭취 불균형으로 인한 결과이다. 췌장이 좋지 않으면 위까지 영향을 줄 수 있다. 위가 손상되면 입술을 눈에 띄게 건조하게 되고 마비된다. 이 때에는 식단을 조절하는 것 외에도 날 것과 찬 음식, 기름진 음식 등을 피해야 한다.

만일 맛을 잘 느끼지 못하거나 불면증 등의 증상이 수반되면, 이는 심장 기능이 손상된 것일 가능성이 있다. 입 안이 마르고 음식 맛을 못 느낀다면 특히 심장질환을 주의해야 할 것이다.

단어
五官 wǔguān 오관(눈, 코, 입, 귀, 혀)
五脏 wǔzàng 오장
密切相关 mìqièxiāngguān 밀접하게 관계되어 있다
发干 fāgān 건조해서 쪼이는 느낌이 들다
衰弱 shuāiruò 쇠약해지다, 기능이 떨어지다
按 àn 누르다
发胀 fāzhàng 더부룩하다, 붓다
及时 jíshí 즉시, 바로
响声 xiǎngshēng 울리는 소리
尿频 niàopín 빈뇨
逐步 zhúbù 점차
过于 guòyú 지나치게
尤其 yóuqí 특히나
刺激性 cìjīxìng 자극성
嗅觉 xiùjué 후각
灵敏 língmǐn 민감하다
咳嗽 késou 기침
消瘦 xiāoshòu 마르다
麻木 mámù 감각이 둔해지다

75 간장과 비교적 밀접한 관계를 가지는 것은 어느 기관인가요?

A 입
B 눈
C 귀
D 코

정답 **B**

해설 두 번째 단락에 "眼睛"은 "肝脏"과 관계 있다고 언급하였

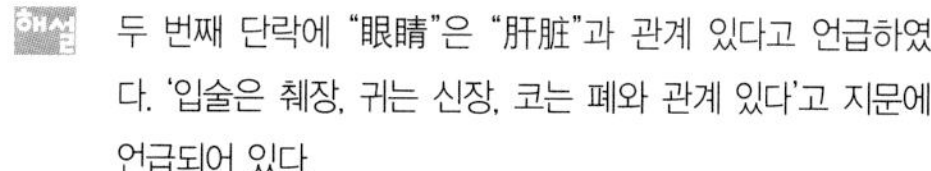
다. '입술은 췌장, 귀는 신장, 코는 폐와 관계 있다'고 지문에 언급되어 있다.

76 다음 중 신장 기능 쇠약 현상이 아닌 것은 무엇인가요?

A 빈뇨
B 다리가 아프다
C 잘 들리지 않는다
D 종종 땀을 흘린다

정답 **D**

해설 세 번째 단락에 신장기능 쇠약시 증상을 설명하고 있다. 그

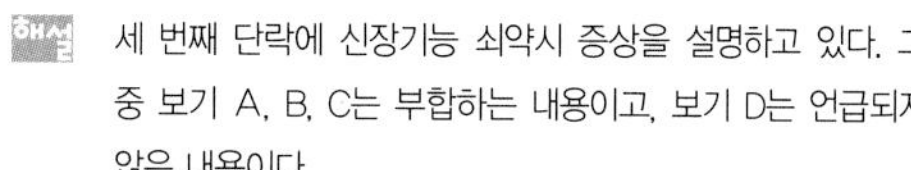
중 보기 A, B, C는 부합하는 내용이고, 보기 D는 언급되지 않은 내용이다.

77 신장기능이 비교적 약한 사람은 마땅히 어떻게 해야 하나요?

A 술을 많이 마신다
B 생강을 많이 먹는다
C 휴식을 많이 취한다
D 고추를 많이 먹는다

정답 **C**

해설 세 번째 단락에 '많이 쉬고, 술 적게 마시고, 생강이나 고추

등 자극적인 것을 적게 먹으라'고 언급되었으므로 답은 보기 C이다.

78 기침을 자주 하거나, 후각이 둔해졌을 때, 문제가 생긴 곳은 어디인가요?

A 간장
B 심장
C 폐
D 췌장

정답 C

해설 네 번째 단락에 '폐의 기력 약화 증상으로 기침을 하고, 후각이 둔해 진다'를 예로 들어 설명하고 있다.

79 췌장기능이 안 좋은 원인은 무엇인가요?

A 과도한 스트레스
B 음식 섭취 불균형
C 과도한 흡연
D 과도한 음주

정답 B

해설 다섯 번째 단락에 췌장의 기능 쇠약을 설명하면서 이는 "主要是饮食失调的结果"라고 원인을 설명하고 있다.

80 미각이 둔해지며, 게다가 종종 불면증에 시달린다면, 생길 수 있는 질병은 무엇인가요?

A 간염
B 신장병
C 심장병
D 고혈압

정답 C

해설 마지막 단락에 맛을 잘 모르고, 불면증 등 증상이 나타나면 심장 기능의 손상 가능성을 제기하며 심장 질환에 주의하라고 하였다. 그러므로 답은 보기 C이다.

81-85

2006년 1월 13일, 네 번째 중국인 바둑 세계 챔피언이 탄생했다. 그는 바로 28세의 나이에 세계 바둑 최강전에 처음 참가한 '작은 돼지' 뤄시허 9단이었다. 그는 제10회 삼성화재 배 바둑 결승전에서 세계 바둑의 1인자인 '돌부처' 이창호를 물리치고 마샤오춘, 위빈, 창하오에 이은 네 번째 중국인 세계 바둑 챔피언이 되었다.

이 승리는 매우 중요한 의미를 지닌다. 우리가 알아야 할 사실은, 1992년 16세의 한국인 신동 이창호가 처음으로 세계 바둑 대회에서 우승했을 그 당시, 세계 바둑계는 이를 두고 '돌부처 시대'에 접어들었다고 표현했다. 그 후로 14년 동안, 이창호는 줄곧 적수가 거의 없었다.

아마도 아이큐가 164여서였는지 혹은 어릴 때 집을 떠나 훈련 생활을 시작해서였는지, 삼성화재 배의 새로운 우승자 '작은 돼지' 뤄시허는 다른 사람과는 사뭇 달랐다. 비록 세계 우승을 거머쥐었지만 그의 얼굴에서는 미칠 듯한 기쁨을 찾아볼 수 없었다

중국인은 그 동안 다섯 차례나 삼성화재 배 결승전에 뛰어들었으나 '작은 돼지' 뤄시허만이 승리를 거두었다. 뤄시허의 이 승리는 '돌부처 시대가 이미 작은 돼지에 의해 끝났는가?'라는 말이 나올 정도로 그 의미가 매우 크다. 이 물음에 대한 답은 매우 명확하다. '그렇지 않다!' 중국 기원의 왕루난 원장은 "이창호의 시대가 끝나려면 아직 멀었다. 이창호가 진정으로 물러나려면 최소 2, 3년은 더 걸릴 것이다"라고 말했다.

단어
围棋 wéiqí 바둑
诞生 dànshēng 탄생하다
击败 jībài 격파하다, 이기다
继 jì 이어서
胜利 shènglì 승리, 승리하다
夺得 duódé 얻다
跨入 kuàrù 들어서다
与众不同 yǔzhòngbùtōng 남들과 다르다
绝对 juéduì 절대로, 전혀
狂喜 kuángxǐ 미칠 듯이 기쁘다
以至于 yǐzhìyú ~정도에 이르다

81 뤄시허는 중국 바둑계에서 몇 번째로 세계 1등을 하였나요?

A 네 번째
B 다섯 번째
C 아홉 번째
D 열네 번째

정답 A

해설 첫 번째 단락 "中国围棋第四个世界冠军诞生了"에서 마샤오춘, 위빈, 창하오에 이어 '4번째로 세계를 제패한 챔피언'이라고 언급되어 있다.

82 뤼시허의 별명은 무엇인가요?

A 돌부처
B 작은 돼지
C 신동
D 제 1인자

정답 **B**

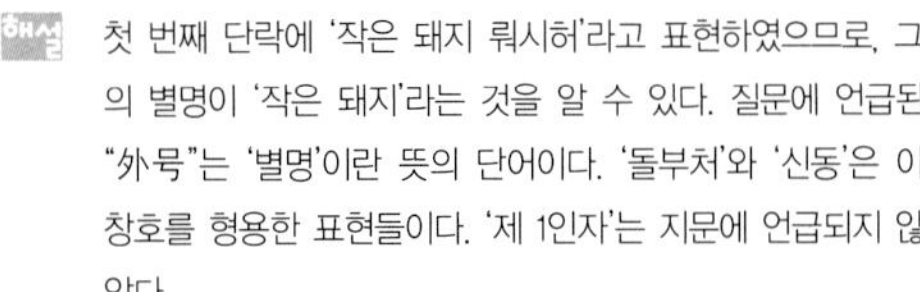
해설 첫 번째 단락에 '작은 돼지 뤼시허'라고 표현하였으므로, 그의 별명이 '작은 돼지'라는 것을 알 수 있다. 질문에 언급된 "外号"는 '별명'이란 뜻의 단어이다. '돌부처'와 '신동'은 이창호를 형용한 표현들이다. '제 1인자'는 지문에 언급되지 않았다.

83 이번 결승전에서 뤼시허의 상대는 어느 나라 사람인가요?

A 인도
B 일본
C 한국
D 중국

정답 **C**

해설 첫 번째 단락에 '돌부처 이창호에게 이겼다'고 언급하였고, 두 번째 단락에 '한국 선수 이창호'라고 언급하여, 뤼시허의 상대 선수가 한국 선수임을 알 수 있다.

84 뤼시허의 IQ는 몇인가요?

A 140 정도
B 150 정도
C 160 정도
D 180 정도

정답 **C**

해설 세 번째 단락에 'IQ가 164'라고 언급하였으므로 답은 보기 C이다

85 돌부처를 완파하려면 최소한 몇 년이 더 걸리나요?

A 1년
B 2–3년
C 5–6년
D 10년

정답 **B**

해설 마지막 단락에 "真正将李昌镐请下台，最少还需要两三年"내용에서 "真正~下台"는 질문의 "彻底战胜"과 일맥상통하는 뜻이다. 그러므로 2–3년이 답이다.

86-90

나는 매년 학과의 요구에 따라 10여 명의 학생들에게 독해와 작문 수업을 지도한다. 이 학생들은 중학교에서부터 갓 대학에 입학할 때까지 명작을 한 편 읽고 난 후 생각하는 문제가 주로 이 작품은 어떤 사상을 의미하며 작가의 어떠한 태도를 나타내는가 등이었다. 그리고 나서야 그들은 이《겐지 이야기》라는 책이 뭐가 재미있었는지에 대해 말하거나 빅토르 위고라는 인물에 대해 자신은 왜 아무런 느낌이 없는지 등을 이야기하곤 한다.

이러한 문제를 해결하기 전에 나는 보통 그들에게 나보코프의《문학 강좌》를 읽으라고 추천한다. 나브코프는 뛰어난 재능으로 많은 작품을 남긴 작가였으며, 그 역시 일찍이 대학에서 문학 과목을 가르친 적이 있다. 내 소설가 친구인 왕샤오보는 생전에 나에게 이《문학 강좌》라는 책을 보내준 적이 있었다. 그는 반드시 이렇게 수업을 해야 한다고 말했다. 그가 차분한 태도로 그 책 내용 중의 에피소드를 다시 말해줬던 것이 기억난다. 나보코프의 한 학생이 선생님이 나눠준 답안지 중에 자신의 것을 찾지 못해 결국에는 어쩔 수 없이 선생님을 찾아갔다. 그러자 선생님은 마치 마술사처럼 97점을 받은 그 학생의 시험지를 꺼내주며 말했다. "천재가 어떻게 생겼는지 한 번 보고 싶었단다."

나는 나보코프가 출제했던 시험문제를 보았다.《보바리 부인》에 관한 문제였는데, 시험 문제는 총 18개였으며 그 중에는 이런 문제들도 있었다. 플로베르가 '그리고'라는 단어를 어떻게 사용했는지를 그 용법에 대해 토론하시오, 엠마가 어떤 책을 읽었는지 최소한 네 개의 작품과 그 작가를 쓰시오, 엠마의 눈, 두 손, 양산, 헤어 스타일, 옷, 신발을 묘사하시오 등이었다.

솔직히 말하자면, 나는《보바리 부인》을 읽었지만 이러한 문제들에는 전부 대답을 할 수가 없었다. 이러한 문제를 염두에 두고 다시 읽는 것이 아니라면 최소한 다섯 번은 읽어야 할 것이다. 그러나 정말 좋은 책을 이렇게 읽지 않는다면 문학적 상상력의 묘미를 어떻게 느낄 수 있겠는가?

단어
按~要求 àn ~ yāoqiú 요구에 따라
指导 zhǐdǎo 지도하다
名著 míngzhù 유명 저서
体现 tǐxiàn 재현하다, 구체적으로 드러내다
解决 jiějué 해결하다
推荐 tuījiàn 추천하다
多才 duōcái 재능이 많다
多产 duōchǎn 생산량이 많다

生前 shēngqián 살아 생전에
不动声色 búdòngshēngsè 태도가 차분하다
复述 fùshù 다시 말하다
以及 yǐjí 및, 그리고
至少 zhìshǎo 최소한
举 jǔ 거론하다
描述 miáoshù 묘사하다
体会 tǐhuì 체험하다, 느끼다
妙趣 miàoqù 묘미

86 본문에 따르면, 글쓴이의 직업은 무엇인가요?

A 작가
B 교사
C 편집인
D 평론가

정답 **B**

해설 첫 번째 단락의 "指导十多个学生的阅读和写作"에서 '교사'임을 알 수 있다.

87 글쓴이가 종종 다른 사람들에게 읽어보라고 추천하는 책은 어떤 것인가요?

A 《로리타》
B 《겐지이야기》
C 《문학강좌》
D 《보봐리부인》

정답 **C**

해설 두 번째 단락의 "在解决这些问题前，我通常会推荐他们阅读纳博科夫的《文学讲稿》"에서 '문학강좌'를 추천함을 알 수 있고, 보기 A는 지문에 언급된 책이 아니다. 이 지문에 등장한 보봐리 부인 책 역시 문학강좌라는 책 안에 들어 있는 에피소드에 등장하는 책 이름이다.

88 두 번째 단락의 밑줄 그은 "많은 작품을 쓰다"의 뜻은 무엇인가요?

A 작품이 많다
B 수입이 많다
C 실력이 우수하다
D 지위가 높다

정답 **A**

해설 "多产"은 '생산량이 많다'는 뜻으로, "多产作家"라 함은 '작품을 많이 써낸 작가'를 뜻한다. 나머지 보기들은 지문에 언급된 내용들이 아니다.

89 나보코프가 시험을 제일 잘 본 학생의 시험지를 주지 않은 이유는 무엇인가요?

A 기념으로 남기려고
B 시험지를 찾을 수 없어서
C 누가 이렇게 똑똑한지 보려고
D 학생이 조급해 하는 것을 보려고

정답 **C**

해설 두 번째 단락에 '천재가 어떤 모습인지 보고 싶어서 시험지를 같이 돌려 주지 않았다'고 언급되어 있다. 지문의 "我想看看天才长得什么样" 의"天才"와 보기 C의 "聪明"은 같은 뜻이다. 보기 B는 학생이 본인의 시험지를 찾지 못한 것이지, 나보코프 선생님이 찾지 못해서 안 돌려 준 것이 아니다. 그러므로 이 문제의 답이 될 수 없다. 나머지 보기들은 언급된 내용이 아니다.

90 글쓴이는 좋은 책은 최소한 몇 번 읽어야 한다고 여기나요?

A 2번
B 3번
C 4번
D 5번

정답 **D**

해설 마지막 단락에 "至少读五遍"에서 좋은 책의 문학적 상상력의 묘미를 느끼려면 즉 나보코프가 제기한 문제들에 답을 하려면 '최소한 5번 읽어야 한다'고 생각하는 것을 알 수 있다.

3. 쓰기(书写)

제1부분

제1부분은 총 8문항이다. 모든 문제는 여러 개의 단어가 제시된다. 응시자는 주어진 단어를 사용하여 하나의 문장을 만든다.

91 정답 你能喝下这瓶酒吗?

당신은 이 병의 술을 마실 수 있나요?

해설 먼저 주어, 술어, 빈어를 확인한다. 주어 "你", 술어 "喝", 빈어 "这瓶酒"를 확인한다. "能"은 능원동사(조동사)이므로 주어 뒤, 동사 술어 앞에 위치시키고, 의문조사는 문장의 맨 뒤에 위치시킨다. 알맞은 순서는 "你能喝下这瓶酒吗?"이다.

92 정답 爷爷想去外边走走。

할아버지는 밖에 나가 걷고 싶어한다.

해설 먼저 주어, 술어, 빈어를 확인한다. 주어 "爷爷", 동사 "去"와 "走走"를 확인한다. 조동사 "想"은 주어와 동사 사이에 위치시키고, 명사 "外边"은 "去" 다음으로 위치시킨다. "走走"는 빈어를 가지지 않는다. 올바른 문장의 순서는 "爷爷想去外边走走"이다.

93 정답 你一定能学好汉语。

당신은 분명 중국어를 잘 배울 수 있습니다.

해설 먼저 주어, 술어, 빈어를 확인한다. 주어 "你", 술어 "学", 빈어 "汉语"를 확인한다. 능원동사 "能"은 주어와 술어 사이에 위치 시키고, 부사 "一定"은 능원동사 "能"앞에 위치시킨다. '부사+능원동사'가 일반적인 어순이다. "好"는 동사 뒤 보어 자리에 위치시킨다. "学好"는 '잘 배우다'의 뜻이다. 그러므로 올바른 순서는 "你一定能学好汉语"이다.

94 정답 他们俩的能力和水平都差不多。

저 둘의 능력과 실력은 비슷하다.

해설 먼저 주어, 술어, 빈어를 확인한다. 이 문제처럼 주어가 딱히 눈에 띄지 않을 경우에는 술어를 먼저 찾아보자. 동사와 형용사가 술어를 할 수 있는데, 이 문제에서는 형용사 "差不多"가 유일하다. 그러므로 술어를 "差不多"로 확인하면 주어는 이에 상응하는 명사가 되어야 한다. 무엇이 비슷한가? "能力和水平" '능력과 실력이 비슷하다'가 되어야 한다. 그리고 "他们俩的"는 "能力和水平"을 꾸미는 한정어가 되어야 한다. 부사 "都"는 주어 뒤, 술어 앞에 위치시킨다. 올바른 순서는 "他们俩的能力和水平都差不多"이다.

95 정답 请替我向你的家人问好。

당신의 가족에게 안부 전해 주세요.

해설 안부를 전해주다는 "替我问好"라고 표현한다. 그러므로 동사 "替"와 동사 "问好"로 순서를 정한다. 개사구 "向你的家人"은 동사 "问好"와 관계된 것이므로 그 앞에 위치 시킨다. 나머지 "请"은 '~좀 해주세요' 부탁의 뜻이므로 문장의 맨 앞에 위치시킨다. 올바른 순서는 "请替我向你的家人问好"이다.

96 정답 王经理轻轻地叹了一口气。

왕 매니저는 가볍게 한숨을 쉬었다.

해설 먼저 주어, 술어, 빈어를 확인한다. 주어 "王经理", 술어 "叹", 빈어 "一口气"를 확인한다. "轻轻地"는 상황어로 주어와 술어 사이에 위치시키고 "了"는 빈어가 수량사를 가졌으므로 동사 뒤에 위치시킨다. 올바른 문장 순서는 "王经理轻轻地叹了一口气"이다.

97 정답 我现在比半年前胖5公斤。

나는 지금 6개월 전보다 5kg 더 나간다.

해설 개사 "比"를 보고 비교문의 기본 형식 'A(명사/대명사)+比+B(명사/대명사)+비교결과+수량사'을 생각해 내야 한다. A는 주어이며, 비교결과는 술어이고, 수량사는 보어이다. 그러므로 올바른 문장의 순서는 "现在比半年前胖5公斤"이다.

98 정답 我一定要把这件事干好。

나는 반드시 이 일을 잘 해야 한다.

해설 개사 "把"를 보고 "把"자문의 기본 형식 '주어 + 把 대상+동사+기타성분'을 생각해 낸다. 부사 "一定"은 조동사 "要"와 같이 개사 "把"앞에 위치 시킨다. 올바른 문장의 순서는 "我一定要把这件事干好"이다.

제2부분

제2부분은 총 2문항이다. 첫 번째 문항에서는 여러 개의 단어가 제시되며, 응시자는 제시된 단어들을 사용하여 80字 내외로 구성된 단문을 작성한다. 두 번째 문항에서는 하나의 그림이 제시되며, 응시자는 그 그림을 근거로 80字 내외로 구성된 단문을 작성한다.

99 참고답안

每个人都需要朋友，真正的朋友总能在最需要的时候帮助我们。那么应该怎么选择朋友呢？对于这个问题，我的看法是，选朋友一定要选和自己有共同爱好的人，这样在一起的时候才能开心。

모든 사람은 누구나 친구가 필요하다. 진정한 친구란 가장 필요할 때 언제나 나를 도와줄 수 있는 친구를 말한다. 그렇다면 친구는 어떻게 선택해야 할까? 이 문제에 대한 나의 생각은, 친구를 선택할 때는 반드시 자신과 같은 취미를 가진 사람을 선택해야 한다. 그래야만 함께 있을 때 서로 즐거울 수 있다.

단어 需要 xūyào 필요하다
选择 xuǎnzé 선택하다
看法 kànfǎ 견해
共同 gòngtóng 같다, 공동의

100 참고답안

现在禁止吸烟的地方越来越多，对不吸烟的人来说，这可是件好事。大家都知道吸烟有害健康，可还是有很多人喜欢吸烟，真不知道是为什么。那些吸烟的人，如果找不到可以吸烟的地方，就戒烟吧。

현재 금연 지역이 갈수록 늘고 있다. 비흡연자들에게 있어서는 매우 다행스러운 일이다. 모두가 알다시피 담배는 건강에 해롭지만 그런데도 불구하고 여전히 많은 사람들이 흡연을 즐기니 정말 그 이유를 모르겠다. 흡연자들은 담배를 피울 수 있는 공간을 찾지 못한다면 담배를 아예 끊는 것이 더 나을 것이다.

단어 禁止 jìnzhǐ 금지하다, 금지
越来越 yuèláiyuè 점점
有害 yǒuhài 해가 된다
健康 jiànkāng 건강
戒烟 jièyān 금연

新汉语水平考试

HSK 5级

모의고사 해설

HSK（五级）4회 모범답안

一、听力

第一部分	1. C	2. B	3. C	4. D	5. B	6. B	7. A	8. C	9. A	10. C
	11. B	12. B	13. B	14. B	15. D	16. A	17. B	18. C	19. B	20. B
第二部分	21. A	22. B	23. C	24. A	25. D	26. D	27. A	28. C	29. B	30. B
	31. C	32. D	33. B	34. B	35. A	36. D	37. C	38. A	39. C	40. B
	41. A	42. C	43. A	44. C	45. A					

二、阅读

第一部分	46. D	47. D	48. D	49. A	50. C	51. C	52. D	53. A	54. C	55. D
	56. B	57. A	58. D	59. B	60. A					
第二部分	61. D	62. B	63. A	64. B	65. C	66. B	67. A	68. C	69. B	70. C
第三部分	71. B	72. B	73. A	74. C	75. D	76. A	77. D	78. C	79. B	80. B
	81. C	82. B	83. A	84. C	85. C	86. A	87. D	88. D	89. C	90. A

三、书写

第一部分	91.	他喝了很多酒。
	92.	他长得一点儿也不好看。
	93.	你难道没听见我的话吗?
	94.	他想在这儿住一个月。
	95.	我的年龄比他大8岁。
	96.	他一连两周没来上班。
	97.	你怎么能说出这样的话?
	98.	我打算去北京的世界公园玩。
第二部分 参考答案	99.	春节是中国最重要的节日，每到春节，全国都要放假，大多数中国人会从各个地方赶回家，有些人实在不能回家，也一定会在一年的最后一天，给自己的亲人打个电话，问候家里所有的人。
	100.	电脑带给我们很多方便，也在悄悄地改变我们的生活。比如，现在习惯用电脑打字的人越来越多，字写得好的人就越来越少了；喜欢上网聊天的时间越来越长，和家人、朋友见面的时间反倒越来越少了。

1. 듣기(听力)

제1부분

제1부분은 총 20문항이다. 모든 문제는 한 번씩 들려준다. 모든 문제는 두 사람의 대화로 이루어져 있으며, 두 문장으로 구성되어 있다. 세 번째 사람이 이 대화와 관련된 질문을 한다. 응시자는 시험지에 주어진 4개의 선택 항목 중에서 정답을 고른다.

1

男：这是什么东西？还挺有意思的，让我看看。
女：你也太老土了吧，连MP3都不知道。

问：女人的意思是：

남 : 이건 뭐야? 재미있는데? 나도 좀 보자.
여 : 너도 참 촌스럽다. MP3도 몰라?

문 : 여자가 한 말은 무슨 뜻인가요?

A 남자는 말을 재미있게 한다
B 남자는 MP3를 새로 샀다
C 남자는 촌스럽다
D 남자는 유행을 쫓고 있다

정답 C

해설 이 문제는 응시생의 단어 이해력을 체크하는 문제이다. 여자가 말 한 "土"가 형용사로 사용되면 '촌스럽다'는 뜻을 가진다. 보기 C "不够时尚" 은 유행에 뒤지는 '촌스럽다'의 뜻이다. 그러므로 답은 보기 C이다.

단어 有意思 yǒuyìsi 재미있다
土 tǔ 촌스럽다
连~都 lián ~ dōu ~조차도

2

女：大老远的，你怎么跑到这儿来了？
男：怎么，不欢迎？

问：女人的意思是：

여 : 그렇게 먼데 어떻게 여기까지 왔어?
남 : 왜, 안 반가워?

문 : 여자가 한 말은 무슨 뜻인가요?

A 이렇게 먼데 왜 차를 안 탔니?
B 어떻게 갑자기 이곳에 왔니?
C 너는 여기 어떻게 왔니?
D 내가 있는 곳에 네가 온 것이 반갑지 않다

정답 B

해설 이 문제는 응시생의 단어 이해력을 체크하는 문제이다. "大老远的"는 회화체로 '아주 멀다'라는 뜻이며, 여자가 한 말 "你怎么跑到这儿来了?"에서 "怎么"는 '원인'을 묻는 표현이다. 왜 여기에 왔는지 원인을 묻는 표현이므로 답은 B이다. 참고로 "怎么"는 수단이나 방법을 물을 때도 쓸 수 있다. 이렇게 사용할 때는 일반적으로 바로 동사 앞에 위치시켜, 어떻게 동사 하는 것인지 방법을 묻는다. 보기 C가 어떻게 여기 왔는지 교통 수단을 묻는 것이다. 혼동하지 않도록 주의한다.

단어 怎么 zěnme 왜

3

男：听说这次公务员考试报名的人很多。
女：是啊，已经有2万人报名了，这样算来今年的录取率只有百分之一了。

问：今年大约录取多少人？

남 : 이번 공무원 시험 응시생이 엄청 많대.
여 : 맞아. 벌써 2만 명이 접수했대. 이러다간 올해 합격률이 1%밖에 안 되겠어.

문 : 올해 합격자는 몇 명인가요?

A 20명
B 100명
C 200명
D 500명

정답 C

해설 이 문제는 응시생의 숫자 세부 사항 파악력을 체크하는 문제이다. 올해 합격생이 1%일 것이라고 하였으므로 응시생 2만 명의 1%를 계산한 결과 '200명'이 올해 합격자 수가 되겠다.

단어 公务员 gōngwùyuán 공무원
这样算来 zhèyàngsuànlái 이렇게 되면
录取率 lùqǔlǜ 합격률

4

女：你现在住哪儿？还和父母一起住吗？
男：早不和他们一块儿住了，结婚以后就搬出来了。

问：男人现在和谁住在一起:

여 : 당신 지금 어디 사세요? 아직도 부모님과 함께 사나요?
남 : 같이 살지 않은지 좀 되었지요. 결혼 후 바로 이사 나왔으니.

문 : 남자가 지금 같이 살고 있는 사람은 누구인가요?

A 부모
B 동창
C 친구
D 부인

정답 D

해설 '부모님과 같이 살지 않는다'고 대답하고, '결혼 후 이사 나왔다'고 하니, 지금은 부인과 같이 살고 있음을 알 수 있다. 보기 D가 답이다.

정답 搬 bān 이사하다

5

男：我们今天去了故宫还去北海吗？
女：那当然，今天不去哪天去？

问：女人的意思是:

남 : 우리 오늘 자금성 갔다가 북해공원 갈까?
여 : 당연하지, 오늘 안 가면 또 언제 가겠어?

문 : 여자가 한 말의 뜻은 무엇인가요?

A 오늘 당연히 안 간다
B 오늘 반드시 가야 한다
C 언제 가도 다 괜찮다
D 언제든지 가면 안 된다

정답 B

해설 이 문제는 응시생의 반어 표현 이해력을 체크하는 문제이다. "今天不去哪天去"는 반어 표현으로 '오늘 가야 한다'고 강조하는 것이다. 이 표현은 언제 가느냐고 물어 보는 표현으로도 사용가능 하지만, 이 지문에서는 남자가 한 말에 여자가 "那当然"이라는 말로 대꾸를 하면서 이어서 한 말이다. 그러므로 반어용법이라고 보아야 한다.

단어 今天不去哪天去？ jīntiān bú qù nǎ tiān qù (반어)오늘 안 가면 언제 가니?

6

女：我准备好了，咱们走吧。
男：走？你也不看看都几点了！

问：男人的意思是:

여 : 준비 다 됐어. 가자.
남 : 가자고? 벌써 몇 시인 줄 알아!

문 : 남자가 한 말의 뜻은 무엇인가요?

A 지금 가는 것은 조금 이르다
B 지금 가는 것은 너무 늦었다
C 지금 몇 시인지 알고 싶다
D 여자 보고 시계 차는 것을 잊지 말라고 한다

정답 B

해설 이 문제는 응시생의 단어 이해력을 체크하는 문제이다. "你也不看看…"은 회화 상용구로 당연히 어떤 요소를 생각했어야 하는데 고려하지 않는다는 불만, 질책의 말투이다. "穿这种颜色的衣服，你也不看看自己的年龄(根据你的年龄，不应该穿这种颜色的衣服)。" 이런 옷을 입다니, 나이를 생각 안 하는군요. (당신의 나이에 이런 색의 옷은 어울리지 않아요)의 뜻이다. "你也不看看都几点了"는 '시계를 보라'는 뜻이 아니라, '시간을 보라'는 뜻이다. "都+수사+了"는 '이미 ~이다.'라는 뜻으로 시간이 늦었거나, 많은 수를 표현하는 것이다. 이 문제에서는 '시간이 너무 늦었다'는 표현이다.

단어 都～了 dōu ~ le 이미 ~이다(늦은 시간, 많은 수)

7

男：请问内科住院部在几楼？
女：在10楼，但现在是治疗时间，看病人的话下午四点半以后再来吧。

问：对话可能发生在什么地方？

남 : 내과 입원 병동은 몇 층입니까?
여 : 10층입니다. 하지만 지금은 진료 시간이니 환자 면회 하시려면 오후 4시 반 이후에 오세요.

문 : 대화가 발생한 곳은 어디일까요?

A 병원
B 상점
C 길에서
D 음식점

정답 A

해설 이 문제는 응시생의 핵심 단어로 장소를 유추하는 문제이다. 대화 중에 나오는 "内科", "住院部", "看病人" 등으로 병원임을 알 수 있다.

단어 内科 nèikē 내과
住院部 zhùyuànbù 입원 병동
病人 bìngrén 환자

8

女：刘经理，我下午有急事，4点可能赶不到您那儿，大约得晚半个小时左右。
男：没关系，我等你。

问：说话人几点能见面？

여 : 류 사장님, 오후에 급한 일이 있어서 4시까지는 못 갈 것 같아요. 삼십 분쯤 더 걸릴 것 같네요.
남 : 괜찮아요. 기다릴게요.

문 : 화자를 만날 수 있는 시간은 몇 시인가요?

A 3시 30분
B 4시
C 4시 30분
D 5시

정답 C

해설 이 문제는 응시생의 세부 사항 파악 능력을 체크하는 문제이다. 약속한 시간은 '4시'이고, '30분 더 걸릴 것 같다'고 한 표현에서 만날 수 있는 시간은 '4시 30분'임을 알 수 있다.

단어 赶 gǎn 서두르다

9

男：昨天的电视剧怎么样？
女：很有中国特色，男主角演得真不错，音乐也很美。

问：下面哪一项对话中没有谈到？

남 : 어제 드라마 어땠어?
여 : 아주 중국 드라마답던걸, 남자 주인공 연기 끝내주더라. 음악도 좋고.

문 : 다음 중 언급되지 않은 것은 무엇인가요?

A 여자 주인공이 예쁘다
B 음악이 듣기 좋다
C 남자 주인공이 연기를 잘 했다
D 중국 특색이 뚜렷하였다

정답 A

이 문제는 응시생의 세부 내용 파악 능력을 체크하는 문제이다. 여자는 한 말에는 '중국 색채가 강하다'는 의미와, '남자 주인공', '음악'이 언급되었지만, 보기 A '여자 주인공'에 대해서는 언급이 되지 않았다. 녹음을 들으면서 눈으로는 보기들을 하나하나 잘 체크를 해 봐야 질문에 올바른 답을 찾아 낼 수 있다.

단어 电视剧 diànshìjù 드라마
特色 tèsè 특색
主角 zhǔjué 주연
演 yǎn 연기하다

10

女：你不要再犹豫了，这么好的女孩你打着灯笼也找不着。
男：可就是不知道人家有没有那个意思？

问：说话人谈的是哪方面的事情？

여 : 더는 망설이지 마. 이렇게 괜찮은 여자는 눈 씻고 찾아봐도 다시는 못 찾아.
남 : 그런데 상대가 날 만날 생각이 있는 건지 어쩐지 모르겠어.

문 : 화자가 말하는 것은 어느 방면의 일인가요?

A 사업
B 일
C 연애
D 학습

정답 C

해설 이 문제는 응시생의 관용어 이해력을 체크하는 문제이다. 지문의 "对某人有意思"는 "喜欢某人"의 뜻으로 '누구를 좋아한다'는 의미이며, "打着灯笼也找不着"는 속어로 '찾기 쉽지 않다'는 의미이다. 두 사람의 대화를 종합해 보면 연애 방면의 이야기를 하고 있음을 알 수 있다.

단어 犹豫 yóuyù 망설이다
打着灯笼也找不着 dǎzhe dēnglong yě zhǎobuzháo 눈 씻고 찾아도 찾을 수 없다
有那个意思 yǒu nà gè yìsi 교제 의사가 있다

11

男：老王，听说你最近中了大奖，发大财了。
女：你从哪儿听来的小道消息？我只中了一个50块钱的末等奖。

问："小道消息"是指：

남 : 라오왕, 요새 로또 1등 당첨돼서 돈 좀 크게 벌었다면서?
여 : 어디서 그런 말도 안 되는 소릴 들은 거야? 겨우 50위안 짜리 꼴등 당첨됐을 뿐이야.

문 : "근거 없는 소리"의 뜻은 무엇인가요?

A 미리 들은 소식
B 근거 없는 소문
C 방송에서 들은 소식
D 중요하지 않은 소식

정답 B

해설 이 문제는 응시생의 단어 이해력을 체크하는 문제이다. "小道消息"는 '근거 없는, 말도 안 되는 소리'라는 뜻으로 보기 B의 "道听途说"와 같은 의미이다. 여자가 한 말 중에 '어디서 그런 소리를 들었냐'고 되묻는 부분과 '겨우 50원짜리 당첨되었다'는 부분에서 '근거 없는 소리', '말도 안 되는 소리'라는 뜻을 유추할 수 있다.

단어 中大奖 zhòng dàjiǎng 큰 상에 당첨되다
发财 fācái 부자가 되다
小道消息 xiǎodàoxiāoxi 근거없는 소문
末等奖 mòděngjiǎng 꼴찌상

12

女：我男朋友做菜怎么样？
男：我昨天尝过了，确实有两下子。

问：男人的意思是：

여 : 내 남자친구가 해 준 요리 어땠어?
남 : 어제 먹어봤는데, 정말 솜씨 좋던데.

문 : 남자가 한 말의 뜻은 무엇인가요?

A 그가 두 가지 음식을 만들었다
B 그가 만든 음식은 꽤 괜찮다
C 그가 많은 음식을 만들었다
D 그가 만든 음식은 별로 맛이 없다

정답 B

해설 이 문제는 응시생의 관용어 이해력을 체크하는 문제이다. "有两下子"는 '능력이 있다', '솜씨 있다'는 표현으로 "有本领", "能力强"과 같은 말이다. 남자의 말뜻은 '많은 음식을 만들었다'의 뜻이 아니라 '잘 만들었다'의 의미이다. 그러므로 보기 B가 답으로 가장 적합하다.

단어 尝 cháng 맛보다
确实 quèshí 정말로
有两下子 yǒu liǎngxiàzi 능력있다

13

男：小丽，你怎么这么晚才来？
女：真对不起，正赶上一种减肥药在打折，我排了半天才买到。

问：下面哪一项是正确的？

남 : 샤오리, 왜 이제야 왔어?
여 : 정말 미안해. 때마침 다이어트 약 할인하길래, 반나절을 기다려서 겨우 사고 오느라.

문 : 다음 중 맞는 내용은 무엇인가요?

A 샤오리는 방금 병원에 갔다
B 샤오리는 다이어트 하기를 희망한다
C 가구를 판촉하고 있다
D 샤오리 일이 힘들다

정답 B

해설 이 문제는 응시생의 관련 단어를 통한 유추 능력을 체크하는 문제이다. 여자가 말한 "正赶上一种减肥药在打折"에서 샤오리가 다이어트를 원함을 유추할 수 있고, 나머지 보기 A, C, D 등은 거리가 있거나, 언급되지 않은 내용이다.

단어 赶上 gǎnshàng 때마침, ~한 때에 이르다
减肥药 jiǎnféiyào 다이어트 약
打折 dǎzhé 할인하다

14

女：经理，老刘去外地出差了，最早下周才能回来。 男：不行，这件事只能他处理，非把他叫回来不可。
问：下面哪一项是正确的？
여 : 사장님, 라오류는 어제 출장 가서 빨라야 다음 주에나 오는데요. 남 : 안 돼, 이 일 맡을 사람은 라오류 뿐이야. 반드시 불러와야 해.
문 : 다음 중 맞는 내용은 무엇인가요?

A 사장님이 라오류 보고 외지에 가라고 하였다
B 라오류는 지금 외지에 있다
C 사장님이 외지로 출장을 가려 한다
D 라오류가 사장님 보고 일찍 돌아오라고 하였다

정답 B

해설 이 문제는 응시생의 단어 이해력을 체크하는 문제이다. "老刘去外地出差了，最早下周才能回来"에서 보기 B가 맞는 내용임을 알 수 있고, 보기 C가 틀렸다는 것을 알 수 있다. 남자가 말한 "这件事只能他处理，非把他叫回来不可"에서 보기 A가 틀렸음을 알 수 있고, 보기 D는 언급되지 않은 내용이다.

단어 出差 chūchāi 출장가다
处理 chǔlǐ 처리하다
非~不可 fēi ~ bùkě 반드시 ~해야 한다

15

男：电影马上就开演了，李红怎么还没来？要不要给她打个电话？ 女：打什么电话，你又不是不知道，她是个慢性子，到时候准来，咱们先进去吧。
问：女人的意思是：
남 : 영화 곧 시작할 텐데, 리홍은 왜 아직 안 와? 전화해 볼까? 여 : 전화는 무슨. 리홍이 원래 느긋한 거 모르는 것도 아니면서, 시간 맞춰 올 테니 우리 먼저 들어가자.
문 : 여자가 한 말은 무슨 뜻인가요?

A 리홍은 일이 있어 오지 않는다
B 리홍은 전화기를 가져가지 않았다
C 리홍은 아마도 들어갔을 것이다
D 리홍은 반드시 올 것이다

정답 D

 이 문제는 응시생의 단어 이해력을 체크하는 문제이다. 여자가 한 말 "打什么电话"는 반어의 의미로 '전화할 필요 없다'는 뜻이다. "你又不是不知道"는 이중 부정으로 당신이 알고 있다는 것을 강조하는 뜻이다. "慢性子"는 조급하지 않고 느리거나, 느긋한 성격의 소유자를 뜻한다. 여자가 말 한 "到时候准来，咱们先进去吧"에서 여자는 리홍이 반드시 올 것이라고 믿는 것을 알 수 있다. 보기 네 개 중 여자의 말 뜻으로 보기 D가 적합하다.

단어 开演 kāiyǎn 공연을 시작하다
慢性子 mànxìngzi 느긋한 성격
准 zhǔn 반드시

16

女：我想买辆自行车，你看我是买辆新的还是买二手的？ 男：我说买辆新的更合算。
问：男人的意思是：
여 : 자전거 사고 싶은데, 새 걸로 살까, 중고로 살까? 남 : 새 거 사는 게 더 나을 걸.
문 : 남자가 한 말의 뜻은 무엇인가요?

A 새 차를 사는 것이 적합하다
B 차를 사지 말았어야 했다
C 어떤 종류를 사든지 다 괜찮다
D 중고차를 사는 것이 훨씬 좋다

정답 A

 이 문제는 응시생의 단어 이해력을 체크하는 문제이다. "合算"은 회화체로 '적합하다', '수지타산이 맞다'의 뜻으로 "合适"를 뜻한다. 남자의 말은 '새 차를 구매하는 것이 좋다'이므로 보기 A가 답으로 적합하다.

단어 二手的 èrshǒude 중고
合算 hésuàn 적합하다, 수지 타산이 맞다

17

男：我觉得现在的人越来越现实了，说起来还是学生时代的恋爱浪漫。
女：我想如果只是恋爱当然是浪漫的好，但要考虑结婚就应该现实一点儿了。

问：下面哪一项不符合女人的观点？

남：갈수록 사람들이 계산적이 되는 것 같아. 그래도 학생 시절 연애는 낭만적이었는데.
여：연애만 하는 거면 낭만적인 게 좋지만 결혼을 생각한다면 좀 현실적이어야겠지.

문：다음 중 여자의 관점이 아닌 것은 무엇인가요?

A 결혼은 현실적인 것이다
B 결혼은 낭만적이어야 한다
C 연애는 낭만적인 것이다
D 결혼은 연애와 다르다

정답 **B**

해설 이 문제는 응시생의 구문 이해력을 체크하는 문제이다. 여자가 한 말 "我想如果只是恋爱当然是浪漫的好，但要考虑结婚就应该现实一点儿了"에서 우리가 알 수 있는 것은 '1. 연애는 당연히 낭만적인 것이 좋다. 2. 결혼은 현실적이어야 한다. 3. 앞의 두 문장에서 유추할 수 있는 내용은 '결혼과 연애는 다른 것이다.'이므로 보기 B를 여자의 관점이라고 보기에는 무리가 있다.

단어 **现实** xiànshí 현실적이다, 현실
浪漫 làngmàn 낭만적이다, 낭만

18

女：这次德国之行真让我终身难忘。
男：要是真有你说得那么好的话，有机会我也要去一趟。

问：男人的意思是：

여：이번 독일 여행은 평생 잊지 못할 거야.
남：네 말대로 그렇게 좋다면 나도 기회 생기면 꼭 가보고 싶다.

문：남자가 한 말의 뜻은 무엇인가요?

A 그는 곧 독일에 가야 한다
B 그는 독일에 한 번 가봤다
C 그는 아직 독일에 가 본 적이 없다
D 독일 여행은 잊기 어려운 추억이다

정답 **C**

해설 이 문제는 응시생의 세부 내용 파악 능력을 체크하는 문제이다. 가정 "要是"의 뜻으로 '독일이 정말 그렇게 좋다면 나도 한 번 가봐야겠다'고 했으니, 한 번도 가 본 적이 없음을 뜻하는 것이며, '꼭 가야 한다'를 뜻하는 것은 아니다. 그러므로 답은 보기 C가 좋다.

단어 **终身** zhōngshēn 평생
难忘 nánwàng 잊지 못하다

19

男：你这件衣服在哪儿买的，挺不错的。
女：不错什么呀，我越讨厌这种样式的衣服，妈妈越给我买。

问：女人的意思是：

남：이 옷 어디서 샀어? 근사한데?
여：근사하긴 뭘. 내가 이런 스타일 싫다고 할수록 엄마가 더 사다 주시더라고.

문：여자가 한 말의 뜻은 무엇인가요?

A 우리 엄마는 옷 사는 것을 좋아한다
B 나는 이런 스타일의 옷을 좋아하지 않는다
C 나는 점점 엄마가 싫어진다
D 나는 싼 옷을 좋아한다

정답 **B**

해설 이 문제는 응시생의 구문 이해력을 체크하는 문제이다. 여자가 말 한 "不错什么呀"는 반어의 뜻으로 '좋지 않다'를 뜻하는 것이고, "讨厌"은 "不喜欢"의 뜻이므로, 여자가 '이런 스타일의 옷을 싫어한다'는 것을 알 수 있다. 그러므로 답은 보기 B이다.

단어 **讨厌** tǎoyàn 싫어하다

20

女：你怎么回来了，下午不是还有课吗？怎么，老师病了？
男：不是，下午有招生介绍会，所以我们停课一次。

问：男人下午为什么不上课？

여：왜 벌써 왔어? 오후에 또 수업 있잖아. 선생님이 편찮으셔?
남：아니오, 오후에 입학설명회가 있어서 휴강했어요.

문 : 남자가 오후에 수업을 하지 않은 이유는 무엇인가요?

A 그는 불편하다
B 학교가 휴교하였다
C 선생님이 불편하시다
D 오후에는 수업이 없다

정답 B

해설 이 문제는 응시생의 세부 사항 파악 능력을 체크하는 문제이다. "下午有招生介绍会，所以我们停课一次"에서 오후에 입학설명회로 수업을 하지 않았으므로, 이는 학교 행사로 학교에서 수업을 하지 않았음을 알 수 있고, '선생님이 불편하냐'는 여자의 질문에 남자는 '아니'라고 답했으므로 보기 C는 틀린 내용이며, 나머지 보기 A, D는 언급된 내용이 아니다.

단어 招生介绍会 zhāoshēngjièshàohuì 입학설명회

제2부분

제2부분은 총 25문항이다. 모든 문제는 한 번씩 들려준다. 모든 문제는 4–5 문장으로 구성된 대화 또는 단문이며, 이 내용을 들려준 후 내용과 관련된 하나 또는 여러 개의 질문을 한다. 응시자는 시험지에 주어진 4개의 선택 항목 중에서 정답을 고른다.

21

男：来，尝尝我做的菜，味道怎么样？
女：这也叫"鱼香肉丝"？
男：怎么？味道不好？
女：下次让你尝尝我做的，那才是真正的"鱼香肉丝"呢。

问：女人的意思是什么？

남 : 내 요리 좀 먹어봐. 어때?
여 : 이걸 '위샹러우쓰'라고 만든 거야?
남 : 왜? 맛 없어?
여 : 다음에 내가 만든 걸 먹어봐. 그 정도는 돼야 '위샹러우쓰'지.

문 : 여자가 한 말의 뜻은 무엇인가요?

A 남자가 잘 못한다
B 음식점에 가서 밥을 먹고 싶어 한다
C 이 요리가 맛있다
D 본인이 요리를 하고 싶어하지 않는다

정답 A

해설 여자가 한 말 "这也叫'鱼香肉丝'"는 반어적인 표현법으로 '위샹러우쓰를 잘못 만들었다'를 알 수 있다. 보기 B, D는 언급된 내용이 아니다.

단어 真正 zhēnzhèng 진정한, 진짜의

22

女：看样子，你还是大学生吧。
男：不错，我是学经济的，明年毕业。
女：你毕业以后有什么打算？
男：我已经找好了一家公司，是一家和中国有关系的贸易公司。

问：根据录音，下面哪一项是正确的？

여 : 딱 보니 대학생이네요.
남 : 맞아요. 경제학을 배우는데, 내년이면 졸업이에요.
여 : 졸업하면 뭐 할 거예요?
남 : 전 벌써 취직했어요. 중국과 관련 있는 무역회사예요.

문 : 녹음에 따르면 다음 중 맞는 내용은 무엇인가요?

A 남자는 이미 업무를 시작하였다
B 남자는 경제를 공부하는 사람이다
C 남자는 일을 찾으려 한다
D 남자는 올해 대학을 졸업한다

정답 B

해설 남자가 본인은 '경제학을 배우고 내년에 졸업한다'고 언급한 부분에서 보기 B가 맞는 내용이고, 보기 D는 틀린 내용임을 알 수 있다. '남자가 회사를 찾았다'고 한 표현은 '직장을 벌써 찾았다'는 의미이다. 그러므로 보기 C도 틀린 내용이라고 볼 수 있다.

단어 看样子 kànyàngzi 보아하니
打算 dǎsuan 계획
贸易公司 màoyìgōngsī 무역회사

23

男：这场球踢得真没意思。
女：可不是，这些运动员哪像是在踢球，简直是在运动场上散步。
男：看这样的比赛，还不如在家看看小说，上上网呢。
女：谁说不是呢。

问：说话人可能在做什么？

남 : 이번 경기 정말 재미없다.
여 : 그러게 말이야. 선수들이 운동장에서 공을 차는 게 아니라 정말이지 산책하는 것 같네.
남 : 이런 경기 볼 바엔 집에서 소설 읽거나 인터넷 하는 게 낫겠다.
여 : 누가 아니래.

문 : 화자가 하고 있는 것은 무엇인가요?

A 산책
B 인터넷
C 시합을 보다
D 소설을 보다

정답 C

해설 여자가 경기를 관람하면서, '선수들이 뛰는 것이 아니라 산책하는 듯하다'고 재미없음을 표현했다. 남자도 '이런 경기를 보는 것보다 소설을 읽거나 인터넷을 하는 것이 좋다'고 표현했으므로 이 둘이 하고 있는 것은 '경기 관람'이다. "简直"은 과장의 말투로 실제로 하고 있는 것이 아니다. "A不如B"는 'A하느니, 차라리 B를 하겠다'의 뜻이다.

단어 没意思 méiyìsi 재미없다
哪 nǎ 어디 그렇냐?(반어)
简直 jiǎnzhí 정말로
不如 bùrú ~만 못하다
谁说不是 shuíshuōbúshì 누가 아니래

24

女：在这儿吃饭怎么样，很特别吧？
男：你怎么找到这儿的？真是太漂亮了，我还是第一次在这么漂亮的地方吃饭呢。
女：别看了，我们还是先点菜吧，你喜欢吃什么？
男：这么好的地方，我觉得吃什么都没关系。

问：男人觉得这家饭店怎么样？

여 : 여기서 밥 먹는 거 어때? 근사하지?
남 : 여긴 어떻게 찾았어? 진짜 멋지다. 이렇게 근사한 데서 밥 먹는 거 처음이야.
여 : 그만 둘러보고 주문부터 하자. 뭐 좋아해?
남 : 이렇게 좋은 데에선 뭘 먹어도 좋을 것 같아.

문 : 남자는 이 음식점이 어떻다고 여기나요?

A 환경이 좋다
B 맛이 좋다
C 가격이 저렴하다
D 종업원이 예쁘다

정답 A

해설 남자가 한 말 "你怎么找到这儿的？真是太漂亮了，我还是第一次在这么漂亮的地方吃饭呢"에서 남자가 '"环境"이 좋다'고 표현하고 있음을 알 수 있다. '맛'과 '종업원', '가격'은 언급되지 않았다.

단어 特别 tèbié 독특하다
点菜 diǎncài 주문하다

25

男：这一个星期可把我累坏了。
女：怎么了？孩子又病了？
男：可不是，孩子病了，孩子妈妈出差了，里里外外就我一个人。
女：你也不早说，我们这些邻居也可以帮你一点儿啊！

问：男人的爱人怎么了？

남 : 이번 주는 정말 힘들었어요.
여 : 왜요? 아이가 또 아파요?
남 : 왜 아니겠어요. 아이는 아프지, 애 엄마는 출장 갔지, 집안일 바깥일 다 제 차지였거든요.

여 : 왜 진작 말 안 했어요. 이웃간에 그 정도는 도울 수 있는데!

문 : 남자의 부인은 무엇을 하였나요?

A 병이 생겼다
B 많이 피곤하다
C 도와야 한다
D 출장 갔다

정답 D

해설 남자가 한 말 "孩子妈妈出差了"에서 부인이 출장 갔음을 알 수 있다. "孩子妈妈", "孩子他妈 "는 '부인'을 뜻하는 말이고, 이 표현의 "妈"를 "爸"로 바꾸면 '남편'을 뜻하게 된다.

단어 累坏了 lèihuàile 피곤해 죽겠다
可不是 kěbushì 누가 아니래
里里外外 lǐliwàiwài 안팎으로
就 jiù 겨우, 단지
不早说 bùzǎoshuō 진작에 말하지 그랬어?
邻居 línjū 이웃

26

女 : 听说你要去国外留学了，准备好了吗？
男 : 哪儿呀，是公司打算让我去纽约工作，所以我要先到北京大学去学三个月的英语。
女 : 是这样呀，那什么时候去美国呢？到时候去送你。
男 : 大概12月去吧，要在那边工作3年呢。

问 : 男人去国外做什么？

여 : 유학 간다면서? 준비는 잘 돼가?
남 : 유학은 무슨. 회사에서 뉴욕으로 파견 보낸다기에 그 전에 베이징대학에서 3개월 동안 영어 좀 배워보려고.
여 : 그래? 그럼 미국은 언제 가? 배웅 나갈게.
남 : 12월쯤 갈 것 같아. 미국에선 3년 정도 일할 예정이야.

문 : 남자는 외국에 가서 무엇을 하나요?

A 유학 가다
B 영어를 배우다
C 출장 가다
D 일 가다

정답 D

해설 미국에 3년 일하러 가기 위해 먼저 베이징대학에서 3개월 영어를 배우려 하고 있음을 알 수 있다. 그러므로 답은 보기 D이고, 보기 C 출장과 혼동하지 않도록 한다.

단어 送 sòng 배웅하다

27

男 : 每天晚上你几点睡觉？
女 : 十点半，一到时间，我马上放下手上的事情，就是再重要的工作，再好的电视，我也不干不看了。
男 : 你真行，我晚上睡不着。一点以前能睡就算早的了，晚的时候恐怕我还没躺下，你就起来跑步了。
女 : 怪不得早上你总起不来呢。

问 : 女人每天几点睡觉？

남 : 넌 몇 시에 자?
여 : 10시 반. 난 그 시간만 되면 하던 일을 다 접어. 그게 아무리 중요한 일이든 아무리 재미있는 TV 프로그램이든 간에.
남 : 좋겠다. 난 밤에 잠이 안 와. 1시 전에만 자도 이른 편이야. 더 늦을 땐 내가 눕기도 전에 네가 조깅하러 일어날 걸?
여 : 어쩐지, 아침에 통 못 일어나더라.

문 : 여자는 매일 몇 시에 잠을 자나요?

A 10시 반
B 11시
C 12시
D 1시

정답 A

해설 여자는 10시 반이면 "我马上放下手上的事情"에서 '손의 일을 놓고 잠자리에 든다'는 것을 알 수 있다. 남자는 불면증에 시달려 '일찍 자야 새벽 1시에 잔다'고 언급되었고, 나머지 보기들은 언급되지 않았다

단어 放 fàng 놓다
睡不着 shuìbuzháo 잠을 잘 수 없다
算 suàn ~인 셈이다
恐怕 kǒngpà 아마도

28

女：你不是不吃肉吗？怎么买这么多肉呀？
男：不是我吃，是给儿子买的。
女：啊？你什么时候有儿子了？
男：哦，我们新养了一条小狗，我爱人把它当儿子照顾，我就叫它"儿子"了。

问：男人为什么买肉？

여 : 너 고기 안 먹잖아. 그런데 왜 고기를 이렇게 많이 샀어?
남 : 내가 아니라 우리 아들이 먹을 거야.
여 : 뭐? 언제 아들이 생겼어?
남 : 아, 강아지 한 마리를 새로 키웠는데, 집사람이 그 개를 아들처럼 돌보길래 '아들'이라고 불러.

문 : 남자가 고기를 산 이유는 무엇인가요?

A 아이에게 먹이다
B 부인에게 먹이다
C 강아지에게 먹이다
D 손님이 오려 한다

정답 C

해설 남자가 마지막에 말한 '부인이 개를 아들처럼 돌봐, 아들이라 부른다'는 곳에서 강아지 먹이려고 많이 샀음을 알 수 있고, 보기 A와 혼동하지 않도록 한다. 보기 D는 언급되지 않은 내용이다.

단어 不是~吗? búshì ~ ma? 인 것 아니니?(반어)
养 yǎng 기르다
当 dāng ~으로 삼다
叫 jiào 부르다

29

男：昨天晚上的演出怎么样？
女：那还用说，精彩得不能再精彩了，你不去，太可惜了。
男：可惜是可惜，不过一张票880块也太贵了吧。
女：这种演出都这样，880还算便宜的呢！

问：女人觉得昨天的演出怎么样？

남 : 어젯밤 공연 어땠어?
여 : 말이 필요 없는 완벽한 공연이었어. 같이 못 가서 아쉽다.
남 : 아쉽긴 하지만 한 장에 880위안이면 너무 비싸잖아.
여 : 이런 류의 공연은 다 그래. 880위안이면 그래도 싼 거야.

문 : 여자는 어제 공연이 어떠하였다고 여기나요?

A 별로 훌륭하지 않았지만, 입장료가 비싸지 않았다
B 아주 훌륭하였고, 입장료도 비싸지 않았다
C 아주 훌륭하였으나, 입장료가 비쌌다
D 별로 훌륭하지도 않았으며, 게다가 입장료도 비쌌다

정답 B

해설 "형용사+得不能再+형용사了"는 최상급의 뜻으로 '매우+형용사하다'는 뜻이다. 여자가 말한 "精彩得不能再精彩了"에서 공연이 아주 훌륭하였음을 알 수 있고, "880还算便宜"에서 입장료 880원이 저렴하다고 여기는 것을 알 수 있다.

단어 演出 yǎnchū 공연
还用说 háiyòngshuō 말할 필요가 없다, (반어)그렇다
精彩 jīngcǎi 훌륭하다
可惜 kěxī 애석하다

30

女：从宾馆到机场一个小时够了吧？
男：难说，要是不堵车40分钟就到了，要是堵车2个小时也到不了。
女：那明天咱们几点出发好呢？
男：我看，10点的飞机，咱们最晚7点半也得走了。

问：他们明天几点出发去机场？

여 : 호텔에서 공항까지 한 시간이면 충분하겠죠?
남 : 글쎄요. 안 막히면 40분이면 되는데, 차 막히면 두 시간도 넘게 걸려요.
여 : 그럼 내일 몇 시에 출발하는 게 좋을까요?
남 : 10시 비행기니까 아무리 늦어도 7시 반에는 출발해야 될걸요.

문 : 이들은 내일 몇 시에 출발하여 공항에 가나요?

A 4시 이전
B 7시 반 이전
C 8시 이후
D 10시 이전

정답 B

해설 남자가 한 말 "咱们最晚7点半也得走了"에서 7시 반에는 출발 할 것이라는 것을 알 수 있다. 녹음 지문을 듣기 전에 보기를 보고 시간에 관련된 문제라고 생각하며, 기록을 잘 하여야 질문에 올바른 답을 고를 수 있다.

단어 够 gòu 충분하다
难说 nánshuō 단어하기 어렵다, 글쎄요
堵车 dǔchē 차가 막히다

31-32 第31到32题是根据下面一段对话:

男：小张，今天咱们学校有演出，走，看看去。
女：我一点儿心情都没有，不想去，你自己去吧。
男：连演出都不想看了？你这几天干什么都没精神的，因为什么啊？
女：这次考试又考得不好，也不知道为什么我这脑子一到考试就跟木头似的。
男：你就是太重视考试啊、成绩啊什么的了，对自己的要求太高，当然不开心了。这次你没进前五名就至于这样吗？
女：得了，别开导我了。对了，今年考研究生的说明会是后天下午在学校大会议室开吗？
男：是在大会议室开，不过时间应该是大后天上午吧？今天下午王老师刚跟我说过，让大家一定去参加。

남 : 샤오장, 오늘 학교에서 공연 있는데, 같이 가서 보자.
여 : 그럴 기분 아냐. 안 갈래. 너 혼자 가.
남 : 공연도 안 보고 싶어? 너 요 며칠 뭘 해도 기분이 별로네. 왜 그래?
여 : 이번 시험도 망쳤어. 내 머리는 왜 시험 때만 되면 돌이 될까?
남 : 넌 시험이며 성적 같은 걸 너무 신경 써. 그렇게 스스로에게 요구치가 높으니 마음도 힘들 수밖에. 이번에 5등 안에 못 들어서 이러는 거야?
여 : 됐어, 가르치려 들지 마. 맞다, 올해 대학원 입학 설명회가 모레 오후 학교 대회의실에서 열리지?
남 : 대회의실은 맞는데, 글피 오전 아냐? 아까 오후에 왕 선생님이 다들 꼭 가라고 말씀하시던데.

단어 心情 xīnqíng 기분, 마음
连~都 lián ~ dōu ~조차도
没精神 méijīngshén 의욕이 없다, 힘이 없다
脑子 nǎozi 머리
跟~似的 gēn ~ shìde ~인 것 같다
木头 mùtou 나무, 반응이 무딘 것
重视 zhòngshì 중시하다
至于 zhìyú ~정도까지
开导 kāidǎo 지도하다, 일깨우다

31 女人为什么不想去看演出？

여자가 공연을 보러 가고 싶어 하지 않는 이유는 무엇인가요?

A 내일 시험이 있다
B 요 며칠 매우 바쁘다
C 시험을 잘 못 봤다
D 공연 보는 것을 좋아하지 않는다

정답 C

해설 여자의 말 "这次考试又考得不好"에서 시험을 잘 못 봐서 기분이 다운되어 있는 것을 알 수 있다. 보기 B는 언급되지 않았다.

32 什么时候召开考研究生的说明会？

대학원 입학 설명회는 언제 열리나요?

A 오늘 오후
B 내일 오전
C 모레 오후
D 글피 오전

정답 D

해설 여자가 모레 오후인 줄 알고 있었는데, 남자가 "不过时间应该是大后天上午吧？今天下午王老师刚跟我说过，让大家一定去参加"라고 왕 선생님이 알려 주신 새로운 정보를 주었다. 그러므로 답은 C가 아니라 D이다.

33-34 第33到34题是根据下面一段话:

男：回来啦，明明下楼玩去了。我妈刚才打电话来，说她过会儿要过来看看明明。
女：是吗？那得赶快准备饭啊，你别坐着了，快去看看冰箱里还有什么，顺便把上面的肉拿出来，你妈不是爱吃饺子吗？

男：对，包饺子省事，简单吃点就行了，妈又不是外人。她总住我姐家不合适，我想让她到咱家住一段时间。
女：你说得倒简单，房子这么小，住得开吗？

남：다녀왔어? 밍밍은 놀러 나갔어. 아까 어머니가 전화하셔서 이따 밍밍 보러 오신대.
여：그래? 그럼 얼른 식사 준비 해야겠네. 당신은 앉지 말고 얼른 가서 냉장고에 뭐 있나 보고, 간 김에 위에 있는 고기 좀 꺼내 와요. 어머님 만두 좋아하시잖아.
남：맞아, 만두 빚는 게 일도 덜고 간단히 먹을 수 있겠다. 어머니가 남도 아니고, 계속 누나 집에서 지내시는 게 불편하신가 봐. 얼마 동안은 우리 집에 모셨으면 하는데.
여：참 쉽게도 말하네요. 집이 이렇게 작은데 모실 수나 있겠어요?

단어 赶快 gǎnkuài 서둘러
顺便 shùnbiàn ~하는 김에
省事 shěngshì 일이 줄어든다
外人 wàirén 남
倒 dào 오히려, 도리어
住得开 zhùdekāi (넓어서) 다 살 수 있다

33 说话人家今天的主食是什么？

화자의 오늘 식사 메뉴는 무엇인가요?

A 쌀밥
B 만두
C 국수
D 두부

정답 **B**

해설 여자가 말한 '냉동실의 고기'로 남자의 엄마가 좋아하는 만두를 만들려고 하는 것을 알 수 있고, 이에 남자도 만두가 일도 간단하다고 만두 메뉴에 찬성하고 있다. '쌀밥'과 '국수', '두부'는 언급된 내용이 아니다.

34 说话人是什么关系？

남자와 여자는 어떤 관계인가요?

A 부녀 관계
B 부부 관계
C 모자 관계
D 누나와 남동생 관계

정답 **B**

해설 남자가 처음 한 말 "回来了"에서 같이 거주하는 사이임을 알 수 있고, 남자의 엄마를 "她又不是外人"이라고 했으므로 남자의 엄마도 가족임을 알 수 있다. 그러므로 둘 사이는 '부부간'이 가장 적합하다.

35-38 第35到38题是根据下面一段话：

我们几个新来的教师住在青年教师公寓里。因为刚刚经历了几年的大学生活，大家吃食堂的饭菜都吃厌了，于是我们商量合伙做饭吃。我的同屋一个是学计算机的小唐，另一个是学中文的小张。我们决定分工合作：小张负责买菜，小唐负责洗菜、刷锅和洗碗，我手艺好，就专门负责做饭、炒菜。

一天，我正准备做饭，忽然听到小唐大叫："糟了，这两天没吃土豆，你看，都变绿了。" 我一听感到很惊讶，忙说："这土豆不是今天刚买的吗？怎么会坏呢？"这时，小张走了过来："绿色土豆不好吗？你们平时不是老说吃绿色食品有利健康吗？今天我是特意挑了几个绿色土豆。"我和小唐听后，笑得前仰后合。

나를 비롯해 새로 부임한 선생은 청년교사 아파트에 산다. 몇 년 간의 대학 생활을 막 끝낸 터라 우리 모두 식당 밥에 질려 있었다. 그래서 다 같이 밥을 해 먹기로 했다. 내 룸메이트 중 한 명은 컴퓨터를 전공한 샤오탕이고, 다른 한 명은 중문과를 전공한 샤오장이다. 우리는 가사를 분담하기로 했다. 샤오장은 장을 보고, 샤오탕은 재료를 손질하고 냄비와 그릇을 씻고, 나는 요리를 잘 하니 밥을 짓고 반찬을 하기로 한 것이다. 하루는 내가 식사 준비를 하는데 샤오탕이 소리를 질렀다. "망했다. 이틀 동안 감자를 안 먹었더니 퍼렇게 변해버렸어." 그 말을 듣자 마자 나는 놀라 소리쳤다. "이 감자 오늘 산 거 아니야? 어떻게 상할 수가 있어?" 그 때 샤오장이 다가와 말했다. "녹색 감자가 안 좋은 거야? 너희들 평소엔 녹색 식품이 건강에 좋댔잖아. 그래서 오늘 일부러 녹색 감자로 골랐는데." 그 말을 들은 샤오탕과 나는 뒤집어지게 웃었다.

단어 教师 jiàoshī 교사

公寓 gōngyù 아파트
吃厌了 chīyànle 질렸다, 물렸다
合伙 héhuǒ 같이, 공동으로
分工合作 fēngōnghézuò 분담 작업하다
刷锅 shuāguō 냄비를 닦다
手艺 shǒuyì 손재주
负责 fùzé 책임지다
炒菜 chǎocài 요리를 하다
糟了 zāole 큰일났다
坏 huài 상하다
老 lǎo 늘
特意 tèyì 일부러
挑 tiāo 고르다
前仰后合 qiányǎnghòuhé 뒤로 젖히고 크게 웃다

35

根据录音，说话人是:
지문에 따르면, 화자는 무엇을 하는 사람인가요?

A 선생님
B 학생
C 요리사
D 엔지니어

 A

해설 지문에 언급된 "我们几个新来的教师住在青年教师公寓里"에서 '교사'임을 알 수 있다. "教师"와 "老师"는 같은 의미이다. 듣기 문제를 쉽게 접근하는 방법 중의 하나는 비슷한 단어를 많이 알아두는 것이다.

36

他们为什么合伙做饭?
이들이 공동으로 밥을 짓는 이유는 무엇인가요?

A 집은 음식에서 멀다
B 밖에서 먹으면 비싸다
C 여기는 식당이 없다
D 식당 음식을 좋아하지 않는다

 D

해설 '대학 때 식당 밥을 하도 먹어 질려서 같이 만들어 먹자고 상의했다'는 부분에서 답이 D임을 알 수 있다. 보기 A, B, C는 언급된 내용이 아니다.

37

负责洗菜的是:
음식 재료를 씻기를 담당한 사람은 누구인가요?

A 나
B 샤오장
C 샤오탕
D 나와 샤오탕

 C

해설 '샤오장은 장보고, 샤오탕이 재료를 씻고, 다듬고, 설거지를 하고, 나는 요리를 담당한다'고 언급되어 있다. 누가 무엇을 하는지 지문을 들으면서 보기를 참고하여 기록을 하도록 하여야 질문에 올바른 답을 할 수 있다.

38

听了小唐的话，说话人感到:
샤오탕의 이야기를 듣고, 화자는 무엇을 느꼈나요?

A 놀라다
B 유감이다
C 흥분하다
D 괴롭다

 A

해설 '오늘 산 감자가 상했다는 샤오탕의 이야기를 듣고 놀랐다'고 지문에 언급되어 있다. "惊讶"는 보기 A "吃惊"과 같은 의미의 단어이다. 나머지 보기는 언급된 내용이 아니다.

39-40 第39到40题是根据下面一段话:

婚礼红包对大家来说都不是陌生的东西，大部分人都曾送过婚礼红包。前不久，广播里说温州的一个有钱人结婚时，客人来了5000多位，收到的红包钱总数达几千万元。当然，这个例子在生活中比较特殊，那么生活中的婚礼红包是个什么状况呢?

我们在全国范围内对婚礼红包进行了调查。通过对全国22384人的网络调查，发现:当去参加婚礼时，送100元的占29%，200元的占47%，300元的占8%，400元的占3%，500元的占7%，500元以上的占8%。也就是说有近80%的人把婚礼红包钱数控制在200元之内。200元虽然并不

모의고사 1 모의고사 2 모의고사 3 모의고사 4 모의고사 5

多，但人们普遍认为就怕这种事集中到一起，一个月中有几次这样的事情可就让人头疼了。

결혼 축의금은 누구에게나 낯설지 않다. 대부분이 축의금을 내 본 적이 있다. 얼마 전 원저우의 한 부자가 결혼을 하는데 하객만 5천여 명이 왔고 축의금 총액은 수천 만 위안이었다는 방송을 들었다. 물론 이런 일은 특수한 경우이다. 그렇다면 일반적으로 축의금은 얼마나 될까?

우리는 전국적으로 축의금에 대한 조사를 실시했다. 전국 22384명에 대한 인터넷 조사에서 결혼식에 갈 때 100위안을 낸다는 사람은 29%, 200위안은 47%, 300위안은 8%, 400위안은 3%, 500위안은 7%, 500위안 이상을 낸다는 사람은 8%였다. 다시 말해 80%에 가까운 사람들이 축의금으로 200위안 이하를 내고 있다는 것이다. 물론 200위안이 그렇게 많은 돈은 아니지만, 대부분 사람들이 축하할 일이 한꺼번에 몰려서 한 달에 몇 번이나 축의금을 내야 하는 상황이 되면 골치 아프다고 했다.

단어 婚礼红包 hūnlǐhóngbāo 결혼 축의금
陌生 mòshēng 낯설다
达 dá 이르다, 달하다
例子 lìzi 예
特殊 tèshū 특수하다
范围 fànwéi 범위
占 zhàn 차지하다
控制在 kòngzhìzài ~사이로 조정하다
集中 jízhōng 집중되다
头疼 tóuténg 골치 아프다

39 录音中的有钱人举行婚礼的时候，来了多少宾客？

지문에 언급된 부자가 결혼할 때 몇 명의 축하객이 왔나요?

A 500여 명
B 1000여 명
C 5000여 명
D 10000여 명

정답 **C**

 "客人来了5000多位"에서 손님이 5000여 명 왔음을 알 수 있다. 질문에 언급된 "宾客"라는 단어는 "客人"의 뜻이다. 나머지는 언급된 내용이 아니다.

40 根据调查，参加婚礼时送多少钱红包的人数最多？

조사에 따르면, 결혼에 가장 많이 내는 축의금은 얼마인가요?

A 100위안
B 200위안
C 300위안
D 400위안

정답 **B**

 '200위안이 47% 사람들이 낸다'고 하여 가장 많은 사람들이 선택하는 액수이고, 100위안은 29%로 2위이다.

41-45 第41到45题是根据下面一段话：

我的朋友是山西一所山区小学的数学老师，今年暑假来北京进修学习。由于他不会说普通话，闹出了不少笑话，听了简直会让你笑掉大牙。

有一次他坐公共汽车，上车后他拿出一张50元的人民币，对售票员粗声粗气地说："见过吗？"。售票员听了很生气，心想"这个外地人是不是有毛病，50元算什么，谁还没见过？"，但她装作没听见，没有回答他，继续卖票。过了一会儿，我的朋友又扬起钞票，在售票员面前抖了抖，提高音量说："见过吗？"，售票员实在气急了，从包里抽出一张百元的钞票，伸到我朋友面前，大声道："这个见过吗？" 看了售票员的表情和动作，我朋友一下子愣住了，他感觉到可能是自己的方言引出了误会，于是掏出钢笔，在售票员面前写道："我买一张到建国门的票。"

내 친구는 산시 산골마을 학교의 수학 선생님인데, 올 여름 방학에 베이징에서 연수를 받았다. 그 친구가 표준어를 못 하기 때문에 재미있는 일이 많았는데, 들어보면 배꼽깨나 빠질 것이다.

한 번은 친구가 버스에 올라 타고 나서 50위안짜리 지폐를 꺼내들고 매표원에게 거칠게 "본 적 있어요?(젠궈마?)" 하고 물었다. 이 말을 들은 매표원은 화가 나서 속으로 '이 외지 사람 어떻게 된 거 아냐? 그깟 50위안이 뭐라고, 그걸 본 적 없는 사람이 어디 있어?'하고 생각했지만 못 들은 척 아무 대답도 없이 계속 표를 팔았다. 잠시 후 친구는 다시금 지폐를 꺼내 매표원 얼굴에 대고 흔들면서 더 큰 목소리로 "본 적 있어요?"하고 물었다. 매표원은 화가 머리 끝까지 치밀어 품에서 100위안짜리 지폐를 꺼내 친구 얼굴에 갖다 대며 "이건 본 적 있수?"하고 소리쳤다. 매표원의 표정과 동작을 본 친구는 순간 얼어붙었다. 자신의 사투리가 오해를 불러 일으켰음을 깨달은 친구는 볼펜을 꺼내 차장 앞에서 이렇게 썼다. " '젠궈먼'가는 표 한 장 주세요."

단어 进修 jìnxiū 연수하다
闹笑话 nàoxiàohua 웃음거리를 만들다
笑掉大牙 xiàodiàodàyá 많이 웃기다, 배꼽 빠지게 웃긴다
粗声粗气 cūshēngcūqì 거칠고 큰 소리
有毛病 yǒumáobing (정신이) 이상하다
装作 zhuāngzuò ~인 척하다
扬 yáng 높이 들다
钞票 chāopiào 지폐
抖 dǒu 흔들다
实在 shízài 정말로
气急了 qìjíle 무척 화가 나다
抽 chōu 꺼내다
伸 shēn 펴다, 뻗다
愣住了 lèngzhùle 멍해지다
方言 fāngyán 사투리
引出 yǐnchū 불러일으키다
误会 wùhuì 오해
掏 tāo 꺼내다

41 朋友为什么来北京?

친구가 베이징에 온 이유는 무엇인가요?

A 공부
B 여행
C 견학
D 친구 방문

정답 A

해설 '올 여름에 연수 차 베이징에 왔다'고 지문에 언급되었으며, "进修"는 "学习"와 같은 뜻이다. 나머지 보기들은 언급되지 않은 내용들이다.

42 买票时，他拿出多少钱?

차표를 살 때 친구는 얼마짜리를 꺼냈나요?

A 10콰이
B 20콰이
C 50콰이
D 100콰이

정답 C

해설 "上车后他拿出一张50元的人民币"에서 지폐 50위안짜리를 꺼내들었음을 알 수 있는데, 돈의 양사를 문어체에서는 "元", 회화체에서는 "块"를 많이 사용한다.

43 录音中的"笑掉大牙"是指:

지문에 언급한 "웃어서 치아가 빠지다"가 가리키는 것은 무엇인가요?

A 매우 재미있다
B 치아가 움직인다
C 남과 다투었다
D 치과에 갔다

정답 A

해설 "笑掉大牙"는 회화에 자주 사용하는 관용어로 '매우 우습다', '매우 가소롭다'는 뜻이다. 이 관용어의 뜻을 몰라도 지문의 앞뒤 내용, 즉 표준어를 구사하지 못해서 "闹出了那么多笑话"하다는 부분에서 '웃기다', '재미있다'를 유추해 낼 수 있다. 보기 B, D는 관계없는 내용이다.

44 售票员第一次听了我朋友的话为什么不理他?

매표원이 처음 친구의 말을 듣고 상대하지 않은 이유는 무엇인가요?

A 그의 말을 듣지 못했다
B 그와 이야기를 하고 싶어 하지 않는다
C 그의 뜻을 오해하였다
D 그에게 인사할 시간이 없었다

정답 C

해설 표준어를 잘 구사하지 못하는 친구가 목적지 "建国门"을 말했는데, 이것이 표준어의 "见过吗"와 발음이 비슷하여, 매표원은 이 친구가 50위안짜리를 들고 '50원짜리 돈 본 적 있냐고?' 부자라고 으스대면서 묻는 말인 줄 오해했던 것이다. 그래서 '이상한 외지인이다'라고 생각하며 상대를 하지 않았다. 지문 끝 부분에 '친구가 자기의 사투리 때문에 불러 일으

킨 오해였다'라고 깨닫는 부분에서도 이 문제의 답을 찾을 수 있다.

45

下面哪一项符合录音内容?
다음 중 지문의 내용과 일치하는 것은 무엇인가요?

A 내 친구는 표준어를 구사할 줄 모른다

B 내 친구는 매표원의 말을 못 알아 듣는다

C 내 친구는 매표원에게 자기가 부자라고 알려주었다

D 매표원의 화난 표정을 보고 친구는 무서워하였다

 A

해설 이 지문 전체는 친구가 표준어를 잘 구사하지 못하여 생긴 에피소드를 설명하고 있다. 나머지 보기는 언급된 내용이 아니거나, 틀린 내용이다.

2. 독해(阅读)

제1부분

제1부분은 총 15문항이다. 이 부분 문제는 몇 편의 단문으로 구성되어 있으며, 단문 가운데에는 여러 개의 빈칸이 있다. 빈칸은 단어 하나 혹은 문장 하나로 채워져야 한다. 응시자는 시험지에 주어진 4개 선택 항목에서 빈칸에 들어갈 알맞은 것을 선택한다.

46-50

중국인들은 용의 후예를 자처한다. 용은 고대인들이 상상해낸 세상에는 [46] 존재하지 않는 동물로, 중국문화에서 중요한 지위를 차지한다. 오랜 봉건사회 속에서 용은 황제와 황족의 [47] 상징이었다. '용의 아들, 용의 자손'이라는 말 속에서 용은 황제를 가리킨다. 용춤, 드래곤 보트 경기, 용등 켜기 등 중국의 많은 민간 명절도 용과 [48] 관련이 있다. 중국어에는 용비봉무, 용마정신, 용쟁호투, 와호장룡, 망자[50] 성룡, 생룡활호, 엽공호룡 등 용과 [49] 관련된 성어가 특히 많다.

단어
自称 zìchēng 자칭하다
为 wéi ~이다
传人 chuánrén 후예
想象 xiǎngxiàng 상상하다, 상상
具有 jùyǒu 가지다, 있다
封建社会 fēngjiànshèhuì 봉건사회
皇帝 huángdì 황제
皇族 huángzú 황족
指 zhǐ 가리키다, 뜻하다
节日 jiérì 기념일, 명절
赛 sài 시합, 경기
龙飞凤舞 lóngfēifèngwǔ 용이 날고 봉황이 춤을 추다(산세나 필체를 형용함)
龙马精神 lóngmǎjīngshén 원기왕성하다, 건전하고 활기찬 정신
龙争虎斗 lóngzhēnghǔdòu 용쟁호투, 양쪽의 힘이 비슷하여 시합이 치열하다
藏龙卧虎 cánglóngwòhǔ 와호장룡, 숨어 있는 걸출한 인재
望子成龙 wàngzǐchénglóng 자식이 잘되기를 바라다
生龙活虎 shēnglónghuóhǔ 생기와 활력이 넘치다
叶公好龙 yègōnghàolóng 겉으로는 좋아하는 듯하지만 실제로는 좋아하지 않다
代替 dàitì 대체하다
象征 xiàngzhēng 상징
相似 xiāngsì ~와 비슷하다, 상이하다

46 A 살아 있다
B 있다
C 있다
D 존재하다

정답 **D**

해설 "活"는 동사나 형용사로 생명이 있는 동물이나 식물이 '살아 있다'는 뜻이다. "有"는 "并不"와 조합을 이루지 않는다. 사용하려면 "并没有"가 되어야 한다. "在"는 "存在"와 다르게, "持续(지속)"의 의미를 가지고 있지 않다. "存在"는 지속적으로 어떤 시간이나 공간을 '점유하고 있다'는 의미로 문맥에 가장 적합하다. "在"는 '있다', '없다' 존재의 개념으로 사용되려면 '사물+ 在+장소'의 형식을 가진다.

47 A 부분
B 대체하다
C 각도
D 상징

정답 **D**

해설 "代替"는 일반적으로 빈어를 가져야 하는 동사이며, 용이 황제나 황족을 대체한다는 개념은 논리적으로 모순이다. 그러므로 제외시킨다. "部分"은 전체 속에서 국부적인 것이나

모의고사 1 모의고사 2 모의고사 3 모의고사 4 모의고사 5

개체를 나타내는 단어로 '용은 황제와 황족의 일부이다'라는 의미 역시 의미상 어색하다. "角度"는 '관점이나 고려하는 면의 시발점'을 나타내므로 문맥상 어색하다. "象征"은 '어떤 사물이 추상적인 의미를 가진다'는 것으로 문맥에 제일 적합하다.

48 A 관계가 없다
B 관계
C 관심을 가지다
D 관계가 있다

정답 **D**

해설 "关系"는 명사로 술어자리에 사용되지 않는다. "关心"은 어떤 대상에 '관심을 나타낸다'는 뜻으로, "A与B关心"의 구조로는 사용되지 않는다. 그러므로 보기 B, C는 제거한다. "有关"은 '관계가 있다'는 뜻으로, 보기 A "无关"과 상반적인 의미를 갖는다. 'A와 B는 관계가 있다/없다'의 의미인 "A与B有关/无关"구조로 사용될 수 있으므로 둘 중에 하나가 답이다. 문맥상 '관계가 있다'가 되어야 하므로, 답은 보기 D이다.

49 A ~에 관하여
B ~대하여
C ~이기 때문에
D 비슷하다

정답 **A**

해설 "由于"는 원인을 이끌며, 일반적으로 구문의 앞에 사용된다. 문맥상 어색하므로 제거한다. "相似"는 형용사로 일반적으로 "A和B相似"의 구조로 사용된다. '두 개 사물이 어떤면에서 비슷하다'는 것을 뜻하는데, 문맥에 어울리지 않는다. '~에 관한'이라는 의미의 한정어로 사용될 수 있는 구조는 "关于…的+명사/대명사"이다. 중간에 구조조사 "的"를 가지고 명사/대명사, 즉 주어나 빈어를 꾸밀 수 있다. "对于"는 대상을 이끌고 나오며, 한정어로 사용되지 않고 문장 전체에 영향을 주거나, 혹은 술어를 수식하는 상황어로만 사용된다.

50 A 되다
B 변하다
C 되다
D 이다

정답 **C**

해설 "望子成龙"은 4자성어로, "望"은 바라다, "子"는 자식, "成"은 되다, "龙"은 인재를 뜻한다. 자식이 출중한 인재가 되기를 바라는 부모의 마음을 형용하는 표현이다.

51-55

중국 경제의 지속적인 [51]발전과 개혁 개방의 심화, 세계 각국 문화와의 끊임없는 [52]교류로 [53]전세계적으로 '중국어 열풍'이 불고 있다. 최근 몇 년간 '중국어 열풍'이 뜨거워지고 이는 중국 전통의학과 문화예술, 역사 등 많은 분야로까지 퍼지고 있다. [54]특히 최근에 나타난 '중의학 열풍'으로 중국의 중의학 학교의 유학생수가 과거의 몇 백 명에서 최근의 만여 명으로까지 급속히 늘어났고 [55]게다가 그 수는 계속 늘고 있다.

단어 持续 chíxù 지속하다
改革开放 gǎigékāifàng 개혁 개방
逐渐 zhújiàn 점차
股 gǔ 기운 등의 양사
热 rè 붐
升温 shēngwēn 계속 인기있다
猛增 měngzēng 급증하다
交际 jiāojì 교제, 사교
范围 fànwéi 범위
特殊 tèshū 특수하다
特意 tèyì 일부러

51 A 증가
B 빨라지다
C 발전
D 진보

정답 **C**

해설 "增加"는 '수량의 증가'를 뜻한다. "进步"는 "退步"와 상대적인 뜻으로, '원래보다 향상되었거나 발전되었다'는 뜻으로 학습, 인류, 사회 등을 형용할 때 사용한다. 이 두 단어는 "经济"를 형용하기에 어색하다. "加快"는 속도가 빨라진다는 의미이다. "发展"은 작은 것이 커지거나, 간단한 것이 복잡해 지거나, 초급에서 고급으로의 변화를 뜻한다. 일반적으로 사물의 진전 혹은 조직이나 규모 등이 확대되는 것을 뜻하는데, 문맥에는 "发展"이 제일 적합하다.

52 A 교환
B 교체
C 교제
D 교류

정답 **D**

해설 "交换"은 '각자의 것을 상대방에게 준다'는 의미이다. "交替"는 시간의 흐름에 따라 '순서대로 바뀐다'는 뜻이다. "交

叉"는 '서로 엇갈리거나 마주친다'는 뜻으로 이 세 개의 보기는 "文化"와 조합을 이루기 어색하다. "交流"는 '서로 소통한다'는 뜻으로 빈어는 일반적으로 "文化", "经验", "信息"등 추상적인 것이 많이 온다. 문맥에는 보기 D가 가장 적합하다.

53 A 범위
B 위치
C 공간
D 조건

정답 **A**

해설 "位置"는 사람이나 물체가 있는 '장소'를 가리킨다. "空间"은 일정한 길이, 폭, 높이로 구성된 어떤 '범위'를 뜻하는데 비어있는 것으로 이용할 수 있는 곳이다. "条件"은 어떤 목적에 이르기 위해 당연히 갖추어야 하는 '요소'나 '상황', '요구', '기준' 등을 가리킨다. 이 세 개의 보기는 "世界"와 조합을 이루기 어색하다. "范围"는 '사방의 경계'를 가리키는 말로 일반적으로 추상적인 의미이며, 문맥에 가장 적합한 단어이다.

54 A 특수하다
B 일부러
C 특히
D 특산

정답 **C**

해설 "特殊"는 형용사로 "是"를 꾸미는 상황어로 사용되지 않는다. "特意"는 동작 혹은 행동을 어떤 목적을 가지고 진행하는 것이다. 이 역시 "是"를 꾸미는 상황어로 사용되지 않는다. "特别"가 형용사로 사용되면 '평범하지 않다'는 '특별하다'는 뜻이고, 부사로 사용되면 무리 속에서 '부분을 강조'하는 말로 사용된다. 부사로 사용될 때 비슷한 단어로는 '尤其'가 있다. 이 두 단어는 "是"와 같이 잘 사용된다. "特产"은 명사로 다른 지역에서는 생산되지 않는 특징적인 생산품을 가리킨다. 문맥에 맞지 않다.

55 A 유학생들이 중국을 좋아하는 것을 알 수 있다
B 유학생들이 중국어 공부하도록 끌어들인다
C 유학생의 수를 풍부하게 하였다
D 게다가 그 수는 계속해서 증가하고 있다

정답 **D**

해설 "丰富"는 "人数"와 조합을 이루기 어색하므로 보기 C는 제거한다. 빈 칸 앞에 언급한 "中医热"(중의학 붐)과 '중의학 사람수가 급속히 늘고 있다'는 내용에서 보기 A, B를 제거할 수 있다. 보기 D의 '并且'는 앞의 내용에 덧붙여 설명하는 의미를 가지므로 문맥이 부드럽게 이어질 수 있다. 그러므로 답은 D이다.

56-60

해질 무렵 해변에서 산책을 하던 나는 멀리 해안가에 있는 한 사람을 보았다. 그 사람은 허리를 굽혔다 폈기를 반복하고 있는 것을 [56] 발견했다. 마치 모래밭에서 뭔가를 주워 바다로 던지는 것 같았다. 한참이 지나도 [57] 그 사람은 여전히 계속 바다로 던지고 있었다.

가까이 다가갔을 [58] 때 나는 그 사람이 바닷물에 떠밀려 온 불가사리를 바다로 돌려보내고 있음을 알게 되었다. 이상하게 느낀 나는 곁으로 가서 "안녕하세요, 실례지만 지금 뭘 하세요?"하고 물었다. 그는 "전 지금 이 불가사리들을 바다로 돌려보내고 있어요. 보세요, 벌써 썰물이에요. 제가 돌려보내주지 않으면 이 불가사리들은 산소 부족 [59] 때문에 여기서 죽고 말 거예요"하고 대답했다.

이 상황이 이해는 되면서도 여전히 이상하게 느낀 나는 다시 물었다. "이 해안에는 불가사리가 엄청나게 많은데, 그걸 다 바다로 돌려보낼 수는 없잖아요, 당신이 이렇게 하는 게 무슨 소용이 있나요?"

그는 미소를 띤 채 허리를 굽혀 또 한 마리의 불가사리를 주워 들었다. 그가 그것을 바다로 던지면서 중얼거렸다. "내가 또 한 마리의 불가사리의 운명을 [60] 바꿨군."

단어
日落 rìluò 해가 지다
散步 sànbù 산보
望见 wàngjiàn 보다
弯腰 wānyāo 허리를 굽히다
捡 jiǎn 줍다
扔 rēng 버리다
靠近 kàojìn 다가가다
冲 chōng (물살에) 휩쓸리다
奇怪 qíguài 이상하다
海星 hǎixīng 불가사리
退潮 tuìcháo 썰물
缺氧 quēyǎng 산소 부족
成千上万 chéngqiānshàngwàn 무수히 많다
难道 nándào 설마하니
拾 shí 줍다
自言自语 zìyánzìyǔ 혼잣말하다
发挥 fāhuī 발휘하다
改变 gǎibiàn 바꾸다

56 A 발명하다
B 발견하다
C 발전하다
D 발휘하다

정답 B

해설 "发明"은 전에 없던 새로운 것을 '창조해 낸다'는 의미이며, "发展"은 '올라가거나 확대된다'는 의미이다. "发挥"는 내재된 능력을 '드러낸다'는 뜻으로 이 보기 세 개는 문맥에 어울리지 않는다. "发现"는 안 보이던 것이나, 남이 모르는 것을 찾았거나 알아챘을 때 사용할 수 있는 단어로 문맥에 가장 적합하다.

57 A 그 사람은 여전히 계속 바다로 던지고 있었다
B 그 사람은 드디어 바다로 물건 던지는 것을 멈췄다
C 그 사람은 계속 바다로 걸어 갔다
D 그 사람은 갑자기 빨리 차를 몰고 떠났다

정답 A

 빈칸의 뒤에 언급한 내용으로 봐서는 멈추지 않고 계속 던지고 있음을 알 수 있으므로 보기 B는 제거하고, 나머지 보기 C, D는 언급된 내용이 아니다. 그러므로 답은 A이다.

58 A ~로부터 ~까지
B ~에게
C ~로부터
D ~할 때

정답 D

 "离"는 시간이나 장소의 개념에 사용되는 단어로 '멀다, 가깝다'를 표현할 때 사용한다. "对"는 대상을 이끌며, 시간을 표현하지는 않는다. "从"은 시간의 시작점을 뜻하는데 일반적으로 "从…起(开始)" 구조나, "从…到…"의 구조로 사용된다. "当"만 "当…时" 혹은 "当…的时候"의 구조로 사용된다.

59 A ~때문에
B ~때문에
C ~로부터
D ~로써

정답 B

 "为"는 원인과 목적을 이끄는데, "为…而…"구조로 사용된다. 원인으로 사용될 때는 일반적으로 "而"뒤에 결과가 감정과 관련된 심리동사가 많이 온다. "由"는 "从"의 개념으로, "由…而…" 구조로 사용된다. 이유를 이끌 때는 "由于"를 사용한다. 그러므로 문맥상 답이 될 수 없다. "以"는 동작이나 행위의 수단이나 방법을 이끌며, "以…而…" 구조로 사용되지 않는다. "因"은 원인을 이끌며, "因…而…" 구조로 사용된다. '죽음'이라는 결과에 보기 A보다는 보기 B가 훨씬 적합하다.

60 A 바꾸다
B 변화하다
C ~으로 바뀌다
D 올바르게 고치다

정답 A

 "变化"는 '사물에 새로운 상황이 발생하였음'을 뜻하며, 보어를 가질 수는 있지만, 빈어를 가지지는 않는다. "变为"는 '변화하여 무엇이 되었다'는 뜻으로 빈어는 변화 후의 구체적인 상황이나 상태를 뜻한다. 그러므로 "命运"과 조합을 이루기 어색하다. "改正"은 '잘못된 것을 올바르게 고친다'는 뜻으로 이 역시 "命运"과 조합을 이루기 어색하다. "改变"은 '뚜렷한 변화가 일어났다'는 뜻으로 빈어를 가질 수 있으며, "命运"과 조합을 이루어 사용할 수 있다.

제2부분

제2부분은 총 10문항이다. 모든 문제는 하나의 단문과 4개의 선택 항목으로 구성되어 있다. 응시자는 내용과 일치하는 것을 선택한다.

61 아들이 중학교를 졸업하고 운전학교에 합격해 운전을 배우게 되자 부모는 걱정이 이만저만이 아니었다. "다른 거 안 배우고, 왜 하필 운전이냐, 너무 위험하지 않니. 사고라도 나면 어쩌니?" 하지만 노부모가 아무리 말려도 아들은 한 마디로 일축했다. "이건 제 결정이니 상관하지 마세요."

A 자동차 운전은 배우기 쉽지 않다
B 아들이 운전하다 사고가 났다
C 아들 공부 성적이 좋지 않다
D 아들은 자동차 운전 배우기를 고집한다

정답 **D**

해설 마지막에 아들이 한 말 "这是我自己的决定，你们别管!"에서 아들이 운전을 배우겠다는 생각을 꺾지 않고 고집부리는 것 "'坚持'하겠다'는 것을 알 수 있으며, 보기 A, C는 지문에 언급된 내용이 아니고, 보기 B는 사고 날까 봐 부모님들이 걱정하는 것이지 사고가 벌써 난 것은 아니다. 그러므로 답은 보기 D이다.

단어
考上 kǎoshàng 시험에 합격하다
驾驶 jiàshǐ 운전하다
愁 chóu 걱정하다
非要 fēiyào 오직, 꼭, 반드시
危险 wēixiǎn 위험하다
无论 wúlùn 막론하고, 불구하고
管 guǎn 신경쓰다, 간섭하다, 관여하다

62 역에서 지하철을 기다리면서 나는 신문을 보며 이어폰으로 음악을 듣고 있었다. 잠시 후 한 사람이 머리를 내 어깨 쪽으로 내밀더니 내 신문을 봤다. 나는 웃으며 신문을 그에게 내밀면서 말했다. "가져가서 보세요. 전 다 봤어요." 하지만 그 사람은 신문은 받지 않고 쑥스러워하면서 말했다. "당신 신문을 본 게 아니라 그 노래를 들은 거예요. 제가 제일 좋아하는 노래거든요."

A 나는 지하철에서 신문을 본다
B 나는 지하철 역에서 음악을 듣는다
C 어떤 사람이 나의 이어폰을 빌렸으면 한다
D 어떤 사람이 나와 같이 신문을 보았다

정답 **B**

해설 지문의 처음 장소를 잘 봐야 한다. 지하철에서가 아니고, 지하철 역에서 지하철을 기다리면서 발생한 일을 언급하고 있다. 그러므로 보기 A는 틀린 것이고, 옆에서 신문을 보는 줄 알았던 사람은 실은 음악을 들으려 했던 것이므로 보기 C, D도 틀린 것이 된다. 답은 보기 B이다.

단어
等 děng 기다리다
一边~一边~ yìbiān ~ yìbiān ~ ~하면서, ~하다
肩膀 jiānbǎng 어깨
报纸 bàozhǐ 신문
接 jiē 받다
不好意思 bùhǎoyìsi 쑥스러워하다

63 어느 날 아버지가 아들을 데리고 친구를 만나러 갔다. 집에서 얼마 못 가 아버지는 신발이 한 발은 높고 한 발은 낮아 불편하다고 느꼈다. 땅바닥에 앉아 신발을 벗어 보니 신발 뒷굽이 한 쪽은 두껍고 한 쪽은 얇았다. 알고 보니 집을 나서기 전 신경을 못 쓴 나머지 신을 잘못 신은 것이다. 아버지가 아들에게 말했다. "이 신발들은 가져가고 다른 신발로 한 켤레 가져오너라."

A 아버지는 신발을 잘못 신었다
B 아버지의 신발은 망가졌다
C 아버지는 신발 가져가는 것을 잊었다
D 아버지는 발을 다쳤다

정답 **A**

해설 지문의 '아버지 본인이 신발을 잘못 신었음'을 인지하는 부분에서 답이 A임을 알 수 있고, 나머지 보기들은 언급되지 않았다.

단어
脚 jiǎo 발
舒服 shūfu 편하다
低 dī 낮다
脱 tuō 벗다

薄 báo 얇다
厚 hòu 두껍다
注意 zhùyì 신경쓰다, 주의하다

64 내 영어 선생님은 마틴이라는 이름의 미국인인데, 중국어는 할 줄 알지만 한자는 못 쓴다. 중국에 관심이 많아서 대학을 졸업하자마자 중국으로 왔다고 한다. 그는 생활 방면에 있어서 모르는 일이 있으면 곧잘 나에게 묻곤 한다. 나도 기꺼이 그에게 중국의 역사나 문화를 알려준다.

A 마틴은 종종 나에게 미국 이야기를 해 준다
B 나는 마틴에게 중국 역사를 말해주고자 한다
C 나는 미국의 역사와 문화를 매우 알고 싶다
D 마틴은 중국 한자에 매우 관심이 있다

정답 **B**

해설 지문에 마틴은 '중국에는 관심이 있지만, 한자는 쓸 줄 모른다'고 언급하였으므로 보기 D는 틀린 내용이다. 내가 미국에 대해 알고 싶은 지, 그래서 마틴이 내게 미국 이야기를 해 주었는지 지문에 언급되지 않았다. '마틴이 모르는 것이 있으면 내게 묻고, 나는 그에게 역사나 문화이야기를 기꺼이 해주고자 한다'는 부분에서 답이 B임을 알 수 있다.

단어 叫 jiào ~라고 부르다, ~라고 불리우다
对~感兴趣 duì ~ gǎnxìngqù ~에 관심이 있다
一~就 yī ~ jiù ~하자마자, ~하다
愿意 yuànyì 원하다

65 나는 어렸을 때부터 체육을 좋아해서 예전에 학교에 다닐 때도 체육 성적이 늘 좋았다. 운동은 건강한 몸을 만드는 것 말고도 노래하는 데에도 도움을 주었다. 장거리 달리기는 폐 기능을 향상시켜주었고, 폐 기능 강화는 노래에 상당히 큰 도움이 됐다.

A 노래와 체력단련은 관계가 없다
B 운동을 좋아하는 사람은 노래도 잘 부른다
C 체육 운동은 노래 부르는데 중요한 작용을 한다
D 노래 부르는 것은 체육 성적에 큰 영향이 있다

정답 **C**

해설 '체력단련은 신체건강에 도움이 될 뿐만 아니라 노래에도 도움이 크다'는 지문의 내용에서 보기 C가 답임을 알 수 있다. 지문은 체력단련의 노래에 대한 작용이지, 노래가 체력단련에 미치는 영향이 아니므로 보기 A, B, D는 제거한다.

단어 体育 tǐyù 체육
成绩 chéngjì 성적
锻炼 duànliàn 단련
不仅~也 bùjǐn ~ yě ~일 뿐만 아니라, ~도
长跑 chángpǎo 장거리달리기
提高 tígāo 향상되다, 제고하다
肺功能 fèigōngnéng 폐 기능
巨大 jùdà 엄청 크다

66 샤오왕과 샤오장은 친한 친구이다. 하루는 둘이 등산을 하다가 갑자기 호랑이를 만났다. 샤오왕은 급하게 쭈그려 앉아 신발끈을 고쳐 맸다. 이상하게 여긴 샤오장이 물었다. "뭐해, 신발끈을 조여 매도 호랑이를 따돌릴 순 없다고!" 샤오왕이 대답했다. "너 보다만 빨리 뛰면 돼."

A 샤오왕은 원래 신발을 신고 있지 않았다
B 두 사람은 진정한 친구가 아니다
C 두 사람은 호랑이를 죽이려 한다
D 두 사람은 호랑이와 경주를 하려고 한다

정답 **B**

해설 샤오왕이 한 '너 보다만 빨리 뛰면 된다'는 말에서 둘이 진정한 친구가 아니라는 것을 알 수 있다. 내가 너 보다만 빨리 뛴다면 호랑이는 너를 잡아 먹을 테니, 내가 살기 위해서 너는 죽어도 된다는 발언이다. '신발을 안 신었었다'는 지문에 언급이 안 되었고, 보기 C, D는 언급된 내용이 아니다.

단어 突然 tūrán 갑자기
遇到 yùdào (우연히) 만나다
赶紧 gǎnjǐn 서둘러
蹲 dūn 웅크리고 앉다
系鞋带 jìxiédài 신발끈을 묶다
跑不过 pǎobúguò 달려서 이길 수 없다
只要~就~ zhǐyào ~ jiù ~ ~이기만 하면 ~이다
赛跑 sàipǎo 경주

67 요즘 들어 아이들이 줄면서 초등학생 모집이 갈수록 힘들어지고 있다. 우리 집 근처의 바이윈 초등학교는 중점 초등학교가 아니라서 최근 몇 년간 학생 모집 상황이 좋은 편이 아니었다. 올 해 신입생은 50명밖에 되지 않는다. 계속 이렇게 가다가는 몇 년 후면 학교가 위기에 처하고 말 것이다.

A 현재 초등학교 학생 모집 상황은 좋지 않다
B 현재 중점 초등학교는 점점 적어졌다
C 현재 아이들이 초등학교 다니는 것은 매우 위험하다
D 바이윈 초등학교는 모두 50명의 학생이 있다

정답 **A**

해설 지문의 "小学招生越来越难"에서 보기 A가 답임을 알 수 있다. 보기 B, C는 지문에 언급되지 않은 내용이고, '올해 신입생 학생모집 상황이 좋지 않아서, 1학년 신입생을 50명 모았다'는 의미와 보기 D '전교생이 50명'이라는 것과 혼동하면 안되겠다.

단어 招生 zhāoshēng 학생 모집
重点 zhòngdiǎn 중점, 포인트
理想 lǐxiǎng 이상적이다, 좋다
危险 wēixiǎn 위험하다

68 하얼빈 빙설제는 하얼빈 최초의 지방정부 법정 공휴일로, 이 날은 시 전체가 하루를 쉰다. 때문에 하얼빈 사람들은 해마다 다른 지방 사람보다 하루를 더 쉰다. 1985년 빙설제가 처음 생긴 후로 해마다 많은 국내외 관광객이 하얼빈을 찾아 빙등과 얼음조각 등을 감상하고 다양한 빙설 행사에 참가하면서 하얼빈시는 국제적으로 유명해졌다.

A 빙설제는 2년마다 한번씩 거행한다
B 제1회 빙설제는 1986년이었다
C 많은 관광객이 빙설제 행사에 참가한다
D 빙설제 때 전국이 하루 쉰다

정답 C

해설 '빙설제 때 쉬는데 매년 하루씩 쉰다'고 했으므로 매년 열리는 것을 알 수 있다. 그러므로 보기 A는 틀린 내용이다. 빙설제는 1985년에 시작되었으므로 보기 B도 틀린 내용이고, '지방정부가 정한 법정공휴일로 하얼빈시만 하루 쉰다'는 내용과 보기 D '전국이 쉰다'는 다른 내용이므로 이 역시 틀린 내용이다. '빙설제 때 많은 국내외 관광객을 유치한다'고 하였으므로 보기 C는 일치하는 내용이다.

단어 冰雪节 bīngxuějié 빙설제
地方性 dìfāngxìng 지방(정부)
法定节日 fǎdìngjiérì 법정공휴일
创办 chuàngbàn (새로) 만들다
吸引 xīyǐn 끌어들이다
欣赏 xīnshǎng 감상하다
冰雕 bīngdiāo 얼음 조각
丰富多彩 fēngfùduōcǎi 풍부하고 다채롭하다

69 '아침은 배부르게, 점심은 적당히, 저녁은 적게 먹기' 이 말은 하루 세 끼 중에서 아침 식사의 중요성을 강조하고 있다. 많은 학생들도 그 의미를 알고 있지만 실생활에서는 여전히 20%의 학생들이 아침을 거르고 있는데, 이는 건강에 매우 좋지 않다. 설사 아침을 먹는 학생이라 하더라도 아침식사의 중요성을 충분히 인식하지 못해 합리적인 영양섭취를 못하기 때문에 신체 발육에 영향을 받는다.

A 아침은 반드시 많이 먹으면 안 된다
B 아침을 안 먹으면 건강을 해친다
C 아침은 하루 세끼 중 제일 중요하다
D 30%의 학생이 아침을 거른다

정답 B

해설 '20%의 학생이 아침을 거르는데 건강에 안 좋다'는 지문과 보기 B가 일치하는 내용임을 알 수 있다. '아침을 배부르게 먹으라'는 것과 보기 A '많이 먹지 말라'는 것은 일치하는 의미가 아니다. 지문에 언급한 "在一日三餐中的重要地位"는 보기 C '아침식사가 제일 중요한다'는 의미와 약간은 거리가 있다.

단어 强调 qiángdiào 강조하다
实际 shíjì 실제로, 현실적이다
伤害 shānghài 해를 입히다
合理 hélǐ 합리적이다
发育 fāyù 발육

70 곧 있으면 설이다. 풍습에 따라 노인들이 아이들에게 세뱃돈을 주어야 할 때가 다시 다가온 것이다. 몇 해 전만 해도 세뱃돈은 액수가 적었고 그마저도 친척에게만 주는 것이 고작이었다. 하지만 지금은 이웃과 동료, 친구, 나아가 더 많은 사람들에게 세뱃돈을 주고 액수도 곱절로 늘었다.

A 예전에 노인들은 아이들에게 세뱃돈을 주지 않았다
B 현재는 세뱃돈은 친척 사이끼리만 준다
C 현재는 세뱃돈의 금액이 커졌다
D 추석에 노인들이 아이들에게 세뱃돈을 준다

정답 C

해설 지문의 맨 마지막에 언급한 '세뱃돈 액수가 배로 커졌다'는 부분에서 보기 C가 지문과 일치하는 답임을 알 수 있다. 예전에는 친척들 사이에서 주곤 하였는데 보기 B는 '현재'라고 언급하였으므로 시점을 주의해서 잘 봐야 한다. '설의 전통적인 관습은 노인들이 아이들에게 세뱃돈을 주는 것'이라고 언급하였으므로 보기 A도 일치하는 것이 아니다.

단어 按照 ànzhào ~에 따라서
压岁钱 yāsuìqián 세뱃돈
钱数 qiánshù 액수
限于 xiànyú 제한하다
亲戚 qīnqi 친척
扩大 kuòdà (세력, 범위) 확대하다, 커지다
成倍 chéngbèi 배가 되다

제3부분

제3부분은 총 20문항이다. 모든 문제는 몇 편의 단문으로 구성되어 있다. 제시된 단문 뒤에는 몇 개의 질문이 주어진다. 응시자는 4개의 선택 항목 중에서 정답을 선택한다.

71-74

지구의 물은 약 14억 1천만 ㎦이지만 그 중 담수는 고작 3%뿐이며 담수 가운데 87%는 그나마도 빙하와 대기 및 지층에 존재한다. 20세기 이후로 전세계 인구가 3배 늘고 경제가 20배 성장하면서 물 사용량도 10배나 늘었다. 동시에 산업 및 생활 폐수가 급증하고, 게다가 처리를 거치지 않은 채 방출되면서 수자원 부족이라는 전세계적인 위기가 더욱 심화되었다.

중국의 물은 총 2조 8천억 ㎥이지만 일인당 물 양은 전세계 일인당 물 양의 1/4로 121위에 그친다. 그 밖에도 중국 남부 지역에는 물이 많고 북부 지역에는 적어 수자원 분포의 불균형 문제도 심각하다. 경제발전에 치우쳐 환경보호를 소홀히 한 정책도 많은 지역의 수질 오염을 야기했다. 이 때문에 수자원 문제는 중국의 사회와 경제 발전에서 심각한 문제가 되었다.

단어 立方公里 lìfānggōnglǐ 세제곱 키로미터(km³)
淡水 dànshuǐ 담수
占 zhàn 차지하다
封闭 fēngbì 갇혀있다
增长 zēngzhǎng 성장하다, 늘어나다
废水 fèishuǐ 폐수
急增 jízēng 급속히 늘어나다
水体 shuǐtǐ 물(수증기, 비, 강 다 포함함)
匮乏 kuìfá 부족하다
危机 wēijī 위기
立方米 lìfāngmǐ 세제곱미터(m³)
不均匀 bùjūnyún 불균형이다
重 zhòng 중시하다
轻 qīng 경시하다, 소홀히 하다
导致 dǎozhì 초래하다
污染 wūrǎn 오염, 오염되다

71 세계적으로 담수는 지구 물의 몇 %를 차지하나요?

A 1%
B 3%
C 5%
D 8%

정답 **B**

해설 지문 첫 단락에 '담수가 3% 차지하고 있다'고 언급되어 있으며, 나머지 보기들은 지문에 언급되지 않았다.

72 20세기 이후로, 전세계는 인구가 몇 배로 늘었나요?

A 2배
B 3배
C 10배
D 20배

정답 **B**

해설 첫 단락에 '인구는 3배, 경제는 20배, 물 소비는 10배 증가하였다'고 나왔고, 보기에 언급된 '2배'는 지문에 언급되지 않았다.

73 중국 수자원 분포 불균형은 주로 어떻게 나타나나요?

A 남방이 많고 북방이 적다
B 동부가 많고 서부는 적다
C 남방이 적고 북방이 많다
D 동부가 적고 서부가 많다

정답 **A**

해설 두 번째 단락의 내용 "南方多而北方少"에서 보기 A "南多北少"가 답임을 알 수 있다. "南","北"는 한 글자로도 방향을 지칭하는 말이 된다. '동부'와 '서부'는 지문에 언급되지 않았다.

74 중국에서 경제발전을 중시하고 환경보호를 소홀히 한 정책이 일으킨 심각한 문제는 어떤 분야인가요?

A 물 값이 오른다
B 마시는 물의 위기
C 수질 오염

D 수자원 낭비

정답 **C**

 두 번째 단락에 "导致~出现~水体污染"에서 수질오염을 가져왔음을 알 수 있다. 보기 A, D는 지문에 언급된 내용이 아니다.

75-76

최근 '커플 소비'가 유행하고 있다. 상인들은 젊은 연인들의 이런 소비 심리를 정확히 겨냥해 칼을 제대로 뽑아 들었다. 그도 그럴 것이 대부분의 남성 소비자는 물건을 살 때 비교적 시원스럽다. 옆에 여자 친구가 있으면 체면 때문에라도 가격 흥정을 하지 않는다. 때문에 갈수록 많은 여성들은 '가격 흥정할 때는 남자 친구를 데리고 가지 않는다'는 전략을 쓰기 시작했다.

한 회사의 여직원 장씨는 남자 친구와 쇼핑을 하던 중에 정찰가격이 580위안인 명품 옷이 맘에 들어 흥정에 들어갔다. 하지만 옷 가게 사장은 480위안 아래로는 더 이상 양보를 못 하겠다고 버티고 나왔다. 이 장면을 본 남자친구는 부르는 대로 돈을 주고 말았다. 며칠 뒤 동료가 같은 옷을 300위안에 샀다는 얘기를 들은 미스 장은 힘이 빠져 기절할 뻔 했다.

은행원인 고씨도 이런 상황에 십분 공감한다. 여자친구와 쇼핑할 때 대부분 여자친구가 흥정을 책임지고 고씨는 밖에서 기다리거나 제 3자인 척 여자친구를 거든다. 이 전략은 확실한 효과를 거둘 때가 많다.

단어
情侣消费 qínglǚxiāofèi 커플 소비
看准 kànzhǔn 정확히 겨냥하다
恋人 liànrén 연인
购物 gòuwù 구매하다
温柔一刀 wēnróuyìdāo 상술로 속이다
斩 zhǎn 자르다
颇到火候 pōdàohuǒhou 적절하다
难怪 nánguài 이상할 것이 없다, 어쩐지
干脆 gāncuì 시원스럽다
佳人 jiārén 연인, 아름다운 사람
面子 miànzi 체면
讨价还价 tǎojiàhuánjià 가격을 흥정하다
看中 kànzhòng 마음에 들다
时装 shízhuāng 유행하는 옷
不肯让步 bùkěnràngbù 양보하려 하지 않다
如数 rúshù 숫자대로, 액수대로
差点儿 chàdiǎnr 하마터면
昏过去 hūnguòqu 쓰러지다
以 yǐ ~로써
局外人 júwàirén 방관자, 제 3자
出奇制胜 chūqízhìshèng 기막힌 계책을 써서 적에게 승리하다

75 왜 많은 여성들이 가격 흥정할 때는 남자 친구를 데리고 가지 않나요?

A 본인의 용기가 부족할까봐서
B 남자 친구가 가격 흥정을 못할까봐서
C 가격 흥정을 하면 체면을 잃을까봐서
D 본인이 돈을 많이 쓸 것 같아서

정답 **D**

 보기 C는 남자들의 심리를 표현한 단어이고, 보기 A는 지문에 언급되지 않았다. 지문의 내용은 '남자랑 같이 갔을 때 더 안 깎아줘서 480위안에 산 옷을, 다른 사람이 300위안에 샀다'는 부분에서 여자들은 더 많은 돈을 지불할까 남자를 떼어 놓고, 혼자서 가격 흥정을 한다는 것을 알 수 있다. 그러므로 답은 보기 D이다.

76 본문에서 우리가 알 수 있는 것은 다음 중 무엇인가요?

A 남자들은 상품 구매 시 일반적으로 가격 흥정을 하지 않는다
B 미스 장은 남자 친구와 쇼핑할 때 가격 흥정을 하지 않는다
C 연인끼리 쇼핑할 때 일반적으로 남자 친구가 가격 흥정을 한다
D 쇼핑할 때 미스터 장이 주인과 가격 흥정을 한다

정답 **A**

 첫 단락의 "绝大多数男性消费者在购买商品时都比较干脆"에서 답이 A임을 알 수 있다. "比较干脆"에서 '값을 흥정하지 않고, 달라는 대로 그냥 흔쾌히 준다'는 의미를 알 수 있다. 세 번째 단락의 내용에서 보기 C, D는 틀린 내용임을 알 수 있다. 두 번째 단락의 내용으로 보아 미스 장은 남자 친구와 쇼핑할 때 가격을 깎았지만, 더 많이 깎지 못했으므로 보기 B도 틀린 내용이다.

77-81

상성에는 만담과 창이 있는데, 만담에는 여럿이 하는 것과 둘이 하는 것이 있지요. 제가 여기 혼자 선 것은 오늘 유머 한 토막을 들려드릴까 합니다.

우리 집 건물 4층에는 두 집이 마주 보고 있습니다. 한 집은 장씨네고 다른 한 집은 이씨네죠. 두 집 다 부부가 아이 하나를 키우고 있습니다. 장씨네는 갈수록 잘 살게 되면서 작년에는 에어컨을 설치하더니 올해는 아이에게 컴퓨터까지 사 줬죠. 이씨 아저씨는 속이 답답한 나머지 부인에게 말했죠. "장씨나 나나 월급은 비슷한데, 도대체 살림을 어떻게 꾸리는 건지 내일 가서 좀 물어봐요." 이튿날 복도에서 장씨네 부인을 마주친 김에 이씨네 부인이 물었죠. "장씨네, 살림을 어떻게 하길래 우리 두 집이 월급은 비슷한데 장씨네는 에어컨에 컴퓨터까지 산 거예요? 좀 가르쳐 줘요." "간단해요. 살림이라는 것이 배불리 먹고 넉넉히 쓰는데, 까딱 계획을 잘못 세우면 가난에 시달리게 돼요." "대체 계획을 어떻게 세우길래?" "한 마디만 할게요. 딱 한 마디만." "얼른 말해봐요. 어떤 노하우인지?" "실은요, 결혼하면서부터 월, 수, 금요일은 친정에서, 화, 목, 토요일은 시댁에서 끼니를 해결했어요."

단어 群口 qúnkǒu 여러 사람이 하는 만담
户 hù 가구, 호
对着 duìzhe 마주하고 있다
红火 hónghuo 잘되다, 번창하다
安 ān 설치하다
纳闷儿 nàmènr 답답하다
楼道里 lóudàoli 복도에서
碰上 pèngshang 우연히 만나다
穷 qióng 가난하다
计算 jìsuàn 계획하다
赶紧 gǎnjǐn 서둘러
经验 jīngyàn 노하우, 경험
姥姥 lǎolao 외할머니
奶奶 nǎinai 친할머니

77 여럿이 하는 상성이 뜻하는 것은 무엇인가요?

A 유머 한 토막
B 혼자서 하는 만담
C 둘이서 하는 만담
D 여러 사람이 같이 하는 만담

정답 D

해설 "相声"에서 '相'은 '두 사람'을 뜻하고, "群口"에서 '群'은 '여러 사람'을 뜻하는 것이다. 그러므로 답은 보기 D이다.

78 두 번째 단락에 밑줄 그은 "답답하다"가 가리키는 것은 무엇인가요?

A 화나다
B 기쁘다
C 이상하다
D 예의를 차리다

 C

해설 "纳闷儿"은 '생각해봐도 잘 이해가 안되어 답답하다'는 의미이므로 보기 중에서 C가 가장 비슷한 뜻이다. 단어의 뜻을 잘 모르면, 문맥을 읽어보고 단어의 뜻을 유추해야 하는데, 이씨가 "纳闷儿"해서 부인보고 옆집 장씨네에게 물어보라고 시키는 부분에서 "纳闷儿"의 의미가 '이상하게 여긴다'는 뜻임을 유추할 수 있다.

79 두 번째 단락에 밑줄 그은 "계획"이 가리키는 것은 무엇인가요?

A 절약
B 계획
C 상의
D 저축

 B

해설 "计算"으로 장씨네가 부자로 살 수 있는 것이었다. 이씨네가 이것을 알려 달라고 해서 알려주었는데, 내용은 요일 별로 친정에, 시댁에서 끼니를 해결하는 것이었다. 이 내용을 한마디로 표현할 수 있는 것은 보기 중에 B밖에 없다.

80 장씨네 생활이 점점 좋아진 이유는 무엇인가요?

A 돈을 많이 벌었다
B 부모님께 의지했다
C 절약을 잘했다
D 식구가 적다

 B

해설 요일 별로 양가 부모님 댁에서 끼니를 해결하니 당연 지출부분이 줄어들어 이것 저것 살림을 장만할 수 있었던 것이다. 이것은 '부모님께 의지한다'는 보기 B로 요약할 수 있다.

81 장씨와 이씨네 상황에 관하여, 다음 중 틀린 것은 무엇인가요?

A 두 집 다 4층에 산다
B 두 집 다 세 식구이다
C 두 집 다 컴퓨터를 샀다
D 수입이 비슷하다

정답 C

해설 '이씨네랑 장씨네랑 4층에 살고 세 식구이고, 월급도 비슷한데, 이씨네는 장만할 여유가 없는데, 장씨네는 컴퓨터랑 에어컨이랑 살림을 장만할 수 있다'는 부분에서 이씨가 이상하게 여기는 것이므로, '모두 컴퓨터가 있다'는 것이 틀린 것이다.

82-86

선전사람은 뭐든 대범하게 생각하고 그걸 대범하게 실행에 옮긴다. 중국 우주박람회가 개막되면서 중국 민항 역사상 최단 노선인 선전-주하이 노선이 선전사람의 주도하에 탄생 되었다. 주최측의 예상을 뛰어넘어 이 노선의 첫 운항은 가족 예매가 절반 이상이었다. 선전시 우주항공서비스사(社)는 내일 전세기 형식으로 보잉737 여객기를 이용, 선전의 관람객을 선전 공항에서 주하이 공항으로 실어 나를 예정이며, 예상 비행 시간은 15분에 불과하다. 현재 이 항공편은 민항관리국과 공항의 비준을 받은 상태이며 최단 노선의 항공편으로 중국 민항 역사에 기재되었다. 선전-주하이 노선의 개통은 사실 농담 한 마디에서 비롯됐다. 주하이에서 열린 우주박람회 홍보행사에서 '어떻게 하면 박람회를 가장 빨리 볼 수 있느냐'는 한 구이저우 관람객의 질문에 주하이 사람이 '비행기가 가장 빠르다'고 답했다. 아무 생각 없이 뱉은 이 한 마디에 일이 커졌다. 박람회에 참석했던 항공우주 책임자가 선전과 주하이를 잇는 항공편을 개통해야겠다는 생각을 하게 된 것이다. 그리고 이 생각은 민항 관련 부처와 주하이 측의 전폭적인 지지를 얻었고, 일이 순풍에 돛 단 듯이 순조롭게 진행돼 한 달 만에 모든 수속을 마쳤다.

단어
敢 gǎn (용기있게) 하다
航空航天展 hángkōnghángtiānzhǎn 항공우주전람회
开幕 kāimù 개막하다
至 zhì ~까지
竟 jìng 뜻밖에
包机 bāojī 비행기를 전세내다
载入 zǎirù 기록되다, 기재되다
询问 xúnwèn 묻다
无意 wúyì 무심결에, 무심코
开绿灯 kāilǜdēng (순조롭게 진행되도록) 허가하다, 허락하다
办齐了 bànqíle 전부 다 처리하다

82 이번 우주박람회 개최지는 어디인가요?

A 광저우
B 선전
C 구이저우
D 주하이

정답 B

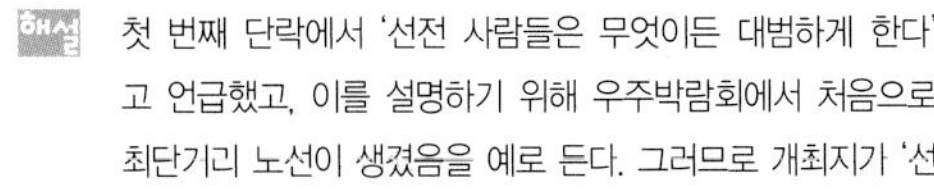
해설 첫 번째 단락에서 '선전 사람들은 무엇이든 대범하게 한다'고 언급했고, 이를 설명하기 위해 우주박람회에서 처음으로 최단거리 노선이 생겼음을 예로 든다. 그러므로 개최지가 '선전'임을 유추할 수 있다.

83 중국에서 비행노선이 가장 짧은 시간은 몇 분인가요?

A 15분
B 20분
C 25분
D 30분

정답 A

해설 첫 번째 단락의 '15분'이라고 언급되어 있고, 나머지 보기들은 지문에 언급된 내용이 아니다.

84 이 노선의 첫 운항 기종은 무엇인가요?

A 맥도널드 더글라스
B 벨
C 보잉
D 에어버스

정답 C

해설 첫 번째 단락에 "使用波音737客机"이라고 언급된 부분에서 답이 C임을 알 수 있다.

85 첫 운항 탑승객들의 비용은 누가 지불한 것인가요?

A 박람회 주최측
B 선전항공사
C 탑승자
D 주하이 민항 관련 부처

정답 C

해설 첫 번째 단락에 '승객 대부분이 가족 예매'라는 부분에서 탑승자가 지불했음을 알 수 있다.

86 "순풍에 돛을 달다"가 뜻하는 것은 무엇인가요?

A 각종 편의를 제공하다
B 일을 책임감 없이 하다
C 생각 없이 일을 한다

D 행동이 신속하고 깔끔하다

정답 A

해설 "开绿灯" '녹색 등이 켜지다'는 관용어로 '빨간 불로 막지 않고, 보내주다' 의 뜻으로, 보기 A '편의를 제공하다'가 답으로 적당하다. 보기 D는 행동의 속도를 묘사한 것으로 적당치 않다.

87-90

첸쉬앤통은 중국의 유명한 언어문자학자이자 교육가로, 1930년대부터 줄곧 베이징 사범대학 교수를 역임했다. 1936년 베이징 사범대 중문과에서 음운학을 가르칠 때였다. 하루는 그가 개구음과 폐구음을 가르치고 있는데 한 학생이 예를 들어 달라고 했다.

첸 교수는 유머를 섞어 이야기를 풀어나갔다.

베이징에 설창을 하는 여배우가 있었는데, 용모가 빼어났고, 특히 하얗고 가지런한 치아를 가지고 있어 이목을 끌었어요. 그러던 어느 날 교통사고를 당해 앞니 두 개를 잃을 줄은 아무도 생각 못했죠.

가치를 해 넣기 전에는 잔치에 초대될 때마다 이미지가 망가질까 봐 손님들 사이에 앉아 최대한 입을 오므리고 말을 삼갔고, 어쩔 수 없는 상황에서만 대답을 했어요. 누군가 뭘 물어오면 전부 개구음을 피하고 폐구음으로 대답해 부러진 치아를 가렸죠.

"성씨가 뭐예요?" — "오씨요"

"몇 살이에요?" — "열다섯이오"

"어디 살아요?" — "바오딩푸요"

"무슨 일 해요?" — "설창이오"

이처럼 모든 질문에 폐구음으로 대답해 이빨을 보이지 않을 수 있었어요.

하지만 가치를 해 넣은 후, 이 모든 대답은 개구음으로 바뀌었죠.

"성씨가 뭐예요?" — "이씨요"

"몇 살이에요?" — "열 일곱이오"

"어디 살아요?" — "청시요"

"무슨 일 해요?" — "전통극 공연해요"

단어 著名 zhùmíng 유명한, 저명한
担任 dānrèn (직책을) 맡다
讲授 jiǎngshòu 강의하다
举例子 jǔlìzi 예를 들다
幽默 yōumò 재미있다
大鼓 dàgǔ 설창
整齐 zhěngqí 가지런하다
引人注目 yǐnrénzhùmù 이목을 끌다
门牙 ményá 앞니
破坏 pòhuài 망가지다
形象 xíngxiàng 이미지
避免 bìmiǎn 피하다
张口 zhāngkǒu 입을 벌리다
万不得已 wànbùdéyǐ 어쩔 수 없이
一律 yílǜ 모두, 일률적으로
遮丑 zhēchǒu 단점을 가리다

87 첸교수가 강의하는 수업은 무엇인가요?

A 설창(전통극)
B 음악
C 교육학
D 언어학

정답 D

해설 첫 번째 단락에 '첸교수는 언어학을 가르치는 교육자'라고 언급되어 있다. 가르치는 교과목은 언어학이므로 답은 D이다. 첸교수는 교육자이지 교육학을 가르치는 것은 아니므로 혼동하지 않도록 주의한다.

88 수업 중, 학생이 제기한 것은 무엇인가요?

A 선생님께 재미있는 이야기를 해달라고 하였다
B 베이징 설창 한 단락을 불러달라고 하였다
C 선생님께 베이징 설창을 본받고자 하였다
D "개구음"과 "폐구음"을 설명해 달라고 하였다

정답 D

해설 첫 번째 단락에 "请他举个例子" 학생이 교수님께 예를 들어 달라고 하였는데, 이것은 설명을 하는 것이라고 할 수 있다. 그러므로 답은 보기 D이다. 교수가 들어준 예는 '개구음'과 '폐구음'을 확실히 구별할 수 있는 아주 인상 깊은 재미있는 이야기였는데, 학생이 재미있는 이야기를 해달라고 해서 한 것이 아니었고, 교수가 학습효과를 높이기 위해 재미있는 이야기를 한 것이다.

89 본문에 밑줄 그은 "어쩔 수 없는 사항"이 가리키는 것은 무엇인가요?

A 만일에
B 불가능하다
C 어쩔 수 없이
D 어쩐지

정답 C

해설 "万不得已"는 '정말 어찌할 방법이 없어서 마지 못해 하는 것'을 가리킨다. 이와 비슷한 뜻은 "只好", "不得不" 등이 있다.

90 잔치에 초대받아 갔을 때, 여배우는 왜 "폐구음"을 사용하였나요?

A 치아가 부러져 남들에게 웃음거리가 될까 봐
B 기분이 나빠 많은 말을 하고 싶지 않아서
C 사람들이 많아 불편함을 느껴서
D 남들의 이목을 끌기 위해서

정답 A

첫 번째 단락에서 사고로 앞니가 부러졌고, 그래서 "因为怕破坏了形象" 이미지를 망칠까 봐 최대한 입을 벌리지 않고 '폐구음'으로만 대답을 하였다는 것을 알 수 있다.

3. 쓰기(书写)

제1부분

제1부분은 총 8문항이다. 모든 문제는 여러 개의 단어가 제시된다. 응시자는 주어진 단어를 사용하여 하나의 문장을 만든다.

91 **정답** 他喝了很多酒。

그는 술을 많이 마셨다.

해설 우선 주어, 술어, 빈어를 확인한다. 주어 "他", 술어 "喝", 빈어 "酒"를 확인한다. 동태조사 "了"는 술어 동사 "喝"에 위치시키고, "很多"는 명사 "酒"에 한정어로 위치시킨다. 올바른 문장의 순서는 "他喝了很多酒"이다.

92 **정답** 他长得一点儿也不好看。

그는 조금도 잘 생기지 않았다.

해설 우선 주어, 술어, 빈어를 확인한다. 주어 "他", 술어 "长得"를 확인한다. "长得"는 '~하게 생겼다'는 뜻으로 뒤에 보어를 갖는다. "一+양사+都/也+没/不+동사/형용사"는 '조금도 ~하지 않다'는 강조 용법으로 '못생겼다'를 강조하는 의미이다. 그러므로 올바른 문장의 순서는 "他长得一点儿也不好看"이다.

93 **정답** 你难道没听见我的话吗?

설마 내 말 못 들은 건 아니겠지?

해설 우선 주어, 술어, 빈어를 확인한다. 주어 "你", 술어 "听见", 빈어 "我的话"를 확인한다. 어기조사 "吗"는 문미에 놓는다. 반어를 표현하는 어기 부사 "难道"는 주어 "你" 앞이나, 뒤에 다 위치시킬 수 있다. 부정부사 "没"는 동사 앞에 위치시킨다. '어기부사+부정부사'의 순서이므로, 올바른 순서는 "你难道没听见我的话吗?"이다.

94 **정답** 他想在这儿住一个月。

그는 이 곳에서 한 달 살고 싶어한다.

해설 우선 주어, 술어, 빈어를 확인한다. 주어 "他", 술어 "住"를 확인한다. "一个月"는 시량보어로, 술어 "住" 뒤에 위치시킨다. 개사구 "在这儿"은 상황어로 주어 뒤, 술어 앞에 위치시킨다. "想"은 조동사로 동사 앞에 위치시킨다. 조동사와 개사구가 같이 상황어 자리에 오면, '조동사+개사구' 순서로 배열한다. 올바른 문장의 순서는 "他想在这儿住一个月"이다.

95 **정답** 我的年龄比他大8岁。

내가 그보다 여덟 살 많다.

해설 개사 "比"를 보고 비교문의 기본 형태를 빨리 생각해 낸다. 기본구조는 'A(명사/대명사)+比+B(명사/대명사)+비교결과+수량사'이다. "他"와 "我的年龄"을 비교하는 것이다. 그런데 여기서 생략의 원칙으로 "我的年龄"이 앞으로 위치해야 함을 알 수 있다. 그러므로 올바른 문장은 "我的年龄比他大8岁"이다.

96 **정답** 他一连两周没来上班。

그는 연속 2주 출근을 하지 않았다.

해설 우선 주어, 술어, 빈어를 확인한다. 주어 "他", 동사 "来"와 "上班"으로 이루어진 연동구를 확인한다. 첫 번째 동사가 "来"나 "去"로 이루어진 목적을 나타내는 연동구에서 부정은 첫 번째 동사 앞에 위치시킨다. 그러므로 "没"는 "来"앞에 놓는다. 부사 "一连"은 시간명사 "两周"와 연결시켜, 시간의 연속을 강조하고, 이는 상황어 자리에 놓아야 한다. 올바른 문장은 "他一连两周没来上班"이다.

97 **정답** 你怎么能说出这样的话?

당신 어떻게 이런 말을 할 수 있어요?

해설 우선 주어, 술어, 빈어를 확인한다. 주어 "你", 술어 "说", 빈어 "话"를 확인한다. "这样的"는 "话"의 한정어로 앞에 위치한다. 능원동사 "能"은 동사 "说" 앞에 위치하고, 의문사 "怎么"는 능원동사 앞에 위치해서 '어떻게 그럴 수 있느냐'의 의미가 되어야 한다. '의문사+조동사'는 반어의 의미를 가진다. 정확한 문장 배열 순서는 "你怎么能说出这样的话?"이다.

98 정답 我打算去北京的世界公园玩儿。

나는 베이징에 있는 세계공원에 놀러 갈 계획이다.

해설 우선 주어, 술어, 빈어를 확인한다. 주어 "我", 동사 "去"와 "玩"으로 이루어진 연동구임을 확인한다. 조동사 "打算"은 첫 번째 동사 앞에 위치시킨다. "北京的"은 명사 "世界公园"을 꾸미는 한정어로 사용하고, "北京的世界公园"은 "去"의 장소이므로 "去"와 "玩" 사이에 위치시킨다. 올바른 문장의 순서는 "我打算去北京的世界公园玩儿"이다.

제2부분

제2부분은 총 2문항이다. 첫 번째 문항에서는 여러 개의 단어가 제시되며, 응시자는 제시된 단어들을 사용하여 80字 내외로 구성된 단문을 작성한다. 두 번째 문항에서는 하나의 그림이 제시되며, 응시자는 그 그림을 근거로 80字 내외로 구성된 단문을 작성한다.

99 참고답안

春节是中国最重要的节日，每到春节，全国都要放假，大多数中国人会从各个地方赶回家，有些人实在不能回家，也一定会在一年的最后一天，给自己的亲人打个电话，问候家里所有的人。

설은 중국 최대의 명절로, 해마다 설이 되면 중국 전체가 휴일에 들어간다. 각지에 흩어져 있던 많은 중국인들이 앞다퉈 고향으로 돌아가지만 고향에 가지 못하는 이들은 일 년 중 마지막 날 가족에게 전화로 모든 이의 안부를 묻는다.

단어 节日 jiérì 기념일, 명절
赶 gǎn 시간에 서두르다
亲人 qīnrén 가족
问候 wènhòu 안부를 묻다

100 참고답안

电脑带给我们很多方便，也在悄悄地改变我们的生活。比如，现在习惯用电脑打字的人越来越多，字写得好的人就越来越少了；喜欢上网聊天的时间越来越长，和家人、朋友见面的时间反倒越来越少了。

컴퓨터는 우리에게 많은 편리함을 제공하고 조금씩 생활을 바꾸어 놓고 있다. 예를 들면 컴퓨터로 타자를 치는 사람이 갈수록 늘어나면서 글씨를 잘 쓰는 사람은 줄어들고 있다. 또 인터넷으로 채팅을 즐기는 시간이 늘어나면서 가족이나 친구와 만나는 시간은 반대로 줄어들고 있다.

단어 悄悄 qiāoqiāo 조용히, 살며시
改变 gǎibiàn 바꾸다, 변화시키다
反倒 fǎndào 거꾸로, 반대로

新汉语水平考试

HSK 5级

모의고사 해설

HSK (五级) 5회 모범답안

一、听力

第一部分	1. D	2. D	3. B	4. C	5. D	6. A	7. D	8. B	9. C	10. C
	11. A	12. C	13. D	14. D	15. D	16. A	17. D	18. A	19. D	20. A
第二部分	21. A	22. B	23. D	24. A	25. C	26. B	27. A	28. D	29. A	30. C
	31. C	32. B	33. D	34. B	35. A	36. C	37. C	38. D	39. D	40. A
	41. C	42. A	43. B	44. B	45. D					

二、阅读

第一部分	46. A	47. D	48. B	49. C	50. B	51. D	52. A	53. B	54. A	55. D
	56. A	57. C	58. D	59. B	60. A					
第二部分	61. B	62. C	63. D	64. C	65. A	66. A	67. A	68. D	69. C	70. D
第三部分	71. D	72. B	73. B	74. A	75. C	76. A	77. B	78. D	79. C	80. B
	81. A	82. D	83. C	84. A	85. A	86. B	87. A	88. B	89. C	90. C

三、书写

第一部分	91.	他没完没了地说了起来。
	92.	你看得清看不清黑板上的字?
	93.	你能不能给我再讲一遍?
	94.	我一句话都没听进去。
	95.	骑车10分钟就能到火车站。
	96.	我实在不知道怎么回答。
	97.	教室的玻璃被打碎了。
	98.	我们一定会调查这件事的。
第二部分 参考答案	99.	我很喜欢旅游，旅游当中的乐趣很多，可是麻烦也不少。"问路"就是常常遇到的一个问题，因为听不懂当地人说的话，常常是人家说了半天，我一句也没听懂。最后，常常是热情的当地人领我去。
	100.	在平时，我不得不整天开着手机，以便老板和同事随时可以找到我。可是，出去度假的时候我一定会关掉手机，关掉手机才能彻底离开平时的生活，也只有这样我才能得到一个真正放松的假期。

1. 듣기(听力)

제1부분

제1부분은 총 20문항이다. 모든 문제는 한 번씩 들려준다. 모든 문제는 두 사람의 대화로 이루어져 있으며, 두 문장으로 구성되어 있다. 세 번째 사람이 이 대화와 관련된 질문을 한다. 응시자는 시험지에 주어진 4개의 선택 항목 중에서 정답을 고른다.

1

男：听说你快大学毕业了？
女：哪儿呀，还早着呢。

问：女人的意思是：

남 : 곧 대학 졸업한다면서요?
여 : 아니요, 아직 멀었어요.

문 : 여자가 한 말은 무슨 뜻인가요?

A 어디에서 대학을 다니는지
B 곧 졸업이다
C 남자의 말을 잘 듣지 못했다
D 대학을 아직 졸업하지 않았다

정답 **D**

해설 이 문제는 응시생의 상용회화에 대한 이해력을 묻는 문제이다. "哪儿呀/哪儿的话/哪里哪里"는 회화에 자주 사용되는 반어용법으로, 어디인지 장소를 묻는 표현이 아니라, 부정을 뜻하는 것이다. "不是(아니다)"혹은 "达不到(그 정도는 아니다)"와 같은 의미로, 이 지문에서는 '곧 졸업하냐'는 질문에 부정을 하였다. 그러므로 보기 B는 제거하고, 여자가 말한 "早着呢"에서 '졸업하려면 아직 한참 멀었다'는 것을 알 수 있다. 그러므로 답은 보기 D이다.

단어 快~了 kuài ~ le 곧 ~이다
哪儿 nǎr (반어용법) 아니다

2

女：你来得真早。
男：咱们彼此彼此。

问：男人的意思是：

여 : 너 정말 일찍 왔구나.
남 : 너도 일찍 왔네.

문 : 남자가 한 말은 무슨 뜻인가요?

A 나는 그다지 일찍 오지 않았다
B 나는 매일 이맘때쯤 온다
C 나는 이미 지각했다
D 당신도 일찍 왔다

정답 **D**

해설 이 문제는 응시생의 상용회화에 대한 이해력을 묻는 문제이다. "彼此彼此"는 상대방의 질문에 대답할 때 쌍방의 상황이 비슷하다거나, 높고 낮음을 가리기 어렵다고 겸손하게 표현하는 상용회화 표현이다. 일찍 왔다고 한 말에 대꾸로 "彼此彼此"하였으니, 상대방도 일찍 왔음을 가리키는 말이다. 그래서 답은 보기 D이다.

단어 彼此彼此 bǐcǐbǐcǐ 서로 마찬가지이다

3

男：昨天我一直给你打电话，你怎么不接呢？
女：我去我叔叔家了，手机忘在家里了。

问：下面哪一项是错误的？

남 : 어제 계속 전화했는데, 왜 안 받았어?
여 : 작은 아버지 댁에 갔는데, 깜빡 하고 핸드폰을 집에 두고 갔거든.

문 : 다음 중 틀린 내용은 무엇인가요?

A 여자는 어제 작은 아버지 댁에 갔었다
B 여자는 핸드폰을 작은 아버지 댁에 놓고 왔다
C 남자는 여자가 전화를 받지 않아서 원망하고 있다
D 남자는 여자에게 여러 차례 전화를 했다

정답 **B**

해설 이 문제는 응시생의 세부사항 파악 능력을 체크하는 문제이다. 여자가 말한 "我去我叔叔家了，手机忘在家里了"에서 여자가 핸드폰을 집에 두고 작은 아버지 댁에 갔다 오느라 전화를 받을 수 없었음을 알 수 있다. 그러므로 보기 B '핸드폰을 작은 아버지 댁에 놓고 왔다'는 틀린 내용이다. 보기 C에 언급된 "埋怨(원망)"의 말투는 남자의 말 "怎么不接呢?"에서 알 수 있다.

단어 怎么 zěnme 왜
接 jiē 받다
忘 wàng 잊다

4

女：老李呀，有日子没见了，你上哪儿去了？
男：别提了，心脏不好，刚出院没几天。老张呀，听说你们两口子到杭州旅游去了？

问：男的最近去哪儿了？

여 : 라오리, 요새 안 보이던데, 어디 갔었어?
남 : 말도 마. 심장이 안 좋아서 입원했다 퇴원한 지 며칠 안 됐어. 라오장, 너희 부부는 항저우에 여행 갔었다면서?

문 : 남자가 최근 갔다 온 곳은 어디인가요?

A 집에서
B 항저우
C 병원
D 해외

정답 **C**

해설 이 문제는 응시생의 세부사항 파악 능력을 체크하는 문제이다. 남자가 언급한 "刚出院没几天"에서 '병원에 갔었다'는 것을 알 수 있다.

단어 别提了 biétíle 말도 마라(불만)
心脏 xīnzàng 심장
出院 chūyuàn 퇴원하다

5

男：小姐，我想借两本小说和一本散文。
女：对不起，没有图书证一本书也借不了。

问：女人的意思是男人可以借几本书？

남 : 저기, 소설책 두 권이랑 수필 한 권 빌리고 싶은데요.
여 : 죄송합니다. 도서 대출증이 없으면 한 권도 대출이 안 됩니다.

문 : 여자가 언급한 남자가 대출 할 수 있는 책은 몇 권인가요?

A 한 권
B 두 권
C 세 권
D 대출할 수 없다

정답 **D**

해설 이 문제는 응시생의 세부사항 파악 능력을 체크하는 문제이다. 여자는 '대출증이 없으면 한 권도 빌릴 수 없다'고 말하면서, 남자가 도서 대출증을 가지고 있지 않아서 대출을 할 수 없다고 말하고 있다.

단어 借 jiè 대출하다, 빌리다
散文 sǎnwén 산문
图书证 túshūzhèng 도서 대출증

6

女：这套西服价钱不贵，而且还是名牌呢。
男：我看还是算了吧。

问：男人的意思是：

여 : 이 정장은 그리 비싸지도 않고, 게다가 명품이네.
남 : 내가 볼 땐 됐어.

문 : 남자가 한 말은 무슨 뜻인가요?

A 나는 사고 싶지 않다
B 나는 돈이 부족하다
C 나중에 사겠다
D 먼저 돈을 계산해 보다

정답 **A**

해설 이 문제는 응시생의 관용어에 대한 이해력을 체크하는 문제이다. "算了吧"는 거절을 하거나 부정을 뜻하는 표현이다. 남자는 여자가 괜찮다고 하는 말에 거절을 뜻했다. 그러므로 보기 A가 답으로 가장 적합하고, 나머지 보기들의 '나중에 구매하겠다'거나 '돈이 부족하다'는 뜻은 전혀 없다.

단어 套 tào (옷의 양사) 벌
算了 suànle 그만두다, 됐다

7

男：您能参加今天的演出吗？
女：我很想参加，可是你知道，我太忙了。

问：女人的意思是：

남 : 오늘 공연에 참가하실 수 있습니까?
여 : 저도 그러고 싶은데, 아시다시피 제가 너무 바빠서요.

문 : 여자가 한 말은 무슨 뜻인가요?

A 공연에 참가할 수 있다
B 반드시 공연에 참가한다
C 공연에 참가하고 싶지 않다
D 공연에 참가할 시간이 없다

정답 D

해설 이 문제는 응시생의 세부사항 파악 능력을 체크하는 문제이다. 여자가 말한 "我太忙了"는 보기 D의 '시간이 없다'와 같은 의미이다. 전환의 의미를 나타내는 관련사 "可是" 뒤에 화자의 포인트가 있다. 여자가 '가고 싶지 않아서가 아니라, 바빠서 못 간다'는 것을 뜻하고 있다. 그러므로 보기 C는 틀린 것이고, 보기 D가 답임을 알 수 있다.

단어 演出 yǎnchū 공연, 공연하다
忙 máng 바쁘다

8

女：请问808路汽车过动物园吗？
男：对不起，我是头一次来北京。

问：男人为什么说"对不起"？

여 : 808번 버스가 동물원을 지나나요?
남 : 죄송합니다. 저도 베이징은 처음이거든요.

문 : 남자가 "죄송합니다"라고 말한 이유는 무엇인가요?

A 그는 바쁘다
B 그는 모른다
C 그는 대답하고 싶어 하지 않는다
D 그는 묻는 말을 잘 듣지 못했다

 B

해설 이 문제는 응시생의 관련단어에 근거한 유추 능력을 체크하는 문제이다. "头一次"는 '처음'이라는 뜻이다. 남자가 말 한 "头一次来北京"에서 남자가 '베이징에 처음 와서 잘 모른다'는 뜻이므로 답은 보기 B이다. 나머지 보기들은 언급된 내용들이 아니다.

단어 过 guò 지나가다
头一次 tóuyícì 처음

9

男：咱俩怎么没有一天不吵架呢。
女：你看人家两口子，男的总是让着女的，你就不能跟人家学学。

问：说话人是什么关系？

남 : 우린 어떻게 단 하루도 안 싸우는 날이 없어?
여 : 다른 부부들을 좀 봐요. 늘 남편이 양보하잖아요. 당신도 좀 배우면 안되나요.

문 : 화자들은 무슨 관계인가요?

A 학우
B 사제지간
C 부부
D 친구

정답 C

 이 문제는 응시생의 관련단어에 근거한 유추 능력을 체크하는 문제이다. "两口子"는 '부부'를 가리키는 말이다. 여자는 다른 부부와 자기들을 비교하며 말을 하고 있다. 그러므로 화자들이 부부임을 알 수 있다.

단어 没有~不~ méiyǒu ~ bù ~ 다 ~하다
吵架 chǎojià 말다툼하다
让 ràng 양보하다

10

女：比赛的情况怎么样？
男：现在主队明显占了上风。

问：说话人的意思是：

여 : 경기가 어떻게 돼가고 있어?
남 : 지금 홈 팀이 확실히 우세해.

문 : 화자가 한 말은 무슨 뜻인가요?

A 경기장의 바람이 세다
B 두 팀의 실력이 비슷하다
C 홈 팀이 확실히 우세하다
D 홈 팀은 이미 경기장에 나왔다

정답 **C**

해설 이 문제는 응시생의 관용어에 대한 이해력을 묻는 문제이다. "占上风"은 '우세를 점하고 있거나, 리드하고 있다'는 뜻이다. 남자가 말 한 "主队占上风"은 '홈 팀이 전반적인 분위기를 리드하고 있거나, 점수 면에서 앞서고 있음'을 뜻한다고 볼 수 있다. 그러므로 답은 보기 C이다. 보기 A는 "占上风"의 뜻을 전혀 모르면 '风'만 듣고 고를 수 있는 함정이므로 주의한다. 보기 B에 언급된 "相当"이 형용사로 사용되면 '막상막하'라는 뜻이 있다는 것도 알아두면 좋겠다.

단어 主队 zhǔduì 홈팀
明显 míngxiǎn 확실하다, 분명하다
占上风 zhànshàngfēng 우세를 차지하다

11

男：你别再说了，我就是不去。
女：爱去不去，不去你可别后悔。

问：女人的态度是:

남 : 더는 말하지 마. 난 안 갈 거야.
여 : 가든지 말든지 너가 알아서 해. 대신 나중에 후회하지나 마.

문 : 여자의 태도는 어떠한가요?

A 화나다
B 기쁘다
C 겸손하다
D 후회하다

정답 **A**

해설 이 문제는 응시생의 세부 사항에 근거한 유추 능력을 체크하는 문제이다. "爱+동사, 不+동사"는 회화에 자주 사용하는 구문으로 '~하든지 말든지'라는 뜻으로 '관여하지 않겠다', '상관없다'의 말투이다. 예를 들면 "你爱吃不吃，反正最后饿死的不是我。"(먹든지 말든지, 어쨌던 굶어 죽는 건 내가 아닌데 뭐.)라고 사용할 수 있다. 보기 B, C는 긍정적인 태도나 말투를 뜻하는 단어로 이와 거리가 있으므로 우선 제거한다. 그럼 보기 A, D 중에서 알맞은 것을 골라야 하는데, 여자가 '나중에 후회하지 마'라고 했으므로 화가 났음을 알 수 있다. 그러므로 답은 보기 A이다.

단어 爱～不～ ài～bù～ ～하든지 말든지
后悔 hòuhuǐ 후회하다

12

女：相机还给老张了吗?
男：现在相机在小刘那儿，老马已经让小李去小刘家拿了。

问：相机是谁的?

여 : 라오장한테 카메라 돌려줬어?
남 : 지금 샤오류한테 있어. 라오마가 샤오리더러 샤오류네 집에 가서 가지고 오라고 했어.

문 : 카메라는 누구의 것인가요?

A 샤오리우
B 라오마
C 라오장
D 샤오리

정답 **C**

이 문제는 응시생의 세부사항 파악 능력을 묻는 문제이다. "还给"는 '되돌려 주다'로 원래 주인에게 되돌려 줄 때 사용할 수 있는 단어이다. 그러므로 카메라의 주인이 라오장임을 알 수 있다. 대화 속에 많은 사람이 등장하므로 주의 깊게 들어야 한다.

단어 还 huán 되돌려주다, 갚다
拿 ná 가지고 오다/가다

13

男：你来我这儿，还是我去你那儿?
女：不是你来我这儿，就是我去你那儿，反正都一样。

问：女人的意思是:

남 : 이쪽으로 올래, 아님 내가 그쪽으로 갈까?
여 : 네가 오든 내가 가든 마찬가지지.

문 : 여자가 한 말은 무슨 뜻인가요?

A 나는 안 간다. 네가 와라
B 너 오지 마라, 내가 갈게
C 네가 안 오면, 나도 안 간다
D 네가 와도 좋고, 내가 가도 되고

정답 **D**

해설 이 문제는 응시생의 구문에 대한 이해력을 묻는 문제이다.

"不是…就是…"는 제한 선택으로 '~아니면, ~이다'라는 뜻의 관련사 구조로 둘 중의 하나를 뜻한다. 이와 구별해야 할 관련사 구조 "不是…而是…"는 '~가 아니라, ~이다'라는 뜻으로 앞의 것은 부정하고 뒤의 것을 긍정한다. 보기 A, B는 어느 한쪽을 부정했으므로 우선 제외시킨다. 지문에 여자가 이어서 한 말 "反正都一样"은 '똑같다'는 의미로 이래도 좋고, 저래도 좋고, 다 좋다는 의미를 가진다. 그러므로 보기 D가 답이다.

단어 不是~就是~ búshì ~ jiùshì ~ ~가 아니면, ~이다
反正 fǎnzhèng 어쨌든

14

女：小孙，那我两点在电影院门口等你啊。
男：一言为定，咱们不见不散。

问：男人的意思是:

여 : 샤오쑨, 그럼 내가 2시에 극장 앞에서 기다릴게.
남 : 그럼 그렇게 정한 거다. 꼭 나와!

문 : 남자가 한 말은 무슨 뜻인가요?

A 3시에 만나는 것이 더 좋다
B 나는 2시에 갈 수 없다
C 나는 영화가 보고 싶지 않다
D 널 못 보면 나는 안 간다

정답 D

해설 이 문제는 응시생의 단어 이해력을 묻는 문제이다. "一言为定"은 '이미 결정하였다'는 뜻으로 변경할 수 없다는 것이며, "不见不散"은 '만날 때까지 기다린다'는 이중으로 부정한 강한 긍정으로, 보기 D "不见到你我不走" 역시 이중 부정으로 강조한 '반드시 만나다'의 뜻이다. 보기 A, C는 언급되지 않았다.

단어 一言为定 yìyánwéidìng 약속하다
不见不散 bújiànbúsàn 꼭 만나다

15

男：我一直以为你还没结婚呢。
女：谁说的？我的孩子都快上小学了。

问：下面哪一项是正确的？

남 : 난 아직 결혼 안 하신 줄 알았는데.
여 : 누가 그래요? 곧 학교 들어갈 애가 있는데.

문 : 다음 중 정확한 내용은 무엇인가요?

A 남자는 여자를 줄곧 좋아했었다
B 여자의 아이는 초등학생이다
C 어떤 사람이 여자가 아직 결혼 안 했다고 말했다
D 남자는 여자가 결혼했는지 몰랐다

정답 D

해설 이 문제는 응시생의 구문에 대한 이해력을 묻는 문제이다. 동사 "以为"는 '~인 줄 잘못 알고 있다'. 쉽게 표현해서 '~인 줄 착각하고 있었다'는 뜻이다. 그러므로 "以为" 다음 내용은 사실이 아니다. 남자가 말한 "我一直以为你还没结婚呢"에서 여자가 이미 결혼한 사실을 모르고 있었다는 것을 알 수 있으므로 답은 보기 D이다. 보기 A, C는 언급된 내용이 아니고, 여자의 아이는 곧 초등학생이 되는 것이지 이미 초등학생이 된 것이 아니다.

단어 以为 yǐwéi ~인 줄 알다, 착각하고 있다
谁说的 shuíshuōde 누가 그래요(반어용법)

16

女：杨立，生日快乐！送给你，这是我亲手做的，打开看看吧。
男：真好！你自己做的吗？太谢谢了！

问：女人为什么送给男人礼物？

여 : 양리, 생일 축하해. 자, 받아. 이거 내가 직접 만든 거야. 열어봐.
남 : 우와, 끝내준다! 진짜 직접 만든 거야? 정말 고마워.

문 : 여자가 남자에게 선물을 한 이유는 무엇인가요?

A 축하를 표시하다
B 감사를 표시하다
C 사과를 표시하다
D 관심을 표시하다

정답 A

해설 이 문제는 응시생의 세부사항 파악 능력을 체크하는 문제이다. 여자가 말한 "生日快乐"에서 축하를 위해서 선물했음을 알 수 있다.

단어 亲手 qīnshǒu 직접, 손수

17

男：老张，好久不见了，每天忙什么呢？
女：我呀，闲得难受。从去年起，儿子和女儿都出国了，家里就我们老两口，每天没事可干呀。

问：女人为什么感觉闲得难受？

남 : 라오장, 오랜만이야. 매일 뭐가 그렇게 바빠?
여 : 바쁘긴, 심심해 죽겠는데. 작년에 아들 딸 다 외국 가고 집에 남편이랑 둘이서 매일 할 일이 없는걸.

문 : 여자가 심심해서 죽겠다고 여기는 이유는 무엇인가요?

A 배우자가 죽었다
B 실업 후 집에 있다
C 자녀가 없다
D 자녀가 곁에 없다

정답 D

해설 이 문제는 응시생의 세부사항 파악 능력을 체크하는 문제이다. 여자가 한 말 "家里就我们老两口，每天没事可干呀"에서 남편이 살아 있음을 알 수 있으므로 보기 A는 제거하고, '아이들이 모두 외국에 가서 집에 부부 둘만 있다'는 것에서 '아이들이 곁에 없다'는 보기 D가 답임을 알 수 있다. 보기 C는 '아예 자녀가 없다'라는 의미이므로 혼동하지 않도록 주의한다. 보기 B는 언급된 내용이 아니다.

단어 闲 xián 한가하다
难受 nánshòu 괴롭다
出国 chūguó 출국하다
老两口儿 lǎoliǎngkǒur 노부부

18

女：导游，我听说这个建筑的一些地方有特别的意义，是吗？
男：是啊，你看，这圆形的宫殿和蓝色的屋顶就象征天。因为中国是个农业国，人们靠天吃饭，只有风调雨顺，才能获得丰收。以前皇帝每年春天都要来这里祭天。

问：圆形的宫殿和蓝色的屋顶象征着什么？

여 : 가이드 선생, 이 건축물의 일부는 특별한 의미가 있다던데, 정말이에요?
남 : 네. 보세요, 이 동그란 궁전과 파란색 지붕은 하늘을 상징합니다. 중국은 농업국이었기 때문에 먹는 것도 다 하늘에 달려 있었죠. 바람과 비를 맞아야 풍년이니까요. 그래서 예전에는 황제가 해마다 봄이면 이곳에서 하늘에 제를 올렸어요.

문 : 동그란 궁전과 파란색 지붕이 상징하는 것은 무엇인가요?

A 하늘
B 바람의 신
C 비의 신
D 황제

정답 A

해설 이 문제는 응시생의 세부사항 내용 파악 능력을 체크하는 문제이다. 남자가 말한 "那圆形的宫殿和蓝色的屋顶就象征天"과 "以前皇帝每年春天都要来这里祭天"에서 '하늘'을 뜻함을 알 수 있다.

단어 导游 dǎoyóu 가이드
建筑 jiànzhù 건축물
特别 tèbié 특별하다
圆形 yuánxíng 원형
宫殿 gōngdiàn 궁전
屋顶 wūdǐng 지붕
象征 xiàngzhēng 상징하다
靠 kào 의지하다
风调雨顺 fēngtiáoyǔshùn 바람이 잘 불고, 비가 잘 오다
丰收 fēngshōu 풍작이다
祭天 jìtiān 하늘에 제사를 지내다

19

男：丽丽，公司王经理的儿子对你有意思，你看…
女：得了，让他别做白日梦了。

问：女人说的"别做白日梦了"是指：

남 : 리리, 우리 회사 왕 사장 아들이 너한테 관심 있던데, 넌 어때?
여 : 됐어, 꿈도 꾸지 말라 그래.

문 : 여자가 말한 "꿈꾸지 마라"가 뜻하는 것은 무엇인가요?

A 방법을 강구하다
B 잘 생각해 보다

C 늦잠 자지 마라
D 허황된 꿈 꾸지 마라

정답 **D**

해설 이 문제는 응시생의 속담에 대한 이해력을 묻는 문제이다. "做白日梦"은 '불가능한 일에 대한 꿈을 꾸다'의 뜻으로 여자가 이렇게 말 한 것에서 여자가 남자를 좋아할 리 없다는 것. 그래서 남자보고 그런 생각을 버리라는 뜻으로 사용된 것임을 알 수 있다. 보기 D에 언급된 "幻想"이라는 단어는 '허황된 꿈을 꾸다', '헛것이 보이다'의 뜻이고, 판타스틱한, 환상적이라는 뜻은 없다. 혼동하지 않도록 주의한다.

단어 做白日梦 zuòbáirìmèng 허황된 꿈을 꾸다

20

女：人只靠外表不行，可要是长得不漂亮，恐怕连发挥的机会都没有。
男：错了，是金子总会发光的。

问：男人的观点是:

여 : 사람이 너무 외모만 따지면 안 되지만, 예쁘지 않으면 실력을 보여줄 기회조차도 없는 거야.
남 : 그렇지 않아. 사람의 진가는 언젠가는 발휘되기 마련이야.

문 : 남자의 관점은 무엇인가요?

A 능력이 있기만 하면, 언젠가는 보여줄 기회가 있다
B 능력과 외모 두 가지는 다 중요하다
C 사회적으로 대부분의 사람들은 외적인 미를 중시한다
D 풍부한 물질기초가 있어야 성공할 수 있다

정답 **A**

해설 이 문제는 응시생의 관용어에 대한 이해력을 묻는 문제이다. "是金子总会发光的"는 관용어로 '금은 빛이 나기 마련이다'의 뜻이다. 이는 능력 있는 사람은 언젠가는 그 재능을 발휘할 기회가 있다는 것을 비유하는 것으로 보기 A가 답으로 적합하다.

단어 恐怕 kǒngpà 아마도 ~일 것이다
发挥 fāhuī 발휘하다
是金子总会发光 shì jīnzi zǒng huì fā guāng 금은 반드시 빛난다

제2부분

제2부분은 총 25문항이다. 모든 문제는 한 번씩 들려준다. 모든 문제는 4–5 문장으로 구성된 대화 또는 단문이며, 이 내용을 들려준 후 내용과 관련된 하나 또는 여러 개의 질문을 한다. 응시자는 시험지에 주어진 4개의 선택 항목 중에서 정답을 고른다.

21

男：这是怎么了？眼睛都哭红了。
女：没事儿，就是刚看了个电影，爱情故事，特别感动人。
男：真受不了你，看个电影就哭成这样，我还以为出什么事了呢！
女：我就知道你会笑话我。

问：女人为什么哭?

남 : 어떻게 된 거야? 울어서 눈이 다 빨갛잖아?
여 : 아무 일도 아냐. 금방 로맨스 영화를 봤는데, 너무 감동적이잖아.
남 : 너도 참, 영화 한 편 보고 이렇게 운 거야? 난 또, 무슨 큰 일이라도 난 줄 알았네.
여 : 네가 비웃을 줄 알았어.

문 : 여자가 운 이유는 무엇인가요?

A 감동해서
B 괴로워서
C 사고가 나서
D 남자가 비웃을까봐

모의고사 1 모의고사 2 모의고사 3 모의고사 4 모의고사 5

정답 **A**

해설 여자가 말한 "特别感动人"에서 보기 A가 답임을 알 수 있다. 보기 D 여자는 '자기가 운 것을 남자가 알면 비웃을 것이란 것을 알았다'는 뜻이지, 이것 때문에 여자가 운 것은 아니다. 나머지는 언급되지 않았다.

단어 感动 gǎndòng 감동하다
出事 chūshì 사고나다
笑话 xiàohua 비웃다

22

女：昨天我在电视购物节目里看到一个手机，好像很不错。 男：现在好多电视频道都有电视购物的节目，可是也常听说有人被骗，你要小心点儿。 女：被骗？怎么可能呢？ 男：我听说，有些人收到的东西和电视里的不一样，质量很差。
问：男人觉得电视购物可能有什么问题？
여：어제 홈쇼핑에서 휴대전화 하나를 봤는데, 정말 괜찮더라. 남：요샌 TV채널마다 홈쇼핑 프로그램이 있더라. 그런데 항상 사기 당했다는 사람이 꼭 있어. 너도 조심해. 여：사기를 당한다고? 에이, 어떻게 그럴 수가? 남：내가 들었는데, 물건을 받아봤더니 TV에서 보던 물건이랑 다른 데다가 품질도 영 별로더래.
문：남자는 TV홈쇼핑에 어떤 문제가 있다고 여기나요?

A 프로그램이 너무 많다
B 속은 사람이 있다
C 상품이 많지 않다
D 상품을 받을 수 없다

정답 **B**

남자는 TV에서 보던 물건과 다른 것, 품질이 떨어지는 것이라고 구체적으로 설명을 하였고, 직접적으로 '"被骗"하다는 말을 들었다'고 언급하면서, 상대방에게 조심하라고 하였다. 이로써 남자가 문제라고 생각하는 것이 보기 B임을 알 수 있다. 보기 A도 언급이 되었지만, 남자가 이 점을 문제라고 생각하는지는 언급되지 않았다.

단어 电视购物节目 diànshìgòuwùjiémù 홈쇼핑
被骗 bèipiàn 속다
质量 zhìliàng 품질
差 chà 떨어지다, 못하다

23

男：现在的学生真是越来越过分了，气得我要命。 女：怎么了，别着急，慢慢说。 男：以前，有学生悄悄带小动物来学校，也就是小猫、小狗什么的，今天有个女生居然带了一条蛇到教室来。 女：蛇？幸亏刚才不是我的课。
问：男人对今天的事感觉怎么样？
남：요새 애들은 갈수록 너무 지나쳐, 정말 열 받아 죽겠어. 여：무슨 일이야, 흥분하지 말고 천천히 말해 봐. 남：예전엔 어떤 학생이 몰래 고양이, 강아지 같은 애완동물을 학교까지 데리고 오더니, 오늘은 한 여학생이 뱀을 한 마리 교실에 데리고 왔더라니까. 여：뱀? 아까 내 수업이 아니라서 다행이네.
문：남자가 오늘 발생한 일에 대하여 느끼는 것은 어떤 감정인가요?

A 조급해한다
B 무서워한다
C 다행이라 여긴다
D 화가 난다

정답 **D**

남자가 처음에 언급한 "现在的学生真是越来越过分了，气得我要命"에서 남자가 매우 화났음을 알 수 있다. 여자가 화가 나서 앞뒤 설명 없이 열 받아 죽겠다고 한 남자에게 "别着急"라고 한 것은 뒤의 말 "慢慢说"와 같이 사용되어, 지문에서의 의미는 남자에게 '조급하게 열부터 받지 말고, 천천히 말해봐라'의 뜻이다. 보기 A처럼 단독으로 사용된 경우에는 무엇을 못 해서 조조해 하거나, 서두르거나 할 때 사용되는 '조급해하다'이므로, 답이라고 고르기에는 부적절하므로, 혼동하지 않도록 주의해야 한다. 보기 C는 여자가 느끼는 감정이다.

단어 越来越 yuèláiyuè 점점
过分 guòfèn 지나치다, 너무하다
要命 yàomìng 정도가 심하다
悄悄 qiāoqiāo 조용히, 살짝

居然 jūrán 뜻밖에도
幸亏 xìngkuī 다행이다

24

女：小张，你的信。
男：什么信呀，是银行催我还钱呢。我现在每个月一发工资就得去银行还钱，还完钱我也就没什么钱了。
女：你一个月5000多还不够用吗？怎么欠银行那么多钱呀？
男：都是贷款害的，除了身上的衣服，我的手机、笔记本电脑，还有新车，都是贷款买的。

问：下面哪一项不是男人用贷款买的？

여 : 샤오장, 네 편지야.
남 : 편지는 무슨, 은행에서 돈 갚으라고 보낸 독촉장이잖아. 요즘엔 월급 받으면 은행에 꼬박꼬박 갚아야 돼. 돈을 갚고 나면 아무 것도 안 남아.
여 : 한 달 월급 5천 위안도 부족해? 무슨 은행 빚이 그렇게나 많아?
남 : 다 대출이 문제인 거지. 입고 있는 옷만 빼고 휴대전화, 노트북에 새 차까지, 전부 다 대출 받아서 산 거야.

문 : 다음 중 남자가 대출금으로 사지 않은 것은 무엇인가요?

A 옷
B 휴대전화
C 컴퓨터
D 자동차

정답 A

해설 "除了~, 都~"구문은 앞의 것을 제외하고 뒤에 것만 무엇을 했다는 뜻이다. 그러므로 옷을 제외한 나머지는 대출금으로 샀다는 것을 알 수 있다. 이와 비교해야 할 것은 "除了~, 还~"로 앞의 것 말고도, 뒤의 것도 무엇을 했다는 뜻으로 앞, 뒤 다 포함된다.

단어 催 cuī 재촉하다
发工资 fāgōngzi 월급을 주다
欠 qiàn 빚지다
贷款 dàikuǎn 대출하다
害 hài 상해를 주다

25

男：这个周末打算去哪儿，大家商量好了没有？
女：打算去KTV唱歌，不过还没订房间呢。
男：好呀，我来订房间吧，订什么时候的呢？
女：各个时间段价格不一样，晚上8点到12点最贵，夜里12点以后最便宜，上午价钱比较合适，而且还送饮料。
男：那就订星期六上午吧。

问：KTV什么时候价格最贵？

남 : 이번 주말에 어디 갈 지 의논들은 좀 했어?
여 : 노래방 가기로 했는데, 아직 예약을 안 했어.
남 : 좋아, 내가 예약할게. 몇 시로 잡을까?
여 : 시간대마다 가격이 다 달라. 저녁 8시에서 12시까지가 제일 비싸고, 12시 이후가 제일 싸. 오전엔 괜찮은 편이야. 음료수도 주고.
남 : 그럼 토요일 오전으로 하자.

문 : 가라오케 가격이 제일 비싼 시간대는 언제인가요?

A 오전
B 오후
C 저녁
D 늦은 밤

정답 C

해설 '저녁 시간대 8시부터 12시까지가 제일 비싸고, 밤 12시 이후가 제일 저렴하며, 오전은 괜찮다'고 하였다. '오후'는 언급되지 않았다. 보기 C와 D를 개념상 혼동할 여지가 있지만, 최대한 지문에 충실해서 문제의 답을 찾는다.

단어 KTV 가라오케
订 dìng 예약하다
时间段 shíjiānduàn 시간대

26

女：听说你对中国画很感兴趣。
男：是啊，这是我最近画的一幅，你看，怎么样？
女：真不错。除了画画儿以外，你还有什么爱好？
男：我还喜欢各种运动，比如游泳、踢球什么的。

问：下面哪一项在录音中没有提到？

여：중국 그림에 관심이 많다면서요?
남：네. 이건 제가 최근에 그린 거예요. 어때요?
여：근사한데요. 그림 그리는 거 말고 또 어떤 거 좋아해요?
남：수영, 축구 같은 운동을 좋아해요.

문：다음 중 언급되지 않은 것은 무엇인가요?

A 수영하기
B 춤 추기
C 축구하기
D 그림 그리기

정답 B

해설 지문에 "画画儿", "游泳", "踢球"는 다 언급이 되었고, 보기 B "跳舞"는 언급이 되지 않았다. 이런 나열식의 문제는 녹음을 들으면서, 보기를 참고해 기록해야 알맞은 답을 쉽게 골라낼 수 있다. 난이도가 높은 문제가 아니므로 이런 습관을 들여 놓지 않는다면 아쉽게 점수를 잃는 것이다. 하루 아침에 되는 것은 아니지만, 꼭 기록하는 습관을 기르도록 한다.

단어 对～感兴趣 duì ~ gǎnxìngqù ～에 흥미가 있다
幅 fú 그림의 양사, 폭

27

男：等放了暑假，我打算去东北旅行。那儿不太热，而且名胜古迹也不少。
女：其实，我觉得南方有个地方，虽然很热，但特别值得去。
男：是哪儿？南京还是上海？
女：都不是，是桂林，那儿的风景特别美。

问：女人认为哪个地方值得去？

남：난 여름 방학에 동북지역으로 여행 갈 계획이야. 거긴 별로 덥지도 않고 명승고적도 많거든.
여：실은 좀 덥긴 해도 갈 만한 데도 있긴 한데.
남：거기가 어딘데? 난징? 상하이?
여：둘 다 아니야. 구이린이야. 경치가 정말 아름다워.

문：여자가 가볼 만 하다고 여기는 곳은 어디인가요?

A 구이린
B 난징
C 동북지역
D 상하이

정답 A

해설 남자가 '난징, 상하이냐'고 물어본 것에, 여자는 '구이린'이라고 대답하였으므로 답은 A가 된다. 둥베이는 남자가 가려고 하는 곳이다. 이 문제도 26번과 같은 나열식의 문제이므로 문제 풀이 접근 방법은 같다.

단어 名胜古迹 míngshènggǔjì 명승고적
其实 qíshí 사실은
值得 zhídé ～할 가치가 있다

28

女：现在到处是广告，就连看一个电视剧，也总是被广告打断。
男：可不是，每天打开电视或收音机，这个频道是广告，换个频道还是广告；杂志、报纸上是广告，甚至收到的信件上也有广告。
女：走在路上，墙上贴的是广告，公共汽车、出租车车身上也是广告。
男：哎，现在广告可以说是无处不在呀。

问：说话人谈论的内容主要是：

여：요샌 여기저기 죄다 광고야. 드라마를 볼 때도 광고 때문에 끊겨.
남：누가 아니래. 매일 TV나 라디오를 틀면 이 채널도 광고, 저 채널도 광고야. 잡지나 신문에도 광고, 심지어 편지에도 광고가 끼어 있어.
여：길을 걷다 보면 벽에 붙어 있는 것도 광고, 버스나 택시 안에도 광고가 붙어 있어.
남：참, 요샌 그야말로 광고가 없는 곳이 없어.

문：화자가 언급하는 주된 내용은 무엇인가요?

A 잡지가 너무 비싸다
B 택시가 너무 없다
C 드라마가 안 좋다
D 광고가 너무 많다

정답 D

해설 보기 A, B, C는 언급된 내용이 아니고, 주로 이야기하는 것은 마지막의 "广告无处不在"로 보기 D가 답임을 알 수 있다.

단어 到处 dàochù 사방에

打断 dǎduàn 끊다
频道 píndào 채널
无处不在 wúchùbúzài 없는 곳이 없다

29

男：祝您生日快乐！这是我们送给您的礼物。
女：真漂亮！还挺香的。谢谢你们。
男：王老师，我们希望您像这鲜花一样永远年轻、漂亮。
女：要真是那样的话就好了。

问：男的送给女人的生日礼物是什么？

남：생신 축하 드립니다! 이건 저희 선물이에요.
여：정말 예쁘구나! 향기도 너무 좋고. 고맙다, 얘들아.
남：왕 선생님, 이 꽃처럼 늘 젊고 아름다우시길 바랄게요.
여：그럴 수만 있다면 얼마나 좋겠니.

문：남자가 여자에게 선물한 생일 선물은 무엇인가요?

A 꽃
B 차
C 그림
D 케이크

정답 A

해설 향기롭다 "香"과 "鲜花"에서 꽃을 선물하였음을 알 수 있다. 나머지는 언급되지 않았다.

단어 香 xiāng 향기롭다
希望 xīwàng 희망하다
像~一样 xiàng ~ yíyàng ~과 같다
鲜花 xiānhuā 생화

30

女：你发现没有，中国人和西方人在打招呼上存在着很大的差别。
男：是啊，开始时我很不习惯。比如中国人见了面就问我年龄、结婚了吗、一个月赚多少钱等。
女：其实中国人之间常问这些问题，表示互相关心。
男：可西方人不愿意回答这些问题，因为他们觉得这些事情都属于个人的私事。

问：说话人谈论的是中国人和西方人在哪方面的差别？

여：중국인과 서양인의 인사가 다르다는 거, 알고 있어?
남：당연하지. 처음엔 적응이 안 되더라. 중국인은 처음 만나면 나이가 몇이냐, 결혼은 했냐, 한 달에 얼마나 버냐, 이런 걸 묻더라고.
여：사실 중국인들끼리는 이런 걸 서로 물어보면서 관심을 표시하는 거야.
남：그렇지만 서양인들은 이런 질문에는 대답하고 싶어 하지 않아. 프라이버시라고 생각하거든.

문：화자가 언급한 중국인들과 서양인들의 차이점은 어떤 방면인가요?

A 수입 면에서
B 결혼 면에서
C 인사 면에서
D 연령 호칭 면에서

정답 C

해설 지문 처음에 '여자가 인사방면에서 큰 차이점이 있다'고 언급하면서 구체적인 예를 들어 설명하고 있다. '나이', '결혼 여부', '수입' 등은 중국인들이 인사차 관심으로 물어보는 질문들이다. 그러므로 답은 보기 C이다.

단어 打招呼 dǎzhāohu 인사하다
存在 cúnzài 존재하다
差别 chābié 다른 점
赚钱 zhuànqián 돈을 벌다
其实 qíshí 사실은
表示 biǎoshì 표시하다
互相关心 hùxiāngguānxīn 서로 관심있다
属于 shǔyú ~에 속하다
私事 sīshì 개인적인 일, 사적인 일

31-34 第31到34题是根据下面一段对话：

女：看你儿子坐电脑前一下午了，你这当爸爸的也不管管！
男：玩会儿电脑也没什么，不玩才奇怪呢，你别瞎操心了！

女：我瞎操心？先不说他这样长时间上网，耽误学习，就是对身体也不好啊。你没看他最近跟咱们说话都少了，话都说给那台电脑了。最近看什么东西得把眼睛凑到跟前才能看清楚，那眼镜的度数肯定又长了。我看干脆把网络取消了，省得他光想着。

男：你可真行？现在谁家不安网络啊？那我不上网看新闻了？其实咱家你最离不开电脑了，你写报告查资料哪天不用它啊？

女：我们是大人，能管得住自己，问题是他现在上网主要都干什么啊？玩游戏、聊天儿，哪有什么正事啊？

男：我看你取消网络也解决不了根本问题，家里不能上，同学家、网吧都能上，你管得住吗？重要的是让他正确对待网络，自己管理自己。

女：你说得倒容易，那就靠你来说服教育了。

여 : 당신 아들이 오후 내내 컴퓨터 앞에 앉아 있는데, 아빠라는 사람은 신경도 안 쓰나요?

남 : 컴퓨터 좀 하는 게 어때서, 안 하는 게 더 이상하지. 쓸데없는 걱정 하지 마.

여 : 괜히 걱정한다고요? 이렇게 오랫동안 인터넷 하는 게 공부에 지장을 주는 건 둘째 치고, 건강에 안 좋잖아요. 요새 우리랑은 말도 거의 안 하고, 컴퓨터랑만 말하는 거 안 보여요? 요샌 뭘 봐도 눈에 바싹 갖다 대야 그나마 잘 보인대요. 분명 안경 도수가 또 올랐을 거야. 컴퓨터 생각을 못하게 아예 인터넷을 끊어 버리든가 해야지 원.

남 : 그게 말이 돼? 요새 인터넷 설치 안 한 집이 어디 있어? 날더러 인터넷으로 신문도 보지 말라고? 사실 우리 집에서 컴퓨터 없으면 안 될 사람이 누군데? 당신 보고서 쓰고 자료 검색하느라 컴퓨터 안 쓰는 날이 있어?

여 : 우리는 어른이라 스스로 통제가 되지만, 문제는 아이가 인터넷으로 뭘 하냐는 거죠. 게임하고, 채팅하고, 뭐 제대로 된 일 하는 거 봤어요?

남 : 내가 볼 땐 당신이 인터넷 연결을 끊어도 근본적인 문제는 달라지지 않아. 집에서 못 하면 친구 집이나 PC방에서 할 텐데, 당신이 일일이 통제할 수 있어? 중요한 건 아이가 인터넷을 제대로 사용하고 스스로를 통제할 수 있도록 하는 거야.

여 : 말은 쉽지. 그럼 당신이 좀 가르쳐 봐요.

단어 管 guǎn 신경쓰다, 간섭하다
没什么 méishénme 별거 아니다
不～才奇怪呢 bù ~ cái qíguài ne ~안 하는 것이 이상하다, 반드시 ~할 것이다
瞎 xiā 근거없이
操心 cāoxīn 마음쓰다, 신경쓰다
耽误 dānwù 지장을 주다
跟前 gēnqián 눈앞, 곁
长 zhǎng 늘어나다, 증가하다
干脆 gāncuì 차라리
省得 shěngde ~하지 않도록
光 guāng ~만
安 ān 설치하다
资料 zīliào 자료
正事 zhèngshì 제대로 된 일
根本 gēnběn 근본
对待 duìdài 대우하다, 처우하다

31 下面哪一项不是女人担心的事情?

다음 중 여자가 걱정하는 일이 아닌 것은 무엇인가요?

A 아이 학습에 지장이 있다
B 아이 시력에 지장이 있다
C 새 안경을 사는 것은 돈 낭비이다
D 아이는 부모와의 대화를 원하지 않는다

정답 C

해설 보기 A, B, D는 여자가 걱정하는 내용으로 지문에 언급되었고, '안경을 새로 맞추는 것은 돈 낭비'라는 것은 아예 언급된 내용이 아니다.

32 女人主要用电脑来做什么?

여자가 컴퓨터로 주로 하는 것은 무엇인가요?

A 오락을 하다
B 자료를 검색하다
C 채팅을 하다
D 영화를 보다

정답 B

해설 '여자가 컴퓨터로 자료 검색하느라 매일 사용하고 있다'고

남자가 언급한 부분에서 답이 B임을 알 수 있다. 보기 A, C는 여자가 언급한 아이들이 컴퓨터로 주로 하는 것이며, 보기 D는 언급되지 않았다.

33 男人对孩子上网是什么态度?

남자는 아이가 인터넷 하는 것에 어떤 태도를 취하고 있나요?

A 인터넷을 끊는다
B 아이 보고 PC방에 가라고 한다
C 인터넷 게임을 금지하다
D 아이가 제대로 사용하도록 교육하다

정답 D

해설 지문의 마지막 부분에서 남자가 한 말 "重要的是让他正确对待网络，自己管理自己"에서 보기 D가 답임을 알 수 있고, 보기 A는 여자가 홧김에 내 놓은 방안이다.

34 面对女人取消网络的意见，男人是什么态度?

인터넷을 끊어버리겠다는 여자의 생각에, 남자는 어떤 태도를 취하고 있나요?

A 동의하다
B 반대하다
C 주저하다
D 칭찬하다

정답 B

해설 남자가 마지막 부분에 한 말 "我看你取消网络也解决不了根本问题"에서 여자의 의견에 반대하고 있음을 알 수 있다. 그러므로 긍정적인 태도인 보기 A, D는 제외하고, 남자가 '컴퓨터를 제대로 사용하도록 아이를 교육시켜야 한다'고 자신의 의견을 내놓는 부분에서 '주저한다'는 보기 C 역시 답으로 적절치 않음을 알 수 있다.

35-36 第35到36题是根据下面一段话:

调查表明，世界上说话最快的是法国人，他们每分钟要说350个音节。其次是日本人，每分钟说310个音节。接着是德国人，每分钟说250个音节。而美国人只说150个音节左右。

한 조사 결과, 세계에서 말이 가장 빠른 사람은 프랑스인으로, 프랑스인들은 1분당 350음절을 말한다고 한다. 두 번째는 일본인으로 310음절, 그 다음은 독일인으로 250음절을 말한다. 미국인은 1분에 겨우 150음절 정도만 말한다.

단어 调查表明 diàochábiǎomíng 조사로 밝히다
音节 yīnjié 음절
其次 qícì 그 다음은
接着 jiēzhe 이어서

35 世界上哪个国家的人说话最快?

세상에서 말을 제일 빨리 하는 사람은 어느 나라 사람들인가요?

A 프랑스
B 일본
C 미국
D 독일

정답 A

해설 '350음절로 프랑스가 제일 빠르다'고 언급하였다. 보기의 나라들이 다 언급되었지만, 지문은 빠른 순서대로 언급이 되었으므로, 보기 옆에 지문의 내용을 기록하였다가 질문에 정확한 답을 찾도록 한다.

36 下面哪个国家录音中没有提到?

다음 중 지문에 언급되지 않은 나라는 어느 나라인가요?

A 일본
B 독일
C 중국
D 프랑스

정답 C

해설 '프랑스', '일본', '독일', '미국'을 순서대로 언급하였고, '중국'은 언급하지 않았다.

37-38 第37到38题是根据下面一段话:

要想不发胖，最有效的方法就是运动，千万别相信什么减肥药、减肥茶，更不要去节食。如果你不能拿出专门的运动时间，至少也要在饭后动一动。因为人的身体是在饭后30分钟左右开始吸收热量的，这时候散散步，稍微运动一下，可以避免长胖，这也就是人们常说的"饭后百步走"。

研究发现，在平常生活中有意识地活动身体的人，和连续6个月、每周5天、每天进行20至60分钟游泳或骑自行车运动的人减少体重的程度几乎相同。所以，千万不要小看日常生活中的运动。

살찌는 게 싫다면 가장 효과적인 방법은 운동이다. 절대 다이어트 약이나 다이어트 차 같은 걸 믿어서는 안되며 굶는 건 더더욱 안 된다. 만일 운동할 시간을 따로 내기가 힘들다면 최소한 식사 후에라도 가볍게 움직여라. 사람의 몸은 식후 30분 정도부터 열량을 흡수하기 때문에, 이 때 산책을 하거나 가벼운 운동을 하면 살 찌는 걸 피할 수 있다. 이것이 바로 사람들이 말하는 '식후 100보'이다.

한 연구 결과, 평상시 생활할 때 의식적으로 몸을 움직인 사람과 6개월 동안 매주 5일을 하루도 빼놓지 않고 20분에서 1시간씩 수영이나 자전거 타기 같은 운동을 한 사람이 체중 줄어드는 정도가 거의 비슷하다고 한다. 따라서 결코 일상 생활 속의 운동을 얕봐서는 안 된다.

단어
发胖 fāpàng 뚱뚱해지다
有效 yǒuxiào 효과적이다
千万 qiānwàn 제발, 절대로
节食 jiéshí 음식 조절
至少 zhìshǎo 최소한
吸收 xīshōu 흡수하다
热量 rèliàng 열량
稍微 shāowēi 약간
避免 bìmiǎn 피하다, 면하다
小看 xiǎokàn 우습게 보다

37 根据录音，让自己不胖的最有效方法是什么？

지문에 따르면, 살 안 찌게 하는 가장 효과적인 방법은 무엇인가요?

A 다이어트 차를 마시다
B 다이어트 약을 먹다
C 운동을 하다
D 음식을 조절하다

정답 C

해설 지문의 도입 부분 처음에 "要想不发胖，最有效的方法就是运动"이라고 언급하였으므로 보기 C가 답이고, 나머지 보기들은 화자가 절대 믿지 말라고 언급하는 내용들이다.

38 录音中没有提到下面哪一种运动？

다음 중 지문에 언급되지 않은 운동은 무엇인가요?

A 산책하기
B 자전거 타기
C 수영하기
D 천천히 뛰기

정답 D

해설 지문에 보기 A, B, C 다 언급되었고, 보기 D는 언급되지 않았다. 나열식 문제이므로 보기 옆에 잘 기록하도록 한다.

39-41 第39到41题是根据下面一段话:

中秋节期间，不少年龄在25至35岁之间的韩国家庭主妇不约而同地患上头疼、消化不良、失眠及全身疼痛等奇怪的病症。社会心理学称，这种病症出现的原因是节日期间作媳妇的家务加重，加上婆媳关系紧张造成的。越是过年过节，家庭主妇们的负担越重，因而产生这种病症。

추석 기간에 25세에서 35세 사이의 많은 한국 가정주부들은 약속이나 한 것처럼 모두 두통과 소화불량, 불면증과 전신 근육통 등의 원인 모를 증상에 시달린다. 사회심리학에서는 이런 증상이 나타나는 것은 명절 연휴 동안 며느리의 가사일이 늘어나는 데다, 고부 관계에서 오는 긴장 때문이라고 지적한다. 특히 설이나 명절에 가정주부의 스트레스가 더 커지기 때문에 이런 증상이 나타난다는 것이다.

단어
不约而同 bùyuē'értóng 약속이나 한 듯
失眠 shīmián 불면증
称 chēng ~라 말하다
作媳妇 zuò xífù 며느리가 되다, 며느리로서

负担 fùdān 부담

39 录音谈到的是哪个国家的事情?

지문은 다음 중 어느 나라의 상황을 언급한 것인가요?

A 중국
B 프랑스
C 영국
D 한국

정답 D

해설 지문에 언급된 "韩国家庭主妇"에서 한국임을 알 수 있고, 나머지 보기들은 전혀 언급되지 않았다.

40 什么人常常在节日期间患上头疼、失眠、消化不良等病?

명절에 두통, 불면증, 소화불량 등의 증상에 주로 시달리는 사람은 누구인가요?

A 젊은 층 부녀자
B 젊은 남자
C 어린이
D 노년 층 부녀자

정답 A

해설 지문에 언급된 "不少年龄在20至30岁之间的韩国家庭主妇"에서 젊은층의 한국 주부 보기 A임을 알 수 있다. 보기 A, D를 혼동하지 않고 잘 구별해야 한다. 나머지 보기는 언급된 내용이 아니다.

41 什么时候容易出现这种病症?

이런 증상이 쉽게 나타나는 때는 언제인가요?

A 일을 막 시작하였을 때
B 아이를 낳을 때
C 명절 때
D 남편이 집에 없을 때

정답 C

해설 지문에 언급된 "节日期间"은 보기 C "过年过节时"와 같은 의미이다. 명절기간에 가사노동량이 늘어남과 고부 사이의 긴장감으로 이런 증상이 나타나는 것으로, 보기 A '업무를 갓 시작했을 때'와는 거리가 있다. 가사노동과 업무는 엄연히 다른 것이다. 혼동하지 않도록 하며, 나머지 보기는 언급되지 않았다.

42-45 第42到45题是根据下面一段话:

有一位先生开着汽车去旅行。他开了一夜的车，天亮的时候，觉得累极了。为了不发生交通事故，他决定把汽车停在公路旁边，睡一会儿觉。他刚闭上眼睛，一个跑步锻炼的人跑过来，敲了敲车窗，问他几点了。他看了看表，告诉跑步的人:"现在六点。"跑步的人离开以后，他开始睡觉。可是过了一会儿，又有一个人跑过来敲了敲他的车窗，还是问同样的问题。他又看了看表，告诉这个人:"现在六点十分。"他怕再有人来问他时间打扰他休息，就在纸上写了几个字，贴在车窗上，让车外的人都能看到，上面写着"我没有表"。他又闭上眼睛，想好好睡一觉，可是过了一会儿，又有一个人跑过来，敲了敲他的车窗，大声地告诉他:"醒一醒，现在已经六点二十了!"

어떤 사람이 차를 몰고 여행을 가고 있었다. 밤새워 운전하고 하늘이 밝아 왔을 때, 극도의 피곤함이 몰려 왔다. 교통 사고를 안 내려고 차를 고속도로 갓길에 세워 두고 한숨 자기로 했다. 막 눈을 감았는데, 달리기를 하던 사람이 다가와 창문을 두들기고는 그에게 몇 시냐고 물었다. 그는 시계를 본 후 그 사람에게 여섯 시라고 대답했다. 달리던 사람이 지나간 후 그도 다시 잠을 청했다. 하지만 얼마 지나지 않아 또 한 사람이 달려와 창문을 두드리고는 같은 질문을 하는 게 아닌가. 그는 다시 시계를 보고 여섯 시 십 분이라고 말해 줬다. 또 누가 와서 몇 시냐고 물으며 잠을 방해할까 봐 그는 아예 종이에 적어서 창문에 붙여 밖에 있는 사람이 볼 수 있도록 했다. 종이에는 '저 시계 없어요'라고 적혀 있었다. 다시 눈을 감고 한 숨 푹 자려고 했는데, 얼마 후 또 누군가 달려 오더니 창문을 두들기고 그에게 큰 소리로 말했다. "일어나세요, 벌써 6시 20분이에요!"

단어 天亮 tiānliàng 날이 밝다
累极了 lèijíle 극도로 피곤하다
敲 qiāo 두드리다

打扰 dǎrǎo 방해하다
贴 tiē 붙이다
醒 xǐng 깨다

42

这个人打算开车去做什么?

이 사람은 차를 몰고 무엇을 하러 가나요?

A 여행
B 출근
C 운동
D 친구 방문

정답 **A**

 지문에 "旅行"이라고 언급하였으므로 답은 A이고, 나머지는 언급되지 않았다.

43

这个人为什么把车停在路边?

이 사람이 차를 도로변에 세운 이유는 무엇인가요?

A 사람을 기다리다
B 휴식
C 차를 수리하다
D 시간을 보다

정답 **B**

 '밤새도록 운전을 하여, 피로 누적으로 교통사고가 날까 봐, 잠을 자려고 세웠다'는 부분에서 휴식을 위함을 알 수 있다. 그러므로 답은 보기 B임을 알 수 있다. 나머지는 언급된 내용이 아니다.

44

跑步的人为什么敲车窗?

달리는 사람이 창문을 두드린 이유는 무엇인가요?

A 길을 묻다
B 시간을 묻다
C 인사하다
D 물건을 팔다

정답 **B**

 처음 달리던 사람들은 시간을 물어보려고 창문을 두드렸고, 이 질문에 차 안에서 휴식을 취하던 사람이 '6시'라고 대답을 해 준 곳에서 답이 B임을 알 수 있다.

45

这个人在车窗上贴了什么字?

이 사람이 자동차 창문에 뭐라고 써서 붙였나요?

A 나는 잠을 잘 겁니다
B 깨워 주세요
C 나를 방해하지 마세요
D 나는 시계가 없어요

정답 **D**

 앞의 두 사람이 다 시간을 물어보아서, 이 때문에 잠을 제대로 못 잤고, 또 누군가가 시간을 물어볼까 싶어, "我没有表"라고 써 붙인 것이다. 그런데 세 번째 지나가던 사람이 차 안의 사람이 시간을 놓쳐 늦잠을 잘까 봐 깨웠던 것이다. 차라리 보기 A 혹은 C라고 써 붙였더라면, 이 사람은 푹 잘 수 있었을 텐데 말이다.

2. 독해(阅读)

제1부분

제1부분은 총 15문항이다. 이 부분 문제는 몇 편의 단문으로 구성되어 있으며, 단문 가운데에는 여러 개의 빈칸이 있다. 빈칸은 단어 하나 혹은 문장 하나로 채워져야 한다. 응시자는 시험지에 주어진 4개 선택 항목에서 빈칸에 들어갈 알맞은 것을 선택한다.

46-50

중국인은 3천년 전 이미 천연식물에 약용 작용이 있음을 [46]알았다. 춘추전국 시기, 의약학이 크게 [47]발전하면서 유명한 의사들도 일부 등장했다. 제나라의 편작(扁鹊)은 그 대표적 인물로, 의술 이 뛰어나 침과 뜸, 안마, 수술 등 여러 치료법으로 사람들 [48]에게 병을 치료해 주었다. 송나라 시기에는 풍과, 안과, 산부인과, 침구과, 치과, 인후과 등으로 [49]의학의 분과가 매우 세분화되었는데, [50]특히 침구학과 해부학 분야에서 큰 발전을 이루었다.

단어
天然植物 tiānránzhíwù 천연 식물
具有 jùyǒu 있다
作用 zuòyòng 작용
著名 zhùmíng 유명하다
扁鹊 Biǎnquè 편작(인명)
突出 tūchū 눈에 띄다, 현저하다
针灸 zhēnjiǔ 침과 뜸
按摩 ànmó 안마
咽喉 yānhóu 인후
解剖 jiěpōu 해부
进展 jìnzhǎn 발전하다
认识 rènshi 인식하다, 알다
发展 fāzhǎn 발전하다
为 wèi ~에게
分科 fēnkē 분과하다
细 xì 가늘다, 자세하다
特别 tèbié 특히나

46 A 알다
B 발견하다
C 이해하다
D 의미

정답 A

해설 "意思"는 명사로 많이 사용되며, 듣기에 종종 '선물을 하다' 혹은 '성의를 표현하다'의 의미로 사용될 때가 있어 문맥에 맞지 않는다. "认识"은 어떤 사람, 어떤 장소, 어떤 사물을 '알아본다'는 뜻으로 결과 보어 "到"와 결합하여 사용하면, '이미 어떤 상황을 인지했다'는 뜻이다. "发现"은 예전에 모르던 사물이나 법칙을 보았거나 혹은 찾았을 때 사용하며, 결과 보어 "到"의 의미를 "发现"이란 단어 속에 이미 가지고 있기 때문에 뒤에 또 사용할 필요가 없다. "理解"는 사물의 이치를 사고를 통해서 '이해하게 되었다'는 뜻으로 결과 보어 "到"와 같이 사용하지 않는다. 그러므로 답은 A이다.

47 A 증가하다
B 확장하다
C 성장하다
D 발전하다

정답 D

해설 "发展"은 '간단한 것에서 복잡한 것으로, 초급 단계에서 고급의 단계로 가는 변화'를 뜻하며, 문맥에 맞다. "增加"는 '숫자적인, 양적인 증가'를 뜻하고, "增长"은 원래 상태에서 '질적인 증가', '규모적인 증가'를 뜻하며, "扩大"는 원래 상태에서 '세력이나 범위가 커졌음'을 뜻하는데, 이 세 가지 보기들은 "医药学"를 서술하기에 적합하지 않다.

48 A ~에게
B ~에게
C ~에게
D ~을 향하여

모의고사 1 | 모의고사 2 | 모의고사 3 | 모의고사 4 | 모의고사 5

정답 **B**

해설 보기 네 개는 다 개사로 이 중 "为"만 수혜자를 이끌고 나올 수 있다. 이렇게 사용된 "为"는 "给"와 바꾸어 사용할 수 있다. 예를 들면 "为人民服务(국민에게 봉사하다)" 등으로 사용할 수 있다. "对"는 동작의 대상을 이끌고 나와서, "对儿子说(아들에게 말하다)"로 사용할 수 있다. "往"은 사람을 이끌고 나올 수 없고, 방향만 끌어낼 수 있다. "向"은 "对"와 "往"의 의미를 다 갖는다. 지문의 내용으로 보면, '사람들의 병을 치료해 주었다'가 가장 적합하므로 개사 "为"를 사용하는 것이 가장 좋다.

49 A 더 많은 의사가 나타났다
B 중국의 의사는 점점 많아졌다
C 의학의 분과가 매우 세분화되었다
D 의사의 사회적 지위가 계속 향상되었다

정답 **C**

해설 빈칸 뒤의 내용은 여러 분과를 설명하고 있는 것이다. "如"는 '예를 들면'의 뜻으로, 빈칸에 들어갈 내용에 대한 부연 설명이다. 그러므로 보기 C가 가장 적합하다.

50 A 특수하다
B 특히나
C 독특하다
D 일부러

정답 **B**

해설 "特殊"와 "独特"는 형용사로, "特殊"는 '일반적이지 않음'을 뜻한다. "独特"는 '유일무이함을 강조'하는데, 주로 풍습이나, 성격을 형용할 때 사용한다. 이 두 단어는 상황어로 잘 사용되지 않으므로 문맥에 어울리지 않는다. "特地"는 부사로 '어떤 목적을 가지고 행동함'을 뜻하는데, "是"와 조합을 이루지 않고, 문맥에 어울리지 않는다. "特别"가 형용사로 사용되면 '평범하지 않음'을 뜻하고, 부사로 사용되면 "尤其"란 뜻으로 "是"와 조합을 이룬다. 예를 들면 "特别是有电线的地方, 一定要当心."(특히 전선이 있는 곳은, 반드시 조심해야 한다)처럼 사용할 수 있다.

51-52

설문조사 결과, 미혼 여성과 기혼 여성은 행복에 대해 다른 생각을 가지고 있는 것으로 드러났다. '여자의 행복 가운데 어떤 행복이 가장 중요한가?'라는 질문에 15%의 기혼 여성이 '아이를 잘 [51] 키우는 게 가장 행복하다'고 답한 반면, 미혼 여성의 17%는 '예쁘게 꾸몄을 때 가장 행복하다'고 답했다. '행복한 삶을 누리는 데 가장 중요한 전제 조건은 무엇인가?'라는 [52] 질문에 44.7%의 기혼 여성이 '배우자가 있어야 한다'라고 답한 반면, 41.5%의 미혼 여성은 '자신의 일이 있어야 한다'고 답했다.

단어 问卷 wènjuàn 설문지
调查 diàochá 조사, 조사하다
未婚 wèihūn 미혼
已婚 yǐhūn 기혼
表现 biǎoxiàn 나타내다
打扮 dǎbàn 꾸미다, 치장하다
享受 xiǎngshòu 누리다
前提 qiántí 전제 조건
培养 péiyǎng 기르다
提问 tíwèn 묻다

51 A 영양
B 먹여 기르다
C 기르다
D 기르다

정답 **D**

해설 "营养"은 명사인데, 문장은 동사를 필요로 하고 있으므로 적합하지 않다. "喂养"은 주로 동물이나 영, 유아에게 사용하며, '죽지 않게 생명을 유지하도록 먹인다' 정도의 의미밖에 없다. '교육하고, 능력을 기른다'는 의미는 없다. "养成"은 '습관이나 성품 등을 기른다'의 뜻으로, 예를 들어 "小明养成了好习惯(샤오밍은 좋은 습관을 길렀다)", 혹은 "妈妈让小明养成了好习惯(엄마가 샤오밍에게 좋은 습관을 기르도록 했다)"으로는 사용 가능하지만, "妈妈养成了小明的好习惯(엄마가 샤오밍의 좋은 습관을 길렀다)"이라고 표현하면 틀린 것이 되어 버린다. "培养"은 일정한 목표하에 '장기적인 교육이나 훈련을 통하여 능력을 기른다'는 뜻으로 교육에 많이 사용되는 단어이다. 문맥에 가장 적합한 답은 보기 D이다.

52 A 묻다
B 제기하다
C 제창하다
D 제시하다

정답 **A**

해설 "提出"와 "提倡"은 동사로, 명사 용법이 없다. 문맥상 두 보기는 제거한다. "提问"은 '문제를 제기했다'는 뜻이고, "提示"는 '어떤 계시나 힌트를 준다'는 뜻이다. 문맥에 가장 적합한 것은 보기 A이다.

53-56

중국 [53] 에서 남존여비는 하나의 전통 사상이다. [54] 비록 대부분의 여성들도 아들을 낳든, 딸을 낳든 같다고 생각은 하지만, 아들을 낳는 것을 일종의 [55] 책임으로 여긴다. 그러므로 많은 여성이 임신 후 몰래 성별검사를 통해 도대체 아들인지 딸인지를 확인한다. 이러한 인식 때문에 매년 중국에서는 최소한 10만 명의 여아가 세상의 빛을 보지 못하게 하고 있으며, [56] 결국에는 여성 인구가 남성보다 적어지도록 만들 것이다.

단어 重男轻女 zhòngnánqīngnǚ 남존여비
观念 guānniàn 관념
怀了孩子 huáile háizi 임신하다
性别检验 xìngbiéjiǎnyàn 성별 검사
居然 jūrán 뜻밖에도
将 jiāng 장차 ~일 것이다
导致 dǎozhì 초래하다, 야기하다

53 A ~로부터 ~까지
B ~에서
C ~로부터
D ~까지

정답 **B**

해설 "离"는 시간이나 동작의 시작과 끝을 표현하는데, 이 지문의 "中国"와 같이 사용한다면 중국에서 '가깝다', '멀다'의 뜻이 뒤 내용에 언급되어야 한다. 개사 "在"를 빈칸에 넣는다면 '중국에서'의 뜻이 된다. "从"을 빈칸에 넣는다면 '중국으로부터'의 뜻이 되므로, 뒤에는 시작한다, '출발한다'의 내용들이 언급되어야 문맥이 부드럽다. "到"를 빈칸에 넣으면 '중국까지'의 뜻이므로 '중국이란 땅에 도착해서'와 관련된 내용들이 뒤에 언급되어야 한다. 문맥상 보기 B가 가장 적합하다.

54 A 비록
B 과연
C 여전히
D 뜻밖에도

정답 **A**

해설 보기 A, B는 관련사, C, D는 부사이다. 지문의 빈칸 다음으로 "但(是)"이 보이고 있으므로, "虽然…但(是)…"구조의 전환 관계를 생각해 내야 한다. '많은 여성들이 아들, 딸 다 괜찮다고 하지만, 아들 낳는 것을 책임으로 생각한다'는 전환 관계와 부합된다. 그러므로 답은 보기 A이다. "果然"은 '예상대로, 생각했던 대로 결과가 그러하다'는 뜻이다. "仍然"은 '상황이 계속 변하지 않거나 원래 상태로 회복되었다'는 뜻이다. "居然"은 '예상 밖으로, 뜻밖의'의 의미를 가진다.

55 A 사업
B 태도
C 결심
D 책임

정답 **D**

해설 "事业"는 사람이 일정한 목표와 규모, 시스템을 갖춘 사회 발전에 영향을 미치는 경제활동으로 '종사하다'라는 표현과 어울려 사용할 수 있는 것이다. "态度"는 어떤 일에 대한 '관점'이나 '행동'을 뜻하고, "决心"은 '변하지 않는 의지'를 뜻한다. 이 보기 세 개는 "生儿子"와 조합을 이루기 어색하고, "责任"은 맡아서 해야 할 '행동'이나 '의무'이므로, "生儿子"를 '여자들의 책임'이라고 표현하는 것이 문맥에 적합하다.

56 A 결국에는 여성 인구가 남성보다 적어지게 만들 것이다
B 이렇게 하면 남성 인구가 여성보다 적어질 것이다
C 사람들은 점점 남존여비 사상을 갖게 된다
D 남성 출생률을 현저하게 낮추게 한다

정답 **A**

해설 빈칸 앞의 "使中国每年至少少生10万个女孩"에서 '여성의 출생률이 떨어지니 결과가 어떻다'는 것을 유추할 수 있다. 그러므로 보기 A가 가장 적합하고, 보기 B, D는 상반되는 결과를 언급하고 있으니 틀린 것이다. 보기 C는 예전부터 있어 왔던 전통사상이므로 틀린 것이다.

57-60

갈수록 많은 도시인들, 특히 젊은 층이 지저분하고 힘들고 위험한(Dirty, Difficult, Dangerous) 소위 '3D'직업에 [57] 종사하는 것을 기피한다. 6,70년대에 [58] 각광받던 중공업, 가죽제조가공업, 금속과 염색업 등의 직업이 요즘에는 [59] 심각한 일손 부족에 시달리고 있다. 업무 환경이 열악하고 건강을 해친다는 이유로 [60] 직원 구하기가 갈수록 어려워지고 있는 것이다.

단어 所谓 suǒwèi 소위
即 jí 곧
脏 zāng 더럽다
险 xiǎn 위험하다
面临 miànlín 직면하다
短缺 duǎnquē 부족하다

모의고사 1 모의고사 2 모의고사 3 모의고사 4 모의고사 5

如 rú 예를 들면
重工业 zhònggōngyè 중공업
制革业 zhìgéyè 가죽제조가공업
金属 jīnshǔ 금속
染色业 rǎnsèyè 염색업
损害 sǔnhài 해를 입히다, 손상시키다
从事 cóngshì 종사하다
热门 rèmén 각광받다
严重 yánzhòng 심각하다
招工 zhāogōng 인원을 모집하다

57 A 담임하다
B ~로서
C 종사하다
D 처리하다

정답 **C**

해설 빈칸의 빈어는 "工作", '일'이다. 빈어에서 알맞은 동사를 골라 낼 수 있으므로, '직업에 종사하다'가 가장 적당하겠다. 그러므로 답은 C이다. "担任"은 어떤 직책을 맡아서 '수행하다'는 뜻이다. "作为"는 '어떤 신분으로서'의 뜻으로, "作为一名教师(교사로서)"이라고 사용할 수 있다. "处理"는 빈어를 대체로 처리해야 할 대상, 일 "事情"과 많이 사용된다.

58 A 치열하다
B 번화하다
C 열렬하다
D 인기있다

정답 **D**

해설 "火热"는 "热闹"와 같이 풍경이나 장면이 '번화하고 시끌벅적함'을 형용하는 단어로 "职业"를 수식하기에 어색하다. "热烈"는 흥분하여 나타내는 긍정적인 동작으로 종종 '환영'을 수식하고, "职业"를 꾸미기에 의미상 어색하다. "热门"은 사람들에게 '인기있는', '각광받는'의 의미로 직업을 수식하기 적당하다. "热门职业"는 '각광받는 직업', '인기있는 직업'이란 뜻이다.

59 A 엄숙하다
B 심각하다
C 엄격하다
D 매섭다

정답 **B**

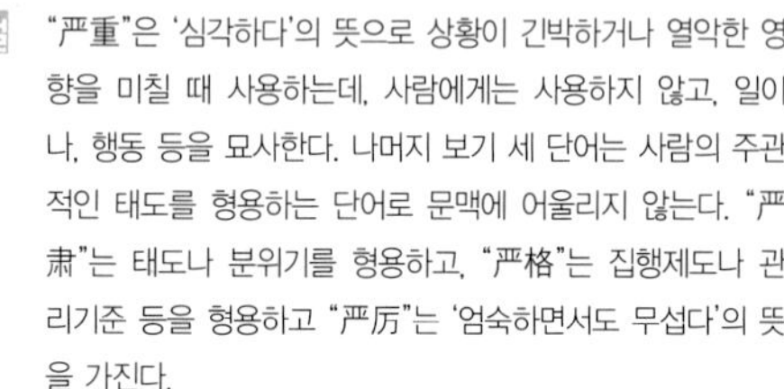

해설 "严重"은 '심각하다'의 뜻으로 상황이 긴박하거나 열악한 영향을 미칠 때 사용하는데, 사람에게는 사용하지 않고, 일이나, 행동 등을 묘사한다. 나머지 보기 세 단어는 사람의 주관적인 태도를 형용하는 단어로 문맥에 어울리지 않는다. "严肃"는 태도나 분위기를 형용하고, "严格"는 집행제도나 관리기준 등을 형용하고 "严厉"는 '엄숙하면서도 무섭다'의 뜻을 가진다.

60 A 직원 모집은 이미 점점 어려워졌다
B 점점 더 많은 직원이 필요하다
C 점점 더 많은 젊은이를 매료시킨다
D 경제적인 중요도가 점점 떨어진다

정답 **A**

해설 지문의 전반적인 의미상 '3D일은 기피하고, 하기 싫어한다'의 뜻을 내포하고 있으므로, 보기 A가 제일 적합하다. 보기 A의 "招工困难"은 지문의 "不愿从事3D工作，人员短缺"와 같은 의미이다. 나머지 보기들은 문맥상 어울리지 않는다.

제2부분

제2부분은 총 10문항이다. 모든 문제는 하나의 단문과 4개의 선택 항목으로 구성되어 있다. 응시자는 내용과 일치하는 것을 선택한다.

61 나는 친구와 함께 선생님 댁에 가서 함께 만두를 빚어 먹었는데, 만두 맛이 참 맛있었다. 선생님께서는 만일 만두를 직접 빚어 먹을 시간이 없으면 시장에서 파는 냉동 만두도 맛이 괜찮다고 말씀해 주셨다. 북방 사람들

에게 만두는 매우 중요한 음식이지만 나 같은 남방 사람은 일반적으로 밀가루 음식은 잘 먹지 않고, 쌀밥을 더 좋아한다.

A 북방사람들은 쌀밥을 좋아한다
B 우리는 선생님 집에서 만두를 빚었다
C 남방사람들은 밀가루 음식을 더 좋아한다
D 선생님은 우리에게 냉동 만두를 주셨다

정답 **B**

해설 지문 첫 번째 줄에 언급한 '선생님 집에 손님으로 방문해서 만두를 빚어 먹었다'는 부분에서 답이 보기 B임을 알 수 있고, 보기 D가 틀렸다는 것을 알 수 있다. 보기 A, C는 북방사람과 남방사람들의 습관을 상반되게 표현했으므로 이 역시 틀린 내용들이다.

단어 做客 zuòkè 손님으로 방문하다
包饺子 bāojiǎozi 만두를 빚다
冻 dòng 얼다
对~来说 duì ~ láishuō ~에게는, ~입장에서는
面 miàn 밀가루 음식

62 한 사람이 강가에서 낚시를 하고 있었다. 그는 고기를 많이 잡았지만, 한 마리를 낚을 때마다 일일이 자로 크기를 재더니 자보다 큰 고기만 모두 강으로 돌려 보냈다. 옆에 있던 사람이 이를 보고 그에게 물었다. "보통은 큰 고기를 낚고 싶어 하는데, 어째서 큰 고기를 다 풀어 주는 겁니까?" 그가 대답했다. "우리 집 냄비 크기가 이 자 정도여서 고기가 너무 크면 냄비에 담을 수가 없거든요."

A 그는 작은 물고기 낚는 것을 싫어한다
B 그는 자로 강가에서 낚시 한다
C 그는 냄비보다 큰 물고기를 놓아 주었다
D 그는 낚시는 하지만 먹지는 않는다

정답 **C**

해설 '자로 물고기의 크기를 잰다'고 언급되었고, '자로 낚시를 한다'고는 언급되지 않았으므로 보기 B는 일치하는 내용이라고 고를 수 없다. '냄비에 담을 수 없어서 큰 물고기를 놔주었다'는 부분에서 보기 C가 일치하는 답임을 알 수 있다.

단어 钓鱼 diàoyú 낚시하다
尺 chǐ 자
量 liáng 재다, 측정하다
放回 fànghuí 놓아주다
宽 kuān 넓다, 폭
装不下 zhuāngbuxià 담을 수 없다

63 최근 몇 년 동안 내 오랜 친구들은 내가 갈수록 젊어진다고 말하는데, 사실이긴 하다. 이제 예순을 바라보는 나이이긴 하지만 마흔 정도 되는 사람들과도 별 차이가 없다. 불로장생의 비결이 뭐냐고 묻는다면 딱히 없다. 그래도 젊어 보이는 이유라면 딱 한 가지, 유쾌한 마음을 갖는 것이다.

A 나는 올해 60세가 훨씬 넘었다
B 친구들은 모두 점점 젊어진다
C 나는 불로장생의 방법이 있다
D 유쾌한 마음은 사람을 젊게 한다

정답 **D**

해설 지문 마지막에 "只有一条, 心情愉快"만이 젊어 보이게 한다는 것이므로 보기 D가 일치하는 내용이 되겠다. 보기 C는 지문이 이야기 하고자 하는 전체적인 내용과 맞지 않고, 지문에 '화자가 없다'라고 분명하게 언급하였다. 지문에는 "快60岁了"라고 임박태를 사용하여 '예순을 바라보는 나이'라고 표현하였는데, 보기 A는 '이미 넘었다'고 표현하였으므로 이 역시 틀린 내용이다.

단어 越~越~ yuè ~ yuè ~ ~할수록 ~하다
假 jiǎ 가짜
长生不老 chángshēngbùlǎo 오래도록 늙지 않는다

64 학기말이 되자 반에서 시험 성적 1,2등을 다투던 딸이 장학금을 받았다. 그런데 집에 도착해서는 일부러 실망한 모습으로 엄마에게 말했다. "엄마, 죄송해요. 시험에 떨어졌어요" 처음엔 깜짝 놀라던 엄마가 진짜 상황을 안 후에는 딸의 어깨를 가볍게 치면서 "너, 또 엄마를 속여?"하고 말했다.

A 딸아이는 2등을 하였다
B 딸아이는 시험에 떨어졌다
C 딸아이는 엄마에게 농담을 하였다
D 엄마는 듣고 매우 화가 났다

정답 **C**

해설 지문의 내용은 딸아이가 엄마에게 '"假装(거짓으로 ~인 척하다)"이라고 하면서 시험에 떨어졌다'고 하였으므로 이는 사실이 아님을 알 수 있다. 그러므로 보기 B는 제거하고, 보기 C "开玩笑"와 부합되는 내용이다. 보기 A는 지문에 언급되지 않았고, "数一数二"은 '손꼽을 만큼 잘한다'는 뜻이지, '1등' 혹은 '2등'을 구체적으로 언급하는 표현이 아니다. 지문 끝 부분에 언급된 "拍肩膀" '엄마가 딸아이의 어깨를 툭툭 친다'는 표현을 '화가 나서 때린다'라고 생각할 수도 있는데, 이는 화가 나서 매질한다는 표현이 아니다. "拍肩膀"은 '요

모의고사 1 모의고사 2 모의고사 3 모의고사 4 모의고사 5

것이, 엄마를 속여~'하면서 사랑이 가득 담긴 행동으로 툭 치는 것이다. 그리고 그 앞에 수식어 "轻轻地"는 '살짝', '가볍게'의 뜻으로 딸아이가 엄마한테 농담한 것을 엄마가 알아채고, 살짝 어깨를 친 것이다. 그러므로 보기 D와 혼동하면 안 되겠다. 많은 학생들이 답을 보기 D로 고르는데 이는 중국어적인 표현을 잘 몰라서 범하는 오류이다. 화가 나서 때릴 때는 일반적으로 "打"를 사용한다. 사랑(애정) 표현이나 격려의 뜻으로 어깨를 두드릴 때는 "拍肩膀"이라 표현한다.

단어 数一数二 shùyīshùèr 손에 꼽히도록 잘한다
奖学金 jiǎngxuéjīn 장학금
假装 jiǎzhuāng ~인 척하다
大吃一惊 dàchīyijīng 많이 놀라다
真实 zhēnshí 진실, 사실
拍肩膀 pāijiānbǎng 어깨를 살짝 두드리다
骗 piàn 속이다

65 사람은 밥을 안 먹거나 물을 안 마셔도 안 되지만 잠을 안 자는 것은 더욱 안 된다. 오랫동안 잠을 못 자면 건강에 영향을 끼칠 수 있다. 예를 들어, 중노동을 하는 사람의 경우 아무리 일이 힘들더라도 잘 먹고 잘 자면 이튿날에는 체력을 완전히 회복할 수 있다. 하지만 체력을 별로 필요로 하지 않는 일을 하는 사람이라도 며칠 연속으로 잠을 못 자면 밥도 먹기 싫고 체력이 저하되었다는 느낌을 받게 된다.

A 수면부족은 사람의 건강에 영향을 미친다
B 중노동자는 반드시 많이 먹어야 한다
C 체력을 별로 쓰지 않는 노동자는 적게 자도 된다
D 사람은 안 먹어도 괜찮지만, 잠은 반드시 자야 한다

정답 A

해설 첫 번째 줄에 "长期缺乏睡眠会影响健康"에서 보기 A가 답임을 알 수 있다. 나머지 보기들은 언급되지 않았거나, 잘못 언급하였다.

단어 缺乏 quēfá 부족하다
重体力劳动者 zhòngtǐlìláodòngzhě 중노동자
香 xiāng 좋다
完全 wánquán 완전히
恢复 huīfù 회복하다

66 학교가 끝나고 아들의 기쁘지 않은 표정을 본 엄마는 급히 물었다. "오늘 시험 잘 못 봤니?" 아이는 대답하지 않았다. "그럼 학급 친구하고 다툰 거니?" 아이는 여전히 대답하지 않았다. "선생님께 꾸중 들었니?" 아이는 고개를 가로저었다. "그럼 네 아빠 생각이 나서 그런 거니?" 아이는 힘껏 고개를 끄덕였다.

A 아이는 아빠를 너무 보고 싶어한다
B 아이는 시험을 통과하지 못했다
C 아이는 학급 친구와 다퉜다
D 아이는 선생님께 꾸중을 들었다

정답 A

해설 엄마가 아이에게 '시험 잘 못 봤니' 하고 물었을 때와 '학급 친구하고 다투었니' 하고 물었을 때 아이는 대답하지 않았고 '선생님께 꾸중 들었니' 하고 물었을 때 고개를 가로저었다고 언급되었다. 그러므로 보기 B, C, D는 틀린 내용이고, 엄마의 질문 마지막에 '아빠 생각이 나서 그랬다'는 표현으로 미루어보아 정답은 A이다.

단어 放学 fàngxué 수업을 마치다
摇头 yáotóu 고개를 가로젓다

67 라오장은 퇴직 후 다른 노인들같이 꽃을 심고, 개를 키우고, 공원을 거닐지 않는다. 그녀는 여전히 매일 책을 읽고, 글을 쓴다. 매일 아침 6시에 일어나 간단히 식사하고 책상 앞에 앉아서 글을 쓴다. 정말로 예전에 일할 때보다 더 바쁘다.

A 라오장은 매일 글을 쓴다
B 라오장은 꽃 심는 것을 좋아한다
C 라오장은 매일 출근을 한다
D 라오장은 퇴직할 생각이 없다

정답 A

해설 문장 처음에 '라오장은 퇴직을 하고 꽃을 심거나 개를 키우지 않는다'고 하였으므로 B, C, D가 모두 틀렸다. '매일 책을 읽고 글을 쓴다'고 하였으니 A가 정답이다.

단어 种花 zhònghuā 꽃을 심다
逛 guàng 거닐다

68 빠르게 달리는 기차에서 한 노인이 실수로 방금 산 새 신발 한 짝을 창문에서 떨어뜨렸다. 주위에 있던 사람들 모두가 안타까워하고 있는데 노인이 곧이어 다른 한쪽도 마저 버리는 것이 아닌가. 깜짝 놀란 사람들에게 노인이 이유를 설명했다. "남은 한 짝이 얼마짜리든 나한테는 이미 쓸모 없는 물건이라네. 누군가가 이 신발 한 켤레를 줍는다면 잘 신을 수 있지 않겠소?"

A 노인은 본인의 낡은 신발을 버렸다
B 노인은 신발을 다른 사람에게 선물하려 한다
C 노인은 새로 산 신발을 마음에 들어 하지 않는다
D 노인은 누군가가 이 한 켤레의 신발을 주웠으면 한다

정답 D

해설 노인이 새로 산 신발 한 짝을 던져버린 것이므로 보기 A는 틀린 내용이고, 보기 B "送"은 '선물하다', '공짜로 주다'의 뜻이지만, 문장은 노인이 신발을 선물하거나 공짜로 주려고 구입한 것이 아니라, 실수로 떨어뜨린 신발 한 짝에 남을 생각해서 나머지 한 짝마저 버린, 노인의 남을 배려하는 마음씨를 묘사하고 있는 것이므로 답으로 고르기에는 뭔가 부족하고, 주제와 거리가 있다. 그러므로 답은 D이다.

단어 行驶 xíngshǐ 운전하다, 몰다
感到 gǎndào 느끼다
可惜 kěxī 애석하다, 아깝다
扔 rēng 버리다
吃惊 chījīng 놀라다
解释 jiěshì 해명하다
无论 wúlùn 막론하고, 불구하고
捡 jiǎn 줍다

69 중국은 세계에서 인구가 가장 많은 나라이다. 하지만 인구 분포가 불균등해서 동부, 특히 연해 지역의 인구 밀도가 높다. 또한 중국은 다민족 국가로, 총 56개 민족이 살고 있는데, 그 가운데 한족 비율이 가장 높다. 나머지 55개 소수민족의 인구는 6%에 불과하며, 주로 서부 지역에 밀집돼 있다. 중국의 지형은 동저서고(東低西高)이고, 산지는 33%, 고원은 26%, 평원은 12%를 차지한다.

A 소수민족은 주로 동부에 분포해 있다
B 중국은 모두 56개 소수민족이 있다
C 중국의 지형은 서고동저형이다
D 중국 서부 지역의 인구 밀도는 높다

정답 C

해설 중국은 동부 연안지역이 낮고, 서부 고원지대가 높다. 우리나라와 정반대이다. 그러므로 보기 C는 부합되는 내용이다. 중국에는 56개의 민족이 있고, 최대 다수를 차지하고 있는 한족을 제외한 나머지 55개의 소수민족으로 이루어져 있다. 그러므로 소수민족은 56개가 아니고 55개이며 주로 서부에 분포되어 있다. 그러므로 보기 A, B는 틀린 내용이다.

단어 分布 fēnbù 분포, 분포하다
均匀 jūnyún 균형을 이루다, 골고루
密度 mìdù 밀도
沿海地区 yánhǎidìqū 연안지역
东低西高 dōngdīxīgāo 동저서고

70 영양가 있는 음식을 말할 때 많은 사람들은 생선과 고기, 계란 등을 떠올린다. 물론 이런 음식의 영양이 부족하다고 할 수는 없지만 영양이 풍부한 그 어떤 식품이라도 각종 영양 성분을 다 갖춘 것은 아니며, 동물성 식품이라고 해서 모두 영양이 풍부한 것도 아니다. 예를 들면, 생선과 고기, 계란을 많이 먹어 하얗고 통통해도 영양 결핍인 사람도 있다. 일부 식물성 식품은 동물성 식품보다 훨씬 많은 영양성분을 함유하고 있는데, 그 중 하나가 다시마이다.

A 생선, 고기, 계란은 제일 영양가가 있는 식품이다
B 식물성 식품의 영양 성분은 풍부하지 않다
C 생선, 고기, 계란을 많이 먹으면 영양 결핍에 걸리지 않는다
D 다시마의 영양성분은 동물성 식품보다 뛰어나다

정답 D

해설 지문의 마지막 내용 "有些植物性食品的营养成分远远超过了动物性食品, 海带就是其中的一种"에서 다시마가 동물성 식품보다 영양성분 면에서 훨씬 우수함을 알 수 있다. 보기 A에서 생선, 육류, 계란류를 "最"라는 부사로 수식하기에는 모순이 있다. 식물성 식품인 다시마가 동물성 식품보다 우수한 면이 있으니, 보기 B도 틀린 내용이다. 그리고 지문에 '동물성 식품을 많이 먹어도 영양결핍에 걸린다'고 했으므로 보기 C는 틀린 것이다.

단어 任何 rènhé 어떠한
尽管 jǐnguǎn 비록
缺乏 quēfá 부족하다
海带 hǎidài 다시마

제3부분

제3부분은 총 20문항이다. 모든 문제는 몇 편의 단문으로 구성되어 있다. 제시된 단문 뒤에는 몇 개의 질문이 주어진다. 응시자는 4개의 선택 항목 중에서 정답을 선택한다.

71-75

3만여 년이 지난 후, 오늘에서야 타조가 다시 오르도스 고원으로 돌아왔다. 전문가가 오르도스 고원에서 발견한 다량의 타조알 화석의 고증 결과, 3만여 년 전 이 지역은 풀이 무성해 타조가 살았었지만 기후와 환경의 악화로 이 지역에서 점점 자취를 감추었다고 한다. 하루 빨리 타조를 고향으로 돌아오도록 하기 위해 십여 년 동안의 사막 환경 개선 작업 후 광둥에서 번식용 타조 12마리를 사 왔다. 현재는 그 12마리 타조가 129마리까지 번식했고, 오르도스 고원에서의 보다 쾌적한 생활을 위해 사육사들은 자주버들로 1천㎡ 넓이의 축사를 지었으며 타조가 좋아하는 풀도 마련해놓았다. 한 전문가는 기자에게 타조를 들여 온 것은 관광객을 유치하기 위해서기도 하지만 더욱 중요한 이유는 사막지역의 타조 양식업을 발전시키기 위해서라고 밝혔다. 타조는 경제적 가치가 높은 편으로, 타조 고기와 깃털에 대한 국제적 수요가 갈수록 늘고 있기 때문에 타조 양식은 오르도스 고원을 부유하게 하는 또 하나의 새로운 수단이 될 것이다.

단어 经过 jīngguò 경과하다
鸵鸟 tuóniǎo 타조
鄂尔多斯高原 Èěrduōsīgāoyuán 오르도스 고원
考证 kǎozhèng 고증하다
逐渐 zhújiàn 점차
消失 xiāoshī 없어지다
治理 zhìlǐ 개혁하다, 치수하다
种鸵鸟 zhǒngtuóniǎo 번식용 타조
饲养 sìyǎng 사육하다
沙柳 shāliǔ 자주버들
编制 biānzhì 짓다
圈舍 juànshè 축사
养殖业 yǎngzhíyè 양식업
成为 chéngwéi ~이 되다
致富 zhìfù 부자가 되자

71 타조가 오르도스 고원으로 되돌아오는데 얼마의 시간이 걸렸나요?

A 10여 년
B 근 130년
C 1000년
D 3만여 년

 **정답** D

해설 첫 번째 단락에서 '3만여 년 만에 되돌아 왔다'는 것을 알 수 있고, 10여 년 동안은 사막을 개선했고, 나머지 보기들은 언급되지 않았다.

72 타조가 고향으로 빨리 돌아오게 하기 위해, 사람들이 먼저 한 것은 무엇인가요?

A 축사를 짓다
B 사막을 개선하다
C 풀을 준비하다
D 번식용 새를 사다

 **정답** B

해설 타조를 위해서 먼저 10여 년에 걸쳐서 사막을 개선하였고, 그 후에 번식용 타조를 들여오고, 그 다음에 축사를 짓고, 풀을 준비하였다. 이 순서로 진행이 되었으므로 답은 보기 B이다.

73 타조는 이미 몇 마리로 늘었나요?

A 12마리
B 129마리
C 300마리
D 3만 마리

 **정답** B

해설 '12마리 번식용 타조가 오늘날에는 129마리로 번식 되었다'고 언급하였다.

74 타조 축사는 무엇으로 만들었나요?

A 자주버들
B 풀
C 진흙
D 돌

정답 A

해설 지문의 "饲养人员用沙柳编制了一千平方米圈舍"에서 알 수 있다. "用"은 수단과 방법을 뜻하는 개사로, '~으로'의 뜻이다. 그러므로 "沙柳"로 축사를 지었음을 알 수 있다. "沙柳"가 '자주버들'이라는 단어의 뜻은 몰라도 답은 고를 수 있어야 한다.

75 타조를 들여온 가장 주된 원인은 무엇인가요?

A 각지의 관광객을 유치하다
B 타조가 즐겁게 생활하도록 하다
C 타조 양식업을 발전시키다
D 타조 개체수가 증가하도록 하다

정답 C

해설 지문 마지막 부분에 "不仅是A, 更主要是为了B"에서 'A도 중요하지만, 더 중요한 것은 B이다'라는 것을 알 수 있다. 그러므로 타조 양식업이 가장 주요한 원인임을 알 수 있으므로 답은 C이다. 보기 A와 혼동하지 않도록 주의한다.

76-78

베이징의 일부 환자들은 신정 이후부터는 의외로 토요일과 일요일에도 베이징 차오양 병원에서 외래 진료를 받을 수 있다는 사실을 알게 되었다. 2001년 1월 10일, 차오양 병원은 환자들을 위해 구정을 포함한 연중무휴 서비스를 실시한다고 발표했다. 병원장은 차오양 병원 개혁을 얘기하면서 원래는 공휴일과 명절에 오전 진료만 해서 환자들도 불편할 뿐더러 병원 입장에서도 별 수익을 거두지 못했었는데 병원 개혁 이후에는 환자들이 "이런 좋은 병원이 있어서 얼마나 다행인지 몰라요. 차오양 병원 아니었으면 얼마나 많은 환자들이 치료 시기를 놓쳤겠어요"라고 호평이 자자하다고 말했다. 이번 개혁은 환자의 만족도를 높였을 뿐 아니라 시장 수요도 만족시켜 차오양 병원에 명예와 함께 어마어마한 수익을 안겨주었다. 주말 진료를 실시한 이후에는 주말이면 환자들이 별로 없던 외래 병동 로비가 북적이게 되었다. 아무런 사전 홍보가 없었는데도 일일 외래 진료가 1/3 이상 증가해 이번 개혁안이 많은 사람들의 지지를 얻고 있음을 알 수 있다.

단어 元旦 Yuándàn 신정
普通门诊 pǔtōngménzhěn 일반 외래 진료
宣布 xuānbù 선포하다
候 hòu 기다리다
不例外 búlìwài 예외가 아니다
改革 gǎigé 개혁
效益 xiàoyì 효율, 효과
声誉 shēngyù 명예
可观 kěguān (수입이) 괜찮다
难怪 nánguài 어쩐지
深得人心 shēndérénxīn 사람들의 지지를 얻다

76 작가는 병원 개혁에 어떤 태도를 보이고 있나요?

A 긍정적이다
B 부러워하다
C 의심스러워하다
D 걱정하다

정답 A

해설 본문 전체에서 부정적인 단어를 찾아 볼 수 없고, 문맥의 전체적인 분위기는 걱정과 의심스러워하는 의미가 아니다. 지문의 마지막 부분에 '많은 사람들의 호응을 얻고 있다' "深得人心"의 표현에서 작가의 태도가 긍정적임을 알 수 있다. 보기 B '부러워하다'는 '긍정적이다'라는 개념과 거리가 있으므로 혼동하지 않도록 주의한다.

77 병원이 명절, 기념일에 일반 외래진료를 개설한 이후에 :

A 의사의 업무량은 늘지 않았다
B 병원에 수익을 안겨 주었다
C 병원의 수익에 좋은 점이 별로 없다
D 환자는 편해졌지만, 병원에 불편을 끼쳤다

정답 B

해설 질문의 "普通门诊"은 반나절만 하는 외래 진료가 아니라 평일 정상적으로 진행되는 외래 진료를 뜻한다. 지문에 '기념일에도 정상 외래 진료를 함으로써 생긴 병원의 변화는 수입이 증대하였다'로 보기 B가 답이다. '반나절 외래 진료가 아니라 종일 진료로 인해 사람이 많아졌으므로 의사의 일이 늘어나지 않았다'는 것은 모순이므로 보기 A가 틀린 내용임을 알 수 있고, 보기 D에 언급된 "影响了医院"은 '병원에 좋은 영향 혹은 나쁜 영향을 미쳤다'의 두 가지 의미로 사용될 수 있지만, "方便了病人"이라는 앞 절과 같이 사용되면, 앞뒤 전환의 관계, 즉 '환자는 편해 졌지만, 병원은 불편해졌다'라고 이해하는 것이 문맥상 자연스럽다. 그러므로 보기 D도 답이 아니다. 혼동하지 않도록 주의한다.

78 다음 중 올바른 내용은 무엇인가요?

A 베이징에 365일 진료하는 병원은 많다
B 차오양 병원은 명절에 외래 진료를 하지 않는다
C 병원의 이 개혁안을 아는 사람은 매우 적다
D 시민은 병원이 이 개혁안을 실행한 것을 반긴다

정답 **D**

해설 보기 A는 지문에 언급되지 않은 내용이며, 차오양 병원은 365일 진료를 하므로 보기 B는 틀린 내용이다. 지문 마지막 부분에 '개혁 후 사람들이 병원 로비에 북적인다'는 내용으로 봐서, '병원 개혁을 알고 있는 사람이 적다'는 보기 C도 모순이다. 지문의 맨 끝에 언급된 "深得人心"에서 많은 사람들이 좋아함을 알 수 있으니, 답은 보기 D이다.

79-82

부모님께.

잘 지내시죠? 저는 최근에 공부가 힘들다( ) 보통이다( ) 별로 힘들지 않다( ), 컨디션도 아주 좋다( ) 별로다( ) 좋지 않다( ), 돈도 있다( ) 없다( ), 집 생각도 난다( ) 별로 안 난다( ) ……

독자 여러분, 윗 단락을 보고 오해하지 마십시오. 이것은 자녀가 부모에게 보내는 일반적인 편지가 아니라 한 어머니가 타지에서 대학에 다니고 있는 아들에게 보낸 편지입니다. 편지의 다음 단락에는 어머니의 설명이 달려 있습니다.

"아들아, 네 편지를 받아본 지도 너무 오래되었구나. 매일 너무 바빠서 집에 편지 쓸 시간도 없겠지? 엄마가 대신 편지를 보내니 넌 그저 괄호 안에 '√' 표시만 하면 된단다. 엄마가 편지 봉투에 집주소도 적고 우표도 붙여놨으니 봉투에 편지를 넣고 우체통에 집어넣기만 하면 돼. 네 편지를 받으면 엄마 아빠도 안심할 수 있을 것 같구나. 몸 건강하고, 먹는데 너무 돈 아끼지 말거라. 돈 떨어지면 부쳐줄 테니 바로 연락하렴."

최근 들어 전국 각 대학에서 흔히 볼 수 있는 현상입니다. 일부 대학생의 경우 부모님이 보내신 편지에 답장을 보내는 횟수가 갈수록 줄어들고, 길이도 짧아지고, 내용도 돈을 보내 달라, 물건을 보내 달라는 것뿐이며, 심지어 아예 답장을 하지 않는 학생도 있다고 합니다. 그래서 이 글 첫머리에 소개된 것처럼 부모가 자녀를 대신해 편지를 쓰는 황당한 일까지 생긴 것입니다.

단어
家信 jiāxìn 가족에게 쓰는 편지
替 tì 대신하다
注释 zhùshì 설명하다
地址 dìzhǐ 주소
塞 sāi 집어넣다
节省 jiéshěng 절약하다
缺 quē 모자라다, 부족하다
汇 huì 송금하다
高校 gāoxiào 대학교
普遍 pǔbiàn 보편적이다
面对 miànduì 직면하다
以至于 yǐzhìyú ~까지 이르다
开头 kāitóu 시작 부분, 도입 부분
怪事 guàishì 황당한 일, 이상한 일

79 본문 시작 부분의 편지는 누가 쓴 것인가요?

A 아들
B 딸
C 엄마
D 아빠

정답 **C**

해설 첫 번째 지문에 '엄마가 대학 다니는 아들에게 보내는 편지'라고 언급되어 있다.

80 본문에 따르면 아들이 편지에 "√"표시한 후 또 무엇을 하면 하나요?

A 집에 전화를 한다
B 편지를 넣고 보낸다
C 편지 봉투를 준비해, 주소를 쓰고 우표를 붙인다
D 편지 봉투를 준비하고, 우표를 사고, 편지를 우체통에 넣는다

정답 **B**

해설 세 번째 단락에 아들은 편지 선택항에 표기를 한 후, 편지 봉투에 넣어서 우체통에 보내기만 하면 된다. 주소와, 우표는 엄마가 이미 다 쓰고 붙여서 아들에게 보내 준 것이므로 아들이 또 할 필요가 없다.

81 편지에 따르면, 엄마가 걱정하는 것은 아이의 어떤 면인가요?

A 건강과 음식
B 집이 그리운지
C 공부하느라 바쁜지
D 성적과 경제

정답 **A**

해설 세 번째 단락에 언급된 "你可一定要注意身体，别在吃的

方面太节省，缺钱就告诉家里，我们会给你汇过去"에서 건강과 음식을 잘 먹으라는 것이 엄마가 걱정해서 당부하는 내용임을 알 수 있다. 보기 D의 '성적'과 보기 C '공부하느라 정신없다'는 언급된 내용이 아니다. 보기 B는 엄마가 알고 싶어하는 내용이기는 하지만 질문이 묻고 있는 "担心"하는 내용은 아니다.

82 본문의 이런 황당한 현상은 어떤 학교에서 벌어지나요?

A 초등학교
B 중학교
C 고등학교
D 대학교

정답 **D**

 지문 처음에도 '대학생 아들에게 보내는 엄마의 편지'를 예로 언급했고, 지문 마지막 결론 부분에서도 '이런 황당한 현상은 대학에서 벌어지는 현상'이라고 정리하고 있다. "高校"는 '고등학교'가 아니라 '대학교'를 가리키는 단어이다.

83-86

초등학생과 중고등학생의 과외 열풍에 이어 이번에는 상하이에서 '입주 과외'가 등장했다. 선생님이 방과 후 한 명 혹은 몇 명의 학생을 집으로 데리고 가 지내며 저녁을 먹이고 또 저녁에 공부를 가르치며, 주말이 되야 학부모가 아이를 데리고 가는 것이다. 주말마다 선생님 집에 가서 함께 먹고 놀고 과외 지도를 받는 학생도 있다.

매주 선생님의 집에서 5일 밤을 보낸다고 할 때, 보통 학부모가 지불하는 비용은 초등학생의 경우 800~1000위안, 중학생은 1000~1200위안이라고 한다. 이러한 학부모는 대부분 소득이 많은 편으로, 노동 청부업자나 자영업자가 많으며, 이혼 가정인 경우도 많다. 일이 바빠 아이의 공부를 돌봐줄 수가 없는 것이다. 이들의 대부분은 집에 돈이 좀 있고 식구가 적으면서 집이 넓은 중년 또는 노년의 여선생을 구하는데, 막 사범대를 졸업한 젊은 선생님에게 나이 어린 자녀를 맡기려는 부모도 일부 있다. 그 첫째 이유는 젊은 선생일 경우 대부분 결혼을 하지 않아 가사일에 시달릴 필요가 없다는 것이고, 둘째 이유는 아이들과 소통이 잘 돼 같이 공부하기에도 좋고, 또 아이와 같은 취미를 가지고 있을 수도 있다는 것이다.

단어
继 jì 계속하다
包师 bāoshī 입주 과외
悄然 qiāorán 슬그머니
既～又～ jì ~ yòu ~ ~이기도 하고, ~이기도 하다
提供 tígōng 제공하다
辅导 fǔdǎo 과외지도하다
接回 jiēhuí 데리고 가다
支出 zhīchū 지출하다
基本 jīběn 거의
属于 shǔyú ~에 속하다, ~이다
包工头 bāogōngtóu 노동 청부업자
个体户 gètǐhù 개인사업자
离异 líyì 이혼하다
精力 jīnglì 여력, 에너지, 정신
聘请 pìnqǐng 모시다
宽敞 kuānchǎng 넓다
寄托 jìtuō 의지하다
烦恼 fánnǎo 고민
沟通 gōutōng 소통하다

83 이런 "입주 과외"가 가리키는 것은 무엇인가요?

A 선생님+요리사
B 선생님+노동 청부업자
C 선생님+아이 돌보미
D 집에서만 일하는 선생님

정답 **C**

 첫 번째 단락의 언급된 내용은 '학생을 집에 데리고 가서 재우고, 저녁을 먹이며, 공부를 돌봐주고, 주말에 학부모가 데리고 간다'고 하므로 '입주 과외'의 의미는 '선생님과 아이 돌보미(保姆)의 역할을 다 하는 것임'을 알 수 있다.

84 다음 중 "입주 과외" 가정에 속하지 않는 것은 무엇인가요?

A 일부 수입이 비교적 낮은 가정
B 일부 이혼한 고소득 가정
C 일부 생활 여건이 비교적 좋은 가정
D 일부 돈은 있으나 아이 교육에 못 쓰는 가정

정답 **A**

 입주 과외를 선택하는 가정들은 보기 B, C, D로 지문에 그대로 언급된 내용이고, '대부분이 고소득자들'이라고 언급되었으므로, 보기 A가 답임을 알 수 있다.

85 다음 중 젊은 교사를 모시는 이유가 아닌 것은 무엇인가요?

A 학비가 저렴하다
B 가사 부담이 없다

C 아이와 같은 흥미와 취미가 있다
D 아이와 나이 차가 안 나서 잘 지낸다

정답 A

해설 지문 마지막 부분에 언급된 내용으로 보면 보기 B, C, D는 젊은 교사를 선호하는 이유이며, 보기 A '비용'에 대해서는 언급되지 않았다.

86 본문에 따르면, 다음 중 올바른 것은 무엇인가요?

A 이런 입주 과외 현상은 제일 처음 광저우에서 생겼다
B 학부모 사이에 중노년 교사가 제일 인기 있다
C 선생님 모시는 비용은 아이의 나이와 관련 있다
D 학부모는 모두 경험 있는 젊은 교사를 모시려 한다

정답 B

두 번째 단락에 '대부분의 학부모가 중노년의 여교사를 선호하고, 일부 젊은 교사를 선호하는 학부모도 있다'고 하였다. 그러므로 보기 B는 맞는 내용이고, 보기 D는 틀린 내용임을 알 수 있다. 초등학생과, 중학생의 비용이 언급되기는 했지만, 이것이 나이를 근거로 한 것이라는 내용은 언급되지 않았다. 상식적으로 생각해보면, 이것은 나이보다는 학과 내용으로 비용이 정해질 확률이 크고, 보기 A '입주 과외가 광저우에서 최초로 생긴 것'인지는 지문에 언급되지 않았다.

87-90

『손자병법』은 줄여서 『손자』라고도 부르는데, 기원전 5세기에 쓰여졌으며, 중국은 물론 전세계에서도 가장 오래된 군사이론서이다.

『손자』의 작가인 손무(孫武)는 춘추 말기의 제(齊)나라 사람이다. 하지만 주로 오(吳)나라에서 재능을 발휘했고, 전투에서의 업적도 오나라에서 쌓았기 때문에 '오손자'라고도 불린다. 역사서에는 그가 출생한 구체적인 해와 달이 기록되어 있지 않은데, 대략적으로 공자(BC551~479)와 동시대 인물로 추정된다.

기원전 512년에 제나라에서 오나라로 간 손무는 오왕에게 자신의 필생의 역작인 『손자병법』을 바쳤으며, 자신의 풍부한 학식과 뛰어난 견식으로 오왕을 감동시켜 오왕에게 중용되었다. 그 때부터 손무는 오왕을 도와 군대를 이끌고 나라를 다스려 오나라가 빠르게 발전하도록 했다. 역사서에 따르면 손무는 기원전 512년 오왕을 알현한 후부터 오나라가 패권을 되찾도록 도운 기원전 482년에 이르기까지의 30년 동안 군사이론과 실천에서 위대한 업적을 세웠다. 사람들이 존경심을 담아 공자를 '유학의 성인'이라 부르는 것과 마찬가지로 손무 역시 '병법의 성인'으로 불린다.

『손자병법』은 총 13편이 현존한다. 이 책은 세상에 나온 이래 중국의 고대 군사 사상의 형성과 발전에 중요한 영향을 미쳤으며, 세계 군사 역사상으로도 중요한 지위를 차지해 '동방 병법학의 시조', '세계 고대 제일의 병법서', '병법학의 경전'으로 불린다.

단어
简称 jiǎnchēng 간단히 ~라 부른다
著作 zhùzuò 저작, 책
才华 cáihuá 재능, 뛰어난 능력
战绩 zhànjì (싸워 이긴) 전적
创建 chuàngjiàn 세우다
记载 jìzǎi 기록하다
大致 dàzhì 거의
献上 xiànshàng 바치다
心血之作 xīnxuèzhīzuò 심혈을 기울인 작품
过人 guòrén 뛰어나다
打动 dǎdòng 감동시키다
重用 zhòngyòng 중용하다
召见 zhàojiàn 만나다
夺取 duóqǔ 획득하다
霸主 bàzhǔ 패왕
问世 wènshì 출간되다
被誉为 bèiyùwéi ~라고 불리우다

87 《손자병법》에 관하여, 다음 중 틀린 것은 무엇인가요?

A 이 책의 작가는 오나라 사람이다
B 중국 최초의 군사 이론서이다
C "동방 병법학의 시조"라고 불리운다
D 세계 군사 역사상으로 매우 중요하다

정답 A

두 번째 단락의 "《孙子》的作者孙武，是春秋末期的齐国人" 손무는 제나라 사람이라는 것을 알 수 있으므로 틀린 것은 A이다.

88 본문이 주로 언급한 내용은 무엇인가요?

A 손무라고 이름 지은 이유
B 손무와 《손자병법》
C 손무의 군사적인 재능
D 손무의 생활연대

정답 B

해설 본문이 전반적으로 소개하고 있는 것은 손무의 일생과 《손

자병법》의 내용과 가치이다. 그러므로 답은 B가 적당하다. 보기 C와 D도 언급된 내용이기는 하지만, 전반적인 내용이라고 하기에는 단편적이다.

89 두 번째 단락 밑 줄 그은 부분의 "병법의 성인"이 가리키는 것은 무엇인가요?

A 우수한 사병
B 병서를 쓴 사람
C 위대한 군사전략가
D 무술을 할 줄 아는 사람

정답 C

해설 "~圣"이라고 하는 것은 그 분야의 업적이 뛰어난 훌륭한 사람을 칭호하는 것이다. 그러므로 손무를 "兵圣"이라고 부르는데 이 단어의 뜻은 위대한 군사전략가가 제일 적합함을 알 수 있다. 손무가 《손자병법》을 쓰기는 하였지만 "兵圣"이 병서를 쓴 사람을 뜻하는 단어는 아니므로 혼동하지 않도록 한다.

90 손무가 오나라에서 세운 주요 공적은 무엇인가요?

A 《손자병법》을 썼다
B 오나라 왕을 도와 나라를 다스렸다
C 오나라 왕이 패왕이 되도록 도왔다
D 오나라 왕의 신임을 얻었다

정답 C

해설 두 번째 단락에 '제나라에서 오나라에 가 오왕에게 자기가 심혈을 기울인 《손자병법》을 주었다'는 부분에서 오나라에서 쓴 것이 아니라, 오나라에 가기 전에 쓴 것임을 알 수 있으므로 보기 A는 틀렸다. 질문의 "主要的功绩"는 지문의 "伟大成绩"와 비슷한 의미이며, "伟大成绩"앞에 언급된 내용은 '오왕을 도와 패권을 장악하였다'는 것이다. 그러므로 보기 C가 가장 주요한 업적이 되겠다.

3. 쓰기(书写)

제1부분

제1부분은 총 8문항이다. 모든 문제는 여러 개의 단어가 제시된다. 응시자는 주어진 단어를 사용하여 하나의 문장을 만든다.

91 정답 他没完没了地说了起来。
그는 끝도 없이 말했다.

해설 우선 주어, 술어, 빈어를 확인한다. 주어 "他", 동태조사 "了"가 붙어 있는 "说了"를 술어로 삼는다. "起来"는 '~하기 시작하였다'는 방향보어로 술어 뒤 자리에 위치시키고, "没完没了地"는 술어를 수식할 수 있는 구조조사 "地"가 붙어 있으므로 주어와 술어 사이에 위치시킨다. 그러므로 올바른 문장은 "他没完没了地说了起来"이다.

92 정답 你看得清看不清黑板上的字?
칠판 위의 글씨가 잘 보여?

해설 우선 주어, 술어, 빈어를 확인한다. 주어 "你", 빈어 "字"를 확인한다. "黑板上的"는 빈어 "字"의 한정어이므로 앞에 위치시킨다. 정반의문문은 '긍정+부정'의 순서이므로 올바른 문장의 순서는 "你看得清看不清黑板上的字?"이다.

93 정답 你能不能给我再讲一遍?
나한테 한번 얘기해 줄래?

해설 우선 주어, 술어, 빈어를 확인한다. 주어 "你", 술어 "讲"을 확인한다. 개사와 동사의 구조 "给~讲", "讲给~"는 둘 다 사용 가능한 조합이지만 동량보어 "一遍"이 술어동사 "讲" 뒤 보어자리에 위치해야 하므로 개사 "给"는 술어 뒤에 위치시킬 수 없고, 술어 앞에 위치하고 있는 "给~讲" 구조를 선택해야 한다. 조동사 정반 의문문 형태 "能不能"은 개사 앞에 위치시킨다. 그러므로 올바른 문장은 "你能不能给我讲一遍?"이다.

94 정답 我一句话都没听进去。
나는 한마디도 귀에 들어오지 않았다.

해설 우선 주어, 술어, 빈어를 확인한다. 주어 "我", 술어 "听"을 확인한다. 방향보어 "进去"는 "听"뒤에 위치시킨다. "一句话"를 빈어로 생각할 수도 있는데, 문법상 빈어는 복합방향보어 "进"과 "去"사이에 위치시켜야 한다. 그러나 '동사+빈어' "听话"와 방향보어 "进去"의 결합 "听进话去"는 사용하지 않는 표현이고, 같은 구조인 '동사+빈어' "说话"와 방향보어 "起来"의 결합 "说起话来"는 사용하는 표현이다. 그러므로 우리는 여기서 "一…都/也+没/不+술어"형식의 강조구문을 생각해 내야 한다. 이 강조구문은 주어와 술어 사이 상황어 자리에 위치하므로 올바른 표현은 "我一句话都没听进去"이다.

95 정답 骑车10分钟就能到火车站。
자전거로 10분만 가면 기차역이다.

해설 우선 동사 "到", 빈어 "火车站"을 확인한다. 능원동사 "能"은 동사 앞에 위치시키고, 짧은 시간을 나타내는 부사 "就"는 능원동사 앞에 위치시킨다. '부사+능원동사'의 순서로 배열한다. "十分钟"은 시량보어로 "骑车"뒤에 배열해, '10분간 자전거를 탄다'는 의미를 만들어 주고, 이것을 주어 자리에 놓는다. 올바른 문장은 "骑车十分钟就能到火车站"이다.

96 정답 我实在不知道怎么回答。
뭐라고 답해야 할지 도무지 모르겠다.

해설 우선 주어, 술어, 빈어를 확인한다. 주어 "我" , 술어 "不知道"를 확인한다. 부사 "实在"는 술어 동사 앞에 상황어로 배치하고, 의문사 "怎么"는 동사 "回答"앞에 위치시켜, '모르겠다'의 빈어로 만들어 준다. 올바른 문장은" 我实在不知道怎么回答"이다.

97 정답 教室的玻璃被打碎了。
교실의 유리가 깨졌다.

해설 개사 "被"를 보면 피동문의 기본 구조 '주어(명사/대명사)+

被 +행위자(명사/대명사)+동사+기타성분'을 떠올리고, 행위자는 '생략 가능하다'는 어법 포인트도 잊지 않는다. 피동문은 우리말에 자주 쓰는 형식이 아니므로 주어부터 찾으려면 꽤나 어렵다. 그러므로 "被"와 동사 "打"부터 먼저 찾아 형식의 틀에 끼워 준다. 동사 "打" 뒤에 기타 성분으로 결과보어인 "碎了"를 연결 시킨다. 이어서 주어자리에는 동사와 의미상의 빈어가 될 수 있는 것을 찾아 배치시킨다. 동사 "打碎了"의 의미상의 빈어는 "玻璃"이므로 주어자리에 위치시킨다. "教室的"는 명사 "玻璃"의 한정어이므로 올바른 문장은 "教室的玻璃被打碎了"이다.

98 정답 我们一定会调查这件事的。

우리는 틀림없이 이 일을 조사할 수 있다.

해설 우선 주어, 술어, 빈어를 확인한다. 주어 "我们", 술어 "调查", 빈어 "这件事"를 확인한다. 능원동사 "会"는 동사 앞에 위치시키고, 부사 "一定"은 능원동사 "会" 앞에 배열한다. 일반적으로 '부사+능원동사'의 순서로 배열한다. 조사 "的"는 "会…的" 강조구문으로, 강조하고자 하는 부분은 조사를 할 것이라는 의지를 표명한 부분이다. 그러므로 올바른 문장은 "我们一定会调查这件事的"이다.

제2부분

제2부분은 총 2문항이다. 첫 번째 문항에서는 여러 개의 단어가 제시되며, 응시자는 제시된 단어들을 사용하여 80字 내외로 구성된 단문을 작성한다. 두 번째 문항에서는 하나의 그림이 제시되며, 응시자는 그 그림을 근거로 80字 내외로 구성된 단문을 작성한다.

99 참고답안

我很喜欢旅游，旅游当中的乐趣很多，可是麻烦也不少。"问路"就是常常遇到的一个问题，因为听不懂当地人说的话，常常是人家说了半天，我一句也没听懂。最后，常常是热情的当地人领我去。

나는 여행을 매우 좋아하는데, 여행 중에는 즐거운 일도 많지만 번거로운 일도 적지 않다. '길 묻기'는 여행하면서 종종 마주치는 문제인데, 현지인의 말을 잘 알아들을 수 없기 때문에 상대방이 한참을 말해도 한마디도 못 알아듣는다. 결국에는 인정이 넘치는 현지인이 종종 나를 목적지로 데려다 준다.

단어
乐趣 lèqù 재미
麻烦 máfan 번거로움
热情 rèqíng 친절하다, 인정이 넘치다
当地人 dāngdìrén 현지인
领 lǐng 데리고 가다

100 참고답안

在平时，我不得不整天开着手机，以便老板和同事随时可以找到我。可是，出去度假的时候我一定会关掉手机，关掉手机才能彻底离开平时的生活，也只有这样我才能得到一个真正放松的假期。

나는 평소에 사장님과 동료들이 언제든 나를 찾을 수 있도록 하루 종일 휴대전화를 어쩔 수 없이 켜두어야 한다. 하지만 여행을 떠날 때에는 반드시 전원을 꺼둔다. 휴대전화를 꺼 버려야 평소의 생활에서 벗어날 수 있고, 그래야만 진정 자유로운 휴가를 만끽할 수 있기 때문이다.

단어
以便 yǐbiàn ~하기 편하도록
随时 suíshí 언제든지
彻底 chèdǐ 완전히, 철저하게
放松 fàngsōng 쉬다, 이완시키다

부록

新汉语水平考试

HSK 5级

필수 어휘 1300

A

0001 唉 āi [감] 예, 네 (대답할 때 쓰임)
0002 爱护 àihù [동] 아끼고 보호하다
0003 爱惜 àixī [동] 소중하게 생각하다, 애석하다
0004 爱心 àixīn [명] 사랑하는 마음, 아끼는 마음
0005 安慰 ānwèi [형] 마음이 편하다 / [동] 위로하다
0006 安装 ānzhuāng [동] 설치하다
0007 岸 àn [형태소] 해안

B

0008 把握 bǎwò [동] (손으로 꽉 움켜) 잡다 / [명] 성공의 가능성, 확신
0009 摆 bǎi [동] 놓다, 벌이다
0010 班主任 bānzhǔrèn [명] 담임교사
0011 办理 bànlǐ [동] (사무를) 처리하다
0012 棒 bàng [명] 몽둥이
0013 傍晚 bàngwǎn [명] 저녁 무렵
0014 包裹 bāoguǒ [동] 싸다, 싸매다 / [명] 소포
0015 包含 bāohán [동] (속에) 포함하다
0016 包子 bāozi [명] 찐빵
0017 薄 báo [형] 얇다
0018 宝贝 bǎobèi [명] 보배
0019 宝贵 bǎoguì [형] 진귀하다
0020 保持 bǎochí [동] (원래의 상태를) 유지하다
0021 保存 bǎocún [동] 보존하다
0022 保留 bǎoliú [동] (변하지 않게) 보존하다
0023 保险 bǎoxiǎn [명] 보험
0024 报告 bàogào [동] 보고하다
0025 悲观 bēiguān [형] 비관적이다
0026 背 bèi [명] 등 / [동] 외우다, 배신하다
0027 背景 bèijǐng [명] 배경
0028 被子 bèizi [명] 이불
0029 本科 běnkē [명] 본과, 학부
0030 本领 běnlǐng [명] 기능, 능력
0031 本质 běnzhì [명] 본질
0032 比例 bǐlì [명] 비례 / 비율
0033 比如 bǐrú [동] 예를 들다, 예컨대
0034 彼此 bǐcǐ [대] 피차, 쌍방
0035 毕竟 bìjìng [부] 끝끝내, 결국
0036 避免 bìmiǎn [동] 피하다
0037 必然 bìrán [형] 필연적인
0038 必需 bìxū [동] 반드시 있어야 하다
0039 必要 bìyào [형] 필요하다
0040 编辑 biānjí [동] 편집하다
0041 鞭炮 biānpào [명] 폭죽
0042 便 biàn [부] 곧 / [형] 편하다
0043 辩论 biànlùn [동] 변론하다
0044 标点 biāodiǎn [명] 문장부호
0045 标志 biāozhì [명] 표지, 상징
0046 表面 biǎomiàn [명] (물체의) 표면
0047 表明 biǎomíng [동] 표명하다
0048 表情 biǎoqíng [명] (얼굴) 표정
0049 表现 biǎoxiàn [동] 드러나다
0050 丙 bǐng [명] 병[천간(天干)의 세 번째]
0051 病毒 bìngdú [명] 바이러스
0052 玻璃 bōlí [명] 유리
0053 博物馆 bówùguǎn [명] 박물관
0054 脖子 bózi [명] 목
0055 不必 búbì [부] (사리, 도리적으로) …할 필요가 없다
0056 不断 búduàn [동] 끊임없다
0057 不见得 bújiàndé [부] 그리 …한 것은 아니다

0058 不耐烦 búnàifán 조급하다 / 질리다, 귀찮다

0059 不要紧 búyàojǐn 괜찮다, 문제없다

0060 补充 bǔchōng [동] 보충하다

0061 布 bù [명] 천

0062 不安 bù'ān [형] 불안하다

0063 不得了 bùdéliǎo 큰일났다, 야단났다

0064 不好意思 bùhǎoyìsi 부끄럽다

0065 不免 bùmiǎn [부] 면할 수 없다

0066 不然 bùrán [형] 그렇지 않다

0067 不如 bùrú [동] …만 못하다

0068 不足 bùzú [형] 모자라다

0069 部门 bùmén [명] 부문

0070 步骤 bùzhòu [명] (일 진행의) 순서

C

0071 财产 cáichǎn [명] 재산

0072 踩 cǎi [동] (발바닥으로 지면이나 물체를) 밟다

0073 采访 cǎifǎng [동] 취재하다

0074 采取 cǎiqǔ [동] 선택하여 실행하다

0075 彩虹 cǎihóng [명] 무지개

0076 参考 cānkǎo [동] (학습이나 연구를 위하여 관련 자료를) 참고하다

0077 参与 cānyù [동] 참여하다

0078 餐厅 cāntīng [명] 음식점

0079 残疾 cánjí [명] 불구

0080 惭愧 cánkuì [형] (결점이나 잘못으로 인해) 부끄럽다

0081 操场 cāochǎng [명] 운동장

0082 操心 cāoxīn [이합동사] 신경 쓰다, 걱정하다

0083 册 cè [형태소] 책자

0084 厕所 cèsuǒ [명] 화장실

0085 测验 cèyàn [동] 테스트하다

0086 曾经 céngjīng [부] 일찍이

0087 插 chā [동] 꽂다, 끼우다

0088 差别 chābié [명] (형식이나 내용상에서의) 차이

0089 叉子 chāzi [명] 포크

0090 拆 chāi [동] (붙어 있는 것을) 뜯다

0091 产品 chǎnpǐn [명] 생산품

0092 产生 chǎnshēng [동] 생기다

0093 长途 chángtú [형] 장거리의

0094 常识 chángshí [명] 상식

0095 抄 chāo [동] 베끼다

0096 朝 cháo [동] 향하다 / [개] …를 향해서

0097 朝代 cháodài [명] 왕조

0098 炒 chǎo [동] 볶다

0099 吵架 chǎojià [이합동사] 말다툼하다

0100 车库 chēkù [명] 차고

0101 车厢 chēxiāng [명] 객차

0102 彻底 chèdǐ [형] 철저하다

0103 沉默 chénmò [형] 과묵하다

0104 趁 chèn [개] 틈타서

0105 称 chēng [동] (무엇이라고) 칭하다

0106 称呼 chēnghu [동] 부르다

0107 称赞 chēngzàn [동] (말로써) 칭찬하다

0108 乘 chéng [동] (교통수단 또는 가축 위에) 타다

0109 承担 chéngdān [동] 부담하다, 담당하다

0110 承认 chéngrèn [동] 긍정하다, 승인하다

0111 承受 chéngshòu [동] 참다 / (재산, 권리 등을) 계승하다

0112 程度 chéngdù [명] 정도

0113 成分 chéngfèn [명] 성분

0114 成果 chéngguǒ [명] (일이나 사업에서의) 성과

0115	成就 chéngjiù [명] (주로 사업에서의) 성취
0116	成立 chénglì [동] (조직, 기구를) 결성하다
0117	程序 chéngxù [명] 순서
0118	成语 chéngyǔ [명] 고사성어
0119	成长 chéngzhǎng [동] 성장하다
0120	诚恳 chéngkěn [형] (태도가) 진실하다
0121	吃亏 chīkuī [이합동사] 손해를 보다 / 손해를 입다
0122	持续 chíxù [동] 지속하다
0123	池子 chízi [명] 못, 웅덩이
0124	尺子 chǐzi [명] 자 (길이를 재는 도구)
0125	翅膀 chìbǎng [명] 날개
0126	冲 chōng [동] 돌진하다, 뿌리다
0127	充电器 chōngdiànqì [명] 충전기
0128	充分 chōngfèn [형] 충분하다
0129	充满 chōngmǎn [동] 가득 차다
0130	重复 chóngfù [동] 중복하다
0131	宠物 chǒngwù [명] 애완동물
0132	抽屉 chōuti [명] 서랍
0133	抽象 chōuxiàng [동] 추상하다
0134	丑 chǒu [형] 못생기다
0135	臭 chòu [형] (냄새가) 구리다, 역겹다
0136	出版 chūbǎn [동] 출판하다
0137	出口 chūkǒu [이합동사] 말을 꺼내다, 수출하다 / [명] 출구
0138	出色 chūsè [형] 뛰어나다
0139	出席 chūxí [이합동사] 회의에 참가하다
0140	初级 chūjí [형] 초급의
0141	除 chú [개] …제외하고
0142	除非 chúfēi [접속] 오직 …해야만 …하다
0143	除夕 chúxī [명] 12월 31일, 섣달그믐
0144	处理 chǔlǐ [동] 처리하다
0145	传播 chuánbō [동] 전파하다
0146	传递 chuándì [동] 전달하다
0147	传染 chuánrǎn [동] 전염하다
0148	传说 chuánshuō [동] (여러 사람의 입을 거쳐) 전해지다
0149	传统 chuántǒng [명] 전통
0150	窗帘 chuānglián [명] 커튼
0151	闯 chuǎng [동] (맹렬하게) 뛰어들다
0152	创造 chuàngzào [동] 창조하다
0153	吹 chuī [동] (입술을 오무리고 힘껏) 불다
0154	磁带 cídài [명] 테이프
0155	辞职 cízhí [이합동사] 사직하다
0156	此外 cǐwài [접속] 이 밖에
0157	次要 cìyào [형] 부차적인
0158	刺激 cìjī [동] 자극하다
0159	匆忙 cōngmáng [형] 급하다
0160	从此 cóngcǐ [부] 이때부터
0161	从而 cóng'ér [접속] 따라서
0162	从前 cóngqián [명] 이전
0163	从事 cóngshì [동] …에 종사하다
0164	醋 cù [명] (식)초
0165	促进 cùjìn [동] 촉진하다
0166	促使 cùshǐ [동] (…하도록) 재촉하다
0167	催 cuī [동] 재촉하다
0168	存 cún [동] 저장하다
0169	存在 cúnzài [동] 존재하다
0170	措施 cuòshī [명] 대책
0171	错误 cuòwù [형] 틀리다

D

0172 答应 dāying [동] (소리 내어) 대답하다
0173 达到 dádào [이합동사] 도달하다
0174 打工 dǎgōng [이합동사] 일하다
0175 打交道 dǎjiāodào 교제하다
0176 打喷嚏 dǎpēntì 재채기를 하다
0177 打听 dǎting [동] 알아보다
0178 打招呼 dǎzhāohu (말이나 동작으로) 인사하다
0179 大方 dàfang [형] 대범하다
0180 大象 dàxiàng [명] 코끼리
0181 大型 dàxíng [형] 대형의
0182 呆 dāi [형] (머리가) 우둔하다 / [동] 머물다
0183 贷款 dàikuǎn [이합동사] 대출하다
0184 待遇 dàiyù [동] (사람을) 대하다
0185 单纯 dānchún [형] 단순하다
0186 单调 dāndiào [형] 단조롭다
0187 单独 dāndú [부] 단독으로
0188 单位 dānwèi [명] 단위
0189 单元 dānyuán [명] 단원
0190 担任 dānrèn [동] 맡다
0191 耽误 dānwu [동] 일을 그르치다
0192 胆小鬼 dǎnxiǎoguǐ [명] 겁쟁이
0193 淡 dàn [형] 묽다 / 싱겁다 / (색깔이) 연하다
0194 当代 dāngdài [명] 당대
0195 挡 dǎng [동] 막다
0196 岛 dǎo [명] 섬
0197 倒霉 dǎoméi [형] 재수 없다
0198 导演 dǎoyǎn [동] 감독하다
0199 导致 dǎozhì [동] 야기하다
0200 倒 dào [동] 뒤집히다
0201 到达 dàodá [동] 도착하다
0202 道德 dàodé [명] 도덕
0203 道理 dàolǐ [명] (사물의) 규칙 / 근거, 도리
0204 登机牌 dēngjīpái [명] 탑승권
0205 登记 dēngjì [이합동사] 체크인(check-in)하다
0206 等待 děngdài [동] 기다리다
0207 等候 děnghòu [동] 기다리다 (주로 구체적인 대상을 기다리는 경우)
0208 等于 děngyú [동] 같다
0209 滴 dī [동] (액체가 한 방울씩 아래로) 떨어지다
0210 的确 díquè [부] 확실히
0211 敌人 dírén [명] 적
0212 递 dì [동] 전하다
0213 地道 dìdao [형] 진짜의 / 본고장의
0214 地理 dìlǐ [명] 지리
0215 地区 dìqū [명] (비교적 큰 범위의) 지역
0216 地毯 dìtǎn [명] 양탄자
0217 地位 dìwèi [명] 지위
0218 地震 dìzhèn [명] 지진
0219 点头 diǎntóu [이합동사] 고개를 끄덕이다
0220 点心 diǎnxin [명] 간식
0221 电池 diànchí [명] 배터리, 건전지
0222 电台 diàntái [명] 라디오 방송국
0223 钓 diào [동] 낚시하다
0224 丁 dīng [명] 정(丁) [천간(天干)의 네 번째]
0225 顶 dǐng [명] 정수리, 꼭대기
0226 冻 dòng [동] 얼다
0227 洞 dòng [명] 구멍
0228 动画片 dònghuàpiàn [명] 만화영화
0229 逗 dòu [동] 놀리다
0230 豆腐 dòufu [명] 두부

0231 独立 dúlì [동] 홀로 서다
0232 独特 dútè [형] 독특하다
0233 度过 dùguò [동] 시간을 보내다
0234 短信 duǎnxìn [명] 짧은 편지, 문자메시지
0235 堆 duī [동] 쌓이다
0236 对比 duìbǐ [동] (두 가지의 사물을) 대비하다
0237 对待 duìdài [동] 대응하다, 상대하다
0238 对方 duìfāng [명] 상대방
0239 对手 duìshǒu [명] (시합) 상대
0240 对象 duìxiàng [명] 대상
0241 对于 duìyú [개] …에
0242 吨 dūn [양] 톤
0243 蹲 dūn [동] 쭈그려 앉다
0244 多亏 duōkuī [동] 덕분이다
0245 多余 duōyú [형] 나머지의
0246 躲藏 duǒcáng [동] 몸을 숨기다

E

0247 恶劣 èliè [형] 매우 나쁘다

F

0248 发表 fābiǎo [동] 발표하다
0249 发愁 fāchóu [이합동사] 골치 아파하다
0250 发达 fādá [형] 발달하다
0251 发抖 fādǒu [동] 두려움에 몸을 떨다
0252 发挥 fāhuī [동] 발휘하다
0253 发明 fāmíng [동] 발명하다
0254 发票 fāpiào [명] 영수증
0255 发言 fāyán [이합동사] 발언하다
0256 罚款 fákuǎn [이합동사] 벌금을 물리다
0257 法院 fǎyuàn [명] 법원
0258 翻 fān [동] 뒤집다
0259 繁荣 fánróng [형] 번영하다
0260 凡是 fánshì [부] 무릇
0261 反而 fǎn'ér [부] 오히려
0262 反复 fǎnfù [부] 반복하여
0263 反应 fǎnyìng [동] 반응하다
0264 反正 fǎnzhèng [부] 결국, 하여튼
0265 方 fāng [형] 사각형의
0266 方案 fāng'àn [명] 방안
0267 方式 fāngshì [명] 방식
0268 妨碍 fáng'ài [동] 방해하다
0269 房东 fángdōng [명] 집주인
0270 仿佛 fǎngfú [부] 마치 ~인 것 같다
0271 放松 fàngsōng [동] 느슨하게 하다
0272 非 fēi [동] 아니다
0273 肥皂 féizào [명] 비누
0274 肺 fèi [명] 폐
0275 废话 fèihuà [동] 쓸데없는 말을 하다
0276 费用 fèiyòng [명] 비용
0277 分别 fēnbié [동] 이별하다
0278 分布 fēnbù [동] 분포하다
0279 分配 fēnpèi [동] 분배하다
0280 纷纷 fēnfēn [형] 잡다하게 많다, 흩날리다 / [부] 잇달아, 쉴 새 없이
0281 分析 fēnxī [동] 분석하다
0282 奋斗 fèndòu [동] 분투하다
0283 愤怒 fènnù [동] 분노하다
0284 风格 fēnggé [명] 태도, 풍격
0285 风俗 fēngsú [명] 풍속

0286 风险 fēngxiǎn [명] (발생할지도 모르는) 위험
0287 疯狂 fēngkuáng [형] 미친 듯하다
0288 讽刺 fěngcì [동] 풍자하다
0289 否定 fǒudìng [동] 부정하다
0290 否认 fǒurèn [동] 부인하다
0291 扶 fú [동] 받치다, 지탱하다
0292 幅 fú [양] 폭
0293 服从 fúcóng [동] 복종하다
0294 服装 fúzhuāng [명] 복장
0295 辅导 fǔdǎo [동] 도우고 지도하다
0296 付款 fùkuǎn [이합동사] 돈을 지불하다
0297 妇女 fùnǚ [명] 부녀자
0298 复制 fùzhì [동] 복제하다

G

0299 改革 gǎigé [동] 개혁하다
0300 改进 gǎijìn [동] 개선하다
0301 改善 gǎishàn [동] 개선하다
0302 改正 gǎizhèng [동] 개정하다
0303 盖 gài [명] 뚜껑
0304 概括 gàikuò [동] 뭉뚱그리다, 개괄하다
0305 概念 gàiniàn [명] 개념
0306 干脆 gāncuì [부] 아예 / [형] 명쾌하다
0307 感激 gǎnjī [동] 감격하다
0308 感受 gǎnshòu [동] (영향을) 받다
0309 感想 gǎnxiǎng [명] 감상
0310 赶紧 gǎnjǐn [부] 서둘러
0311 赶快 gǎnkuài [부] 빨리
0312 干活儿 gānhuór [이합동사] 일하다
0313 钢铁 gāngtiě [명] 강철, 스틸
0314 高档 gāodàng [형] 고품질의
0315 高速公路 gāosùgōnglù [명] 고속도로
0316 搞 gǎo [동] 하다, 종사하다
0317 告别 gàobié [이합동사] 이별을 고하다
0318 胳膊 gēbo [명] 팔
0319 鸽子 gēzi [명] 비둘기
0320 隔壁 gébì [명] 이웃
0321 革命 gémìng [이합동사] 혁명하다
0322 格外 géwài [부] 특히
0323 个别 gèbié [형] 개별적인
0324 个人 gèrén [명] 개인
0325 个性 gèxìng [명] 개성
0326 个子 gèzi [명] (물건의) 크기, (사람의) 체격
0327 各自 gèzì [대] 각자
0328 根 gēn [명] (식물의) 뿌리
0329 根本 gēnběn [명] 근본
0330 更加 gèngjiā [부] 더, 더욱
0331 公布 gōngbù [동] 공포하다
0332 公开 gōngkāi [형] 공개적이다
0333 公平 gōngpíng [형] 공평하다
0334 公寓 gōngyù [명] 아파트
0335 公元 gōngyuán [명] 서기
0336 公主 gōngzhǔ [명] 공주
0337 工厂 gōngchǎng [명] 공장
0338 工程师 gōngchéngshī [명] 기술자
0339 工人 gōngrén [명] 노동자, 인부
0340 工业 gōngyè [명] 공업
0341 功夫 gōngfu [명] 실력, 재주
0342 功能 gōngnéng [명] 기능
0343 贡献 gòngxiàn [동] 공헌하다
0344 沟通 gōutōng [동] 교류하다

0345 构成 gòuchéng [동] 구성하다
0346 姑姑 gūgu [명] 고모
0347 姑娘 gūniang [명] 아가씨
0348 古代 gǔdài [명] 고대
0349 古典 gǔdiǎn [명] 전고
0350 古老 gǔlǎo [형] 오래되다
0351 鼓舞 gǔwǔ [동] (사기, 용기 등을) 북돋우다
0352 股票 gǔpiào [명] 주식
0353 骨头 gǔtou [명] 뼈
0354 固定 gùdìng [형] 고정적이다
0355 固体 gùtǐ [명] 고체
0356 雇佣 gùyōng [동] 고용하다
0357 挂号 guàhào [이합동사] 등록하다
0358 乖 guāi [형] (어린아이가) 얌전하다
0359 拐弯 guǎiwān [이합동사] 커브를 돌다
0360 怪不得 guàibude [부] 어쩐지
0361 管 guǎn [동] 관리하다 / 담당하다
0362 关闭 guānbì [동] (문, 창 등을) 닫다
0363 关怀 guānhuái [동] 관심을 보이다(윗사람이 아랫사람에게)
0364 观察 guānchá [동] 관찰하다
0365 观点 guāndiǎn [명] 관점
0366 观念 guānniàn [명] 관념
0367 管子 guǎnzi [명] 관, 파이프
0368 冠军 guànjūn [명] 1등, 우승
0369 罐头 guàntou [명] 통조림
0370 光滑 guānghuá [형] (물체의 표면이) 반들반들하다
0371 光临 guānglín [동] 왕림하다
0372 光明 guāngmíng [명] 광명, 빛
0373 光盘 guāngpán [명] 시디(CD)
0374 光荣 guāngróng [형] 영광스럽다
0375 广场 guǎngchǎng [명] 광장
0376 广大 guǎngdà [형] 넓다
0377 广泛 guǎngfàn [형] 광범하다
0378 规矩 guīju [명] (비유) 표준
0379 规律 guīlǜ [명] 규율
0380 规模 guīmó [명] 규모
0381 规则 guīzé [명] 규칙
0382 柜台 guìtái [명] 카운터
0383 滚 gǔn [동] 구르다
0384 锅 guō [명] 솥
0385 国籍 guójí [명] 국적
0386 国庆节 Guóqìngjié [명] 국경절(10월 1일)
0387 果实 guǒshí [명] 열매
0388 过分 guòfèn [형] 지나치다
0389 过敏 guòmǐn [형] 과민하다, 민감하다
0390 过期 guòqī [이합동사] 기한을 넘기다

H

0391 哈 hā [동] (입을 벌려) 숨을 내쉬다 / [의성] 하하
0392 海关 hǎiguān [명] 세관
0393 海鲜 hǎixiān [명] 해산물
0394 喊 hǎn [동] 소리치다
0395 行业 hángyè [명] 직업
0396 豪华 háohuá [형] 호화롭다
0397 好奇 hàoqí [형] 호기심이 많다
0398 和平 hépíng [명] 평화
0399 何必 hébì [부] 하필 …하다
0400 何况 hékuàng [접속] 하물며
0401 合法 héfǎ [형] 합법적이다
0402 合理 hélǐ [형] 합리적이다

0403 合同 hétong [명] 계약
0404 合影 héyǐng [이합동사] 사진을 함께 찍다
0405 合作 hézuò [동] 협력하다
0406 核心 héxīn [명] 핵심
0407 恨 hèn [동] 원망하다
0408 横 héng [형] 난폭하다, 가로의
0409 后果 hòuguǒ [명] (나중의) 안 좋은 결과
0410 忽视 hūshì [동] 소홀히 하다
0411 呼吸 hūxī [동] 호흡하다
0412 壶 hú [명] 주전자
0413 蝴蝶 húdié [명] 나비
0414 胡说 húshuō [동] 허튼소리 하다
0415 胡同 hútòng [명] 골목
0416 胡须 húxū [명] 수염
0417 糊涂 hútu [형] 흐리멍덩하다
0418 花生 huāshēng [명] 땅콩
0419 滑冰 huábīng [명] 스케이팅
0420 划船 huáchuán [이합동사] 배를 젓다
0421 华裔 huáyì [명] 화교
0422 话题 huàtí [명] 화제
0423 化学 huàxué [명] 화학
0424 怀念 huáiniàn [동] 그리워하다
0425 缓解 huǎnjiě [동] 완화되다
0426 幻想 huànxiǎng [동] 환상을 가지다
0427 慌张 huāngzhāng [형] 안절부절못하다
0428 黄瓜 huángguā [명] 오이
0429 黄金 huángjīn [명] 황금
0430 皇帝 huángdì [명] 황제
0431 皇后 huánghòu [명] 황후
0432 挥 huī [동] 흔들다
0433 灰 huī [명] 재
0434 灰尘 huīchén [명] 먼지
0435 灰心 huīxīn [이합동사] 풀이 죽다
0436 恢复 huīfù [동] 회복하다
0437 汇率 huìlǜ [명] 환율
0438 婚礼 hūnlǐ [명] 결혼식
0439 婚姻 hūnyīn [명] 혼인
0440 活跃 huóyuè [형] (행동이) 활발하고 적극적이다
0441 火柴 huǒchái [명] 성냥
0442 伙伴 huǒbàn [명] 동료, 동반자

J

0443 基本 jīběn [명] 기본
0444 机器 jīqì [명] 기계
0445 激烈 jīliè [형] 격렬하다
0446 肌肉 jīròu [명] 근육
0447 及格 jígé [이합동사] 합격하다
0448 集体 jítǐ [명] 집단
0449 集中 jízhōng [동] 모으다, 집중하다
0450 急忙 jímáng [형] 급하다
0451 记录 jìlù [동] 기록하다
0452 记忆 jìyì [동] 기억하다
0453 计算 jìsuàn [동] 계산하다
0454 系领带 jì lǐngdài 넥타이를 매다
0455 纪录 jìlù [명] 기록, 다큐멘터리
0456 纪律 jìlǜ [명] 규율
0457 纪念 jìniàn [동] 기념하다
0458 寂寞 jìmò [형] 외롭다
0459 家庭 jiātíng [명] 가정
0460 家务 jiāwù [명] 가사
0461 家乡 jiāxiāng [명] 고향

0462 嘉宾 jiābīn [명] 귀빈
0463 夹子 jiāzi [명] 집게
0464 甲 jiǎ [명] 갑(甲) [천간(天干)의 첫 번째]
0465 假如 jiǎrú [접속] 만약
0466 假装 jiǎzhuāng [동] (참된 모습이나 내용을) 숨기다
0467 嫁 jià [동] 출가하다
0468 价值 jiàzhí [명] 가치
0469 驾驶 jiàshǐ [동] 운전하다
0470 煎 jiān [동] (음식물을 기름에) 지지다
0471 肩膀 jiānbǎng [명] 어깨
0472 坚决 jiānjué [형] 결연하다
0473 坚强 jiānqiáng [형] 굳세다
0474 艰巨 jiānjù [형] 어렵고 방대하다
0475 艰苦 jiānkǔ [형] 고생스럽다
0476 尖锐 jiānruì [형] (물체의 끝이) 뾰족하고 날카롭다
0477 捡 jiǎn [동] 줍다
0478 简历 jiǎnlì [명] (개인의) 약력
0479 简直 jiǎnzhí [부] 그야말로
0480 剪刀 jiǎndāo [명] 가위
0481 健身房 jiànshēnfáng [명] 헬스클럽
0482 建立 jiànlì [동] 건립하다
0483 建设 jiànshè [동] 건설하다
0484 建议 jiànyì [동] 건의하다
0485 建筑 jiànzhù [동] 건축하다
0486 键盘 jiànpán [명] 건반
0487 讲究 jiǎngjiu [동] 중시하다
0488 讲座 jiǎngzuò [명] 강좌
0489 降落 jiàngluò [동] 낙하하다
0490 酱油 jiàngyóu [명] 간장
0491 浇 jiāo [동] (물이나 액체 등을) 뿌리다
0492 交换 jiāohuàn [동] 교환하다
0493 交际 jiāojì [동] 교제(交際)하다
0494 郊区 jiāoqū [명] 교외지역
0495 胶水 jiāoshuǐ [명] 풀
0496 角度 jiǎodù [명] 각도
0497 狡猾 jiǎohuá [형] 교활하다
0498 教材 jiàocái [명] 교재
0499 教练 jiàoliàn [동] 교련하다, 훈련하다
0500 教训 jiàoxùn [동] 훈계하다
0501 接触 jiēchù [동] 접촉하다
0502 接待 jiēdài [동] 접대하다
0503 接近 jiējìn [동] 접근하다
0504 接着 jiēzhe [동] 받다 / 이어서 하다
0505 阶段 jiēduàn [명] 단계
0506 结实 jiēshi [형] 굳다 / (몸이) 튼튼하다
0507 节 jié [형태소] 마디
0508 节省 jiéshěng [동] 아끼다
0509 结构 jiégòu [명] 구조
0510 结合 jiéhé [동] 결합하다
0511 结论 jiélùn [명] 결론
0512 结账 jiézhàng [이합동사] 장부를 결산하다
0513 解放 jiěfàng [동] 해방하다
0514 解说员 jiěshuōyuán [명] 해설자
0515 届 jiè [양] 회, 기, 차
0516 借口 jièkǒu [동] 핑계로 삼다
0517 戒烟 jièyān [동] 담배를 끊다
0518 戒指 jièzhi [명] 반지
0519 金属 jīnshǔ [명] 금속
0520 紧 jǐn [형] 팽팽하다
0521 紧急 jǐnjí [형] 다급하다
0522 谨慎 jǐnshèn [형] 신중하다
0523 进步 jìnbù [동] 진보하다

0524 进口 jìnkǒu [이합동사] (배가) 항구에 들어오다, 수입하다

0525 近代 jìndài [명] 근대

0526 尽力 jìnlì [이합동사] 온 힘을 다하다

0527 尽量 jìnliàng [부] 되도록

0528 精力 jīnglì [명] 정력

0529 经典 jīngdiǎn [명] 경전

0530 经营 jīngyíng [동] 경영하다

0531 景色 jǐngsè [명] 경치

0532 敬爱 jìng'ài [동] 경애하다

0533 酒吧 jiǔbā [명] 바

0534 救 jiù [동] (위험이나 재난에서) 구하다

0535 救护车 jiùhùchē [명] 구급차

0536 舅舅 jiùjiu [명] 외숙

0537 居然 jūrán [부] 뜻밖에

0538 橘子 júzi [명] 귤(나무)

0539 举 jǔ [동] (위로) 들어 올리다

0540 具备 jùbèi [동] (필요한 것을) 갖추다

0541 具体 jùtǐ [형] 구체적이다

0542 巨大 jùdà [형] (규모나 수량 등이) 거대하다

0543 聚会 jùhuì [동] 모이다

0544 俱乐部 jùlèbù [명] 클럽

0545 据说 jùshuō [동] (다른 사람의) 말을 근거하다

0546 捐 juān [동] 바치다, 기부하다

0547 卷 juǎn [동] (물건을 원통형으로) 감다, 말다

0548 决赛 juésài [명] 결승

0549 决心 juéxīn [명] 결심

0550 绝对 juéduì [형] 절대적인

0551 角色 juésè [명] 배역

0552 军事 jūnshì [명] 군사

0553 均匀 jūnyún [형] 고르다, 균등하다

J

0554 卡车 kǎchē [명] 트럭

0555 开发 kāifā [동] 개발하다

0556 开放 kāifàng [동] (꽃이) 피다, 개방하다

0557 开幕式 kāimùshì [명] 개막식

0558 开心 kāixīn [형] (기분이) 즐겁다

0559 砍 kǎn [동] (도끼로) 찍다

0560 看不起 kànbuqǐ [동] 얕보다

0561 看来 kànlái 보기에

0562 抗议 kàngyì [동] 항의하다

0563 烤鸭 kǎoyā [명] 오리구이

0564 颗 kē [양] 알, 알갱이

0565 可见 kějiàn [접속] …을 알 수 있다

0566 可靠 kěkào [형] 믿을 만하다 / 확실하다

0567 可怜 kělián [형] 가련하다

0568 可怕 kěpà [형] 두렵다

0569 课程 kèchéng [명] 교과 과정

0570 克 kè [형태소] 극복하다

0571 克服 kèfú [동] 극복하다

0572 刻苦 kèkǔ [형] 고생을 견디다

0573 客观 kèguān [형] 객관적인

0574 客厅 kètīng [명] 응접실

0575 空间 kōngjiān [명] 공간

0576 恐怖 kǒngbù [형] (생명의 위협을 느껴) 무섭다

0577 空闲 kòngxián [형] 여유롭다

0578 控制 kòngzhì [동] 통제하다

0579 口味 kǒuwèi [명] (음식의) 맛

0580 夸 kuā [동] 과장하다

0581 会计 kuàijì [명] 회계

0582 矿泉水 kuàngquánshuǐ [명] 광천수

L

0583 辣椒 làjiāo [명] 고추(열매도 포함됨)
0584 蜡烛 làzhú [명] 초, 양초
0585 来自 láizì [동] …에서 오다
0586 拦 lán [동] (통과하지 못하게) 막다
0587 烂 làn [형] 흐물흐물하다, 부패하다
0588 狼 láng [명] 이리, 늑대
0589 劳动 láodòng [명] 노동
0590 劳驾 láojià [이합동사] 실례합니다
0591 老百姓 lǎobǎixìng [명] 일반인
0592 老板 lǎobǎn [명] 사장
0593 老实 lǎoshi [형] 진실하다
0594 老鼠 lǎoshǔ [명] 쥐
0595 姥姥 lǎolao [명] 외할머니
0596 乐观 lèguān [형] 낙관적이다
0597 雷 léi [명] 천둥
0598 类 lèi [양] 류, 종류
0599 梨 lí [명] 배나무
0600 离婚 líhūn [이합동사] 이혼하다
0601 厘米 límǐ [양] 센티미터
0602 礼拜天 lǐbàitiān [명] 일요일
0603 理论 lǐlùn [명] 이론
0604 理由 lǐyóu [명] 이유
0605 粒 lì [명] 알, 알갱이
0606 立方 lìfāng [명] 세제곱
0607 立即 lìjí [부] 즉시
0608 立刻 lìkè [부] 당장
0609 力量 lìliàng [명] 힘, 역량
0610 利润 lìrùn [명] 이윤
0611 利息 lìxī [명] 변리, 이자
0612 利益 lìyì [명] 이익
0613 利用 lìyòng [동] 이용하다
0614 连忙 liánmáng [부] 서둘러
0615 连续剧 liánxùjù [명] 연속극
0616 联合 liánhé [동] 연합하다
0617 恋爱 liàn'ài [동] (남녀가) 연애하다
0618 良好 liánghǎo [형] 양호하다
0619 粮食 liángshi [명] 곡물
0620 了不起 liǎobuqǐ [형] 대단하다
0621 临时 línshí [부] 임시로
0622 铃 líng [명] 벨
0623 零件 língjiàn [명] 부속품
0624 零钱 língqián [명] 잔돈
0625 零食 língshí [명] 군것질
0626 灵活 línghuó [형] 민첩하다
0627 领导 lǐngdǎo [동] 이끌다
0628 领域 lǐngyù [명] 영역
0629 流传 liúchuán [동] (사적, 작품 등이) 전하다
0630 浏览 liúlǎn [동] 훑어보다
0631 龙 lóng [명] 용
0632 漏 lòu [동] (어떤 물체가 구멍이나 틈으로부터) 새다
0633 露 lù [명] 이슬
0634 陆地 lùdì [명] 육지
0635 陆续 lùxù [부] 끊임없이
0636 录取 lùqǔ [동] 선정하다, 뽑다
0637 录音 lùyīn [이합동사] 녹음하다
0638 轮流 lúnliú [동] 교대로 하다
0639 论文 lùnwén [명] 논문
0640 逻辑 luójí [명] 논리
0641 落后 luòhòu [형] 낙후되다

M

0642 马虎 mǎhu [형] 부주의하다
0643 骂 mà [동] 욕하다
0644 麦克风 màikèfēng [명] 마이크
0645 馒头 mántou [명] 만두
0646 满足 mǎnzú [동] 만족하다
0647 毛 máo [명] 깃털
0648 毛病 máobìng [명] 결점, 결함
0649 矛盾 máodùn [명] 창과 방패 / 모순
0650 冒险 màoxiǎn [이합동사] 위험을 무릅쓰다
0651 贸易 màoyì [명] 무역
0652 眉毛 méimao [명] 눈썹
0653 煤炭 méitàn [명] 석탄
0654 美术 měishù [명] 미술
0655 魅力 mèilì [명] 매력
0656 迷路 mílù [이합동사] 길을 잃다
0657 谜语 míyǔ [명] 수수께끼
0658 蜜蜂 mìfēng [명] 꿀벌
0659 密切 mìqiè [형] (관계가) 가깝다
0660 秘密 mìmì [형] 비밀의
0661 秘书 mìshū [명] 비서
0662 棉花 miánhua [명] 목화의 통칭
0663 面对 miànduì [동] 대면하다
0664 面积 miànjī [명] 면적
0665 面临 miànlín [동] 직면하다
0666 苗条 miáotiáo [형] (여성의 몸매가) 날씬하다
0667 描写 miáoxiě [동] 묘사하다
0668 秒 miǎo [양] 초(시간)
0669 民主 mínzhǔ [명] 민주
0670 明确 míngquè [형] 명확하다
0671 明显 míngxiǎn [형] 선명하다
0672 明信片 míngxìnpiàn [명] 우편엽서
0673 明星 míngxīng [명] 스타(유명한 배우)
0674 名牌 míngpái [명] 유명 상표
0675 名片 míngpiàn [명] 명함
0676 名胜古迹 míngshènggǔjì [명] 명승고적지
0677 命令 mìnglìng [동] 명령하다
0678 命运 mìngyùn [명] 운명
0679 摸 mō [동] (손으로) 만지다
0680 模仿 mófǎng [동] 모방하다
0681 模糊 móhu [형] 모호하다
0682 摩托车 mótuōchē [명] 오토바이
0683 陌生 mòshēng [형] 낯설다
0684 某 mǒu [대] 어느, 아무개
0685 目标 mùbiāo [명] 목표물
0686 目录 mùlù [명] 목록
0687 目前 mùqián [명] 지금
0688 木头 mùtou [명] 목재

N

0689 哪怕 nǎpà [접속] 설령 ~하더라도
0690 难怪 nánguài [부] 어쩐지
0691 难看 nánkàn [형] 보기 싫다, 못생겼다
0692 脑袋 nǎodai [명] 머리
0693 内科 nèikē [명] 내과
0694 嫩 nèn [형] 부드럽다
0695 能干 nénggàn [형] 유능하다
0696 能源 néngyuán [명] 에너지원
0697 年代 niándài [명] 시대, 연대
0698 年纪 niánjì [명] (사람의) 나이

0699 念 niàn [동] 그리워하다
0700 宁可 níngkě [부] 차라리 ~할지라도
0701 牛仔裤 niúzǎikù [명] 청바지
0702 浓 nóng [형] 농도가 짙다
0703 农民 nóngmín [명] 농민
0704 农业 nóngyè [명] 농업
0705 女士 nǚshì [명] 여사

O

0706 偶然 ǒurán [형] 갑작스럽다, 뜻밖이다

P

0707 拍 pāi [동] 때리다, 치다
0708 排队 páiduì [이합동사] (일정한 간격이나 거리를 두고) 서다
0709 排球 páiqiú [명] 배구
0710 派 pài [명] 파벌
0711 盼望 pànwàng [동] 절실히 기대하다
0712 赔偿 péicháng [동] 배상하다
0713 培养 péiyǎng [동] 배양하다
0714 佩服 pèifú [동] 탄복하다
0715 配合 pèihé [동] 협력하다
0716 盆 pén [명] 그릇, 화분
0717 碰见 pèngjiàn [이합동사] 우연히 만나다
0718 披 pī [동] 장식물을 걸치다
0719 批 pī [양] 대량의 물건이나 다수의 사람을 세는 데 쓰는 단위
0720 批准 pīzhǔn [이합동사] 승인하다, 비준하다
0721 皮鞋 píxié [명] 가죽 구두
0722 疲劳 píláo [형] 피로하다
0723 匹 pǐ [양] 말이나 소 등을 세는 데 사용하는 단위
0724 片 piàn [명] 조각, 편
0725 片面 piànmiàn [형] 일방적이다, 편파적이다
0726 飘 piāo [동] 나부끼다
0727 频道 píndào [명] 채널
0728 品种 pǐnzhǒng [명] 품종
0729 凭 píng [개] …을 근거로 해서
0730 平 píng [형] 평평하다
0731 平常 píngcháng [명] 평소
0732 平等 píngděng [형] 평등하다
0733 平方 píngfāng [명] 제곱
0734 平衡 pínghéng [형] 평형하다
0735 平静 píngjìng [형] (마음이나 환경 등이) 평온하다
0736 平均 píngjūn [동] 평균하다
0737 评价 píngjià [동] 평가하다
0738 破产 pòchǎn [이합동사] 파산하다
0739 破坏 pòhuài [동] 파괴하다
0740 迫切 pòqiè [형] 절박하다
0741 朴素 pǔsù [형] (색이나 양식 등이) 소박하다

Q

0742 期待 qīdài [동] 기대하다
0743 期间 qījiān [명] 기간
0744 奇迹 qíjì [명] 기적
0745 其余 qíyú [명] 남은 것
0746 启发 qǐfā [동] 계발하다
0747 企图 qǐtú [동] (어떤 일을) 꾀하다
0748 企业 qǐyè [명] 기업
0749 气氛 qìfēn [명] 분위기
0750 汽油 qìyóu [명] 휘발유

0751 牵 qiān [동] (잡아당겨) 걷게 하다, 관련되다
0752 谦虚 qiānxū [형] 겸손하다
0753 签字 qiānzì [이합동사] 서명하다
0754 前途 qiántú [명] 전도
0755 浅 qiǎn [형] 얇다, 얕다
0756 欠 qiàn [형태소] 하품하다 / [동] 모자라다, 빚지다
0757 枪 qiāng [명] 창, 총
0758 强调 qiángdiào [동] 강조하다
0759 强烈 qiángliè [동] 강렬하다
0760 抢 qiǎng [동] 약탈하다
0761 悄悄 qiāoqiāo [부] 은밀하게, 살짝
0762 瞧 qiáo [동] 보다
0763 巧妙 qiǎomiào [형] 교묘하다
0764 切 qiē [동] 얇게 썰다
0765 亲爱 qīn'ài [형] 사랑하는, 친애하는
0766 亲切 qīnqiè [형] 친근하다
0767 亲自 qīnzì [부] 자기 스스로
0768 侵略 qīnlüè [동] 침략하다
0769 勤奋 qínfèn [형] 매우 부지런하다
0770 勤劳 qínláo [형] 근면하다
0771 青 qīng [형] 푸르다
0772 青春 qīngchūn [명] 청춘
0773 青少年 qīngshàonián [명] 청소년
0774 轻视 qīngshì [동] 경시하다
0775 清淡 qīngdàn [형] 연하다, 은은하다
0776 情景 qíngjǐng [명] 상황
0777 情绪 qíngxù [명] 정서
0778 请求 qǐngqiú [동] 요구하다, 부탁하다
0779 庆祝 qìngzhù [동] 경축하다
0780 球迷 qiúmí [명] (구기 운동류의) 팬
0781 趋势 qūshì [명] 추세
0782 娶 qǔ [동] 장가가다
0783 取消 qǔxiāo [동] 취소하다
0784 去世 qùshì [동] 세상을 떠나다
0785 圈 quān [명] 링, 고리
0786 全面 quánmiàn [명] 전면
0787 权力 quánlì [명] 권력
0788 权利 quánlì [명] 권리
0789 劝 quàn [동] 권하다
0790 缺乏 quēfá [동] 부족하다
0791 确定 quèdìng [동] 확정하다
0792 确认 quèrèn [동] 확실히 인정하다

R

0793 燃烧 ránshāo [동] 연소하다
0794 嚷 rǎng [동] 고함치다
0795 绕 rào [동] 감다, 휘감다, 돌다
0796 热爱 rè'ài [동] 열렬히 사랑하다
0797 热烈 rèliè [형] 열렬하다
0798 热心 rèxīn [형] 열렬한
0799 人才 réncái [명] 인재
0800 人口 rénkǒu [명] 인구
0801 人类 rénlèi [명] 인류
0802 人生 rénshēng [명] 인생
0803 人事 rénshì [명] 사람의 일
0804 人物 rénwù [명] 인물
0805 人员 rényuán [명] 인원
0806 忍不住 rěnbuzhù 참을 수 없다
0807 日常 rìcháng [형] 일상의
0808 日程 rìchéng [명] 일정
0809 日历 rìlì [명] 달력

0810 日期 rìqī [명] 날짜
0811 日用品 rìyòngpǐn [명] 일용품
0812 融化 rónghuà [동] 녹다
0813 荣幸 róngxìng [형] 영광스럽다
0814 荣誉 róngyù [명] 영예
0815 如何 rúhé [대] 어떻다, 어떠하다
0816 如今 rújīn [명] 현재
0817 软件 ruǎnjiàn [명] 소프트웨어
0818 弱 ruò [형] 약하다

S

0819 洒 sǎ [동] 뿌리다, 살포하다
0820 嗓子 sǎngzi [명] 목, 목구멍
0821 杀 shā [동] 죽이다
0822 沙漠 shāmò [명] 사막
0823 沙滩 shātān [명] 모래톱, 백사장
0824 傻 shǎ [형] 어리석다
0825 晒 shài [동] 비추다, 쬐다
0826 删除 shānchú [동] 지우다
0827 闪电 shǎndiàn [명] 번개
0828 善良 shànliáng [형] 선량하다
0829 善于 shànyú [동] …를 잘하다
0830 扇子 shànzi [명] 부채
0831 商品 shāngpǐn [명] 상품
0832 商业 shāngyè [명] 상업
0833 上当 shàngdàng [이합동사] 속다
0834 勺子 sháozi [명] 국자, 큰 숟가락
0835 蛇 shé [명] 뱀
0836 舌头 shétou [명] 혀
0837 舍不得 shěbude 헤어지기 아쉬워하다
0838 设备 shèbèi [동] 배치하다, 설비하다
0839 设计 shèjì [동] 설계하다
0840 设施 shèshī [명] 시설
0841 射击 shèjī [동] 사격하다
0842 摄影 shèyǐng [동] 촬영하다
0843 伸 shēn [동] 펴다, 펼치다
0844 深刻 shēnkè [형] 인상이 깊다
0845 身材 shēncái [명] 몸매
0846 身份 shēnfèn [명] 신분
0847 神话 shénhuà [명] 신화
0848 神经 shénjīng [명] 신경
0849 神秘 shénmì [형] 신비하다
0850 升 shēng [동] 오르다, 뜨다
0851 生产 shēngchǎn [동] 만들다, 생산하다
0852 生动 shēngdòng [형] 생기가 왕성하다
0853 声调 shēngdiào [명] 어조, 음조
0854 绳子 shéngzi [명] 노끈
0855 省略 shěnglüè [동] 생략하다
0856 胜利 shènglì [동] 승리하다
0857 诗 shī [명] 시
0858 失眠 shīmián [명] 불면
0859 失去 shīqù [동] 잃다
0860 失业 shīyè [이합동사] 직업을 잃다
0861 时代 shídài [명] (역사상의) 시대
0862 时刻 shíkè [명] 시각
0863 时髦 shímáo [형] 유행이다
0864 时期 shíqī [명] 시기
0865 时尚 shíshàng [명] 유행
0866 实话 shíhuà [명] 실화
0867 实践 shíjiàn [동] 실천하다
0868 实习 shíxí [동] 실습하다

0869 实现 shíxiàn [동] 실현하다
0870 实行 shíxíng [동] 실행하다
0871 实验 shíyàn [명] 실험
0872 实用 shíyòng [동] 실제로 쓰다
0873 食物 shíwù [명] 음식물
0874 石头 shítou [명] 돌
0875 使劲儿 shǐjìnr [이합동사] 힘을 쓰다
0876 始终 shǐzhōng [명] 시종, 처음과 끝
0877 是否 shìfǒu …인지 아닌지
0878 试卷 shìjuàn [명] 시험 답안지
0879 士兵 shìbīng [명] 사병, 병사
0880 似的 shìde [조] 비슷하다
0881 事实 shìshí [명] 사실
0882 事物 shìwù [명] 사물
0883 事先 shìxiān [명] 사전
0884 收获 shōuhuò [동] 수확하다
0885 收据 shōujù [명] 영수증
0886 手工 shǒugōng [명] 수공
0887 手术 shǒushù [명] 수술
0888 手套 shǒutào [명] 글러브
0889 手续 shǒuxù [명] 수속
0890 手指 shǒuzhǐ [명] 손가락
0891 受伤 shòushāng [이합동사] 상처를 입다
0892 寿命 shòumìng [명] 수명
0893 书架 shūjià [명] 책꽂이
0894 输入 shūrù [동] 들려오다 / 입력하다
0895 蔬菜 shūcài [명] 채소
0896 舒适 shūshì [형] 기분이 좋다, 쾌적하다
0897 梳子 shūzi [명] 빗
0898 熟练 shúliàn [형] 숙련되어 있다
0899 鼠标 shǔbiāo [명] 컴퓨터 마우스
0900 属于 shǔyú [동] …(의 범위)에 속하다
0901 数据 shùjù [명] 데이터
0902 数码 shùmǎ [명] 숫자, 디지털
0903 数字 shùzì [명] 숫자
0904 摔 shuāi [동] 내던지다
0905 甩 shuǎi [동] 흔들다
0906 双方 shuāngfāng [명] 쌍방
0907 税 shuì [명] 세, 세금
0908 说不定 shuōbudìng [부] 단언하기가 어렵다
0909 说服 shuōfú [이합동사] 설득하다
0910 撕 sī [동] 찢다, 뜯다
0911 丝绸 sīchóu [명] 실크
0912 丝毫 sīháo [명] 극히 적은 수량, 조금
0913 思考 sīkǎo [동] 사고하다
0914 私人 sīrén [명] 개인
0915 思想 sīxiǎng [명] 사상, 의식
0916 似乎 sìhū [부] 마치 …인 것 같다
0917 寺庙 sìmiào [명] 절, 사당
0918 宿舍 sùshè [명] 기숙사
0919 随时 suíshí [부] 수시로, 언제나
0920 碎 suì [동] 부서지다, 깨지다
0921 损失 sǔnshī [동] 손실하다
0922 缩短 suōduǎn [동] 줄이다, 단축하다
0923 缩小 suōxiǎo [동] 축소하다
0924 锁 suǒ [명] 자물쇠 / [동] 잠그다
0925 所 suǒ [형태소] 장소, 곳
0926 所谓 suǒwèi …라는 것은

T

0927 塔 tǎ [명] 탑

0928 台阶 táijiē [명] 층계
0929 太极拳 tàijíquán [명] 태권도
0930 太太 tàitai [명] 부인
0931 谈判 tánpàn [이합동사] 대화하다
0932 坦率 tǎnshuài [형] 솔직하다
0933 烫 tàng [동] 화상을 입다, 뜨겁다
0934 桃 táo [명] 복숭아(나무)
0935 逃 táo [동] 달아나다
0936 逃避 táobì [동] 도피하다
0937 套 tào [명] 커버, 덮개, 세트
0938 特殊 tèshū [형] 특수하다
0939 特意 tèyì [부] 특히
0940 特征 tèzhēng [명] 특징
0941 疼爱 téng'ài [동] 매우 사랑하다
0942 提 tí [동] 들어올리다
0943 提倡 tíchàng [동] 제창하다
0944 提纲 tígāng [명] 요지, 대강
0945 提问 tíwèn [동] 질문하다
0946 题目 tímù [명] 제목, 표지
0947 体会 tǐhuì [명] 체득
0948 体积 tǐjī [명] 부피, 규모
0949 体贴 tǐtiē [동] 자상하게 돌보다
0950 体现 tǐxiàn [동] 구현하다
0951 体验 tǐyàn [동] 체험하다
0952 天空 tiānkōng [명] 하늘
0953 天真 tiānzhēn [형] 천진하다
0954 田野 tiányě [명] 들판
0955 调皮 tiáopí [형] 장난스럽다
0956 调整 tiáozhěng [동] 조정하다
0957 挑战 tiǎozhàn [이합동사] 도전하다
0958 通常 tōngcháng [형] 통상적인 / [명] 평상시
0959 通讯 tōngxùn [동] 통신하다
0960 铜 tóng [명] 구리
0961 同时 tóngshí [명] 동시
0962 统一 tǒngyī [동] 통일하다
0963 统治 tǒngzhì [동] 통치하다
0964 痛苦 tòngkǔ [형] 고통스럽다
0965 痛快 tòngkuài [형] 통쾌하다
0966 投资 tóuzī [이합동사] 투자하다
0967 透明 tòumíng [형] 투명하다
0968 突出 tūchū [이합동사] 뚫고 나가다
0969 土地 tǔdì [명] 땅, 토지
0970 土豆 tǔdòu [명] 감자
0971 吐 tǔ [동] 구토하다
0972 兔子 tùzi [명] 토끼
0973 团 tuán [명] 단체, 집단
0974 推辞 tuīcí [동] 사퇴하다
0975 推广 tuīguǎng [동] 널리 보급하다
0976 推荐 tuījiàn [동] 추천하다
0977 退 tuì [동] 후퇴하다
0978 退步 tuìbù [이합동사] 퇴보하다
0979 退休 tuìxiū [동] 퇴직하다

W

0980 歪 wāi [형] 기울다
0981 外交 wàijiāo [명] 외교
0982 弯 wān [형] 굽다, 꼬불꼬불하다
0983 完美 wánměi [형] 결함이 없다
0984 完善 wánshàn [형] 완벽하다
0985 完整 wánzhěng [형] 완전히 갖추어져 있다
0986 玩具 wánjù [명] 완구

0987 万一 wànyī [명] 만분의 일
0988 王子 wángzǐ [명] 왕자
0989 往返 wǎngfǎn [동] 왕복하다
0990 危害 wēihài [동] 손상시키다
0991 微笑 wēixiào [동] 미소를 짓다
0992 威胁 wēixié [동] 위협하다
0993 违反 wéifǎn [동] 위반하다
0994 维护 wéihù [동] 지키다
0995 围巾 wéijīn [명] 목도리
0996 围绕 wéirào [동] 에워싸다, 회전하다
0997 唯一 wéiyī [형] 유일한
0998 尾巴 wěiba [명] 꼬리
0999 伟大 wěidà [형] 위대하다
1000 委屈 wěiqu [형] 억울하다
1001 委托 wěituō [동] 위탁하다
1002 胃 wèi [명] 위
1003 位置 wèizhì [명] 위치
1004 未必 wèibì [부] 반드시 …한 것은 아니다
1005 未来 wèilái [형] 미래의
1006 卫生间 wèishēngjiān [명] 화장실
1007 温暖 wēnnuǎn [형] 따뜻하다, 온화하다
1008 温柔 wēnróu [형] 온유하다
1009 闻 wén [동] 냄새를 맡다
1010 文件 wénjiàn [명] 문건
1011 文明 wénmíng [명] 문명
1012 文学 wénxué [명] 문학
1013 吻 wěn [동] 입맞춤하다
1014 稳定 wěndìng [형] 안정되다
1015 问候 wènhòu [동] 안부를 묻다
1016 卧室 wòshì [명] 침실
1017 屋子 wūzi [명] 방
1018 无奈 wúnài [동] 어쩔 수 없다
1019 无数 wúshù [형] 셀 수 없이 많다
1020 武器 wǔqì [명] 무기
1021 武术 wǔshù [명] 무술
1022 雾 wù [명] 안개
1023 物理 wùlǐ [명] 물리
1024 物质 wùzhì [명] 물질

X

1025 吸收 xīshōu [동] 흡수하다
1026 系 xì [명] 학과
1027 系统 xìtǒng [명] 계통
1028 细节 xìjié [명] 세부(사항)
1029 戏剧 xìjù [명] 연극
1030 瞎 xiā [동] 실명하다
1031 吓 xià [동] 무서워하다, 놀라다
1032 下载 xiàzài [동] 다운로드하다
1033 鲜艳 xiānyàn [형] (색이) 선명하고 아름답다
1034 显得 xiǎnde [동] (어떤 상황이) 드러나다
1035 显然 xiǎnrán [형] 명백하다
1036 显示 xiǎnshì [동] 나타내 보이다
1037 县 xiàn [명] 현 (중국의 행정구역 단위)
1038 现代 xiàndài [명] 현대
1039 现金 xiànjīn [명] 현금
1040 现实 xiànshí [명] 현실
1041 现象 xiànxiàng [명] 현상
1042 相处 xiāngchǔ [동] 함께 지내다
1043 相当 xiāngdāng [동] 상당하다, 맞먹다
1044 相对 xiāngduì [동] 서로 마주 대하다
1045 相关 xiāngguān [동] 상관되다, 연관되다

1046 相似 xiāngsì [형] 서로 닮다
1047 想念 xiǎngniàn [동] 그리워하다
1048 想象 xiǎngxiàng [명] 상상
1049 享受 xiǎngshòu [동] 누리다, 즐기다
1050 项 xiàng [양] 조목(條目)의 사물을 나누는 데 쓰임
1051 项链 xiàngliàn [명] 목걸이
1052 项目 xiàngmù [명] 항목
1053 橡皮 xiàngpí [명] 지우개
1054 象棋 xiàngqí [명] 중국식 장기
1055 象征 xiàngzhēng [동] 상징하다
1056 消费 xiāofèi [동] 소비하다
1057 消化 xiāohuà [동] 소화하다
1058 消灭 xiāomiè [동] 사라지다
1059 消失 xiāoshī [동] 사라지다, 소실하다
1060 销售 xiāoshòu [동] 상품을 팔다
1061 小吃 xiǎochī [명] 간단한 음식, 스낵
1062 小伙子 xiǎohuǒzi [명] 총각, 젊은이
1063 小麦 xiǎomài [명] 소맥, 밀
1064 小气 xiǎoqi [형] 인색하다
1065 小偷 xiǎotōu [명] 좀도둑
1066 效率 xiàolǜ [명] 효율
1067 孝顺 xiàoshùn [동] 효도하다
1068 歇 xiē [동] (피로를) 풀다, 휴식하다
1069 斜 xié [형] 비스듬하다
1070 协调 xiétiáo [형] 잘 어울리다
1071 心理 xīnlǐ [명] 심리
1072 心脏 xīnzàng [명] 심장
1073 欣赏 xīnshǎng [동] 감상하다
1074 信封 xìnfēng [명] 편지 봉투
1075 信号 xìnhào [명] 신호
1076 信息 xìnxī [명] 소식
1077 行动 xíngdòng [동] 거닐다 / 활동하다
1078 行人 xíngrén [명] 행인
1079 行为 xíngwéi [명] 행위
1080 形成 xíngchéng [동] 형성하다, 구성하다
1081 形容 xíngróng [명] 형체, 용모
1082 形式 xíngshì [명] 형식
1083 形势 xíngshì [명] (군사적) 지세, 형세
1084 形象 xíngxiàng [명] 형상
1085 形状 xíngzhuàng [명] 겉모양, 외관
1086 性质 xìngzhì [명] 성질
1087 幸亏 xìngkuī [부] 다행히, 운 좋게
1088 幸运 xìngyùn [명] 행운
1089 胸 xiōng [명] 가슴
1090 兄弟 xiōngdì [명] 형제
1091 雄伟 xióngwěi [형] 웅장하다
1092 修改 xiūgǎi [동] 수정하다
1093 休闲 xiūxián [동] 한가롭게 보내다
1094 虚心 xūxīn [형] 겸허하다
1095 叙述 xùshù [동] 서술하다
1096 宣布 xuānbù [동] 선포하다
1097 宣传 xuānchuán [동] 선전하다
1098 选举 xuǎnjǔ [동] 선거하다
1099 学期 xuéqī [명] 학기
1100 学问 xuéwen [명] 학문
1101 询问 xúnwèn [동] 질문하다
1102 寻找 xúnzhǎo [동] 찾다
1103 训练 xùnliàn [동] 훈련하다
1104 迅速 xùnsù [형] 신속하다

Y

1105 延长 yáncháng [동] 늘이다, 연장하다
1106 严肃 yánsù [형] 근엄하다
1107 宴会 yànhuì [명] 연회
1108 阳台 yángtái [명] 발코니
1109 痒 yǎng [형] 가렵다, 근질근질하다
1110 样式 yàngshì [명] 양식
1111 腰 yāo [명] 허리
1112 摇 yáo [동] (어떤 물체를) 흔들다
1113 咬 yǎo [동] 물다
1114 要不 yàobù [접속] 그렇지 않으면
1115 要是 yàoshi [접속] 만약 …라면
1116 夜 yè [명] 밤
1117 液体 yètǐ [명] 액체
1118 业务 yèwù [명] 업무
1119 业余 yèyú [형] 여가의
1120 依然 yīrán [형] 의연하다
1121 一辈子 yíbèizi [명] 일생, 한평생
1122 一旦 yídàn [명] 잠시
1123 一路平安 yílùpíngān [성어] 가시는 길 평안하시길 바랍니다
1124 一致 yízhì [형] 일치하다
1125 移动 yídòng [동] 이동하다
1126 移民 yímín [이합동사] 이민하다
1127 遗憾 yíhàn [명] 유감
1128 疑问 yíwèn [명] 의문
1129 乙 yǐ [명] 을 (천간의 두 번째)
1130 以及 yǐjí [접속] 및
1131 以来 yǐlái [명] ~ 이래로
1132 意外 yìwài [형] 의외이다
1133 意义 yìyì [명] 뜻, 의미
1134 议论 yìlùn [동] 비평하다, 의론하다
1135 义务 yìwù [명] 의무
1136 因而 yīn'ér [접속] 그리하여
1137 因素 yīnsù [명] 구성 요소
1138 银 yín [명] 은
1139 英俊 yīngjùn [형] 뛰어나다, 출중하다
1140 迎接 yíngjiē [동] 영접하다, 맞이하다
1141 营养 yíngyǎng [명] 영양
1142 营业 yíngyè [동] 영업하다
1143 硬币 yìngbì [명] 금속화폐, 동전
1144 硬件 yìngjiàn [명] 하드웨어
1145 应付 yìngfù [동] 대응하다, 대처하다
1146 应聘 yìngpìn [동] 초빙에 응하다
1147 应用 yìngyòng [동] 응용하다
1148 拥抱 yōngbào [동] 포옹하다
1149 拥挤 yōngjǐ [동] 한데 모이다
1150 勇气 yǒngqì [명] 용기
1151 用途 yòngtú [명] 용도
1152 优惠 yōuhuì [형] 특혜의
1153 优美 yōuměi [형] 뛰어나게 아름답다
1154 优势 yōushì [명] 우위, 우세
1155 悠久 yōujiǔ [형] 유구하다
1156 邮局 yóujú [명] 우체국
1157 游览 yóulǎn [동] 유람하다
1158 犹豫 yóuyù [형] 주저하다, 머뭇거리다
1159 油炸 yóuzhá [동] 기름에 튀기다
1160 有利 yǒulì [형] 유리하다
1161 幼儿园 yòu'éryuán [명] 유아원
1162 愉快 yúkuài [형] 유쾌하다
1163 娱乐 yúlè [동] 오락하다

1164 与其 yǔqí [접속] (…하기 보다는) 차라리 ~하다
1165 语气 yǔqì [명] 말투
1166 宇宙 yǔzhòu [명] 우주
1167 预报 yùbào [동] 예보하다
1168 预订 yùdìng [동] 예약하다
1169 预防 yùfáng [동] 예방하다
1170 玉米 yùmǐ [명] 옥수수
1171 元旦 Yuándàn [명] 설날(1월 1일)
1172 缘故 yuángù [명] 까닭
1173 原料 yuánliào [명] 원료
1174 原则 yuánzé [명] 원칙
1175 愿望 yuànwàng [명] 소망, 희망
1176 晕 yūn [형] (머리가) 어지럽다
1177 运输 yùnshū [동] (물건을) 나르다
1178 运用 yùnyòng [동] 활용하다

Z

1179 灾害 zāihài [명] 재해
1180 再三 zàisān [부] 재삼, 거듭
1181 赞成 zànchéng [동] 찬성하다
1182 赞美 zànměi [동] 찬미하다
1183 糟糕 zāogāo [형] 엉망이다
1184 造成 zàochéng [동] 야기하다, 초래하다
1185 则 zé [접속] ~하자 ~하다
1186 责备 zébèi [동] 나무라다
1187 摘 zhāi [동] 따다, 떼다
1188 粘贴 zhāntiē [동] 붙이다
1189 展开 zhǎnkāi [이합동사] 펴다, 전개하다
1190 展览 zhǎnlǎn [동] 전람하다
1191 战线 zhànxiàn [명] (군사) 전선
1192 战争 zhànzhēng [명] 전쟁
1193 涨 zhǎng [동] (수위가) 올라가다
1194 掌握 zhǎngwò [동] 파악하다, 숙달하다
1195 账户 zhànghù [명] 계좌
1196 招待 zhāodài [동] 접대하다
1197 着凉 zháoliáng [이합동사] 감기에 걸리다
1198 召开 zhàokāi [동] (회의 등을) 열다
1199 照常 zhàocháng [동] 평소대로 하다
1200 哲学 zhéxué [명] 철학
1201 真理 zhēnlǐ [명] 진리
1202 针对 zhēnduì [동] 대하다
1203 珍惜 zhēnxī [동] 아끼다
1204 诊断 zhěnduàn [동] 진단하다
1205 枕头 zhěntou [명] 베개
1206 阵 zhèn [양] 한바탕 일이나 동작이 거쳐간 단락을 나타낼 때 쓰임
1207 振动 zhèndòng [동] 진동하다
1208 睁 zhēng [동] (눈을) 뜨다
1209 争论 zhēnglùn [동] 논쟁하다
1210 争取 zhēngqǔ [동] 쟁취하다
1211 征求 zhēngqiú [동] 구하다
1212 整个 zhěnggè [형] 전부의, 모든
1213 整体 zhěngtǐ [명] 전체
1214 正 zhèng [형] 바르다, 곧다
1215 政策 zhèngcè [명] 정책
1216 政府 zhèngfǔ [명] 정부
1217 政治 zhèngzhì [명] 정치
1218 证件 zhèngjiàn [명] 증서
1219 证据 zhèngjù [명] 증거
1220 挣钱 zhèngqián [이합동사] 돈을 벌다
1221 支 zhī [동] 받치다, 지탱하다

1222 支票 zhīpiào [명] 수표
1223 直 zhí [형] 곧다
1224 执行 zhíxíng [동] 집행하다
1225 执照 zhízhào [명] 면허증
1226 指导 zhǐdǎo [동] 지도하다
1227 指挥 zhǐhuī [동] 지휘하다
1228 制定 zhìdìng [동] 제정하다
1229 制度 zhìdù [명] 제도
1230 制作 zhìzuò [동] 제작하다
1231 智慧 zhìhuì [명] 지혜
1232 至今 zhìjīn [부] 지금까지
1233 至于 zhìyú [동] …의 정도에 이르다
1234 治疗 zhìliáo [동] 치료하다
1235 秩序 zhìxù [명] 질서
1236 志愿者 zhìyuànzhě [명] 자원 봉사자
1237 钟 zhōng [명] 종
1238 中介 zhōngjiè [명] 매개 / [동] 중개하다
1239 中心 zhōngxīn [명] 중심, 센터
1240 中旬 zhōngxún [명] 중순
1241 重 zhòng [형] 크다, 무겁다 / (정도가) 심하다
1242 重量 zhòngliàng [명] 중량
1243 周到 zhōudào [형] 주도면밀하다
1244 逐步 zhúbù [부] 한 걸음씩
1245 竹子 zhúzi [명] 대나무
1246 煮 zhǔ [동] 삶다
1247 主持 zhǔchí [동] 주관하다
1248 主观 zhǔguān [형] 주관적인
1249 主人 zhǔrén [명] 주인
1250 主席 zhǔxí [명] 의장, 주석, 대통령
1251 主张 zhǔzhāng [동] 주장하다
1252 嘱咐 zhǔfù [동] 타이르다
1253 祝福 zhùfú [동] 축복하다
1254 注册 zhùcè [이합동사] 등록하다
1255 抓紧 zhuājǐn [이합동사] 꽉 잡다
1256 专家 zhuānjiā [명] 전문가
1257 专心 zhuānxīn [형] 열중하다
1258 转变 zhuǎnbiàn [동] 상황이 바뀌다
1259 转告 zhuǎngào [동] 말이나 상황을 전하다
1260 装 zhuāng [동] 꾸미다
1261 装饰 zhuāngshì [동] 장식하다
1262 状况 zhuàngkuàng [명] 상황
1263 状态 zhuàngtài [명] 상태
1264 追求 zhuīqiú [동] 추구하다
1265 资格 zīgé [명] 자격
1266 资金 zījīn [명] 자금
1267 资料 zīliào [명] 물자
1268 资源 zīyuán [명] 자원
1269 姿势 zīshì [명] (신체의) 자세
1270 咨询 zīxún [동] 자문하다
1271 紫 zǐ [형] 자주색의
1272 字幕 zìmù [명] 자막
1273 自从 zìcóng [개] …에서
1274 自动 zìdòng [부] 자발적으로
1275 自豪 zìháo [형] 자랑스럽다
1276 自觉 zìjué [동] 자각하다
1277 自私 zìsī [형] 이기적이다
1278 自信 zìxìn [동] 자신하다
1279 自由 zìyóu [명] 자유
1280 自愿 zìyuàn [동] 자원하다
1281 综合 zōnghé [동] 종합하다
1282 宗教 zōngjiào [명] 종교
1283 总裁 zǒngcái [명] 총재, 기업 총수

1284	总共 zǒnggòng [부] 모두, 전부
1285	总理 zǒnglǐ [명] 총리
1286	总算 zǒngsuàn [부] 마침내, 겨우
1287	总统 zǒngtǒng [명] 대통령
1288	总之 zǒngzhī [접속] 한마디로 말하면
1289	组合 zǔhé [동] 조합하다
1290	祖国 zǔguó [명] 조국
1291	祖先 zǔxiān [명] 선조
1292	阻止 zǔzhǐ [동] 저지하다

1293	醉 zuì [동] (술에) 취하다
1294	最初 zuìchū [명] 최초
1295	罪犯 zuìfàn [명] 범인
1296	尊敬 zūnjìng [동] 존경하다
1297	遵守 zūnshǒu [동] 준수하다, 지키다
1298	作品 zuòpǐn [명] 작품
1299	作为 zuòwéi [명] 행위
1300	作文 zuòwén [이합동사] 문장을 쓰다, 작문하다

저자 **위펑**(于鹏)
천진사범대학 졸업 문학석사
천진사범대학 졸업 교육학박사
무한대학 연구기관 대외한어과 수료
천진사범대학 국제교육교류학원 부교수
(현) 한국성결대학교 중어중문과 교환 교수
저서 ▶ HSK실용어법(감숙인민출판사), HSK고등모의고사(고등교육출판사) 외 다수

쟈오위메이(焦毓梅)
천진사범대학 졸업 문학석사
사천대학 졸업 문학박사
천진외국어대학 대외한어과 주임, 부교수
(현) 한국덕성여자대학교 중어중문과 외국인교수
저서 ▶ HSK30일 막판 스퍼트(북경대학출판사), HSK지름길고등모의고사(북경대학출판사) 외 다수

궈팅팅(郭婷婷)
2002년 화중사범대문학원 졸업 문학석사
2005년 무한대문학원 졸업 문학박사
(현)무한대문학원 강사
저서 ▶ 논문 《"除"자의 어언학 이해와 HNC처리》, 《현대한어 "吗"의문어구의 구성과 기능 유형》 등 10여 편

해설 **박은영**
HSK, 중국어 대입, HSK 강사 양성 전문 강사
신HSK 고득점자와 유명대학 합격생 다수 배출
CTCSOL(국제 중국어교사) 보유
신HSK 관련 교재 20 여권 집필
신HSK 동영상 강의 다수
산동 중의약 대학 의학석사
저서 ▶ 신HSK 실전모의고사-1급 · 2급(집필) / 3급 · 4급 · 5급 · 6급(해설) – 제이플러스 외 다수

한번에 합격!
新 HSK 5급 실전 모의고사

저자 위펑(于鹏), 쟈오위메이(焦毓梅), 궈팅팅(郭婷婷)
해설 박은영
발행인 이기선
발행처 제이플러스
등록번호 제10-1680호
등록일자 1998년 12월 9일

개정1쇄 2020년 5월 25일

주소 서울시 마포구 월드컵로 31길 62
전화 (02)332-8320
팩스 (02)332-8321
홈페이지 www.jplus114.com
ISBN 979-11-5601-126-2(13720)

이 도서의 국립중앙도서관 출판예정도서목록(CIP)은
서지정보유통지원시스템 홈페이지(http://seoji.nl.go.kr)와 국가자료종합목록 구축시스템(http://kolis-net.nl.go.kr)에서 이용하실 수 있습니다.
(CIP제어번호 : CIP2020014373)

HSK（五级）答题卡

新汉语水平考试
HSK（五级）答题卡

姓名	

国籍		
		[0] [1] [2] [3] [4] [5] [6] [7] [8] [9]
		[0] [1] [2] [3] [4] [5] [6] [7] [8] [9]
		[0] [1] [2] [3] [4] [5] [6] [7] [8] [9]

序号		
		[0] [1] [2] [3] [4] [5] [6] [7] [8] [9]
		[0] [1] [2] [3] [4] [5] [6] [7] [8] [9]
		[0] [1] [2] [3] [4] [5] [6] [7] [8] [9]
		[0] [1] [2] [3] [4] [5] [6] [7] [8] [9]
		[0] [1] [2] [3] [4] [5] [6] [7] [8] [9]

性别	男 [1]	女 [2]

考点		
		[0] [1] [2] [3] [4] [5] [6] [7] [8] [9]
		[0] [1] [2] [3] [4] [5] [6] [7] [8] [9]
		[0] [1] [2] [3] [4] [5] [6] [7] [8] [9]

年龄		
		[0] [1] [2] [3] [4] [5] [6] [7] [8] [9]
		[0] [1] [2] [3] [4] [5] [6] [7] [8] [9]

你是华裔吗？	
是 [1]	不是 [2]

学习汉语的时间：				
1年以下 [1]	1年—2年 [2]	2年—3年 [3]	3年—4年 [4]	4年以上 [5]

注意	请用2B铅笔这样写：▬

一、听力

1. [A] [B] [C] [D]	6. [A] [B] [C] [D]	11. [A] [B] [C] [D]	16. [A] [B] [C] [D]	21. [A] [B] [C] [D]
2. [A] [B] [C] [D]	7. [A] [B] [C] [D]	12. [A] [B] [C] [D]	17. [A] [B] [C] [D]	22. [A] [B] [C] [D]
3. [A] [B] [C] [D]	8. [A] [B] [C] [D]	13. [A] [B] [C] [D]	18. [A] [B] [C] [D]	23. [A] [B] [C] [D]
4. [A] [B] [C] [D]	9. [A] [B] [C] [D]	14. [A] [B] [C] [D]	19. [A] [B] [C] [D]	24. [A] [B] [C] [D]
5. [A] [B] [C] [D]	10. [A] [B] [C] [D]	15. [A] [B] [C] [D]	20. [A] [B] [C] [D]	25. [A] [B] [C] [D]
26. [A] [B] [C] [D]	31. [A] [B] [C] [D]	36. [A] [B] [C] [D]	41. [A] [B] [C] [D]	
27. [A] [B] [C] [D]	32. [A] [B] [C] [D]	37. [A] [B] [C] [D]	42. [A] [B] [C] [D]	
28. [A] [B] [C] [D]	33. [A] [B] [C] [D]	38. [A] [B] [C] [D]	43. [A] [B] [C] [D]	
29. [A] [B] [C] [D]	34. [A] [B] [C] [D]	39. [A] [B] [C] [D]	44. [A] [B] [C] [D]	
30. [A] [B] [C] [D]	35. [A] [B] [C] [D]	40. [A] [B] [C] [D]	45. [A] [B] [C] [D]	

二、阅读

46. [A] [B] [C] [D]	51. [A] [B] [C] [D]	56. [A] [B] [C] [D]	61. [A] [B] [C] [D]	66. [A] [B] [C] [D]
47. [A] [B] [C] [D]	52. [A] [B] [C] [D]	57. [A] [B] [C] [D]	62. [A] [B] [C] [D]	67. [A] [B] [C] [D]
48. [A] [B] [C] [D]	53. [A] [B] [C] [D]	58. [A] [B] [C] [D]	63. [A] [B] [C] [D]	68. [A] [B] [C] [D]
49. [A] [B] [C] [D]	54. [A] [B] [C] [D]	59. [A] [B] [C] [D]	64. [A] [B] [C] [D]	69. [A] [B] [C] [D]
50. [A] [B] [C] [D]	55. [A] [B] [C] [D]	60. [A] [B] [C] [D]	65. [A] [B] [C] [D]	70. [A] [B] [C] [D]
71. [A] [B] [C] [D]	76. [A] [B] [C] [D]	81. [A] [B] [C] [D]	86. [A] [B] [C] [D]	
72. [A] [B] [C] [D]	77. [A] [B] [C] [D]	82. [A] [B] [C] [D]	87. [A] [B] [C] [D]	
73. [A] [B] [C] [D]	78. [A] [B] [C] [D]	83. [A] [B] [C] [D]	88. [A] [B] [C] [D]	
74. [A] [B] [C] [D]	79. [A] [B] [C] [D]	84. [A] [B] [C] [D]	89. [A] [B] [C] [D]	
75. [A] [B] [C] [D]	80. [A] [B] [C] [D]	85. [A] [B] [C] [D]	90. [A] [B] [C] [D]	

三、书写

91. ______________________________

92. ______________________________

93. ______________________________

94. ______________________________

95. ____________________

96. ____________________

97. ____________________

98. ____________________

99.

100.

HSK（五级）答题卡

新汉语水平考试
HSK（五级）答题卡

姓名	

序号	
	[0] [1] [2] [3] [4] [5] [6] [7] [8] [9]
	[0] [1] [2] [3] [4] [5] [6] [7] [8] [9]
	[0] [1] [2] [3] [4] [5] [6] [7] [8] [9]
	[0] [1] [2] [3] [4] [5] [6] [7] [8] [9]
	[0] [1] [2] [3] [4] [5] [6] [7] [8] [9]

年龄	
	[0] [1] [2] [3] [4] [5] [6] [7] [8] [9]
	[0] [1] [2] [3] [4] [5] [6] [7] [8] [9]

国籍	
	[0] [1] [2] [3] [4] [5] [6] [7] [8] [9]
	[0] [1] [2] [3] [4] [5] [6] [7] [8] [9]
	[0] [1] [2] [3] [4] [5] [6] [7] [8] [9]

性别	男 [1]	女 [2]

考点	
	[0] [1] [2] [3] [4] [5] [6] [7] [8] [9]
	[0] [1] [2] [3] [4] [5] [6] [7] [8] [9]
	[0] [1] [2] [3] [4] [5] [6] [7] [8] [9]

你是华裔吗?

是 [1]　　不是 [2]

学习汉语的时间：

1年以下 [1]　1年—2年 [2]　2年—3年 [3]　3年—4年 [4]　4年以上 [5]

注意　请用2B铅笔这样写：▬

一 听力

1. [A] [B] [C] [D]　6. [A] [B] [C] [D]　11. [A] [B] [C] [D]　16. [A] [B] [C] [D]　21. [A] [B] [C] [D]
2. [A] [B] [C] [D]　7. [A] [B] [C] [D]　12. [A] [B] [C] [D]　17. [A] [B] [C] [D]　22. [A] [B] [C] [D]
3. [A] [B] [C] [D]　8. [A] [B] [C] [D]　13. [A] [B] [C] [D]　18. [A] [B] [C] [D]　23. [A] [B] [C] [D]
4. [A] [B] [C] [D]　9. [A] [B] [C] [D]　14. [A] [B] [C] [D]　19. [A] [B] [C] [D]　24. [A] [B] [C] [D]
5. [A] [B] [C] [D]　10. [A] [B] [C] [D]　15. [A] [B] [C] [D]　20. [A] [B] [C] [D]　25. [A] [B] [C] [D]

26. [A] [B] [C] [D]　31. [A] [B] [C] [D]　36. [A] [B] [C] [D]　41. [A] [B] [C] [D]
27. [A] [B] [C] [D]　32. [A] [B] [C] [D]　37. [A] [B] [C] [D]　42. [A] [B] [C] [D]
28. [A] [B] [C] [D]　33. [A] [B] [C] [D]　38. [A] [B] [C] [D]　43. [A] [B] [C] [D]
29. [A] [B] [C] [D]　34. [A] [B] [C] [D]　39. [A] [B] [C] [D]　44. [A] [B] [C] [D]
30. [A] [B] [C] [D]　35. [A] [B] [C] [D]　40. [A] [B] [C] [D]　45. [A] [B] [C] [D]

二 阅读

46. [A] [B] [C] [D]　51. [A] [B] [C] [D]　56. [A] [B] [C] [D]　61. [A] [B] [C] [D]　66. [A] [B] [C] [D]
47. [A] [B] [C] [D]　52. [A] [B] [C] [D]　57. [A] [B] [C] [D]　62. [A] [B] [C] [D]　67. [A] [B] [C] [D]
48. [A] [B] [C] [D]　53. [A] [B] [C] [D]　58. [A] [B] [C] [D]　63. [A] [B] [C] [D]　68. [A] [B] [C] [D]
49. [A] [B] [C] [D]　54. [A] [B] [C] [D]　59. [A] [B] [C] [D]　64. [A] [B] [C] [D]　69. [A] [B] [C] [D]
50. [A] [B] [C] [D]　55. [A] [B] [C] [D]　60. [A] [B] [C] [D]　65. [A] [B] [C] [D]　70. [A] [B] [C] [D]

71. [A] [B] [C] [D]　76. [A] [B] [C] [D]　81. [A] [B] [C] [D]　86. [A] [B] [C] [D]
72. [A] [B] [C] [D]　77. [A] [B] [C] [D]　82. [A] [B] [C] [D]　87. [A] [B] [C] [D]
73. [A] [B] [C] [D]　78. [A] [B] [C] [D]　83. [A] [B] [C] [D]　88. [A] [B] [C] [D]
74. [A] [B] [C] [D]　79. [A] [B] [C] [D]　84. [A] [B] [C] [D]　89. [A] [B] [C] [D]
75. [A] [B] [C] [D]　80. [A] [B] [C] [D]　85. [A] [B] [C] [D]　90. [A] [B] [C] [D]

三 书写

91. ______________________________

92. ______________________________

93. ______________________________

94. ______________________________

95. ______________________________

96. ______________________________

97. ______________________________

98. ______________________________

99.

100.

HSK（五级）答题卡

新汉语水平考试

HSK（五级）答题卡

姓名	

国籍		
		[0] [1] [2] [3] [4] [5] [6] [7] [8] [9]
		[0] [1] [2] [3] [4] [5] [6] [7] [8] [9]
		[0] [1] [2] [3] [4] [5] [6] [7] [8] [9]

性别	男 [1]	女 [2]

序号		
		[0] [1] [2] [3] [4] [5] [6] [7] [8] [9]
		[0] [1] [2] [3] [4] [5] [6] [7] [8] [9]
		[0] [1] [2] [3] [4] [5] [6] [7] [8] [9]
		[0] [1] [2] [3] [4] [5] [6] [7] [8] [9]
		[0] [1] [2] [3] [4] [5] [6] [7] [8] [9]

考点		
		[0] [1] [2] [3] [4] [5] [6] [7] [8] [9]
		[0] [1] [2] [3] [4] [5] [6] [7] [8] [9]
		[0] [1] [2] [3] [4] [5] [6] [7] [8] [9]

年龄		
		[0] [1] [2] [3] [4] [5] [6] [7] [8] [9]
		[0] [1] [2] [3] [4] [5] [6] [7] [8] [9]

你是华裔吗?

是 [1]　　不是 [2]

学习汉语的时间：

1年以下 [1]　　1年—2年 [2]　　2年—3年 [3]　　3年—4年 [4]　　4年以上 [5]

注意　请用2B铅笔这样写：▬

一、听力

1. [A] [B] [C] [D]　6. [A] [B] [C] [D]　11. [A] [B] [C] [D]　16. [A] [B] [C] [D]　21. [A] [B] [C] [D]
2. [A] [B] [C] [D]　7. [A] [B] [C] [D]　12. [A] [B] [C] [D]　17. [A] [B] [C] [D]　22. [A] [B] [C] [D]
3. [A] [B] [C] [D]　8. [A] [B] [C] [D]　13. [A] [B] [C] [D]　18. [A] [B] [C] [D]　23. [A] [B] [C] [D]
4. [A] [B] [C] [D]　9. [A] [B] [C] [D]　14. [A] [B] [C] [D]　19. [A] [B] [C] [D]　24. [A] [B] [C] [D]
5. [A] [B] [C] [D]　10. [A] [B] [C] [D]　15. [A] [B] [C] [D]　20. [A] [B] [C] [D]　25. [A] [B] [C] [D]

26. [A] [B] [C] [D]　31. [A] [B] [C] [D]　36. [A] [B] [C] [D]　41. [A] [B] [C] [D]
27. [A] [B] [C] [D]　32. [A] [B] [C] [D]　37. [A] [B] [C] [D]　42. [A] [B] [C] [D]
28. [A] [B] [C] [D]　33. [A] [B] [C] [D]　38. [A] [B] [C] [D]　43. [A] [B] [C] [D]
29. [A] [B] [C] [D]　34. [A] [B] [C] [D]　39. [A] [B] [C] [D]　44. [A] [B] [C] [D]
30. [A] [B] [C] [D]　35. [A] [B] [C] [D]　40. [A] [B] [C] [D]　45. [A] [B] [C] [D]

二、阅读

46. [A] [B] [C] [D]　51. [A] [B] [C] [D]　56. [A] [B] [C] [D]　61. [A] [B] [C] [D]　66. [A] [B] [C] [D]
47. [A] [B] [C] [D]　52. [A] [B] [C] [D]　57. [A] [B] [C] [D]　62. [A] [B] [C] [D]　67. [A] [B] [C] [D]
48. [A] [B] [C] [D]　53. [A] [B] [C] [D]　58. [A] [B] [C] [D]　63. [A] [B] [C] [D]　68. [A] [B] [C] [D]
49. [A] [B] [C] [D]　54. [A] [B] [C] [D]　59. [A] [B] [C] [D]　64. [A] [B] [C] [D]　69. [A] [B] [C] [D]
50. [A] [B] [C] [D]　55. [A] [B] [C] [D]　60. [A] [B] [C] [D]　65. [A] [B] [C] [D]　70. [A] [B] [C] [D]

71. [A] [B] [C] [D]　76. [A] [B] [C] [D]　81. [A] [B] [C] [D]　86. [A] [B] [C] [D]
72. [A] [B] [C] [D]　77. [A] [B] [C] [D]　82. [A] [B] [C] [D]　87. [A] [B] [C] [D]
73. [A] [B] [C] [D]　78. [A] [B] [C] [D]　83. [A] [B] [C] [D]　88. [A] [B] [C] [D]
74. [A] [B] [C] [D]　79. [A] [B] [C] [D]　84. [A] [B] [C] [D]　89. [A] [B] [C] [D]
75. [A] [B] [C] [D]　80. [A] [B] [C] [D]　85. [A] [B] [C] [D]　90. [A] [B] [C] [D]

三、书写

91. ______________________________

92. ______________________________

93. ______________________________

94. ______________________________

95. ____

96. ____

97. ____

98. ____

99.

100.

HSK（五级）答题卡

新汉语水平考试
HSK（五级）答题卡

姓名	

序号	[0] [1] [2] [3] [4] [5] [6] [7] [8] [9]
	[0] [1] [2] [3] [4] [5] [6] [7] [8] [9]
	[0] [1] [2] [3] [4] [5] [6] [7] [8] [9]
	[0] [1] [2] [3] [4] [5] [6] [7] [8] [9]
	[0] [1] [2] [3] [4] [5] [6] [7] [8] [9]

年龄	[0] [1] [2] [3] [4] [5] [6] [7] [8] [9]
	[0] [1] [2] [3] [4] [5] [6] [7] [8] [9]

国籍	[0] [1] [2] [3] [4] [5] [6] [7] [8] [9]
	[0] [1] [2] [3] [4] [5] [6] [7] [8] [9]
	[0] [1] [2] [3] [4] [5] [6] [7] [8] [9]

性别	男 [1] 女 [2]

考点	[0] [1] [2] [3] [4] [5] [6] [7] [8] [9]
	[0] [1] [2] [3] [4] [5] [6] [7] [8] [9]
	[0] [1] [2] [3] [4] [5] [6] [7] [8] [9]

你是华裔吗？

是 [1] 不是 [2]

学习汉语的时间：

1年以下 [1] 1年—2年 [2] 2年—3年 [3] 3年—4年 [4] 4年以上 [5]

注意 请用2B铅笔这样写：▬

一、听力

1. [A] [B] [C] [D]	6. [A] [B] [C] [D]	11. [A] [B] [C] [D]	16. [A] [B] [C] [D]	21. [A] [B] [C] [D]
2. [A] [B] [C] [D]	7. [A] [B] [C] [D]	12. [A] [B] [C] [D]	17. [A] [B] [C] [D]	22. [A] [B] [C] [D]
3. [A] [B] [C] [D]	8. [A] [B] [C] [D]	13. [A] [B] [C] [D]	18. [A] [B] [C] [D]	23. [A] [B] [C] [D]
4. [A] [B] [C] [D]	9. [A] [B] [C] [D]	14. [A] [B] [C] [D]	19. [A] [B] [C] [D]	24. [A] [B] [C] [D]
5. [A] [B] [C] [D]	10. [A] [B] [C] [D]	15. [A] [B] [C] [D]	20. [A] [B] [C] [D]	25. [A] [B] [C] [D]
26. [A] [B] [C] [D]	31. [A] [B] [C] [D]	36. [A] [B] [C] [D]	41. [A] [B] [C] [D]	
27. [A] [B] [C] [D]	32. [A] [B] [C] [D]	37. [A] [B] [C] [D]	42. [A] [B] [C] [D]	
28. [A] [B] [C] [D]	33. [A] [B] [C] [D]	38. [A] [B] [C] [D]	43. [A] [B] [C] [D]	
29. [A] [B] [C] [D]	34. [A] [B] [C] [D]	39. [A] [B] [C] [D]	44. [A] [B] [C] [D]	
30. [A] [B] [C] [D]	35. [A] [B] [C] [D]	40. [A] [B] [C] [D]	45. [A] [B] [C] [D]	

二、阅读

46. [A] [B] [C] [D]	51. [A] [B] [C] [D]	56. [A] [B] [C] [D]	61. [A] [B] [C] [D]	66. [A] [B] [C] [D]
47. [A] [B] [C] [D]	52. [A] [B] [C] [D]	57. [A] [B] [C] [D]	62. [A] [B] [C] [D]	67. [A] [B] [C] [D]
48. [A] [B] [C] [D]	53. [A] [B] [C] [D]	58. [A] [B] [C] [D]	63. [A] [B] [C] [D]	68. [A] [B] [C] [D]
49. [A] [B] [C] [D]	54. [A] [B] [C] [D]	59. [A] [B] [C] [D]	64. [A] [B] [C] [D]	69. [A] [B] [C] [D]
50. [A] [B] [C] [D]	55. [A] [B] [C] [D]	60. [A] [B] [C] [D]	65. [A] [B] [C] [D]	70. [A] [B] [C] [D]
71. [A] [B] [C] [D]	76. [A] [B] [C] [D]	81. [A] [B] [C] [D]	86. [A] [B] [C] [D]	
72. [A] [B] [C] [D]	77. [A] [B] [C] [D]	82. [A] [B] [C] [D]	87. [A] [B] [C] [D]	
73. [A] [B] [C] [D]	78. [A] [B] [C] [D]	83. [A] [B] [C] [D]	88. [A] [B] [C] [D]	
74. [A] [B] [C] [D]	79. [A] [B] [C] [D]	84. [A] [B] [C] [D]	89. [A] [B] [C] [D]	
75. [A] [B] [C] [D]	80. [A] [B] [C] [D]	85. [A] [B] [C] [D]	90. [A] [B] [C] [D]	

三、书写

91. ______________________________

92. ______________________________

93. ______________________________

94. ______________________________

95. ____________________

96. ____________________

97. ____________________

98. ____________________

99.

100.

HSK（五级）答题卡

新汉语水平考试
HSK（五级）答题卡

姓名	

国籍	[0] [1] [2] [3] [4] [5] [6] [7] [8] [9]
	[0] [1] [2] [3] [4] [5] [6] [7] [8] [9]
	[0] [1] [2] [3] [4] [5] [6] [7] [8] [9]

性别	男 [1] 女 [2]

序号	[0] [1] [2] [3] [4] [5] [6] [7] [8] [9]
	[0] [1] [2] [3] [4] [5] [6] [7] [8] [9]
	[0] [1] [2] [3] [4] [5] [6] [7] [8] [9]
	[0] [1] [2] [3] [4] [5] [6] [7] [8] [9]
	[0] [1] [2] [3] [4] [5] [6] [7] [8] [9]

考点	[0] [1] [2] [3] [4] [5] [6] [7] [8] [9]
	[0] [1] [2] [3] [4] [5] [6] [7] [8] [9]
	[0] [1] [2] [3] [4] [5] [6] [7] [8] [9]

年龄	[0] [1] [2] [3] [4] [5] [6] [7] [8] [9]
	[0] [1] [2] [3] [4] [5] [6] [7] [8] [9]

你是华裔吗？

是 [1] 不是 [2]

学习汉语的时间：

1年以下 [1] 1年—2年 [2] 2年—3年 [3] 3年—4年 [4] 4年以上 [5]

注意 请用2B铅笔这样写：▬

一、听力

1. [A] [B] [C] [D]	6. [A] [B] [C] [D]	11. [A] [B] [C] [D]	16. [A] [B] [C] [D]	21. [A] [B] [C] [D]
2. [A] [B] [C] [D]	7. [A] [B] [C] [D]	12. [A] [B] [C] [D]	17. [A] [B] [C] [D]	22. [A] [B] [C] [D]
3. [A] [B] [C] [D]	8. [A] [B] [C] [D]	13. [A] [B] [C] [D]	18. [A] [B] [C] [D]	23. [A] [B] [C] [D]
4. [A] [B] [C] [D]	9. [A] [B] [C] [D]	14. [A] [B] [C] [D]	19. [A] [B] [C] [D]	24. [A] [B] [C] [D]
5. [A] [B] [C] [D]	10. [A] [B] [C] [D]	15. [A] [B] [C] [D]	20. [A] [B] [C] [D]	25. [A] [B] [C] [D]
26. [A] [B] [C] [D]	31. [A] [B] [C] [D]	36. [A] [B] [C] [D]	41. [A] [B] [C] [D]	
27. [A] [B] [C] [D]	32. [A] [B] [C] [D]	37. [A] [B] [C] [D]	42. [A] [B] [C] [D]	
28. [A] [B] [C] [D]	33. [A] [B] [C] [D]	38. [A] [B] [C] [D]	43. [A] [B] [C] [D]	
29. [A] [B] [C] [D]	34. [A] [B] [C] [D]	39. [A] [B] [C] [D]	44. [A] [B] [C] [D]	
30. [A] [B] [C] [D]	35. [A] [B] [C] [D]	40. [A] [B] [C] [D]	45. [A] [B] [C] [D]	

二、阅读

46. [A] [B] [C] [D]	51. [A] [B] [C] [D]	56. [A] [B] [C] [D]	61. [A] [B] [C] [D]	66. [A] [B] [C] [D]
47. [A] [B] [C] [D]	52. [A] [B] [C] [D]	57. [A] [B] [C] [D]	62. [A] [B] [C] [D]	67. [A] [B] [C] [D]
48. [A] [B] [C] [D]	53. [A] [B] [C] [D]	58. [A] [B] [C] [D]	63. [A] [B] [C] [D]	68. [A] [B] [C] [D]
49. [A] [B] [C] [D]	54. [A] [B] [C] [D]	59. [A] [B] [C] [D]	64. [A] [B] [C] [D]	69. [A] [B] [C] [D]
50. [A] [B] [C] [D]	55. [A] [B] [C] [D]	60. [A] [B] [C] [D]	65. [A] [B] [C] [D]	70. [A] [B] [C] [D]
71. [A] [B] [C] [D]	76. [A] [B] [C] [D]	81. [A] [B] [C] [D]	86. [A] [B] [C] [D]	
72. [A] [B] [C] [D]	77. [A] [B] [C] [D]	82. [A] [B] [C] [D]	87. [A] [B] [C] [D]	
73. [A] [B] [C] [D]	78. [A] [B] [C] [D]	83. [A] [B] [C] [D]	88. [A] [B] [C] [D]	
74. [A] [B] [C] [D]	79. [A] [B] [C] [D]	84. [A] [B] [C] [D]	89. [A] [B] [C] [D]	
75. [A] [B] [C] [D]	80. [A] [B] [C] [D]	85. [A] [B] [C] [D]	90. [A] [B] [C] [D]	

三、书写

91. ______________________________

92. ______________________________

93. ______________________________

94. ______________________________

95.

96.

97.

98.

99.

100.